Couverture inférieure manquante

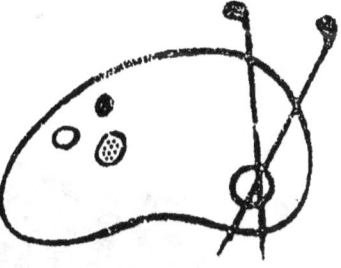

Début d'une série de documents en couleur

CH. DICKENS

L'AMI COMMUN

TOME SECOND

PARIS
LIBRAIRIE HACHETTE ET Cⁱᵉ
79, BOULEVARD SAINT-GERMAIN, 79

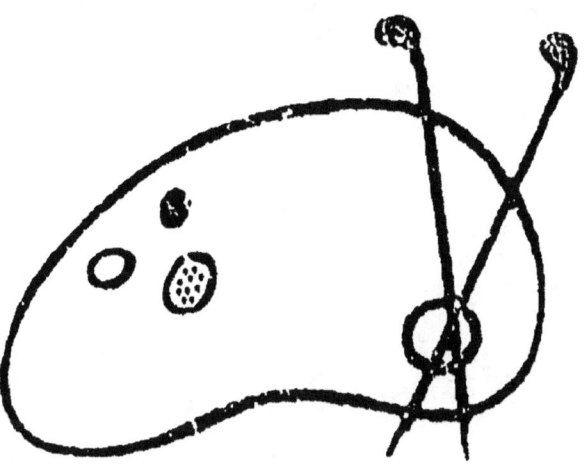

Fin d'une série de documents en couleur

L'AMI COMMUN

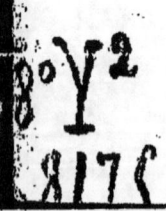

OUVRAGES DU MÊME AUTEUR

QUI SE VENDENT A LA MÊME LIBRAIRIE

Œuvres de Charles Dickens, traduites de l'anglais, sous la direction de P. Lorain. 28 vol.

Aventures de M. Pickwick. 2 vol.
Barnabé Rudge. 2 vol.
Bleak-House. 2 vol.
Contes de Noël. 1 vol.
David Copperfield. 2 vol.
Dombey et fils. 3 vol.
La petite Dorrit. 2 vol.
Le Magasin d'antiquités. 2 vol.
Nicolas Nickleby. 2 vol.
Olivier Twist. 1 vol.
Paris et Londres en 1793. 1 vol.
Vie et aventures de Martin Chuzzlewit. 2 vol.
Les grandes Espérances. 2 vol.
Les Temps difficiles. 1 vol.
Le Mystère d'Edwin Drood. 1 vol.

Dickens et Collins : L'Abîme, traduit de l'anglais, par Mme Judith. 1 vol.

CH. DICKENS

L'AMI COMMUN

ROMAN TRADUIT DE L'ANGLAIS

AVEC L'AUTORISATION DE L'AUTEUR

PAR

Mme HENRIETTE LOREAU

TOME SECOND

PARIS
LIBRAIRIE HACHETTE ET Cie
79, BOULEVARD SAINT-GERMAIN, 79

1885
Tous droits réservés.

L'AMI COMMUN

DEUXIÈME PARTIE

GENS DE MÊME FARINE
(SUITE)

XIV

DE FERME PROPOS

Le travail que Rokesmith avait fait toute la nuit n'était pas de nature à lui procurer un sommeil paisible. Il dormit cependant un peu vers le matin, et se leva plus affermi que jamais dans sa résolution. C'était bien décidé: le repos de mister et de missis Boffin ne serait troublé par aucun revenant. Muet et invisible, le spectre de John Harmon veillerait quelque temps encore sur la fortune qu'il avait abandonnée, puis il quitterait ces lieux où l'on menait une existence à laquelle il ne pouvait prendre part.

Le secrétaire repassa dans son esprit tout ce qu'il s'était dit la veille. Ainsi qu'il arrive à bien des gens, il en était venu là sans s'apercevoir des forces accumulées de tous les incidents qu'avaient fait naître les circonstances. Lorsque dominé par la crainte qu'il devait au souvenir de ses premières années, lorsque effrayé du mal dont la fortune de son père avait toujours été la cause ou le prétexte, il avait conçu l'idée de sa première supercherie, ses intentions étaient pures. Le fait en lui-même paraissait innocent: cela durerait à peine quelques jours, peut-être quelques heures. La seule personne qui s'y trouvât mêlée était la jeune fille que lui imposait un caprice; et il n'avait à l'égard de miss Wilfer que les projets les plus honnêtes. S'il avait vu, par exemple, qu'elle ou aimait un autre, que la pensée de ce mariage la rendait malheureuse, il se serait dit : n'employons pas cette fortune maudite à créer de nouvelles misères, et laissons-la aux seuls amis que nous ayons eus, ma sœur et moi, quand nous étions enfants.

Lorsque plus tard, par suite du piége où il était tombé, il vit sa mort affichée sur tous les murs, il accepta vaguement le concours que les circonstances apportaient à ses projets, sans voir qu'il consacrait ainsi le passage de sa fortune entre les mains de mister Boffin. Quand il eut retrouvé ses anciens amis plus fidèles, plus dévoués que jamais ; quand, du poste de confiance qu'il occupait auprès d'eux, il put apprécier leur âme généreuse et ne leur découvrit pas de défauts, il se demanda s'il devait les dépouiller d'un argent dont ils faisaient si bon usage, et ne vit aucune raison de leur infliger cette épreuve.

Il avait entendu dire à miss Wilfer elle-même, le soir où il était venu arrêter son logement, que ce mariage n'aurait été pour elle qu'une affaire d'intérêt. Après un an de relations quotidiennes, il avait essayé de lui ouvrir son cœur ; et non-seulement elle avait rejeté ses avances, mais elle s'en était offensée.

Lui convenait-il d'avoir assez peu de fierté pour acheter celle qu'il aimait, ou d'être assez lâche pour la punir de ce qu'elle ne l'aimait pas ? Et cependant s'il se faisait connaître il ne pouvait recouvrer son héritage qu'en ayant cette honte, ou y renoncer qu'en commettant cette bassesse.

Une autre chose qu'il n'avait pas prévue, c'était l'implication d'un innocent dans le meurtre dont on le croyait victime. Il forcerait l'accusateur à se rétracter, il réparerait autant que possible le tort qu'il avait causé par son silence ; mais évidemment ce tort n'aurait pas eu lieu sans la supercherie à laquelle il avait donné suite. Quel que fût donc le chagrin ou la perte qui dût en résulter pour lui, le secrétaire l'acceptait comme conséquence de la situation qu'il s'était faite, et croyait devoir le supporter sans se plaindre. Ce fut ainsi que le matin John Harmon fut enterré plus profondément encore qu'il ne l'avait été pendant la nuit.

Sorti plus tôt qu'à l'ordinaire, Rokesmith rencontra Rumty sur le seuil de la porte. Comme ils allaient d'abord dans la même direction, ils firent route ensemble pendant quelques instants Impossible de ne pas remarquer le changement survenu dans le costume du Chérubin ; celui-ci en avait conscience, et répondant à l'observation dont il se sentait l'objet, il dit avec modestie : « Un présent de ma fille, mister Rokesmith. »

Le secrétaire, en entendant ces paroles, eut un mouvement de joie ; il se rappelait les cinquante livres, et il aimait toujours

Bella ; c'était une faiblesse, une très-grande faiblesse, diront certaines autorités ; mais enfin il l'aimait.

« Avez-vous jamais lu quelque relation de voyage? continua Rumty.

— Plusieurs, répondit le secrétaire.

— Vous savez qu'il y a toujours un roi quelconque du nom de George, de Sambo, de Rum ou de Junk, suivant le caprice des matelots qui le baptisent.

— Où cela? demanda Rokesmith.

— N'importe où ; en Afrique ou ailleurs, car les rois à peau noire sont très-communs, et fort sales ; du moins je le présume, ajouta Rumty d'un air apologétique.

— Moi aussi, répliqua le secrétaire. Vous vouliez dire à ce sujet…?

— Je voulais dire qu'en général ce roi a pour unique vêtement soit un chapeau venu de Londres, soit des bretelles de Manchester, une épaulette, un habit d'uniforme dont les manches lui servent de pantalon, ou quelque chose d'approchant.

— Oui, dit Rokesmith.

— Eh bien! monsieur, poursuivit le Chérubin (ceci est une confidence), je vous assure qu'à l'époque où j'avais chez moi un grand nombre d'enfants qu'il me fallait pourvoir je pensais énormément à ce roi quelconque. Vous n'avez pas d'idée, vous qui êtes célibataire, de la difficulté que j'avais alors à posséder à la fois deux articles de toilette qui fussent en bon état.

— Je le crois, monsieur.

— Je n'en parle que pour montrer ce qu'il y a de délicat et d'effectueux dans cette attention de ma fille, reprit l'excellent homme, chez qui la joie débordait. Quand sa nouvelle existence l'aurait un peu gâtée, je n'en aurais pas été surpris ; mais non ; pas le moins du monde. Et elle est si jolie! vous le trouv à comme moi, n'est-ce pas ?

— Assurément ; tout le monde est de votre avis.

— Je l'espère, continua le Chérubin ; je dirai même que je n'en doute pas. C'est pour elle un grand avantage; cela lui permet de compter sur un bel avenir.

— Miss Wilfer a trouvé d'excellents amis dans mister et missis Boffin, dit Rokesmith ; elle ne peut pas en avoir de meilleurs.

— Impossible, répondit le Chérubin ; je commence à croire que les choses ont bien tourné. Si John Harmon avait vécu…

— Il vaut mieux qu'il soit mort, interrompit Rokesmith.

— Non, répliqua Rumty, qui n'approuvait pas le ton décisif et impitoyable de cette réponse ; non, je ne vais pas jusque-là ; mais il aurait pu déplaire à ma fille, qui ne lui aurait peut-être pas convenu; vous savez, il y a de ces choses... Tandis que maintenant elle pourra choisir.

— La confiance que vous me témoignez en me parlant de cela, me fait espérer, monsieur, que vous excuserez cette question: n'aurait-elle pas déjà fait son choix? balbutia le secrétaire.

— Oh! ciel non! répondit le Chérubin.

— Les jeunes filles, insinua Rokesmith, choisissent quelquefois sans le confier à leurs pères.

— C'est possible, monsieur mais moi j'ai toute la confiance de ma fille; il existe même entre nous un pacte en vertu duquel je reçois ses confidences. La ratification de ce traité date précisément du même jour que tout cela, dit le Chérubin en tirant les pans de son habit, et en fourrant ses mains dans les poches de son pantalon. Vous pouvez en être sûr, poursuivit-il, elle n'a encore choisi personne. Il est certain qu'à l'époque où mister John Harmon...

— Plût au ciel qu'il n'eût jamais vécu! » dit Rokesmith d'un air sombre.

Rumty le regarda avec surprise, ne s'expliquant pas cette animosité à l'égard du défunt. « A l'époque où ce malheureux jeune homme apprit la mort de son père, continua Rumty, il est certain que George Sampson faisait la cour à Bella, et qu'elle n'y mettait point d'obstacle. Mais ce n'était pas sérieux; et aujourd'hui elle y pense moins que jamais; car elle est ambitieuse. Je crois, monsieur, pouvoir prédire qu'elle épousera de la fortune. Cette fois elle verra la personne, et pourra se décider en connaissance de cause. Je suis désolé de vous quitter, monsieur; mais il faut que je prenne cette rue; au plaisir de vous revoir.»

Satisfait de cet entretien, le secrétaire poursuivit sa route, arriva à l'hôtel Boffin, et y trouva missis Higden.

« Je vous serais bien obligée, Monsieur, dit la vieille femme, si je pouvais vous dire un mot. » Il l'emmena dans son cabinet, la fit asseoir, et lui dit de parler autant qu'il lui ferait plaisir.

« C'est au sujet de Salop, reprit-elle; voilà pourquoi je suis venue moi-même. Je ne voulais pas qu'il eût connaissance de ce que j'ai à vous dire; alors je suis partie de bon matin, et j'ai fait la route à pied.

— Vous avez une incroyable énergie, dit Rokesmith; vous êtes vraiment aussi jeune que moi. »

Elle secoua gravement la tête. « Je suis forte pour mon âge, dit-elle; mais je ne suis plus jeune, Dieu merci!

— Vous en êtes contente?

— Oui, monsieur. Si j'étais jeune, il faudrait refaire tout le chemin par où j'ai passé; la course est longue, et cela devient fatigant ; mais peu importe. Je suis donc venue pour vous parler de Salop.

— A quel propos, Betty ?

— Voilà ce que c'est, monsieur : il croit qu'il peut répondre à l'obligeance de votre bonne dame, et travailler en même temps pour moi. J'ai beau lui dire que non ; il n'y a pas moyen de lui ôter cela de la tête; aucun raisonnement n'y fait. Il est clair qu'il ne pourrait pas ; c'est impossible. Pour qu'on le mette en mesure de bien gagner sa vie, il faut qu'il me laisse, il n'y a pas à dire ; et il ne veut pas en entendre parler.

— Je l'en estime, dit le secrétaire.

— Vraiment, monsieur ? Moi je ne sais pas ; je ne connais rien aux actions des autres, et ne peux juger que des miennes. Comme il ne me semble pas juste de lui laisser faire à sa tête ; je me suis dit, puisqu'il ne veut pas me quitter, c'est moi qui le planterai là.

— Comment ferez-vous, Betty ?

— Je me sauverai de la maison.

— Vous vous sauverez ! dit Rokesmith en regardant cette vieille figure, dont les yeux brillants exprimaient une énergie indomptable.

— Oui, monsieur, répliqua Betty. Elle appuya cette réponse d'un signe, qui, pas plus que son visage, ne laissait de doute sur la fermeté de sa résolution.

— Allons, allons, reprit le secrétaire ; nous reparlerons de cela ; il faut y réfléchir, et voir les choses sous leur véritable jour.

— C'est bientôt vu, mon chéri — excusez cette familiarité ; je suis d'un âge à être votre arrière-grand'mère. C'est bientôt vu : le travail que je fais est rude, et ne rapporte pas grand'chose. Si je n'avais pas eu Salop, je n'aurais jamais pu continuer ; et c'est tout juste, s'il nous donne assez de pain. A présent que je suis seule, n'ayant même plus Johnny, il sera meilleur pour moi d'aller et de venir que de rester au coin du feu ; je vais vous dire pourquoi : il y a des moments où il me vient comme un engourdissement, qui me prend des pieds à la tête, et que le repos favorise ; ça ne me va pas. Il me semble tantôt que j'ai mon Johnny dans les bras, tantôt sa mère, ou la mère de sa mère. Tantôt je crois, moi-même, être revenue à mon enfance, et je me retrouve dans les bras de ma pauvre mère. Alors je deviens tout engourdie ; je n'ai plus ni sentiment, ni pensée, jusqu'à ce que je me lève de ma chaise, par la peur de ressembler au pauvre monde qu'ils enferment dans les work-houses. (On peut le voir quand il leur est permis de sortir de leurs quatre murs pour se chauffer au soleil, et qu'ils se traînent dans la rue d'un air tout ébaubi). Dans mon temps il n'y avait pas de jeune fille plus leste que moi ; j'ai été une femme active ; et je fais encore mes vingt milles quand il le faut, comme je l'ai dit à votre bonne dame, la première fois que je l'ai vue. Marcher me vaudra mieux que de rester là. Je suis habile tricoteuse, je sais faire bien des petites choses. Une vingtaine de schellings que me prêterait votre bonne dame pour m'acheter un petit assortiment, dont je garnirais un panier, seraient pour moi une fortune. J'irais dans la campagne vendre mes petites marchandises ; cela m'empêcherait de m'engourdir, je n'en serais que mieux, et je gagnerais mon pain moi-même ; je n'en demande pas davantage.

— C'est là votre projet ? dit Rokesmith.

— Donnez-m'en un autre, mon chéri ; un autre qui soit meilleur. Je sais très-bien que votre excellente dame m'établirait comme une reine pour le reste de mes jours, si la chose me convenait. Mais c'est impossible ; je n'ai jamais reçu l'aumône, ni personne de ma famille ; ce serait me renier moi-même, renier les enfants que j'ai perdus, et les enfants de leurs enfants que de me contredire aujourd'hui.

— Cependant, insinua Rokesmith, il pourra venir un moment où des secours vous seront indispensables, et il sera tout simple que vous les acceptiez.

— J'espère que ça n'arrivera jamais. Ce n'est pas que je veuille être ingrate ou orgueilleuse, dit-elle d'un air modeste ; mais je voudrais me suffire jusqu'à la fin.

— D'ailleurs ajouta le secrétaire, Salop fera pour vous ce que vous avez fait pour lui.

— Vous pouvez en être sûr, répondit-elle gaiement. Il ne refuserait pas de s'y engager, bien que la charge puisse lui arriver d'un jour à l'autre, car me voilà vieille ; mais Dieu merci ! j'ai de la force ; et le mauvais temps ne m'effraye pas plus que la marche. Ayez la bonté de parler pour moi à votre Monsieur et à votre dame, et de leur dire ce que j'attends de leur obligeance ; vous leur expliquerez pourquoi. »

Le secrétaire pensa qu'il n'y avait pas à contrarier cette vieille femme héroïque. Il alla donc trouver missis Boffin, et lui recommanda de laisser faire à Betty ce qu'elle voudrait, au moins pendant quelque temps. « Il vous serait bien plus doux, je le sais, dit-il, de pourvoir à ses besoins ; mais il faut respecter cette nature indépendante. »

Missis Boffin le comprenait à merveille, son mari également ; leur conscience et leur honneur étaient sortis sans tache du balayage ; et ce n'étaient pas eux qui pouvaient manquer au respect dû à cette volonté honorable.

« Oui, Betty, dit missis Boffin, qui avait accompagné le secrétaire, et dont la radieuse figure souriait à missis Higden, je suis d'accord avec vous; seulement je partirais, et je ne m'enfuirais pas.

— Comme vous voudrez, répliqua Betty; mais en se sauvant, cela serait moins pénible pour Salop, et pour moi, ajouta-t-elle en secouant la tête.

— Quand voulez-vous partir?

— Le plus tôt possible, chère dame; aujourd'hui ou demain. J'y suis bien habituée; il n'y a guère d'endroits que je ne connaisse autour de chez nous! J'ai travaillé plus d'une fois dans les houblonnières et dans les jardins, quand je n'avais pas d'ouvrage.

— Si je consens à votre départ, Betty, ce qui vous est dû, à ce que prétend mister Rokesmith... (la vieille femme remercia le secrétaire par une gracieuse révérence), c'est à condition que vous nous donnerez de vos nouvelles.

— Soyez tranquille, chère dame; je ne vous enverrai pas de lettre, parce que dans ma jeunesse on n'apprenait guère à écrire; mais je viendrai de temps en temps. N'ayez pas peur que je manque l'occasion de voir votre aimable figure. Ensuite, ajouta Betty dans sa probité, j'ai de l'argent à vous rendre, que je vous remettrai par petites sommes; et cela me ramènerait toujours, quand même je ne viendrais pas pour autre chose.

— Il faut donc que cela se fasse? demanda missis Boffin d'un air de regret.

— Je le crois, » dit Rokesmith.

La chose étant convenue, Bella fut appelée pour prendre note des objets qui devaient composer le fonds de commerce de missis Higden.

« Ne vous inquiétez pas pour moi, chère demoiselle, dit la vieille femme en observant la figure de Bella. Quand je m'assiérai, propre et alerte, sur un marché pour y vendre mon fil et mes aiguilles, je vous gagnerai une pièce de six pence en un tour de main comme pas une des fermières qui seront là. »

Rokesmith profita de l'occasion pour avoir quelques renseignements sur les aptitudes de Salop.

« Si on avait eu de l'argent pour lui faire apprendre un état répondit missis Higden, ç'aurait été un fameux ébéniste. »

Elle l'avait vu plus d'une fois manier des outils qu'il avait empruntés, soit pour raccommoder la manivelle, soit pour rafistoler un meuble, et il s'en acquittait d'une manière surprenante. Quant à fabriquer avec son couteau des joujoux pour les minders il le faisait tous les jours. Une fois, plus de douze personnes étaient réunies devant la porte pour voir avec quelle adresse il avait réparé l'orgue tout brisé d'un montreur de singes.

« Très-bien, dit le secrétaire ; il ne sera pas difficile de lui trouver un état. »

Ayant complété les funérailles de John Harmon, et accumulé des montagnes sur sa fosse, Rokesmith s'occupa le jour même de terminer les affaires du défunt pour n'avoir plus à y penser. Il rédigea la déclaration détaillée que devait signer Riderhood, signature qu'il obtint dans une courte visite ; puis la chose faite, il se demanda à qui la pièce devait être envoyée. Était-ce le fils qui devait posséder ce document ? Non ; mieux valait que ce fût la fille. Mais la prudence exigeait que le secrétaire n'allât pas chez miss Hexam ; le frère de celle-ci avait vu Jules Handford ; en causant de Rokesmith, les observations de la sœur pouvaient réveiller les souvenirs du frère, et avoir des conséquences qu'il fallait éviter. « On irait peut-être, se dit-il, jusqu'à m'accuser de mon propre meurtre. » Il jugea donc plus sage de se servir de la poste. Plaisante Riderhood lui avait donné l'adresse ; il n'y avait rien à expliquer ; le papier fut mis sous enveloppe, et envoyé à destination.

Tout ce que le secrétaire savait de miss Hexam lui avait été dit par missis Boffin, qui le tenait elle-même de mister Lightwood. Celui-ci avait une réputation d'agréable conteur, et il s'était approprié cette histoire.

Les détails qu'il avait eus sur Lizzie l'ayant intéressé, Rokesmith aurait été bien aise d'en apprendre davantage. Il aurait voulu savoir, par exemple, si elle avait reçu le papier qui réhabilitait son père, et si elle en avait été satisfaite. Mais à qui s'adresser ? Mister Lightwood connaissait Jules Handford, il l'avait vu, avait fait faire des recherches à son égard ; de tous les hommes c'était lui que le secrétaire fuyait avec le plus de soin. « Et pourtant le cours ordinaire des choses, se disait Rokesmith, peut me mettre en face de lui d'un moment à l'autre. » Mais le jeune Hexam, se destinant au professorat, travaillait chez un instituteur. Rokesmith le savait par missis Boffin ; car l'influence que Lizzie avait eue sur la carrière de son frère faisait partie de l'histoire que racontait Lightwood et semblait être ce qu'il y avait de plus honorable à dire sur le compte de la famille. D'autre part Sloppy avait besoin de s'instruire ; en prenant pour lui donner des leçons l'instituteur chez qui se trouvait Hexam, le secrétaire pourrait avoir sur la sœur de ce dernier les détails qu'il désirait.

La première chose à faire était de se procurer le nom du professeur ; missis Boffin ne le connaissait pas ; mais elle savait où était le pensionnat ; il n'en fallait pas davantage. Le secrétaire écrivit immédiatement, et le soir même vit arriver Bradley.

Rokesmith expliqua au maître de pension que mister et missis Boffin, s'intéressant à un jeune homme qu'ils voulaient mettre en état de gagner sa vie, désiraient lui faire donner des leçons qui seraient prises dans la soirée. Mister Bradley ne demandait pas mieux que d'avoir un pareil élève. Les conditions furent réglées, et ce fut une affaire faite.

« Maintenant, demanda Bradley, puis-je savoir quelle est la personne qui m'a recommandé auprès de vous?

— Ce n'est pas à moi que vous l'avez été, répondit Rokesmith; je ne suis ici que le secrétaire de mister Boffin, l'héritier de mister Harmon, dont vous avez pu entendre parler.

— Mister Harmon! dit Bradley, qui aurait été bien plus surpris s'il avait su à qui il avait affaire, mister Harmon celui qui a été assassiné et retrouvé dans la Tamise?

— Précisément.

— Ce n'est pas lui...

— Non, interrompit le secrétaire en souriant, ce n'est pas lui qui vous a recommandé. Mister Boffin a su qui vous étiez par mister Lightwood, un solicitor que vous connaissez probablement.

— Très-peu; et ne désire pas le connaître davantage. Non pas que j'aie à lui reprocher quelque chose; mais j'ai des griefs réels contre son meilleur ami. » Il parvint à se contenir, toutefois à grand'peine, et ce fut avec difficulté qu'il articula ces mots, tant la colère le gagnait chaque fois que le souvenir d'Eugène lui revenait à l'esprit.

Le secrétaire devinant qu'il y avait là quelque blessure se disposait à changer de conversation; mais Bradley s'y cramponna avec sa maladresse habituelle. «Je n'ai, dit-il, aucun motif de cacher le nom de cet individu: la personne dont j'ai à me plaindre est un mister Wrayburn: » Rokesmith n'avait pas oublié ce gentleman. Parmi les souvenirs confus qu'il avait gardés de sa démarche au bureau de police, alors qu'il se débattait contre l'influence du narcotique, il ne revoyait pas les traits d'Eugène; mais il se rappelait son nom, sa manière de parler et d'agir, l'examen qu'il avait fait du corps, la place qu'il occupait, les paroles qu'il avait dites. «Et la sœur du jeune Hexam, comment l'appelle-t-on? demanda le secrétaire pour parler d'autre chose.

— Elle se nomme Lizzie, répliqua le maître de pension, dont la figure se contracta vivement.

— N'est-ce pas une jeune fille remarquable, sous le rapport du caractère? reprit Rokesmith.

— Assez pour être bien supérieure à mister Wrayburn, répondit

Bradley. A vrai dire, il suffirait pour cela d'une personne médiocre. Mais puis-je vous demander, monsieur, pourquoi vous avez rapproché ces deux noms ? J'espère que ma question n'est pas indiscrète.

— Simple hasard, répondit Rokesmith. Croyant voir qu'il vous était peu agréable de parler de mister Wrayburn, j'ai voulu changer de conversation, et ne l'ai pas fait d'une manière satisfaisante.

— La connaissez-vous ? demanda Bradley.

— Pas du tout.

— Alors ce n'est pas ce qu'il aurait dit qui a été cause du rapprochement de ces deux noms ?

— Vous pouvez en être sûr.

— Si je prends la liberté de vous demander cela, dit Bradley après avoir regardé le tapis, c'est que, dans son insolente fatuité, il est capable de tenir les propos les plus extravagants. J'espère, monsieur, que vous ne vous méprenez pas sur le sens de mes paroles. Je... Je porte le... plus grand intérêt au frère ainsi qu'à la sœur ; et ce sujet éveille en moi des sentiments très-profonds et très-vifs. » Il tira son mouchoir et s'essuya le visage. Le secrétaire pensa qu'il venait en effet de s'ouvrir un canal par lequel il aurait sur miss Hexam tous les renseignements qu'il pourrait désirer ; mais que selon toute apparence c'était un canal plein d'orages et difficile à sonder. Tout à coup Bradley domina ses émotions tumultueuses, et affrontant le regard du secrétaire, parut lui demander ce qu'il apercevait en lui.

« Vous désiriez, tout à l'heure, savoir qui vous a fait appeler dans cette maison, dit Rokesmith ; c'est au jeune Hexam que vous le devez. Mister Boffin a su par mister Lightwood qu'il était votre élève, et c'est ainsi qu'il vous a connu. Si je vous ai questionné à l'égard de ce jeune homme et de sa sœur, cela vient simplement de l'intérêt qu'ils m'inspirent ; intérêt qu'il m'est facile d'expliquer : vous n'ignorez pas que c'est leur père qui a trouvé le corps de John Harmon ?

— Je connais tous ces détails, monsieur, répondit Bradley, dont l'agitation était excessive.

— Dites-moi je vous prie, mister Headstone, miss Hexam a-t-elle eu à souffrir de cette accusation, dénuée de tout fondement, qui s'est élevée contre son père, et qui vient d'être anéantie par le dénonciateur lui-même ?

— Non, monsieur, répondit Bradley avec une sorte de fureur.

— Je m'en réjouis, dit le secrétaire.

— La sœur d'Hexam, reprit l'autre en s'arrêtant à chaque mot, et en ayant l'air de répéter une leçon, n'a encouru aucun reproche qui puisse empêcher un homme d'une renommée sans tache, un homme qui ne doit qu'à lui-même la carrière qu'il s'est faite, de partager avec elle la position qu'il s'est créée. Je ne dis pas, remarquez-le bien, de l'élever jusqu'à cette position; mais de l'y placer avec lui. La sœur d'Hexam a une réputation que rien ne viendra ternir, à moins que ce ne soit par sa propre faute. Quand un homme tel que celui dont je viens de parler la considère comme son égale, et s'est convaincu par lui-même qu'il n'y a pas sur elle le moindre blâme, je pense que la chose peut être regardée comme certaine.

— Il se trouve donc un homme dans les conditions que vous venez de dire? » demanda Rokesmith.

Bradley fronça les sourcils, affermit sa mâchoire, regarda fixement par terre avec une détermination que n'exigeait pas la circonstance, et répondit d'une voix sombre que cet homme existait. Il n'y avait aucun motif de prolonger l'entretien; et la conversation finit là.

Ces diverses mesures avaient tellement absorbé Rokesmith qu'il ne revit miss Wilfer que le lendemain. Par une entente secrète, ils restèrent aussi éloignés l'un de l'autre que faire se pouvait sans être remarqués. Les préparatifs du départ de Betty leur en facilitèrent le moyen en occupant Bella, qui non-seulement s'intéressait à la chose, mais y travaillait d'une manière active. Chacun d'ailleurs ne pensait qu'à la vieille femme, et lui accordait toute son attention.

« Voyons, dit Rokesmith à misais Higden, comme elle finissait d'arranger son panier, vous consentirez bien à prendre une lettre que je vais écrire, et que je vous prierai d'avoir toujours dans votre poche. Elle sera datée de cet hôtel, et dira tout simplement que mister et missis Boffin sont vos amis, je ne mettrai pas vos patrons; car je sais qu'ils s'y opposeraient.

— Oh! oui s'écria Boffin; pas de patronage; garons-nous du mot et de la chose.

— Il y en a assez comme cela, n'est-ce pas, Noddy?

— Je te crois, ma vieille; et je vais plus loin; tu dis assez; moi je dis beaucoup trop.

— Mais n'y a-t-il pas des gens qui aiment à être patronnés? demanda Bella en regardant mister Boffin.

— Je ne sais pas, dit le vieux boueur; si ça leur plaît, ils feraient bien de changer de goût. Patrons et patronnesses, vice-patrons et vice-patronnesses; patrons défunts et patronnesses défuntes, ex-vice-patrons, ex-vice-patronnesses : qu'est-ce que ça signifie? Parce que mister Tom Nookes, et missis Jack Style sont donné chacun cinq shillings pour une chose ou pour une autre, voilà un patron et une patronnesse! Que diable y a-t-il là dedans? Si ce n'est pas là une franche impudence, comment l'appellerez-vous?

— Ne t'échauffe pas, Noddy, objecta missis Boffin.

— Que je ne m'échauffe pas! s'écria l'ancien boueur; mais il y a là de quoi vous faire suer à en être tout fumant. Dire que je ne vais nulle part sans qu'on me patronne! Si je prends un billet pour une exhibition de fleurs, de musique, ou de n'importe quoi, un billet qui me coûte gros, pourquoi suis-je patronné, comme si les patrons et les patronnesses me régalaient? Si par elle-même la chose est bonne, est-ce qu'on ne peut pas la faire par amour de ce qui est bien? Si elle est mauvaise, est-ce que c'est le patronage qui la rendra meilleure? Pas du tout. Mais s'agit-il d'un nouvel établissement, on dirait que les briques et le mortier y sont de moindre importance que le patronage. Je voudrais que quelqu'un pût me dire si dans les autres pays on est patronné à ce point-là. Quant aux patrons et aux patronnesses je me demande s'ils n'ont pas honte d'eux-mêmes. Il n'y a pas de pilules, de pommade pour les cheveux, d'essence pour les nerfs qui ne soient pou... is par leur moyen. »

Sa bile épanchée, Noddy reprit son allure habituelle, et retourna à la place d'où il s'était levé pour venir faire cette tirade. « Quant à la lettre, dit-il au secrétaire, vous avez raison; c'est tout ce qu'il y a de plus juste; écrivez-la, faites-la-lui prendre, fourrez-la dans sa poche, employez plutôt la force. Elle peut tomber malade; c'est très-possible; il n'y a pas à dire non, missis Higden; vous pouvez être malade, vous le savez bien; vous avez beau être obstinée, vous ne le nierez pas, je vous en défie. »

La vieille femme se mit à rire, dit qu'elle prendrait la lettre, et en serait reconnaissante.

« A la bonne heure, dit Boffin; voilà qui est raisonnable. Ce n'est pas nous qu'il faut remercier; car nous n'y pensions pas· c'est Rokesmith. »

Celui-ci écrivit la lettre, en fit la lecture à Betty, et la lui donna.

— Maintenant qu'en pensez-vous? demanda missis Boffin.

— De la lettre, madame? Elle est superbe.

— Non; je parle de votre idée, reprit missis Boffin. Êtes-vous bien sûre d'être assez forte pour la mettre à exécution.

— J'aurai plus de force de cette manière-là qu'en faisant toute autre chose de ce qui m'est possible de faire.

— Ne dites pas cela, s'écria le boueur; il y a une foule d'autres choses que vous feriez bien; par exemple, tenir une maison. Est-ce que cela vous déplairait d'aller au Bower, et de connaître un littérateur du nom de Wegg, qui demeure là avec une jambe de bois? »

La vieille femme était à l'épreuve même de cette tentation; pour toute réponse elle ajusta son chapeau et son châle.

« Malgré tout, dit Boffin je ne vous laisserais pas partir si je n'espérais pas qu'on fera de Salop un bon ouvrier en aussi peu de temps qu'on n'en a jamais fait. Mais qu'est-ce que vous avez là, Betty? on dirait une poupée?»

C'était le brillant officier qui avait monté la garde sur le lit de Johnny. La pauvre grand'mère le fit voir; puis le remit dans sa robe. Elle remercia mister et missis Boffin, ainsi que le secrétaire; et passant ses deux bras ridés autour du cou frais et jeune de Bella, elle répéta les paroles de Johnny : « Un baiser pour la jolie dame. »

Caché entre deux portes, Rokesmith la vit embrassée en mémoire de l'enfant qu'on avait appelé John Harmon; et la vieille femme cheminait d'un pas résolu, fuyant la paralysie et la mendicité, qu'il regardait encore Bella.

XV

TOUT LUI DIRE!

Le maître de pension tenait plus que jamais à revoir Lizzie. En lui demandant une nouvelle entrevue, il avait obéi à un sentiment voisin du désespoir; et la même influence le dominait toujours. Ce fut peu de temps après l'entretien qu'il avait eu avec Rokesmith, que, par une soirée nébuleuse, Bradley sortit avec son élève, sans être remarqué de miss Peecher, et se dirigea vers l'endroit où il devait parler à la sœur d'Hexam.

« Cette habilleuse de poupées, dit-il à Charley, ne nous est favorable ni à l'un ni à l'autre,

— Je m'en doutais, monsieur; une petite sorcière, maligne et tortue. Dans tous les cas, elle aurait trouvé le moyen de se mêler à la conversation, et de dire des impertinences. C'est pour cela que je vous ai proposé de venir dans la Cité, où nous rencontrerons Lizzie.

— Je l'ai pensé, dit Bradley, qui tout en marchant gantait ses mains nerveuses.

— Il n'y avait que ma sœur, reprit l'élève, pour se choisir une pareille amie. Un de ses caprices; une fantaisie de dévouement; elle me l'a dit elle-même, le soir où nous sommes allés chez elle.

— Quelle raison avait-elle de se dévouer à cette petite?

— Toujours la même chose; ses idées romanesques, dit Charley en rougissant. J'ai essayé de lui prouver qu'elle avait tort; mais je n'ai pas réussi. Toutefois, cela n'a pas d'importance; que nous ayons ce soir une réponse favorable, et tout le reste ira bien.

— Vous espérez toujours, Hexam?

— Assurément; nous avons tout pour nous. » Excepté votre sœur, peut-être, pensa Bradley. « Tout absolument, reprit le frère, avec une confiance juvénile : respectabilité, excellente position, énorme avantage pour moi; rien n'y manque.

— Il est certain que votre sœur vous est toute dévouée, dit le maître, en essayant de trouver dans cette phrase un motif d'espoir.

— Naturellement, répondit l'élève. J'ai sur elle une très-grande influence; et du jour où vous m'avez fait l'honneur de me confier vos intentions, je n'ai pas douté du succès. Tout n'est-il pas de notre côté? »

Excepté votre sœur, peut-être, pensa de nouveau Bradley.

Rien de moins encourageant que l'aspect de la Cité de Londres en automne, par une soirée grise et poudreuse. Les comptoirs et les magasins fermés ont un air de mort; l'effroi national qu'inspire la couleur met tout en deuil. Les églises, que des maisons pressent de toute parts, les clochers et les tours, sombres et enfumés, se confondant avec un ciel de plomb qui semble tomber sur eux, ne diminuent pas la tristesse de l'effet général. Un cadran solaire, tracé sur le mur d'un temple, paraît, dans son ombre inutile, avoir manqué son entreprise et suspendu ses payements pour toujours. Des portiers et des ménagères, épaves mélancoliques, balayent dans le ruisseau de mélancoliques épaves: chiffons de papier, débris de cuisine, riens de toute espèce, que d'autres épaves mélancoliques, attentives et courbées, fouillent, retournent, examinent dans l'espoir d'y ramasser quelque chose qui pourra se vendre. Le flot humain qui s'échappe des rues désertées ressemble à une bande de prisonniers sortant de la geôle; et Newgate paraît aussi bien convenir au puissant lord-maire que le palais qu'il habite.

C'est par une soirée de cette espèce, alors que la poussière sableuse se met dans vos cheveux, dans vos yeux, dans votre peau; par une de ces soirées où les feuilles des quelques arbres de l'endroit s'abattent, dans les coins, fouettées et broyées qu'elles sont par le vent, que Bradley et son élève gagnèrent la région de Leadenhall-street, pour arrêter Lizzie au passage. Arrivés trop tôt, ils allèrent se mettre dans un angle en attendant qu'elle parût. Le plus charmant des hommes caché et transi dans un coin n'y aurait pas très bon-air; et Bradley y fit réellement une assez piètre figure.

« La voilà, monsieur; allons à sa rencontre. »

Lizzie les aperçut et parut un peu troublée; elle fit néanmoins à Charley son accueil habituel, et toucha la main que lui tendait le maître de pension.

« Où vas-tu, chéri? demanda-t-elle à son frère.

— Nulle part; nous sommes ici pour te rencontrer.

— Moi, Charley?

— Oui; nous venons te prendre pour faire un tour de promenade. Ne suivons pas ces grandes rues pleines de monde et où l'on ne peut pas causer; allons dans un endroit plus calme; tiens, à côté de l'église nous y serons plus tranquilles.

— Mais ce n'est pas mon chemin, dit-elle.

— Si, répondit l'écolier avec pétulance; c'est la route que je prends; et ma route est la tienne. »

Lizzie, qui lui tenait toujours la main, le regarda d'un air étonné. Il détourna la tête pour éviter ce regard, et appela mister Headstone. Bradley vint se mettre à côté de lui, non près d'elle; le frère et la sœur continuèrent de se tenir par la main.

La cour où ils étaient entrés les conduisait à un cimetière, espèce de square entouré d'une grille, et s'élevant d'environ quatre pieds au-dessus de la place dont il occupait le centre. Là, convenablement et sainement installés au-dessus des vivants, gisaient les morts sous leurs pierres sépulcrales, dont quelques-unes s'écartaient de la perpendiculaire et le front courbé, semblaient honteuses des mensonges qu'elles énonçaient. Les promeneurs avaient déjà fait une fois le tour de la place; ils marchaient d'un air contraint, et avec un malaise évident, lorsque Charley s'arrêta, et dit tout à coup : Lizzie, mister Headstone a une communication à te faire; je ne veux pas vous gêner, et vais flâner dans les environs; je reviendrai tout à l'heure. »

Ils avaient fait quelques pas, laissant Bradley derrière eux. « Je sais, d'une manière générale, ajouta Charley, ce dont il va t'entretenir. J'approuve hautement ses intentions; et j'espère, ou plutôt je suis sûr que tu consentiras à ce que nous désirons, lui et moi. Je n'ai pas besoin de te rappeler que j'ai à mister Headstone les plus grandes obligations, et que je souhaite de toute mon âme que ses projets réussissent. Tu partages mes sentiments, ce qui est d'une bonne sœur; je n'ai aucun doute à cet égard.

— Ne t'éloigne pas, Charley, dit-elle en serrant la main qu'il voulait lui retirer; mister Headstone ferait mieux de ne rien dire.

— Tu ne sais pas ce que c'est, reprit l'élève.

— Peut-être bien; mais cependant...

— Non, non; si tu le savais tu ne parlerais pas comme cela. Voyons, laisse-moi partir; sois raisonnable; tu oublies qu'il nous regarde. »

Elle lui lâcha la main, et Charley s'éloigna après lui avoir recommandé de nouveau d'agir en « fille sensée, de se conduire en bonne sœur. »

Resté seul auprès d'elle, Bradley ne se décida à rompre le silence que lorsqu'elle eut relevé les yeux. « La dernière fois que je vous ai vue, commença-t-il, je vous ai dit qu'il me restait à vous communiquer certaine chose qui pourrait avoir de l'influence sur votre conduite. C'est pour vous en parler que je suis venu ce soir. J'espère que vous ne me jugerez pas d'après l'hésitation qu'il y a dans mes paroles. Vous me voyez à mon grand désavantage; c'est bien malheureux pour moi, qui voudrais tant briller devant vous, et qui me fais voir sous le jour le plus défavorable. »

Elle se mit à marcher lentement; et Bradley, mesurant son pas sur le sien, marcha à côté d'elle.

« Il semble égoïste de ma part de m'occuper de moi tout d'abord, reprit-il; mais quand je vous parle tout ce que je dis est bien loin de ce que je sens, bien différent de ce que je voudrais dire. C'est comme cela; je ne peux pas l'empêcher. Oh! vous êtes ma ruine! »

L'accent passionné de ces derniers mots, et le geste désespéré qui les accompagna, la firent tressaillir. « Oui, poursuivit-il, vous m'avez perdu; je n'ai plus de ressources dans l'esprit, plus de confiance en moi, plus d'empire sur moi-même quand vous êtes là, ou que je pense à vous; et j'y pense sans cesse! Vous ne m'avez pas quitté une seconde depuis l'instant où je vous ai vue. Quel malheureux jour pour moi!

— Je suis désolée, monsieur, de vous avoir fait du mal; c'est bien sans intention, je vous assure.

— Voyez! s'écria-t-il avec désespoir; je voulais vous montrer l'état de mon cœur, et j'ai l'air de vous adresser des reproches! Soyez indulgente pour moi; j'ai toujours tort quand il s'agit de vous; c'est là ma destinée. »

Bien que toujours auprès d'elle, il fit le tour de la place sans rien dire, luttant contre lui-même, et regardant les fenêtres abandonnées, comme s'il y avait eu sur leurs vitres noires quelque phrase qui pût lui venir en aide.

« Il faut pourtant vous montrer ce que j'ai dans l'âme ! Malgré la nullité dont je fais preuve, il faut que ce soit exprimé. C'est vous qui paralysez tous mes moyens. Je vous supplie de croire que beaucoup de gens ont bonne opinion de moi, qu'il en est qui m'ont en grande estime, que je me suis fait une position que l'on considère comme étant digne d'envie.

— Je n'en doute pas, monsieur ; je le sais depuis longtemps par Charley.

— Veuillez croire, je vous le demande, que si j'offrais ma position telle qu'elle est aujourd'hui, et les sentiments que j'éprouve, à l'une des jeunes femmes les plus estimées, les plus capables, parmi celles qui se livrent à l'instruction, il est probable qu'ils seraient acceptés, même avec empressement.

— Pourquoi ne le faites-vous pas ? demanda Lizzie.

— Il est bien heureux que je ne l'aie pas fait ! dit-il avec exaltation, et en répétant ce geste qui semblait puiser dans son cœur, en prendre le sang et le jeter devant elle. C'est la seule pensée consolante qui me soit venue depuis bien des semaines ; car si je l'avais fait, et que je vous eusse rencontrée, j'aurais brisé ce lien comme un fil. »

Lizzie le regarda avec terreur.

« Pas volontairement, poursuivit Bradley ; pas plus que je ne suis là par l'effet de ma volonté. Vous m'attirez sans que je le veuille. Je serais en prison que vous m'en feriez sortir, je renverserais les murailles pour aller droit à vous. Je serais sur mon lit de mort, qu'attiré par vous, je me lèverais en chancelant, et j'irais tomber à vos pieds. »

L'énergie affolée de cet homme qui ne se contenait plus était vraiment terrible. Il s'arrêta, posa la main sur le petit mur qui entourait le cimetière, et sembla vouloir en arracher les dalles.

« Jusqu'à ce que le moment soit venu, reprit-il avec désespoir, nul ne sait quels abîmes sont en lui. Il est des hommes pour qui ce moment-là ne vient jamais. Qu'ils restent paisibles, et en rendent grâces à Dieu. Pour moi, c'est vous qui l'avez évoqué. Vous avez paru, et le fond de cette mer orageuse a été soulevé, — il se frappa la poitrine — et ne s'est pas calmé depuis lors.

— Assez, monsieur ; permettez que je vous arrête ; cela vaudra mieux pour vous et pour moi ; allons retrouver mon frère.

— Non ; pas encore. Il me faut tout dire ; j'ai souffert mille tortures pour ne m'être pas expliqué. Je vous fais peur... ! C'est l'une de mes misères de ne pas pouvoir vous parler, ni même parler de vous, sans hésiter à chaque syllabe, à moins de rompre mon frein et d'arriver à la démence. Voici l'allumeur du gaz ; il partira bientôt. Je vous en prie, encore un tour de place. Ne vous effrayez pas ; je vais me contenir, je vous le promets. »

Elle céda à cette prière ; pouvait-elle faire autrement ? Et gardant le silence, ils refirent le tour du square.

Les lumières jaillirent une à une, repoussant dans l'ombre la vieille tour de l'église qui parut s'éloigner ; puis l'homme au gaz s'en alla ; et les promeneurs se retrouvèrent seuls. Bradley continua de marcher en silence jusqu'à ce qu'il fut revenu à l'endroit où il avait parlé d'abord. Il s'arrêta près du mur, et saisissant la pierre de ses doigts crispés, il reprit la parole sans cesser de regarder la dalle que sa main essayait de tordre.

« Ce que je vais vous dire, vous le savez : je vous aime. J'ignore ce que pensent les autres quand ils prononcent ce mot-là. Pour moi, il signifie que je suis sous l'influence d'une attraction effroyable, à laquelle j'ai essayé de résister, mais qui me domine complétement. Vous pouvez m'attirer dans l'eau, dans le feu, à la potence ; m'attirer vers le genre de mort qu'il vous plaira de me choisir ; m'attirer à ce que j'aurais fui avec le plus d'horreur : à tous les scandales, à toutes les hontes ! Cet abandon de moi-même, la confusion de mes pensées, qui fait que je ne suis plus bon à rien, est ce qui me faisait dire tout à l'heure que vous m'aviez perdu. Mais si votre réponse m'était favorable, si vous acceptiez ma personne et mon nom, vous pourriez, avec la même force, m'attirer vers le bien. J'ai une belle aisance et rien ne vous manquera. Ma réputation est excellente, elle protégera la vôtre. J'accomplirais ma tâche comme je peux la remplir ; et me voyant capable et respecté, recevant sous vos yeux les témoignages de l'estime de tous, peut-être seriez-vous fière de moi ; je ferais tant d'efforts pour cela ! Tout ce qui pouvait me détourner de ce mariage, je l'ai réduit à néant, et l'ai fait de tout mon cœur. Votre frère me favorise de tous ses vœux ; nous pourrions vivre ensemble, associer nos travaux ; dans tous les cas, mon influence et mon appui lui seraient assurés. Je ne sais pas ce que je pourrais dire. Ce n'est pas assez, je le sens ; mais tout ce que j'ajouterais ne ferait qu'en affaiblir l'expression. Je dirai seulement que si la sincérité a quelque poids auprès de vous, tout cela est bien vrai — effroyablement vrai. »

Le mortier qui scellait la pierre ébranlée par sa main, grêla sur le pavé en confirmation de ses paroles.

« Attendez ! je vous en supplie ; marchons un peu, cela vous donnera le temps de réfléchir, et à moi de prendre des forces. Voulez-vous ? »

Elle céda encore ; ils firent un nouveau tour de place, et revenu au même endroit, il ébranla de nouveau la pierre. « Maintenant, dit-il en concentrant toute son attention sur ce qu'il allait entendre, répondez : oui ou non.

— Je vous remercie de tout mon cœur, monsieur ; je suis bien reconnaissante ; j'espère que vous trouverez avant peu une femme digne de vous, qui vous donnera tout le bonheur que vous méritez ; mais c'est non.

— N'est-il pas nécessaire que vous réfléchissiez... quelque temps, une semaine, un jour? demanda-t-il à demi suffoqué.

— Non, monsieur.

— Êtes-vous bien décidée? bien sûre de ne pas changer d'avis? N'y a-t-il aucun espoir?

— Aucun, monsieur, j'en suis sûre.

— En ce cas, reprit-il en se tournant vers elle, et en frappant la pierre avec tant de force que les os de ses doigts en furent mis à nu, je souhaite de ne pas le tuer! »

La haine, la soif de vengeance qui éclatèrent dans son regard, en même temps que ces mots tombaient de ses lèvres pâles, tandis que sa main sanglante paraissait avoir donné la mort, effrayèrent tellement Lizzie qu'elle voulut fuir ; mais il la retint par le bras.

« Laissez-moi, monsieur, laissez-moi! ou je vais appeler au secours.

— C'est moi, dit-il, qui devrais en demander ; vous ne savez pas comme j'ai besoin d'être secouru. »

Les contractions de sa figure, au moment où il la vit se détourner et chercher où était son frère, auraient fait partir le cri qu'elle avait sur les lèvres, si elle avait pu le voir. Mais tout à coup il arrêta ces mouvements tumultueux, et fixa l'expression de son visage avec autant de fermeté que si la mort l'eût fait elle-même. « Vous voyez, je suis calme, dit-il ; écoutez-moi. »

Elle réclama de nouveau la liberté, le fit avec autant de dignité que de courage ; et dégageant son bras de l'étreinte qui s'était peu à peu relâchée, elle regarda Bradley en face. Jamais elle ne lui avait paru si belle ; il voulut soutenir son regard ; mais il sentit ses yeux se voiler comme si elle en avait attiré la lumière.

« Cette fois j'aurai donc parlé! reprit-il en croisant les mains pour s'interdire les gestes qui pouvaient lui échapper. Cette fois, j'aurai dit tout ce qui me torture. Mister Eugène Wrayburn...

— C'était à lui que vous pensiez dans cet accès de rage? » demanda Lizzie d'une voix ferme. Il se mordit les lèvres, et la regarda sans répondre. « C'était à mister Wrayburn que s'adressaient vos menaces? » Il la regarda, toujours sans répondre, et en se mordant les lèvres. « Vous m'avez demandé de vous entendre, mais vous n'avez rien à dire; et je vais retrouver mon frère.

— Oh! restez! Je n'ai menacé personne. » Voyant qu'elle regardait sa main, il en essuya le sang sur sa manche, puis la recroisa avec l'autre. « Mister Wrayburn, reprit-il.

— Encore ce nom, monsieur! pourquoi le répéter?

— Parce qu'il est le sujet de ce qui me reste à vous dire. Remarquez-le bien : je ne menace pas. Si cela m'arrive, arrêtez-moi, et faites-m'en des reproches. Mister Wrayburn! » La manière dont il proféra ces mots renfermait à elle seule une menace que des paroles n'auraient guère mieux exprimée. « Vous recevez ses visites, poursuivit-il; vous acceptez ses bienfaits, vous l'écoutez avec plaisir, lui.

— Mister Wrayburn a été plein de bontés et d'égards pour moi à l'époque où mon père est mort, répliqua Lizzie avec fierté.

— Oh! naturellement; c'est un homme plein de bontés et d'égards, que mister Wrayburn.

— Il vous est étranger, d'ailleurs, poursuivit-elle avec indignation.

— Vous vous trompez; il me touche de près, au contraire.

— Que peut-il vous être?

— Un rival d'abord.

— Mister Headstone, reprit Lizzie le visage en feu, ce que vous venez de dire est une lâcheté; mais cela me permet de vous répondre que je ne vous aime pas, et ne vous aimerai jamais; que vous m'avez déplu dès votre première visite; et que personne n'entre pour rien dans l'effet que vous m'avez produit. »

Il releva la tête qu'il avait courbée sous le poids de ces paroles, et après s'être humecté les lèvres : « Je savais tout cela, dit-il; et vous ne m'en attiriez pas moins. J'avais beau penser à mister Wrayburn, j'avançais toujours. Ce soir je songeais à lui, et je suis venu; même actuellement je l'ai sous yeux, et je vous parle encore. C'est pour lui qu'on m'éloigne, qu'on me rejette.

— Si vous interprétez ainsi mon refus et les remercîments que je vous adresse, ce n'est pas ma faute, dit-elle avec douceur; car elle était non-moins émue qu'effrayée de la lutte qu'il soutenait contre lui-même.

— Je ne me plains pas, dit-il; je constate un fait. J'ai dû lutter contre le respect de moi-même, lorsque je me suis laissé entraîner vers vous en dépit de mister Wrayburn. Vous ne vous figurez pas à quel point je suis tombé dans ma propre estime. »

Elle était blessée, irritée; mais elle garda le silence en considération de ce qu'il avait fait pour son frère et de ce qu'elle lui voyait souffrir.

« Ce respect de moi-même, auquel je tenais tant, il est sous ses pieds! dit-il avec désespoir; sous les pieds de cet homme qui le foule et qui triomphe!

— Vous vous trompez, monsieur.

— Non, je ne me trompe pas; il m'a écrasé de son mépris; car il savait d'avance ce qui m'arriverait ce soir.

— Votre esprit s'égare, monsieur.

— Jamais il n'a été plus lucide, jamais; je sais trop bien le sens de mes paroles. Maintenant j'ai dit tout ce que j'avais à dire; rappelez-vous que je n'ai pas fait de menace, que je vous ai seulement exposé la chose. »

En ce moment Charley vint à paraître. Elle s'élança vers son frère, et fut suivie de Bradley, dont la main pesante tomba sur l'épaule de l'élève. « Je m'en vais, dit-il à celui-ci; je retournerai seul à la maison, je m'enfermerai dans ma chambre. Laissez-moi une demi-heure d'avance; et ne cherchez pas à me voir avant demain matin, où je serai à mon poste, comme à l'ordinaire. » Il joignit les mains, proféra un cri étouffé qui n'avait rien de terrestre, et s'éloigna rapidement.

Restés seuls, à côté d'un bec de gaz, le frère et la sœur se regardèrent en silence; puis un nuage passa sur la figure de l'écolier, et d'une voix rude : « Qu'est-ce que cela veut dire? demanda-t-il; qu'as-tu fait à mon meilleur ami? allons vite, et de la franchise.

— Un peu plus d'égards, Charley!

— Je ne suis pas d'humeur à songer aux égards, ni à d'autres balivernes; qu'est-ce qui est arrivé? Pourquoi M. Headstone est-il parti de cette manière-là?

— Il m'a proposé — mais tu dois le savoir — de me marier avec lui.

— Eh bien? fit Charley avec impatience.

— J'ai été forcée de lui répondre que cela ne se pouvait pas.

— Forcée! dit le frère entre ses dents, et en la repoussant avec rudesse; lui répondre que cela ne se pouvait pas! Sais-tu bien qu'il vaut cent fois mieux que toi?

— Ce n'est pas difficile, Charley; mais c'est égal; je ne peux pas l'épouser.

— Tu sens que tu n'es pas digne de lui; c'est là ce que tu veux dire, je suppose?

— Ce que je veux dire est bien simple : je ne l'aime pas, et ne l'épouserai jamais.

— Sur mon âme, s'écria l'écolier, tu es une sœur modèle, un

type de désintéressement! Ainsi tout ce que je fais pour effacer le passé, pour m'ouvrir une carrière et t'élever avec moi, est détruit par tes extravagances.

— Je ne veux pas te faire de reproches, Charley; mais tu avoueras.....

— L'entendez-vous! interrompit le frère en jetant les yeux autour de lui. Elle s'efforce de briser mon avenir, elle perd le sien, et veut bien ne pas m'adresser de reproches; c'est heureux, vraiment! Tu vas me dire aussi que tu n'en foras pas à mister Headstone pour être descendu de la sphère dont il est l'une des gloires, et s'être mis à tes pieds, d'où tu le repousses?

— Non, Charley; je te dirai ce que je lui ai dit à lui-même: que je le remercie sincèrement de ses offres généreuses. Je suis fâchée qu'il me les ait faites; j'espère qu'il trouvera une femme plus digne de lui, et qui le rendra aussi heureux que je le désire. »

Le regard de Charley s'arrêta. En voyant la patiente petite mère qui avait protégé son enfance; l'amie courageuse et douce qui l'avait dirigé et soutenu; la sœur oublieuse d'elle-même qui l'avait sauvé de l'abjection et de la misère, l'écolier eut un léger remords, dont son cœur, chaque jour plus dur, fut ébranlé; sa voix se radoucit, et prenant le bras de la jeune fille: « Voyons, dit-il, ne nous disputons pas; soyons raisonnables; causons tranquillement, comme on le doit entre frère et sœur. Veux-tu m'écouter, Liz?

— Oh! répondit-elle au milieu de ses larmes, est-ce que je ne t'écoute pas, Charley, même pour entendre des choses bien dures?

— Je t'ai fait de la peine, je le regrette, Lizzie; mais il ne faut pas m'exaspérer. Voyons: mister Headstone a pour toi un dévouement absolu; il m'a dit, et dans les termes les plus forts, que du jour où nous sommes allés te voir ensemble, il n'avait pas été une seconde sans penser à toi. Miss Peecher, notre voisine, qui est maîtresse de pension, jeune et jolie, fort instruite, qui a tout pour elle, lui est très-attachée, le fait est connu; eh bien! il ne la regarde même pas. Or, l'affection qu'il a pour toi est très-désintéressée; tu ne peux pas dire le contraire; il aurait cent fois plus de bénéfices à prendre notre voisine; qu'a-t-il à gagner en t'épousant?

— Oh! ciel, rien du tout.

— Cela prouve bien en sa faveur, continua Charley. Mais j'arrive au point capital: mister Headstone m'a toujours poussé; il a beaucoup d'influence; si j'étais son beau-frère il me favoriserait. Il est venu me trouver, et m'a dit de la façon la plus délicate: « J'espère, Hexam, qu'il vous serait agréable de me voir épouser votre sœur; d'autant plus que cela vous serait utile. — Monsieur, lui ai-je répondu, c'est la chose qui me rendrait le plus heureux. — En ce cas, m'a-t-il dit, je peux compter sur vous pour m'appuyer auprès de votre sœur, et lui parler de moi d'une manière favorable. Certainement, ai-je répliqué; soyez tranquille, monsieur, car j'ai sur elle beaucoup d'empire. N'est-il pas vrai, Liz?

— Oui, Charley, beaucoup.

— Très-bien, Liz; une bonne parole; tu vois, nous commençons à nous entendre. Je continue; fais bien attention. Mariée avec lui, la position que tu occuperas sera des plus respectables; infiniment supérieure à celle que tu as maintenant. Elle te séparera enfin de la rivière, et de tout ce qui s'y rattache. Plus rien de la vie d'autrefois; tu seras délivrée pour toujours des habilleuses de poupées, de leurs ignobles pères, et de tout ce qui s'en suit. Non pas que je veuille dénigrer miss Wren; elle est très-bien pour une fille de son rang; mais sa société ne convient pas à la femme d'un chef d'institution. Ainsi donc au point de vue de mon intérêt, de celui de mister Headstone et du tien, c'est tout ce qu'il y a de plus désirable. »

Il s'arrêta pour regarder sa sœur; mais rien n'annonçait qu'elle eût changé d'avis. Il se remit à marcher auprès d'elle; et bien qu'il s'efforçât de cacher son désappointement, ce fut d'un ton moins résolu qu'il reprit la parole.

« Avec l'influence que j'ai sur toi, j'aurais peut-être mieux fait, dit-il, de t'entretenir des projets de mister Headstone avant qu'il t'en parlât; et de te disposer en sa faveur; mais cette proposition est tellement généreuse, les avantages qu'elle offre sont d'une telle évidence, tu as toujours fait preuve de tant de raison, que je n'ai pas cru que ce fût nécessaire; il paraît que je me suis trompé. Toutefois ce n'est pas irréparable; il suffit de lui dire que la réponse qu'il a reçue tout à l'heure n'est pas définitive, que cela s'arrangera peu à peu, et que tu finiras par accepter. Je l'aurai bien vite rejoint; et ce sera comme si tu n'avais rien dit. »

Il s'arrêta de nouveau; la pâle créature le regarda d'un air affectueux et troublé; mais elle secoua la tête d'une façon négative.

« Est-ce que tu as perdu la parole? demanda-t-il avec aigreur.

— J'aurais mieux aimé ne rien dire, Charley; mais puisqu'il le faut, je parlerai. Je maintiens la réponse que j'ai faite, et ne permets pas que tu dises le contraire. Ne lui parle pas de moi; c'est inutile. Après la résolution dont je lui ai fait part ce soir, résolution, qui est inébranlable il ne reste rien à dire.

— Et cette fille-là s'appelle une bonne sœur! s'écria l'écolier en la repoussant d'une manière brutale.

— Voilà deux fois, Charley, que tu m'as presque frappée — ne te blesse pas de mes paroles — je ne veux pas dire que ce soit avec intention Dieu m'en préserve; tu ne t'en doutes pas, j'en suis sure, mais tu m'as poussée bien fort, chéri.

— Dans tous les cas, poursuivit Charley sans faire attention à cette remontrance, je sais ce que cela signifie, et ne souffrirai pas que tu me déshonores.

— Cela signifie que ce mariage me déplaît; pas autre chose.

— Ce n'est pas vrai, répondit-il brusquement. C'est ton Wrayburn qui en est cause.

— Charley, je t'en prie! au nom des jours que nous avons passés ensemble, si tu te les rappelles....

— Je ne veux pas que tu me déshonores, reprit-il d'un ton bourru; il ne sera pas dit qu'après m'être sorti de la fange, tu m'y feras retomber; et pour que ta honte ne rejaillisse pas sur moi, je te le déclare, il n'y a plus rien de commun entre nous.

— Que de fois, par une soirée comme celle-ci, même souvent bien plus dure, je me suis assise dans la rue, pour tâcher d'apaiser tes cris! Si tu ne l'as pas oublié, Charley, reprends tes dernières paroles. Ne me fais pas d'excuses; dis seulement que tu ne le penses pas, et mes bras et mon cœur te seront toujours ouverts.

— Reprendre mes paroles! C'est-à-dire que je les répète; tu es une mauvaise fille; foncièrement mauvaise; une méchante sœur, hypocrite et sans âme. C'est fini entre nous, entends-tu bien; et pour toujours. »

Il leva ses mains ingrates, comme pour dresser une barrière entre sa sœur et lui, et se mettant à courir, il eut bientôt disparu. Lizzie resta immobile et silencieuse à la place où il l'avait laissée, jusqu'au moment où elle fut réveillée par l'heure qui sonnait à l'église. Elle se détourna pour partir; mais son immobilité, en se brisant, fit jaillir les larmes que le froid égoïsme et le cœur glacé de son frère avaient congelées.

« Que ne suis-je ici avec les morts! O Charley! Charley! c'était donc ainsi que devait finir l'histoire dont nous regardions les images dans le feu? »

Elle se couvrit la figure de ses mains, et tomba en sanglotant sur le mur du cimetière. Un homme passa près d'elle, la tête inclinée; puis il se retourna, et s'arrêta pour la voir. C'était un vieillard à la démarche grave, vêtu d'une longue houppelande, et coiffé d'un chapeau à larges bords. Après un instant d'hésitation, il revint sur ses pas, s'approchant d'elle tout doucement, et d'une voix compatissante : « Pardonnez-moi, lui dit-il, de vous adresser la parole; mais vous avez de grands chagrins, pauvre femme ! Je ne peux pas vous laisser pleurer toute seule, et continuer ma route, comme s'il n'y avait là personne. Puis-je vous être utile? faire quelque chose qui aide à vous consoler? » Elle releva la tête, et s'écria avec joie : « Mister Riah ! Oh ! c'est vous!

— Je n'en reviens pas, dit le vieillard. Je croyais parler à une étrangère, et c'était vous, ma fille! Prenez mon bras; venez avec moi. Qui vous a fait ce chagrin ? pauvre enfant!

— Mon frère s'est querellé avec moi, et il m'a reniée, sanglota Lizzie.

— Chien ingrat! dit le vieux juif. Mais laisse-le partir; secoue la poussière de tes pieds, et oublie jusqu'à sa trace. Venez, ma fille, venez chez moi ; c'est à deux pas; vous reprendrez un peu de calme; vous vous bassinerez les yeux; puis je vous reconduirai. Il se fait tard; vous êtes toujours rentrée à pareille heure; et ce soir il y a beaucoup de monde dehors. »

Elle accepta le bras du vieillard, et ils sortirent de la place du cimetière; ils venaient d'entrer dans la voie principale, quand un individu, qui flânait d'un air mécontent, et dont le regard fouillait la rue dans tous les sens, se précipita vers eux en s'écriant : « Lizzie ! mais d'où venez-vous ? »

Elle se serra contre le vieillard, et inclina la tête. De son côté, le vieux juif après avoir lancé un coup d'œil rapide sur le nouveau venu, baissa les yeux et garda le silence.

« Qu'est-il arrivé, Lizzie?

— Je ne peux pas vous le dire à présent, mister Wrayburn, si même je vous le dis jamais. Laissez-moi, je vous en prie.

— Pas le moins du monde; je suis venu exprès pour vous. J'ai dîné dans le voisinage, et sachant à quelle heure vous sortez de l'atelier, j'étais sûr de vous rencontrer ici. Mais qu'êtes-vous devenue? Il y a des heures que je me promène de long en large, comme un recors ou un marchand de vieux habits, dit-il en regardant le juif. »

Celui-ci leva les yeux, et jeta un nouveau coup d'œil sur le jeune homme.

« Allez-vous-en, mister Wrayburn; je ne suis pas seule, vous voyez, je n'ai rien à craindre. Un mot cependant : prenez garde, je vous en prie ; veillez sur vous.

— Mystères d'Udolphe! s'écria Eugène d'un air étonné. Puis-je vous demander quel est ce protecteur?

— Un ami dévoué, monsieur.

— Je vais prendre sa place, continua Eugène, et vous me direz ce qui vous arrive, Lizzie.

— Il s'agit de son frère, répondit le vieillard en regardant le gentleman.

— De notre frère! reprit Eugène d'un ton méprisant; il ne vaut pas un souvenir, encore moins une larme. Et qu'a-t-il fait, notre frère? »

Le vieux juif attacha sur Eugène un regard profond et grave qu'il reporta sur sa compagne. Ce regard était tellement significatif qu'Eugène arrêta court l'expression légère qu'il avait sur les lèvres, et le transforma en un murmure rêveur.

Les yeux baissés, mais conservant toujours le bras de Lizzie, le vieillard garda le silence, et resta immobile d'un air patient et résigné. Habitué à l'obéissance passive, il aurait passé là toute la nuit, sans paraître désirer qu'il en fût autrement.

« Si mister Aaron veut bien me céder sa place, dit Eugène qui commençait à trouver la chose fatigante, il sera complétement libre de vaguer aux devoirs qui peuvent l'appeler à la synagogue. » Le vieux juif demeura comme un terme. « Bonsoir, monsieur, reprit Eugène, nous ne voulons pas vous retenir. » Puis, se tournant vers Lizzie, il ajouta : « Est-ce que notre ami est un peu sourd?

— Non, gentleman chrétien, j'ai l'oreille fine, répondit tranquillement le vieillard; mais il n'y a qu'une voix qui puisse me faire entendre que je doive quitter cette jeune fille avant de l'avoir reconduite.

— Puis-je savoir pourquoi? dit Eugène avec la même aisance.

— Pardon, répliqua le juif; si elle le demande, je le dirai; mais à elle seule, non à d'autre.

— Je ne le demande pas, dit-elle, et vous prie de me reconduire. J'ai été bien éprouvée ce soir, mister Wrayburn; ne me croyez pas ingrate, dissimulée, ou changeante; ce n'est pas cela; je suis seulement bien malheureuse. Mais, je vous en prie, n'oubliez pas ce que je vous disais tout à l'heure; prenez garde à vous, prenez garde!

— A quel propos, chère Lizzie? demanda-t-il à voix basse, en se penchant vers elle. De qui ou de quoi faut-il me défier?

— De quelqu'un que vous avez vu dernièrement, et qui vous en veut beaucoup. »

Eugène fit claquer ses doigts et se mit à rire. « Voyons, reprit-il, puisqu'il n'y a pas moyen de faire autrement, nous allons partager le mandat, et vous reconduire chez vous, mister Aaron d'un côté, et moi de l'autre. »

Il connaissait le pouvoir qu'il avait sur elle, et savait bien qu'elle n'exigerait pas qu'il s'éloignât. Il savait, qu'ayant des craintes à son égard, elle serait inquiète si elle le perdait de vue; car, en dépit de sa légèreté et de sa nonchalance, il savait tout ce qu'il voulait savoir de ce qu'elle pouvait penser et sentir.

Si joyeux auprès d'elle, si indifférent au péril, si dévoué, alors qu'elle ne trouvait qu'ingratitude dans sa propre famille; tellement supérieur par son esprit, son calme et son aisance, à l'être guindé, sombre et violent qui la poursuivait, au frère égoïste et brutal qui l'avait reniée, quel immense avantage, quelle influence entraînante n'avait-il pas en ce moment! Ajoutez à cela qu'elle venait, pauvre fille! de l'entendre vilipender à propos d'elle; qu'elle avait souffert à cause de lui; et vous comprendrez que le sérieux qu'il mêlait à ses paroles insouciantes, comme pour lui montrer que celles-ci n'avaient d'autre but que de la distraire; vous comprendrez que son plus léger attouchement, son moindre regard, sa seule présence au fond de ces rues obscures, que tout cela fût pour elle comme le rayonnement d'un monde enchanté, aux abords défendus par la haine, la jalousie, la colère, par toutes les passions mauvaises, qui, ne pouvant en supporter l'éclat, devaient naturellement l'attaquer et le maudire.

Il ne fut plus question de s'arrêter chez l'Israélite, et le petit groupe se dirigea vers Smith's Square. Un peu avant de gagner sa demeure, Lizzie dit adieu au gentleman et au Juif, et rentra seule chez elle.

« Merci, mister Aaron, dit alors Eugène, merci mille fois de votre compagnie; il ne me reste plus qu'à vous quitter, et je le regrette.

— Je vous souhaite le bonsoir, monsieur, répondit le vieillard, et désirerais vous voir moins insouciant.

— Je vous souhaite le bonsoir, reprit Eugène, et désirerais vous voir un peu moins soucieux. »

Mais lorsqu'il eut fini de jouer son rôle, et qu'ayant tourné le dos au Juif, il eut quitté la scène, il parut à son tour avoir de graves soucis. « Quelles étaient donc les questions de Lightwood? murmura-t-il. Ne demandait-il pas ce qui allait arriver, ce que j'allais faire, où tout cela me conduirait? Nous allons bientôt le savoir. » Et il poussa un profond soupir.

Une heure après, ce soupir fut répété comme par un écho, lorsque Riah, qui s'était assis dans un coin, en face de la maison de Jenny Wren, se leva et reprit sa marche résignée, glissant par les rues, dans son costume antique, semblable au fantôme d'une époque évanouie.

XVI

DOUX ANNIVERSAIRE

Tandis qu'il s'habille au-dessus des écuries de Duke-street, quartier Saint-James, l'estimable Twemlow entend que les chevaux d'en bas sont à leur toilette, et comparant sa position à celle de ces nobles bêtes, il trouve la sienne bien moins avantageuse. Non-seulement il n'a pas de valet de chambre, qui, le frappant du plat de la main, lui dise d'une voix bourrue de se tourner à droite ou à gauche; mais il n'a aucun valet, et toutes ses articulations étant rouillées quand il se lève, il lui serait agréable d'être même attaché par la tête à la porte de sa chambre, et de s'y voir frotté, brossé, peigné, lavé à grande eau, épongé, essuyé, habillé, en ne prenant part à ces obligations fatigantes que d'une manière passive.

Quant à la façon dont procède la séduisante Tippins lorsqu'elle se prépare à troubler les sens des hommes, sa femme de chambre et les Grâces en ont seules connaissance. Mais bien qu'elle n'en soit pas réduite comme Twemlow à se servir elle-même, cette fascinatrice pourrait simplifier notablement la restauration quotidienne de ses charmes; car, sous le rapport du cou et du visage, cette diva est une espèce de langouste, qui, chaque matin, fait peau neuve, ce qui l'oblige à se tenir dans un endroit retiré jusqu'à ce que la nouvelle croûte ait suffisamment durci.

Twemlow finit cependant par se mettre un col, une cravate et des manchettes qui lui retombent sur les doigts, et il va déjeuner en ville.

Chez qui ce déjeuner peut-il avoir lieu, sinon chez ses voisins, les Lammle de Sackville-street, où il doit rencontrer Fledgeby, son parent éloigné. L'imposant Snigsworth peut mettre Fledgeby à l'index, et lui interdire sa présence; mais le pacifique Twemlow se dit avec raison : « S'il est mon parent, ce n'est pas ma faute; d'ailleurs ce n'est pas connaître un homme que de se trouver avec lui. »

Il y a déjà un an qu'Alfred et Sophronia sont mariés, et si l'anniversaire de cet heureux événement n'est célébré que par un déjeuner, c'est qu'un repas du soir, avec toute la pompe qu'exigerait la circonstance, ne pourrait se donner que dans le palais imaginaire dont la splendeur fait tant d'envieux.

Twemlow traverse donc Piccadilly, non sans difficulté. Il a conscience d'avoir eu la jambe plus ferme, la taille plus droite, et moins peur d'être écrasé par les voitures. C'était dans le temps où il espérait obtenir du redoutable Snigsworth la permission de faire ou d'être quelque chose, et avant que cet impérieux tartare eût publié cet ukase : « Incapable de se distinguer dans une carrière quelconque, Twemlow restera pauvre toute sa vie, sera pensionné par moi, et devra se rappeler sans cesse qu'il est mon obligé. »

Ah! pauvre Twemlow! pauvre petit vieillard, faible et doux, que penses-tu maintenant de l'adorable qui t'a brisé le cœur, alors qu'il était jeune, et que tes cheveux étaient bruns? Est-il moins pénible de la regretter aujourd'hui telle que tu la rêvais, que de la connaître telle qu'elle a toujours été : un crocodile avide, cuirassé contre toute émotion, et non moins incapable de se figurer la délicatesse du point sensible et tendre qui bat sous ton gilet, que d'y arriver tout droit avec son aiguille à tricoter? Dis-nous, pauvre Twemlow, est-il moins rude d'être le parent pauvre d'un lord que de donner à boire aux chevaux, et de se tenir en plein hiver dans la boue de cette place de fiacres où ton pied chancelant a failli glisser tout à l'heure?

Twemlow ne répond pas et continue sa route. Comme il arrive à la porte des Lammle, s'arrête une petite voiture renfermant lady Tippins. La divinité baisse la glace, et, d'un air folâtre, vante la vigilance de son chevalier qui l'attend pour lui donner la main. Twemlow s'approche, l'aide à sortir de voiture avec une politesse non moins sérieuse que s'il s'agissait d'un être réel, et tous deux montent l'escalier : Tippins, toutes jambes dehors, cherchant à faire comprendre que ces objets tremblants sautillent d'eux-mêmes avec autant d'élasticité qu'autrefois.

« Cher mister, chère missis Lammle! Comment cela va-t-il? Quand partez-vous donc pour ce fameux endroit : Guy ou Comte-de-Warwick, ou Vache-Brune, — vous savez ce que je veux dire, — pour remporter le prix du mât de cocagne? Est-ce bien Mortimer, lui que sa trahison a fait rayer de ma liste d'adorateurs? vous allez bien, misérable? Et mister Wraybrun! Que venez-vous faire ici? car il est certain d'avance que vous ne direz pas un mot. Et Véneering, M. P.? bonjour, qu'est-ce qu'on fait à la Chambre? Nous donnerez-vous la voix de tous ces gens-là? Et vous, missis Véneering? est-il vrai, ma chère, que vous allez tous les soirs vous étouffer là-bas pour entendre la prose de ces messieurs? A propos, Véneering, quand donc prendrez-vous la parole? Vous n'avez pas encore ouvert la bouche depuis que vous êtes au Parlement; nous mourons d'envie de vous entendre. Miss Podsnap! enchantée de vous voir. Pa est ici? Comment, il n'y est pas! Ma non plus? Oh! mister Boots, enchantée. Mister Brewer? Partie complète. »

Examinant Fledgeby, regardant tout le monde à travers son lorgnon, Tippins murmure en tournant la tête avec l'étourderie naïve dont elle a le secret : « Personne autre, que je sache; non, je ne crois pas. Personne ici, personne là, personne nulle part. »

Mister Lammle, tout resplendissant, amène son ami Fledgeby, qui meurt du désir d'être présenté à lady Tippins. Fledgeby a l'air de vouloir dire quelque chose, l'air de ne vouloir rien dire; puis successivement un air de méditation, de résignation et de désolation. Il recule, tombe sur Brewer, fait le tour de Boots, et disparaît dans le fond de la pièce, cherchant ses favoris, comme s'ils avaient pu se produire en cinq minutes. Il ne s'est pas complètement assuré de la stérilité du sol, qu'il est ressaisi par Lammle, et paraît être dans un état fâcheux, car il est dépeint à Twemlow comme se mourant du désir de lui être présenté. Twemlow est enchanté de le voir, et lui serre la main.

« Votre mère, monsieur, était une de mes parentes, lui dit-il.

— Je le crois, répond Fledgeby; mais ma mère et sa famille faisaient deux.

— Restez-vous à Londres, monsieur? reprend Twemlow.

— Je l'habite toujours, dit Fledgeby.

— Vous aimez la ville? demande l'aimable cousin. Mais Fledgeby le prend en mauvaise part, et lui assène brutalement cette réponse : « Non ; je n'aime pas la ville. »

Lammle essaye d'amortir le coup en faisant cette remarque judicieuse qu'il y a des gens à qui la ville ne plaît pas. Fledgeby riposte qu'il ne connaît que lui qui soit dans ce cas-là; et le gentleman est renversé.

« Y a-t-il, ce matin, quelque chose de neuf? demande Twemlow qui revient bravement à la charge.

Fledgeby n'en sait rien.

« Pas de nouvelles, dit Lammle.

— Pas la moindre, dit Brewer.

— Pas l'ombre, dit Boots. »

Toutefois l'exécution de ce petit concerto semble réveiller chez les convives le sentiment du devoir, et leur donner des forces. Chacun paraît être plus en état de supporter la société des autres; même Eugène, qui est près de la fenêtre, et balance d'un air sombre le gland d'un rideau, imprime à cet objet un élan plus vigoureux qui dénote que son état s'améliore.

Le déjeuner est servi. Tout ce qui est sur la table est fastueux et brillant, mais sent le provisoire, quelque chose de nomade qui affirme que ce sera bien plus brillant, bien plus fastueux dans l'hôtel princier vers lequel on se dirige. Derrière mister Lammle est son domestique personnel. Derrière Vénéering se tient le chimiste; preuves vivantes que ce genre de serviteurs se divise en deux catégories : l'une se défiant de son maître, l'autre des connaissances du sien. Le valet de mister Lammle appartient à la première de ces divisions, et semble non moins surpris qu'affligé de ce que la police tarde tant à s'emparer de celui qu'il a l'honneur de servir.

Vénéering, M. P., est à la droite de missis Lammle, qui a Twemlow à sa gauche. Missis Vénéering, É. M. P. (Épouse d'un Membre du Parlement) et Lady Tippins sont l'une à droite, l'autre à gauche de l'amphitryon. Mais soyez sûrs qu'à portée de l'influence fascinatrice du regard et du sourire d'Alfred est la petite Georgiana, et qu'auprès de cette dernière, sous l'inspection du même gentleman à favoris cannelle, se trouve Fledgeby.

Deux ou trois fois, même davantage, dans le courant du déjeuner, Twemlow tourne subitement la tête vers Sophronia, en lui disant: « Pardon! » comme si elle lui avait parlé, et qu'il n'eût pas entendu. Ce n'est pas dans ses habitudes; d'où vient qu'il le fait aujourd'hui? A chaque fois il s'aperçoit qu'il s'est trompé, que Sophronia ne lui dit rien, et qu'elle regarde Vénéering. Il est bizarre que cette impression persiste après ces démentis; mais elle n'en persiste pas moins.

Lady Tippins, qui a copieusement absorbé de tous les produits de la terre, y compris le jus de la grappe, devient de plus en plus piquante, et s'applique à tirer des étincelles de Lightwood. Il est sous-entendu, parmi les initiés, que Mortimer doit toujours être en face de lady Tippins, qui lui arrache alors une de ces histoires qu'il raconte si bien.

Entre deux déglutitions, la divine créature regarde cet amant sans foi, et lui rappelle que c'est à la table de ces chers Vénéering, en présence des mêmes convives, qu'il leur a parlé de cet homme de quelque part, devenu depuis lors si horriblement intéressant, et d'une popularité vulgaire.

« Oui, lady Tippins, répond Lightwood; c'est ainsi, comme on dit au théâtre.

— Eh! bien, reprend l'enchanteresse, il faut soutenir votre réputation, et nous conter quelque chose ; tout le monde attend cela de vous.

— Je me suis épuisé ce jour-là ; je vous assure, lady Tippins ; et pour jamais ; plus rien à tirer de moi. »

En faisant cette réponse, Mortimer a la conscience de n'être que la doublure d'Eugène, qui partout ailleurs tient le dé de la conversation, et qui dans le monde s'obstine à garder le silence.

« Mais, affreux parjure, reprend lady Tippins, je suis bien résolue à tirer quelque chose de vous. N'ai-je pas entendu parler d'une nouvelle disparition ?

— Puisque vous l'avez entendu dire, répond Mortimer, vous allez nous conter cela.

— Monstre abominable, s'écrie l'adorable créature, votre boueur doré m'a renvoyé vers vous. »

Mister Lammle prend ici la parole, et annonce que l'histoire d'Harmon a une suite ; d'où il résulte un profond silence.

« Je vous assure que je n'ai rien à vous conter, « reprend Lightwood en jetant les yeux autour de la table ; mais Eugène ayant murmuré tout bas : « Tu peux le dire, va » il ajoute ce correctif : « Rien qui soit digne de votre intérêt. »

Boots et Brewer découvrent immédiatement que c'est d'un intérêt immense, et profèrent d'instantes clameurs. La même cause produit le même effet chez Véndering ; mais son attention, blasée maintenant, est difficile à captiver ; ce qui ne surprend personne, car c'est de ton à la Chambre.

« Ne vous donnez pas la peine de chercher une pose d'auditeur, je vous en prie, dit Mortimer ; avant que vous ayez trouvé une attitude convenable, ce sera fini depuis longtemps. Cela ressemble....

— A ce conte de nourrice, interrompt Eugène avec impatience :

> Je vais vous raconter la gloire
> De Jack de Manery ;
> Ainsi commence mon histoire.
> Je vais vous en conter une autre,
> De Jack le bon apôtre.
> Voilà mon histoire finie.

Dépêche-toi, Mortimer. »

Eugène profère ces mots d'un ton vexé ; il se renverse sur sa chaise, et jette un regard farouche à lady Tippins, qui le contemple en hochant sa longue figure, l'appelle son cher ours, et ajoute d'un air badin, qu'à eux deux « ils représentent la Belle et la Bête. » Elle est persuadée, quant à elle, de la réalité de son rôle.

« La chose à laquelle fait allusion mon honorable et charmant vainqueur, dit Mortimer, est sans doute l'aventure suivante : Il y a quelques jours Lizzie Hexam, fille de feu Jessé Hexam, autrement dit Gaffer, qui, on s'en souvient, trouva le corps de l'homme de tel ou tel endroit, reçut mystérieusement, sans savoir d'où cela pouvait venir, la rétractation formelle des faits dont un certain Riderhood avait accusé son père. L'accusation était tombée d'elle-même; car Riderhood, — je ne puis m'empêcher de penser au service que le loup du petit Chaperon rouge, cet animal philanthrope, eût rendu à la société en dévorant dans leur enfance, le père et la mère de cet honnête homme, — Riderhood n'avait pas soutenu les charges qu'il avait d'abord produites, et semblait y avoir renoncé. Toujours est-il que la rétractation dont je parlais tout à l'heure tomba mystérieusement chez miss Hexam, — envoi d'un anonyme; sans doute chapeau rabattu, manteau couleur de muraille, — et fut adressée par la jeune fille à mister Boffin, mon client. Vous excuserez ce terme de boutique. N'ayant jamais eu d'autre client, et, selon toute probabilité, ne devant pas en avoir d'autre, je suis fier de lui, comme d'un objet rare, d'une curiosité unique dans son genre. »

Au fond, bien qu'il n'en laisse rien voir, Mortimer n'a pas son aisance habituelle. Sans paraître se préoccuper d'Eugène, il n'est pas sans inquiétude de ce côté-là, et sent que la question est brûlante.

« L'objet curieux dont se compose tout mon musée professionnel, continue Lightwood, ayant reçu ladite déclaration, pria son secrétaire, une espèce de crustacé du genre Bernard l'Hermite, qui, je crois, s'appelle Chokes... mais, peu importe, nommons-le Artichaut, — mon objet curieux, dis-je, pria son secrétaire de se mettre en rapport avec miss Hexam. Artichaut proteste de son empressement, s'efforce de tenir parole, et n'y réussit pas.

— Pourquoi cela ? demande Brewer.
— Comment cela ? dit Boots.
— Pardon, réplique Ligthwood, je me vois contraint de différer ma réponse; autrement l'histoire n'aurait plus d'intérêt. Artichaut ayant complétement échoué, son mandat me fut transféré par mon client. Je pris mes mesures pour me mettre en rapport avec la jeune fille; j'avais même pour cela des moyens spéciaux, dit Mortimer en lançant un regard à Eugène; mais je ne réussis pas davantage, car elle avait disparu.

— Disparu ! profère l'écho général.
— Évanouie comme une ombre, ajoute Mortimer. Où est-elle allée? Quand et comment est-elle partie? on l'ignore. Ainsi finit l'histoire à laquelle mon honorable et charmant vis-à-vis a fait allusion. »

Tippins jette un petit cri enchanteur : « Nous finirons par être égorgés dans notre lit, » dit-elle.

Eugène la regarde comme s'il désirait l'achever tout de suite. Missis Vénéering fait observer qu'avec ces histoires mystérieuses on a vraiment peur de quitter bébé.

L'honorable Vénéering, qui a l'air de voir dans l'honorable préopinant le chef du ministère de l'Intérieur, voudrait demander si la jeune fille en question a disparu de plein gré, ou si le fait est le résultat d'une violence ? Cette fois ce n'est pas Lightwood, mais Eugène qui prend la parole. « Non, non, dit-il vivement et d'un air vexé ; disparition complète, absolue, mais volontaire. »

Il n'est pas permis au bonheur de mister et de missis Lammle, touchant motif de la fête, de disparaître à son tour comme Jules Handford, miss Hexam, ou l'assassin d'Harmon, et Vénéering s'empresse de ramener au bercail les brebis égarées. Qui pourrait mieux que lui parler du bonheur des deux époux ? Ne sont-ils pas les plus chers et les plus anciens amis qu'il ait au monde ? Quel auditoire pourrait lui inspirer plus de confiance, que cette réunion composée de ses plus anciens et de ses plus chers amis ? Sans prendre la peine de quitter sa chaise, il se lance donc dans un petit discours familier ; et, tombant peu à peu dans la psalmodie parlementaire, « il voit à cette table son cher Twemlow, qui, l'année dernière, à pareil jour, mit la belle main de sa chère Sophronia dans celle de son cher Lammle. Il voit à cette même table ses chers amis Boots et Brewer, qui se rallièrent à lui dans une occasion où sa chère lady Tippins se rallia également à sa personne, circonstance qu'il n'oubliera jamais, tant que la mémoire gardera le siège qu'elle occupe dans son esprit. Mais il doit reconnaître qu'il manque à cette table son cher et ancien ami Podsnap, d'ailleurs si bien représenté par sa jeune et chère Georgiana. Il voit en outre à cette table, et annonce cette découverte avec pompe, comme si elle était due au pouvoir d'un télescope phénoménal, il voit son ami Fledgeby, — si toutefois celui-ci veut bien accepter cette qualification. Par tous ces motifs et par bien d'autres, qui auront été saisis (le fait n'est pas douteux) par des intelligences d'une pénétration aussi vive que celle que vous avez tous, il rappelle que le moment est venu, chers amis, où nous devons avec nos cœurs et nos verres, des larmes dans les yeux, des bénédictions sur les lèvres, et d'une manière générale avec un garde-manger affectif abondamment fourni d'épinards et de jambons émotionnels, que le moment est venu, je le répète, où nous devons boire à nos chers amis les Lammle, à qui nous souhaitons des années sans nombre, aussi heureuses que celle qui vient de s'écouler, et de nombreux amis offrant l'exemple touchant de la sympathie qui les unit l'un à l'autre. A quoi je veux ajouter qu'Anastasia (dont les larmes éclatent) est formée sur le modèle de sa chère Sophronia, sa plus ancienne amie; qu'elle est comme cette amie de prédilection toute dévouée à celui qui a su gagner son cœur, et qu'elle remplit noblement tous les devoirs de l'épouse. » Ici, ne voyant pas d'autre moyen d'en sortir, Vénéering arrête court son Pégase et termine par cette chute oratoire : « Mon cher Lammle, que Dieu vous bénisse ! »

La parole est à ce cher Lammle. Beaucoup trop de lui-même sous toutes les formes : beaucoup trop de nez dans le visage et dans l'esprit, nez contrefait et grossier; beaucoup trop de sourire pour être sincère; trop de dureté dans le regard pour être feinte; trop de grandes dents pour ne pas évoquer l'idée de morsure. Il vous remercie tous, nobles amis, des vœux touchants que vous venez de lui adresser; il espère bien, à l'occasion du plus prochain de ces délicieux anniversaires, vous recevoir dans un séjour plus digne de l'hospitalité qui vous est due. Il n'oubliera jamais que c'est chez Vénéering qu'il a vu Sophronia pour la première fois; Sophronia, de son côté, n'oubliera jamais que c'est chez Vénéering qu'elle a rencontré celui qui est devenu son époux. Ils en ont parlé quelque temps après leur mariage, et ils ont pris l'engagement solennel de ne jamais l'oublier. En effet, c'est à Vénéering qu'ils doivent le bonheur d'être unis. Ils espèrent bien lui prouver un jour ou l'autre qu'ils en gardent le souvenir. — Non, non, dit Vénéering. — Oh ! si, reprend l'orateur; et ils le feraient dès aujourd'hui si la chose était possible. Leur mariage n'a pas été une affaire d'argent; ils ont réuni leur avoir par la force des choses; mais c'est un mariage de pure inclination, qui offrait toutes les convenances. Merci ! merci ! Sophronia et lui adorent la jeunesse; mais il n'est pas sûr que leur maison puisse être fréquentée sans péril par ceux qui voudraient vivre dans le célibat, car la contemplation de ce bonheur domestique modifierait leurs idées. Il n'entend faire allusion à aucune des personnes présentes, et n'applique pas cette remarque à leur chère Georgiana, pas même à son cher Fledgeby. « Merci ! merci ! encore une fois merci à notre ami Vénéering de la manière affectueuse dont il a parlé de notre ami Fledgeby; car ce genleman nous inspire la plus profonde estime. Merci ! plus vous le connaîtrez, plus vous trouverez chez lui ce que vous désiriez connaître. Encore merci, au nom de ma chère Sophronia, et au mien. Merci ! merci ! »

Pendant cette harangue Sophronia est restée complétement

immobile, les yeux attachés sur la nappe. Au moment où le discours s'achève, Twemlow, croyant toujours qu'elle lui adresse la parole, se tourne vers elle. Cette fois il ne se trompe pas. Vénéering s'occupe de sa voisine de droite; Sophronia en profite pour dire à voix basse : « Mister Twemlow.

— Pardon? reprend celui-ci, toujours incertain, car elle regarde d'un autre côté.

— Vous avez l'âme d'un gentleman, et je peux me confier à vous, je le sais. Voulez-vous tout à l'heure, quand vous remonterez au salon, me fournir le moyen de vous dire quelques mots?

— J'en serai fort honoré.

— N'en ayez pas l'air, je vous en prie; et ne vous étonnez pas si mes manières insouciantes sont en désaccord avec mes paroles; je puis être surveillée. »

Excessivement surpris, Twemlow porte sa main à son front, et s'appuie au dos de sa chaise dans une pose méditative.

Missis Lammle se lève; tout le monde en fait autant. Ces dames montent l'escalier, ces messieurs le franchissent peu de temps après. Fledgeby a consacré l'intervalle qu'il y a eu entre les deux départs, à l'examen des favoris de Boots, des favoris de Brewer, des favoris de Lammle, et s'est demandé lesquels il aimerait mieux reproduire, si le génie de la barbe voulait répondre à ses frictions.

Arrivés dans le salon, les convives se groupent, suivant leur habitude : Lightwood, Boots et Brewer voltigent comme des phalènes autour de lady Tippins — cette bougie de cire jaune qui fait pressentir le suaire. Quelques autres cultivent Vénéering, M. P. et missis Vénéering, épouse d'un membre du Parlement.

Alfred Lammle est dans un coin où, les bras croisés, il observe Georgiana et Fledgeby d'un air méphistophélique. Sophronia est sur le divan, à côté d'une petite table, et invite mister Twemlow à regarder les photographies qu'elle tient à la main. Le gentleman s'assied devant elle, et jette les yeux sur le portrait qu'elle lui montre.

« Je comprends que vous soyez étonné, lui dit tout bas missis Lammle; mais n'en ayez pas l'air. » Twemlow s'efforce de cacher son émotion, et se trouble de plus en plus.

« Vous n'aviez jamais vu votre parent? demande Sophronia.

— Jamais.

— Je ne crois pas que vous soyez fier de lui.

— A vrai dire, missis Lammle, je n'en suis pas très-flatté.

— Ce serait bien autre chose si vous le connaissiez davantage. Et ce portrait, qu'en pensez-vous? »

Twemlow a bien juste assez de présence d'esprit pour répondre à haute voix : « Très-ressemblant, excessivement ressemblant.

— Vous avez remarqué sans doute à qui s'adressaient ses hommages ?

— Oui ; mais mister Lammle... »

Sophronia lui jette un regard qu'il ne peut pas comprendre et lui montre un nouveau portrait.

« Fort bien, dit-elle, n'est-ce pas ?

— Merveilleux, répond le doux vieillard.

— Oui ; d'une ressemblance à friser la charge. — Impossible de vous dire tout ce que je souffre, mister Twemlow ; et si je n'avais pas en vous la confiance la plus entière, la plus absolue, rien ne me ferait continuer. Promettez-moi que vous ne me trahirez pas, que vous respecterez mon secret, alors que vous me mépriserez moi-même ; ce sera pour moi comme si vous l'aviez juré.

— Sur l'honneur d'un pauvre gentleman...

— Merci ; je n'en demande pas davantage. Sauvez cette enfant, mister Twemlow, je vous en conjure.

— Quel enfant, madame ?

— Georgiana. Elle va être sacrifiée, mariée à votre parent ; une affaire en commandite. Elle est sans résistance, et va être vendue, livrée à jamais au sort le plus misérable.

— C'est effrayant ! mais comment l'empêcher ? dit Twemlow non moins indigné qu'éperdu.

— Et celui-ci ? il est mauvais, n'est-ce pas ? »

Stupéfait de la grâce insouciante avec laquelle elle rejette la tête en arrière pour regarder ce nouveau portrait, le gentleman a recours au même expédient ; mais il ne distingue pas plus la photographie qu'il a sous les yeux, que si elle était en Chine.

« Très-mauvais, dit Sophronia ; une pose roide, exagérée.

— Exa... » Impossible à Twemlow de prononcer le reste et il finit par dire « exactement.

— Son père, tout aveuglé qu'il soit, vous écoutera, mister Twemlow ; vous savez combien votre famille lui impose ; prévenez-le sans retard ; dites-lui de se méfier.

— Mais de qui ?

— De moi. »

La voix d'Alfred vient par bonheur aiguillonner le pauvre gentleman à l'instant où il va défaillir.

« Sophronia chérie, quels sont les portraits que vous regardez avec Twemlow ? dit mister Lammle.

— Ceux des hommes politiques.

— Montrez-lui donc le mien.
— Oui, cher Alfred. »

Elle prend un autre album, en tourne les feuillets, et met le portrait devant le gentleman.

« C'est le dernier qu'on ait fait ; le trouvez-vous bien ? — Dites à son père de se défier de moi ; je le mérite, car j'ai été du complot tout d'abord. Je vous dis cela pour vous montrer combien le danger est pressant. Hâtez-vous, sauvez la chère petite ; elle est si affectueuse! Vous n'avez pas besoin de tout dire ; épargnez-moi, ainsi que mister Lammle ; car enfin, la célébration de cet anniversaire a beau être dérisoire, il est cependant mon mari. — Le trouvez-vous ressemblant ? »

Twemlow, frappé de stupeur, feint de comparer le portrait qu'il a sous les yeux avec l'original, tandis que celui-ci le regarde d'un air satanique. « Très-bien, finit par dire le pauvre homme, qui n'arrache cette réponse qu'avec une extrême difficulté.

— Je suis bien aise que vous pensiez ainsi. Quant à moi, c'est celui que je trouve le mieux ; les autres sont beaucoup trop noirs. Par exemple, en voici un.....

— Mais je ne comprends pas, balbutie Twemlow, qui, son lorgnon dans l'œil, paraît examiner ce qu'elle lui montre. Comment avertir le père, sans lui dire ce qui en est ? Où faut-il s'arrêter pour ne pas aller trop loin ?... Je..... je ne vois pas.....

— Dites-lui que je brocante des mariages, que je suis une femme dangereuse, pleine de ruse et d'astuce, que vous en avez la preuve, et que sa fille doit absolument rompre avec moi. Dites-lui à cet égard tout ce qu'il vous plaira ; ce sera la vérité. Vous savez quel homme gonflé de lui-même ; il sera facile d'alarmer son orgueil. Dites-lui tout ce qui, en l'effrayant, pourra le faire veiller sur sa fille. Quant au reste, épargnez-moi. Vous me méprisez, mister Twemlow. Si dégradée que je sois à mes propres yeux, je sens vivement combien j'ai perdu dans votre estime ; mais je n'en ai pas moins en vous la même confiance. Si vous saviez combien de fois aujourd'hui j'ai essayé de vous parler, vous auriez pitié de moi. Je ne vous demande pas de nouvelles promesses ; celle que vous m'avez faite me suffit. Je n'en dis pas davantage, car on me surveille. Si vous consentez à la sauver en parlant à son père, fermez cet album ; je saurai ce que cela voudra dire ; j'aurai l'esprit en repos, et je vous remercierai du fond du cœur. — Alfred, mister Twemlow, est de notre avis ; le dernier portrait lui paraît beaucoup mieux que les autres. »

Alfred s'approche ; les groupes se divisent. Tippins, la charmante, se lève pour prendre congé. Missis Véndering suit son chef de file. Missis Lammle regarde Twemlow, qui, le lorgnon dans l'œil, est revenu au portrait d'Alfred, et l'examine encore. Tout à coup le lorgnon s'échappe, retombe de toute la longueur de la chaîne, et Twemlow ferme l'album avec une énergie qui fait tressaillir Tippins, ce produit fragile de la baguette des fées.

Puis les adieux : Une réunion délicieuse! Un motif charmant, digne de l'âge d'or! Quelques mots sur le mât de cocagne; telle et telle chose du même genre; et Twemlow, la main au front, retraverse Piccadilly en chancelant, est presque renversé par la malle de la petite-poste, arrive enfin sain et sauf, et tombe dans son fauteuil, le front dans sa main, la tête dans un tourbillon.

TROISIÈME PARTIE

LONG DÉTOUR

I

LOGÉS A TRISTE-ENSEIGNE

C'était un jour d'épais brouillard. Le Londres vivant, les yeux rouges, les poumons irrités, la respiration sifflante, clignotait, éternuait et suffoquait. Le Londres inanimé était un spectre fuligineux, qui, partagé entre le désir d'être vu, et celui de rester invisible, n'était complétement ni l'un ni l'autre. Le gaz flambait dans les boutiques d'un air hagard et malheureux, comme un être nocturne qu'on oblige à sortir en plein jour; et, quand d'aventure, le soleil indiquait sa présence à travers les tourbillons et les remous du brouillard, il paraissait mort, aplati et glacé.

Dans les environs, également, c'était un jour de brume; mais à la campagne le brouillard était gris, tandis qu'à Londres il était d'un jaune foncé à la lisière, devenait brun un peu plus loin, brunissait encore, et brunissant toujours, finissait par être d'un noir roussâtre au cœur de la Cité, qu'on appelle Sainte-Mary-Axe. De n'importe quel point de la rangée de collines qui se déploie vers le nord, vous auriez pu voir de temps à autre les édifices les plus hauts s'efforcer de lever la tête, et de la sortir de ces flots de brume; surtout le dôme de Saint-Paul, qui semblait avoir de la peine à mourir; mais rien de tout cela n'était visible du fond des rues qui se déroulaient au pied de ces monuments, et où la ville entière n'était qu'un amas de vapeurs chargé du bruit étouffé des rues, et enveloppant un catarrhe gigantesque.

Ce jour-là, vers neuf heures du matin, la maison Pubsey et Cie, avec son bec de gaz sanglotant à la fenêtre de la Caisse, et le flot brumeux qui s'introduisait par le trou de la serrure pour venir étouffer ce malheureux lumignon, la maison Pubsey n'était pas l'endroit le plus riant de Sainte-Mary-Axe, qui n'est jamais un lieu très-gai. Tout à coup la lumière s'éteignit, la grande porte fut ouverte, et le vieux juif, ayant un sac sous le bras, sortit de la maison. Du seuil de la porte il passa dans le brouillard, et disparut aux yeux de Sainte-Mary-Axe. Mais, regardant au couchant, les nôtres peuvent le suivre dans Cornhill, Cheapside, Fleet-street; puis du Strand à Piccadilly.

C'est vers Albany que, le bâton à la main, et drapé jusqu'aux talons, il se dirige de son pas grave et mesuré. Plus d'une tête se retourne pour voir cette vénérable silhouette, déjà perdue dans la brume, et suppose que c'est un homme ordinaire auquel l'imagination et le brouillard ont prêté cet aspect fantastique. Arrivé à la maison où Fledgeby a son appartement, le vieux juif monte l'escalier, et s'arrête au second étage à la porte du maître. Il ne prend la liberté de se servir ni du marteau, ni de la sonnette, et frappe avec son gourdin; puis il écoute et s'assied tranquillement. Il reste là, soumis et résigné, sur le palier froid et noir, comme ses ancêtres, ou du moins un grand nombre, se sont assis au fond d'un cachot.

Quand il s'est refroidi au point d'en venir à souffler dans ses doigts, il se lève, refrappe avec son bâton, et reprend sa première attitude. Il répète trois fois ce manége avant que son oreille attentive surprenne les mots que le maître lui jette de son lit: «Un peu de patience! Je vais ouvrir tout de suite.» Mais au lieu de venir, Fascination retombe dans un doux sommeil; il dort un quart d'heure, peut-être davantage. Le vieillard, pendant ce temps-là, est toujours sur le palier.

La porte s'ouvre enfin et les draperies fuyantes du maître se replongent sous les couvertures. Ayant suivi cette bannière à distance respectueuse, mister Riah passe dans la chambre à coucher, où il y a du feu, ce qui arrive quelquefois.

« A quelle heure de la nuit vous ingérez-vous de venir? demande Fascination en se roulant dans ses draps, et en présentant au vieillard transi des épaules chaudement enveloppées.

— Il est près de onze heures, monsieur, répond le juif.

— Ah! diable! Il faut que le brouillard soit terriblement épais.

— Oui Monsieur.

— Fait-il froid?

— Un temps glacial,» répond le vieillard; et tirant son mouchoir, il essuie l'humidité dont sa barbe et ses cheveux sont couverts.

Le maître s'enfonce plus profondément dans son lit avec un sentiment de jouissance. « Pas de neige, de grésil, ou de verglas? demande-t-il d'une voix satisfaite.

— Non, monsieur; cela ne va pas jusque-là; les rues sont assez propres.

— Pas de quoi faire tant d'esbrouffe, dit Fascination, qui regrette que les rues ne soient pas impraticables, afin de mieux apprécier le bien-être dont il jouit dans son lit. Mais il faut, poursuit-il, que vous vous fassiez toujours valoir; vous aimez à vous donner de l'importance. Avez-vous les livres?

— Les voilà, monsieur.

— C'est bon. Je vais réfléchir une ou deux minutes; pendant ce temps-là préparez les comptes, que je n'aie plus qu'à les examiner. » Et, se replongeant sous la couverture, Fledgeby fait un nouveau somme.

Après avoir exécuté les ordres du maître, le vieillard se pose sur le bord d'une chaise, croise les mains, et cédant par degrés à l'influence de la chaleur, il s'endort à son tour. Lorsqu'il rouvre les yeux, Fledgeby, qui l'a réveillé, lui apparaît en babouches turques, en large pantalon rose, également turc; avec robe de chambre et calotte à l'avenant; le tout, depuis la calotte jusqu'aux babouches, obtenu à vil prix d'un personnage qui lui-même l'avait escroqué à un autre.

« Allons! vieux drôle, quelle fourberie manigancez-vous? demande-t-il d'un air railleur; car vous ne dormez pas. Vit-on jamais dormir une belette? un Juif, pas davantage.

— Vraiment, monsieur, j'ai peur d'avoir sommeillé, dit le vieillard.

— A d'autres! s'écrie Fledgeby en le regardant d'un œil qui voudrait être fin; cela ne prend pas avec moi; je suis sur mes gardes. Pas mauvais, néanmoins, d'avoir cette mine indifférente lorsque vous traitez une affaire. Oh! vous êtes rusé; nous savons cela. »

Le vieillard secoue doucement la tête pour répudier cette qualification; il étouffe un soupir, et s'approche de la table où Fledgeby se verse à lui-même une tasse d'un café qui, placé près du feu, a pu acquérir le degré de chaleur voulu. Spectacle édifiant: le jeune homme assis dans un bel et bon fauteuil, et sirotant son breuvage savoureux; le vieillard, debout et la tête inclinée, attendant le bon plaisir de l'autre.

« Voyons, dit Fledgeby, établissez vos comptes, et prouvez-moi par des chiffres que vous n'avez pas reçu davantage. Mais, d'abord, allumez une bougie. »

Cet ordre exécuté, le vieillard tire un sac qu'il porte sur la poitrine, et, s'en référant pour chaque somme à l'article du livre où elle est mentionnée, il compte l'argent qu'il dépose sur la table. Fledgeby recompte ensuite avec la plus grande attention, et fait sonner chaque souverain.

« Vous n'avez, je suppose, limé aucune de ces pièces, dit-il, en en prenant une qu'il approche de son œil. Les Juifs ont cette habitude; vous vous entendez, vous autres, à faire ressuer une livre.

— Beaucoup de chrétiens le savent également, répond le vieillard, qui, chacune de ses mains dans la manche opposée, regarde son maître. Puis-je prendre la liberté de vous poser une question? demande-t-il d'un air de déférence. » Fledgeby lui octroie cette faveur.

« Ne vous arrive-t-il pas, monsieur, oh! bien certainement sans le vouloir, reprend le vieillard, de confondre la position que j'occupe réellement à votre service, avec le rôle qu'il entre dans vos calculs de me faire jouer?

— C'est trop fin pour moi, répond froidement Fascination, je ne perds pas mon temps à de pareilles subtilités.

— Par justice, monsieur!

— Au diable la justice! répond le maître.

— Par générosité alors!

— A propos d'un Juif! s'écrie Fascination : le rapprochement est curieux. Donnez les pièces à l'appui de vos comptes, et gardez vos palabres pour un autre. »

Les pièces ayant été produites, elles absorbent pendant une demi-heure le noble esprit du gentleman. Pièces et comptes se trouvant d'une exactitude irréprochable, livres et papiers sont rendus au Juif, qui les remet dans son sac.

« Parlons maintenant, dit Fledgeby, de ce brocantage d'écrits particuliers, notes et autres, la branche de commerce que je préfère. Qu'avez-vous trouvé, en fait de ces drôleries, et combien en veut-on? Vous en avez la liste?

— Oui, monsieur, elle est longue, répond le vieillard en tirant un portefeuille où il choisit, parmi beaucoup d'autres, un papier qu'il déplie, et qui devient un grand feuillet tout couvert d'une écriture fine et serrée.

— Fichtre! siffle Fascination en prenant le papier des mains du Juif. Il paraît que la population est nombreuse à la drôle d'enseigne; locataires au complet. Comment ce sera-t-il vendu?

— Comme on voudra, soit en bloc, soit par lots assortis, répond le Juif en suivant du regard la lecture de son maître.

— En bloc, il y en aura la moitié sans valeur aucune, reprend

Fledgeby; on le sait d'avance. L'obtiendrez-vous au prix du papier? c'est là toute la question. »

Le vieillard secoue la tête. Les petits yeux du gentleman parcourent la liste et commencent à étinceler; mais Fascination ne s'en est pas plutôt aperçu qu'il jette par-dessus l'épaule un coup d'œil à la figure vénérable du Juif, et s'approche du feu. Prenant la cheminée pour pupitre, il tourne le dos à mister Riah, continue son examen, tout en se chauffant les genoux, et revient souvent à différentes lignes qui semblent lui offrir un intérêt spéciale. A chaque fois il regarde dans la glace pour voir si le vieux Juif l'observe, et quelle remarque il paraît faire. Celui-ci n'en fait aucune, du moins il ne le montre pas, et se doutant des soupçons du maître, il a les yeux baissés.

Pendant que Fledgeby est plongé dans cette agréable étude, un pas rapide traverse le carré, puis on entend fermer la porte avec précipitation.

« Encore un de vos actes, gloire d'Israël! s'écrie le maître; vous avez laissé la porte ouverte. »

Le pas s'est approché, et la voix de mister Lammle retentit dans la pièce voisine : «Êtes-vous là, Fledgeby ? » demande cette voix.

Après avoir recommandé au vieillard de recevoir la balle telle qu'il la lui enverra, Fascination ouvre la porte de sa chambre. « Me voilà, dit-il; vous pouvez entrer; il n'y a chez moi que ce gentleman, Pubsey et Cie, de Sainte-Mary-Axe, avec lequel j'essaye d'arranger les affaires d'un malheureux ami, des billets protestés. Mais cette maison Pubsey est tellement sévère à l'égard de ses débiteurs, tellement difficile à émouvoir, que jusqu'à présent je n'ai rien obtenu. Voyons, mister Riah, ne m'accorderez-vous pas le moindre délai?

— Je ne suis que le mandataire d'un autre, dit le vieillard d'un ton grave. Ce n'est pas mon argent qui est engagé dans l'affaire, et je n'ai aucun pouvoir. »

Fledgeby se met à rire.

« Ah! ah! ah! qu'en dites-vous Lammle?

— Ah! ah! ah! répond l'autre; oui..., certes; on connaît cela.

— Parfait, n'est-ce pas ? continue Fledgeby que cette plaisanterie amuse énormément.

— Toujours la même chose, toujours, réplique Alfred. Comment appelez-vous ce Juif?

— Riah-Pubsey et Cie, de Sainte-Mary-Axe, » dit le maître en s'essuyant les yeux; l'occasion de jouir de cette bouffonnerie est si rare qu'il en profite largement.

« Mister Riah est tenu d'observer les prescriptions qu'on lui impose ! dit Alfred.

— Le mandataire d'un autre ! continue Fledgeby. C'est excellent ! Et pas de capitaux dans l'affaire ! Il est bon, le Juif ! ah ! ah ! ah ! »

Mister Lammle a un nouvel accès de gaieté ; il prend l'air fin d'un homme qui sait à quoi s'en tenir ; et plus ses rires sont bruyants, plus la jouissance que cette bonne charge cause à Fledgeby devient exquise.

« Toutefois, si nous continuons ainsi, dit ce gentleman en s'essuyant de nouveau les yeux, nous aurons l'air de nous moquer de mister Riah, ou de Pubsey, ou de n'importe quel autre personnage, ce qui n'est pas notre intention. Voudriez-vous avoir la bonté, mister Riah, de passer dans la pièce voisine ; j'aurais un mot à dire à mister Lammle. Nous reviendrons ensuite aux billets de mon malheureux ami ; j'essayerai encore de vous attendrir. »

Le vieillard n'a pas levé les yeux pendant toute cette plaisanterie ; il s'incline sans répondre, et passe dans la chambre dont Fledgeby lui ouvre la porte. Ayant refermé cette dernière, le maître du Juif revient auprès de Lammle, qui, debout et le dos au feu, a l'une de ses mains sous le pan de sa redingote, et tous ses favoris dans l'autre.

« Oh ! oh ! s'écrie Fascination, quelque chose va de travers ?

— Comment pouvez-vous le savoir ? demande Alfred.

— Vous le faites assez voir, répond Fledgeby sans se douter de la rime.

— Dans tous les cas, répond mister Lammle, vous avez bien vu. Mais ce n'est pas quelque chose, c'est tout qui va mal.

— Je le prévoyais, dit lentement Fascination. Il s'assied, pose les mains sur ses genoux, et regarde fixement son brillant ami, qui a toujours le dos au feu.

— Oui, répète mister Lammle, en décrivant une ligne avec le bras droit, tout va mal ; la partie est perdue.

— Quelle partie ? demande Fascination avec la même lenteur, et d'un air plus sombre.

— La nôtre ; celle que nous jouions de compte à demi. Lisez-moi cela. »

« *A M. Alfred Lammle, Esquire.*

« Monsieur,

« Permettez à missis Podsnap, ainsi qu'à moi, de vous remercier des politesses que missis Lammle et vous, monsieur, avez eues pour notre fille Georgiana. Permettez-nous également de les repousser désormais, et de vous exprimer notre désir, bien arrêté, de voir nos deux familles devenir étrangères l'une à l'autre.

« J'ai l'honneur d'être, monsieur, votre très-humble et très-obéissant serviteur.

« JOHN PODSNAP. »

Fledgeby examine longuement les trois pages blanches de ce billet, en fait une seconde lecture, et interroge du regard mister Lammle, dont le bras droit lui répond en décrivant une nouvelle courbe.

« D'où cela peut-il venir? demande Fascination.

— Impossible de le deviner, réplique Alfred.

— On leur a peut-être dit du mal de vous, insinue Fledgeby après un instant de réflexion, et d'un air très-vexé.

— Ou de vous-même, » répond Lammle en fronçant les sourcils.

Fascination paraît disposé à la révolte, il va lancer quelque parole blessante; mais il arrive que mister Lammle se touche le nez, et certain souvenir se rapportant à cet organe, modifie instantanément les dispositions de Fledgeby. Il se prend les narines entre le pouce et l'index, et réfléchit d'un air soucieux, tandis qu'Alfred le regarde à la dérobée.

« En parler, dit-il, ne remédierait à rien. Seulement si nous apprenons jamais qui a fait le coup, nous l'inscrirons sur nos tablettes. Pas un mot de plus, quant à présent; si ce n'est que vous avez entrepris ce que les circonstances ne vous permettent pas d'achever.

— Et qui aurait pu l'être si vous aviez su profiter de l'occasion, grogne mister Lammle.

— Cela dépend, réplique Fledgeby en plongeant les deux mains dans le pantalon turc.

— Dois-je comprendre, monsieur, riposte Lammle d'un air menaçant, que vous n'êtes pas satisfait de ma conduite dans cette affaire?

— Très-satisfait, pourvu, dit Fledgeby, que vous ayez dans votre poche le billet que je vous avais signé à ce propos, et que vous me le rendiez tout de suite. »

Mister Lammle remet le billet, non sans répugnance. Fledgeby l'examine, le reconnaît, et le jette au feu, après l'avoir tortillé. Tous deux le regardent s'enflammer, puis s'éteindre, et s'envoler par la cheminée, sous forme de cendre légère.

« Maintenant, monsieur, répète Alfred du même ton que la

première fois, dois-je comprendre que vous n'êtes pas satisfait de ma conduite dans cette affaire?

— Très-content, répond Fledgeby.

— Cette réponse est-elle définitive, et sans aucune restriction?

— Sans aucune.

— Fledgeby, voici ma main.

— Et si jamais, dit-il, nous apprenons qui a fait le coup nous nous en souviendrons; c'est une chose entendue. Laissez-moi maintenant vous donner un conseil amical. J'ignore votre position pécuniaire, et ne demande pas à la connaître. Mais la rupture de cette affaire vous cause un certain préjudice; beaucoup de gens ont des dettes; il est possible que vous en ayez un jour. Dans tous les cas, mon ami, je vous en conjure, quoi qu'il arrive ne tombez jamais entre les mains de cet homme, qui est là dans la pièce voisine; jamais, entendez-vous, jamais! Ces Pubsey et Cie sont inexorables; des usuriers, des écorcheurs; oui, très-cher, des écorcheurs, répète Fledgeby avec un sentiment de jouissance. Ils vous dépouilleraient de la tête aux pieds, ils vous réduiraient en poudre, et y prendraient plaisir. Vous avez vu ce Riah; évitez-le; faites-y attention; retenez bien mes paroles.

— Eh! pourquoi tomberais-je entre les mains de Pubsey? demande Alfred, qui paraît alarmé de cette adjuration affectueuse.

— C'est qu'à vous parler franchement, réplique Fledgeby d'un air candide, la manière dont ce Juif vous a regardé quand j'ai prononcé votre nom m'inquiète un peu. Ce regard m'a déplu. Je veux croire que c'est une frayeur imaginaire, l'effet d'une affection trop prompte à s'alarmer. Si vous n'avez pris aucun engagement que vous ne soyez en mesure de remplir, sousrit aucun billet qui puisse être exploité par ce Juif, c'est une erreur de ma part. Mais c'est égal, je n'aime pas la manière dont il vous a regardé. »

Sombre et pensif, le malheureux Lammle présente sur son nez palpitant des marques blanches qu'on dirait imprimées par les doigts de quelque tourmenteur infernal; et Fledgeby, qui le regarde en grimaçant un sourire, a l'air du bourreau dont l'attouchement s'imprime sur le nez de l'autre.

« Mais il ne faut pas, dit-il, que je le fasse trop attendre; il se vengerait sur mon malheureux ami. Et comment se porte votre aimable et charmante femme? Sait-elle que tout est rompu?

— Je lui ai montré le billet.

— Elle a dû en être bien surprise.

— Je crois qu'elle l'aurait été davantage s'il y avait eu chez vous moins de froideur, et que vous eussiez mené la chose plus rondement.

— Elle pense alors que c'est ma faute?

— Je ne permets pas, monsieur, qu'on dénature mes paroles.
— Calmez-vous, dit humblement Fledgeby ; c'est une simple question. Vous dites donc que missis Lammle ne croit pas que ce soit de ma faute ?
— Non, monsieur.
— Très-bien, répond Fascination qui est intimement persuadé du contraire. Mes compliments, je vous prie, à missis Lammle. Je vous souhaite le bonjour. »

Ils se donnent la main ; Alfred s'éloigne d'un air pensif.

Après l'avoir reconduit jusqu'au brouillard, Fledgeby revient auprès du feu ; il regarde le brasier, écarte les jambières du pantalon rose, et fléchit les genoux d'une façon méditative. « Mon cher Lammle, murmure-t-il, vous avez une paire de favoris que l'argent ne peut pas procurer, et qui m'a toujours déplu. Vos manières sont arrogantes, vos paroles injurieuses ; vous éprouvez le besoin de me tirer le nez. Vous m'avez fourré dans une spéculation qui ne devait pas réussir, et votre aimable femme prétend que c'est moi qui l'ai fait échouer. Vous me payerez tout cela. Je n'ai pas d'usage, pas d'esprit, pas de barbe au menton ; mais je vous roulerai, soyez-en sûr. »

Ayant ainsi soulagé sa grande âme, Fledgeby rapproche les jambières du pantalon rose, se raffermit sur ses genoux, et rappelle le Juif, qui est toujours dans la pièce voisine. A la vue du vieillard, dont la douceur forme un prodigieux contraste avec le caractère qu'il lui prête, Fascination trouve la chose si plaisante, qu'il s'écrie en se remettant à rire : « Oh ! la bonne farce ! la bonne farce ! sur mon âme il n'y en a jamais eu de pareille. Enfin ayant ri tout son content, il reprend son sérieux. Voyons, dit-il, vous m'achèterez tous les lots que je vais pointer : celui-ci, celui-ci, celui-ci, et celui-ci. Je parie deux pence qu'avec cela vous pressurerez les chrétiens en vrai Juif que vous êtes. Puis vous allez me dire que vous avez besoin d'argent, bien que vous ayez des capitaux quelque part ; si l'on pouvait seulement savoir à quel endroit ! mais vous vous laisseriez mettre sur le gril, avec sel et poivre, avant d'en convenir. Enfin puisqu'il le faut je vais vous donner un chèque. »

Il ouvre un tiroir, y prend une clef ; ouvre un autre tiroir, prend une autre clef ; ouvre un troisième tiroir, y prend une quatrième clef qui ouvre enfin le tiroir où est le livre aux chèques. Lorsqu'il a écrit le mandat, remis chaque clé à sa place, refermé chaque tiroir, et qu'il est bien sûr que le livre aux chèques n'a plus rien à craindre, il fait signe au Juif de venir prendre le billet qu'il a plié. « Mais, dit-il pendant que le vieillard met le billet dans son portefeuille, et le portefeuille sur sa poitrine, assez parlé de mes affaires ; occupons-nous de celles des autres: où est-Elle ? » Le Juif, qui en ce moment retire la main de sa houppelande, s'arrête court et tressaille. « Oh ! dit Fascination, je ne m'attendais pas à cela. Où l'avez-vous cachée ? »

Pris au dépourvu, le vieillard regarde le jeune homme d'un air troublé qui amuse singulièrement celui-ci.

« Est-elle à Sainte-Mary-Axe, dans la maison dont je paye les impôts et le loyer?

— Non, monsieur.

— Dans le jardin que vous avez sur le toit ? continue Fledgeby.

— Non, monsieur.

— Alors où est-elle ? »

Le vieillard baisse la tête et paraît se demander s'il peut répondre à cette question sans manquer à sa parole ; puis il relève lentement les yeux et regarde le maître en silence, comme s'il était résolu à ne rien dire.

« Je ne vous presse pas de répondre, continue Fledgeby ; seulement n'oubliez pas que je veux le savoir, et que je le saurai. Quelle est votre intention ? » Mister Riah fait un geste d'excuse de la tête et des mains: il ne comprend pas ce qu'on lui demande. « Impossible ! reprend le gentleman. A votre âge, et tourné comme vous l'êtes ; vous dont les membres tremblants... Mais vous ne connaissez pas les vers chrétiens ; bref, un ancien patriarche, une vieille quille branlante comme vous. Non ; vous n'êtes pas l'amant de cette fille ?

— Oh ! monsieur, dit le vieillard d'un ton de reproche ; oh ! monsieur ! monsieur !...

— En ce cas, demande Fledgeby dont la figure se colore légèrement, pourquoi ne pas dire le motif qui vous fait tremper votre cuiller dans la soupe ?

— Vous allez le savoir, monsieur ; toutefois à une condition ; veuillez me le pardonner, si je vous le demande, mais promettez-moi le secret le plus absolu ; il y va de mon honneur et du repos.....

— Votre honneur, s'écrie Fascination en faisant une moue railleuse ; l'honneur d'un Juif ! C'est bien ; marchez, je vous écoute.

— Vous promettez le secret, et sur l'honneur? reprend le vieillard avec fermeté.

— Certainement, sur l'honneur le plus pur, » répond Fledgeby.

Le vieillard, qui n'est pas invité à s'asseoir, pose la main sur le dossier du fauteuil où le jeune homme est allongé, regardant le feu, la figure attentive, et prêt à saisir ce qui pourra échapper au narrateur.

« Allons, dit Fledgeby, votre motif?

4

— Je n'en ai pas eu d'autre, monsieur, que de venir en aide à qui avait besoin d'être secouru. »

Mister Fledgeby ne peut rendre ce qu'il éprouve de cette assertion incroyable que par un reniflement aussi prolongé que dérisoire.

« Vous savez, monsieur, comment j'ai connu cette jeune fille, et combien j'ai pour elle de respect et d'estime; j'ai eu l'honneur de vous le dire le jour où vous l'avez vue dans mon jardin.

— Vous m'avez dit cela? demande le maître avec défiance; c'est possible; continuez.

— Plus j'ai été à même de la connaître, plus je lui ai porté d'intérêt, poursuit le vieillard. Je l'ai trouvée dernièrement dans une position cruelle : abandonnée par un frère ingrat, assiégée par un homme dont elle ne voulait pas; circonvenue par un autre, assez puissant pour la faire tomber dans le piége; et trahie par son propre cœur.

— Elle en était donc éprise?

— Qu'elle eût du penchant pour lui, c'était bien naturel, monsieur, car il a de grands avantages; mais il n'est pas de sa condition et ne l'aurait point épousée. Les périls la pressaient de toute part; le cercle se rétrécissait chaque jour, lorsque me trouvant, comme vous l'avez dit, trop vieux et trop cassé pour que l'on pût me prêter d'autres sentiments que ceux d'un père, je pris le parti d'intervenir, et lui conseillai de s'éloigner. Ma fille, lui ai-je dit, il est de ces moments où la vertu la plus ferme, le courage le plus fort, n'ont d'autre ressource que la fuite. Elle me répondit qu'elle y avait songé, mais qu'elle était sans appui, et ne savait à qui demander asile. Je lui fis comprendre que je pouvais la secourir; elle accepta mes offres, et partit le jour même.

— Où l'avez-vous envoyée? demande Fascination en cherchant ses favoris.

— Au loin, répond le vieillard en décrivant une courbe étendue. Elle est chez des Israélites, où elle vit de son travail, et où son repos et son honneur sont assurés. »

Fledgeby, dont les yeux ont suivi le geste du vieillard, pour tâcher d'en saisir la direction, Fledgeby essaye sans le moindre succès de reproduire cette courbe gracieuse, et, secouant la tête, demande si c'est bien de ce côté-là? Une main sur sa poitrine, l'autre sur le fauteuil du jeune homme, le vieillard ne s'excuse même pas de garder le silence. Quant à renouveler sa question sur ce point réservé, Fledgeby, dont les petits yeux sont beaucoup trop près l'un de l'autre, voit parfaitement que cela ne servirait à rien.

« Lizzie! reprend-il en regardant le feu, Lizzie! Et relevant la tête : Vous ne m'avez pas dit son nom de famille ; je serai plus communicatif ; elle s'appelle Hexam. J'ai même dans l'idée que je connais le séduisant compère, celui pour qui elle a du penchant. N'est-ce pas un homme de loi ?

— Je crois qu'il en a le titre.

— Je le crois aussi ; un nommé Lightwood, n'est-ce pas ?

— Non, monsieur, pas du tout.

— Allons ? vieux drôle, comment s'appelle-t-il ? demande Fledgeby en répondant au regard du Juif par un clignement de ses petits yeux.

— Mister Wrayburn, répond le vieillard.

— Par Jupiter ! s'écrie Fledgeby, j'aurais cru que c'était l'autre ; quant à celui-là, je n'y aurais jamais pensé. Du reste, ils se valent. Vous pouvez choisir et mettre dedans celui qui vous plaira, vieux fourbe, je ne m'y opposerai pas ; ils sont trop contents d'eux pour que cela ne soit pas tout plaisir. Néanmoins, ce Wrayburn est bien l'être le plus impassible que j'aie jamais rencontré. Avec cela, une barbe superbe, et dont il est assez fier ! Vous avez bien fait, vieux drôle, très-bien fait. Continuez, et bonne chance. »

Ravi de cet éloge imprévu, mister Riah demande s'il n'a pas d'autres ordres à recevoir.

« Non, Judas ; vous pouvez partir, et aller à tâtons exécuter ceux qui vous ont été donnés. »

Sur ces aimables paroles, le Juif reprend son gourdin, son large chapeau, et salue son auguste maître en ayant plutôt l'air d'une créature supérieure bénissant avec bonté mister Fledgeby, que d'être sous la domination de cet indigne.

Resté seul, Fascination ferme sa porte, et revient au coin du feu. « Bien joué ! se dit-il à lui-même. Tu vas lentement, Fledgeby, mais tu arrives sûrement. » Et pliant les genoux, écartant les jambières du pantalon turc, il se répète deux ou trois fois cet éloge d'un air de complaisance. « Un joli coup, poursuit-il, je m'en flatte ; et coller un Juif par la même occasion ! J'apprends l'histoire chez Lammle ; un autre aurait couru aussitôt chez Riah ; moi, pas du tout ; j'ai marché à petits pas, et suis arrivé au but. »

Ce qu'il dit là est très-vrai ; il n'a pas l'habitude de sauter, ni ~~de cou~~rir, d'avancer franchement vers un objet quelconque, mais de ramper dans la vie, et de se traîner vers tout ce qu'il veut atteindre.

« A ma place, continue Fascination en cherchant ses favoris, un Lightwood, ou un Lammle, aurait bondi sur ce Juif, et lui aurait demandé à brûle-pourpoint s'il était pour quelque chose dans le départ de cette fille. Pour moi, je sais mieux m'y prendre ; je me suis glissé derrière la haie, j'ai placé mon homme en pleine lumière, et l'ai abattu du coup. Il est vrai que j'avais beau jeu ; c'est peu de chose qu'un Juif pour lutter contre moi. »

Une grimace, qui voudrait être un sourire, lui tord de nouveau la figure. « Quant aux chrétiens, continue Fledgeby, ils n'ont qu'à se bien tenir, vous autres surtout qui logez à cette enseigne ; maintenant que j'y ai mis le pied, vous allez en voir de belles. Acquérir sur vous un immense pouvoir, et sans que vous vous en doutiez ; apprendre ce que vous pensez vous-mêmes, vaudrait presque l'argent qu'on y mettrait ; mais en tirer profit par-dessus le marché, voilà qui est magnifique. »

Tout en se livrant à cette apostrophe au sein du brouillard, mister Fledgeby se dépouille de ses vêtements turcs et prend un costume chrétien, après avoir fait ses ablutions quotidiennes et s'être frictionné avec la dernière pommade infaillible pour la production d'une barbe luxuriante ; car les charlatans sont, avec les usuriers, les seuls personnages dont les lumières lui paraissent dignes de foi.

Si le brouillard qui l'enveloppe resserrait son étreinte et l'enfermait pour toujours dans ses plis fuligineux, la perte ne serait point irréparable. La société le remplacerait aisément en puisant dans le stock qu'elle a sous la main.

II

TOUJOURS LE BROUILLARD

Le soir même de ce jour brumeux, lorsque les contrevents jaunes de Pubsey et Cie furent retombés sur la besogne quotidienne, le vieux Juif sortit de nouveau de Sainte-Marie-Axe. Cette fois mister Riah ne portait pas de sac, et n'avait point à s'occuper des affaires de son maître. Il franchit le pont de Londres, rentra dans le Middlesex par le pont de Westminster, et, marchant toujours à travers le brouillard, se dirigea vers la demeure de l'habilleuse de poupées.

Miss Wren l'attendait ; il put le voir par la fenêtre, à la lueur du petit feu qu'elle avait soigneusement entouré de cendre humide, pour qu'il durât jusqu'à son retour et consommât moins de charbon pendant qu'elle serait dehors. Au petit coup que mister Riah frappa sur le carreau, elle sortit du rêve solitaire où elle était plongée, et, prenant sa canne, elle alla ouvrir au vieillard.

« Bonsoir, marraine, » lui dit-elle en souriant.

Le vieux Juif se mit à rire et lui offrit son bras.

« Vous n'entrez pas vous chauffer, marraine?

— C'est inutile, chère Cendrillon, à moins que vous ne soyez pas prête.

— Très-bien! s'écria miss Wren d'un air enchanté; vous êtes un enfant plein de finesse; si nous donnions des prix dans cette maison, vous auriez la médaille d'or pour m'avoir si bien renvoyé la balle; mais nous ne tenons que les choux blancs. »

Tout en parlant de ce ton joyeux, miss Wren ôta la clef de la serrure et la mit dans sa poche. Elle fit claquer la porte, la repoussa deux ou trois fois pour voir si elle était bien fermée; puis, ayant acquis la certitude que sa demeure était close, elle prit le bras du vieillard, et se disposa à faire usage de sa petite canne. Mais la clef avait de telles proportions, qu'avant de partir le bon Juif proposa de se charger de cet objet volumineux.

« Non, non, non, dit la petite personne, il faut que je la porte moi-même; je penche à gauche, vous savez bien; en la mettant à droite, cela rétablit l'équilibre; comme cela le bâtiment est lesté. Ma poche est même placée tout exprès du côté qui s'enlève; je vous le dis en confidence, marraine. » Et ils se mirent en marche au milieu du brouillard. « C'est vraiment très-fin de m'avoir devinée tout de suite, reprit la petite ouvrière d'un air approbateur. Mais vous ressemblez tant à la marraine des contes de fées, vous êtes si différent des autres! On dirait si bien que vous avez changé de forme, et que vous venez de prendre celle-ci tout juste pour rendre service à quelqu'un. Bouh! s'écria-t-elle en regardant en dessous la figure du vieillard, je vois vos traits, marraine, derrière la grande barbe qui les cache.

— Ma puissance va-t-elle jusqu'à transformer autre chose? demanda le bon Juif.

— Ah! marraine! si vous vouliez seulement prendre ma canne, et en toucher cette pierre boueuse, il en sortirait une voiture à six chevaux. Laissez-moi le croire, marraine.

— De tout mon cœur, répondit le vieillard.

— Puis autre chose, marraine; soyez assez bonne pour toucher de votre baguette mon vilain fils, et pour le changer de manière à ce qu'il n'en reste rien. Il a été si mauvais, si mauvais dans ces derniers temps! Il me rend si malheureuse! c'est à en perdre la tête. Pas fait pour un penny d'ouvrage depuis dix jours! et il a eu ses frayeurs ; il se croyait poursuivi par quatre hommes habillés de rouge, et à peau cuivrée, qui voulaient le prendre et le jeter dans une fournaise.

— Mais c'est dangereux, dit le vieillard.

— Oh! oui, très-dangereux; avec lui, marraine, il y a toujours du danger, cela ne varie que du plus au moins. A présent même, dit la petite ouvrière en retournant la tête et en regardant le ciel, il pourrait mettre le feu à la maison. Comment peut-on désirer des enfants? Je l'ai secoué jusqu'à en avoir le vertige ; cela n'a rien fait. Tu honoreras ton père et ta mère, lui répétais-je tout le temps; rappelez-vous donc ce qui vous est ordonné? Mais il n'a fait que me regarder et gémir sans comprendre.

— Ensuite? demanda le vieillard avec un enjouement plein de commisération.

— Ma foi, marraine, j'ai peur de vous paraître égoïste, mais je voudrais bien que vous me guérissiez le dos et les jambes ; cela ne vous coûterait guère, et ce serait beaucoup pour moi qui suis si faible, et qui aurais tant besoin de force ! »

Il n'y avait rien de plaintif dans la manière dont ces paroles étaient dites, mais elles n'en étaient pas moins touchantes.

— Et après? continua le vieillard.

— Oh! vous savez marraine. Après, nous monterons dans le carrosse, et nous irons voir Lizzie. Cela me fait penser que j'ai une question sérieuse à vous faire. Vous êtes très-savante, puisque ce sont les fées qui vous ont instruite, aussi savante qu'il est possible de l'être, et vous pourrez me dire s'il vaut mieux n'avoir jamais eu un bien, que de le perdre quand on l'a possédé.

— Expliquez-vous, enfant?

— Je veux dire qu'avant de connaître Lizzie je me sentais bien moins seule, bien moins abandonnée que depuis son départ. » En disant ces mots la pauvre créature avait les yeux pleins de larmes.

« Presque tout le monde, chère enfant, a perdu la compagnie d'êtres aimés. J'avais une femme, une fille bien belle, un fils plein d'avenir ; ils ont disparu de ma propre vie ; mais le bonheur n'en a pas moins existé.

— Ah! reprit miss Wren d'un air pensif, mais nullement convaincu, et en accompagnant cette exclamation d'un claquement de dents rapide, je vous demanderai alors de ramener le passé, et de maintenir les choses telles qu'elles étaient jadis.

— Voudriez-vous toujours souffrir? car vous étiez malade alors, dit le vieux Juif d'une voix affectueuse.

— Très-vrai ! s'écria la petite personne avec un nouveau claquement de dents ; votre baguette m'a touchée et me voilà raisonnable. Non pas, dit-elle en faisant sautiller finement ses yeux et son menton, qu'il y ait besoin pour cela d'être une marraine merveilleuse. »

Tout en causant, le vieux Juif et sa compagne avaient franchi le pont de Westminster, et suivaient la route que le vieillard avait prise pour venir ; mais ils n'allaient pas dans la Cité, car ils traversèrent de nouveau la Tamise par le pont de Londres, descendirent le bord de l'eau, et poursuivirent dans cette direction leur course de plus en plus brumeuse.

Avant d'arriver là, miss Wren avait arrêté son vénérable ami devant la montre d'un magasin de joujoux brillamment éclairé. « Regardez-bien ! avait dit la petite couturière ; tout cela est mon ouvrage. »

Ces paroles se rapportaient à un demi-cercle de poupées, offrant aux regards toutes les nuances de l'arc-en-ciel : qui, en toilette de cour, en toilette de bal, en toilette de ville ; en amazone, en mariée, en demoiselle d'honneur ; parées, en un mot, pour toutes les circonstances joyeuses de la vie.

« C'est charmant, charmant ! dit le vieillard, en frappant dans ses mains ; c'est d'une élégance et d'un goût parfaits ?

— Enchantée qu'elles vous plaisent, répondit la petite habilleuse, d'un air un peu hautain. Mais ce qu'il y a de drôle marraine, c'est la manière dont je me procure le patron de leurs toilettes. Seulement la chose est pénible ; ce qu'il y a de plus fatigant dans le métier ; alors même que je n'aurais pas le dos malade et les jambes si faibles. »

Le Juif l'interrogea du regard, ne comprenant pas ce qu'elle disait.

« On ne s'en doute pas, marraine ; il faut courir la ville, et à toute heure ! S'il ne fallait que rester chez soi, à tailler et à coudre, ce ne serait rien ; mais c'est d'essayer les toilettes qui est pénible ; cela m'exténue.

— Essayer vos toilettes, comment cela ? demanda le Juif.

— Oh ! quelle marraine peu intelligente ! s'écria la petite habilleuse. C'est pourtant bien simple : il y a un bal, une soirée, un jour de parc, une exposition, une fête, une cérémonie quelconque ; je me glisse dans la foule, et je regarde autour de moi. J'aperçois une lady qui fait mon affaire, je l'examine, j'en prends note, je reviens chez moi bien vite, je taille le patron, je coupe et je bâtis. Une autre occasion se présente, je retrouve ma toilette, j'examine de nouveau et je corrige. Elle semble dire la plupart du temps : « Comme cette petite me regarde ! ouvret-elle de grands yeux ! » Quelquefois ça l'ennuie, mais le plus souvent elle en est contente. Moi, je me dis pendant ce temps-là, il faut faire ici une pince, donner là un peu plus de biais, tenir la jupe un peu plus longue, surtout décolleter davantage; bref, je lui essaye la robe de ma poupée; et de même pour le reste, coiffure ou manteau. Ce sont les toilettes de bal qui sont fatigantes ! il faut être sous le porche; ce n'est pas facile, quand on est boiteuse, de se faufiler entre les roues des carrosses et les jambes des chevaux. Je me ferai écraser un jour ou l'autre, je m'y attends bien. Mais je les vois, c'est tout ce que je demande. Lorsqu'elles passent de leur voiture au vestibule en se dandinant, et qu'elles aperçoivent ma pauvre figure à moitié cachée par la capote d'un policeman, elles s'imaginent que je les admire de tous mes yeux, de tout mon cœur, et ne se doutent guère qu'elles travaillent pour mes poupées. Il y a lady Belinda Whitrose, qui m'a servi deux fois dans la même nuit. Au moment où elle descendait de carrosse, je me suis dit tout de suite, vous êtes ce qu'il me faut, ma chère. J'ai couru chez moi, je l'ai bâtie; je suis retournée à la porte du bal; je me suis mise derrière les hommes qui appellent les voitures, et j'ai attendu. Il pleuvait à verse. A la fin on a crié : la voiture de lady Belinda Whitrose. Lady Belinda se présente, et je lui essaye ma robe avant qu'elle soit assise. Que de peine elle m'a donnée ! La voyez-vous ? c'est elle qui est suspendue par la taille; oui, là, avec les pieds en dedans; trop près du gaz pour une tête de cire, lady Whitrose. »

Quand ils eurent longé la Tamise pendant quelque temps, ils demandèrent le chemin qu'il fallait prendre pour gagner la taverne des *Six-Joyeux-Portefaix*. Ils suivirent les indications qui leur furent données, et après s'être arrêtés deux ou trois fois pour se consulter, avoir regardé autour d'eux à plusieurs reprises et d'un air indécis, ils arrivèrent à l'endroit voulu. Un coup d'œil à travers la cloison vitrée leur montra les merveilles du bar, et miss Abbey, trônant dans son petit coin, où elle lisait le journal. Mister Riah s'étant présenté, la souveraine leva les yeux, laissant en suspens l'expression de son visage, comme si elle devait achever son article avant de s'occuper d'autre chose, et demanda au Juif ce qu'il y avait pour son service.

« Pourrait-on parler à miss Potterson ? dit le vieillard en ôtant son chapeau.

— Non-seulement vous le pouvez, mais vous le faites, répondit l'hôtesse.

— Pourriez-vous nous accorder un instant d'entretien ? »

Miss Abbey, venant alors à découvrir la petite ouvrière, posa

son journal, se leva et regarda par-dessus la porte. La petite canne semblait demander l'accès du bar, et une place auprès de la cheminée pour sa propriétaire. Miss Abbey ouvrit donc la porte en disant, comme si elle avait répondu à la béquille :
« Oui, oui, entrez; asseyez-vous près du feu et reposez-vous.

— Je m'appelle Riah, et suis attaché à une maison de commerce de Sainte-Mary-Axe, dit le vieillard en saluant avec courtoisie. Cette jeune fille qui m'accompagne.....

— Attendez, interrompit miss Wren, je vais donner ma carte à madame. »

Après avoir lutté contre la clef gigantesque dont elle était chargée, et qui, debout dans la poche, avait le pied sur la carte qu'il s'agissait de produire, la petite personne finit par tirer cette dernière, et la présenta d'un air d'importance. Miss Abbey reçut avec étonnement cette carte minuscule et y trouva cette indication concise :

> MISS JENNY WREN
> HABILLEUSE DE POUPÉES
> va chez les personnes qui la demandent.

« Seigneur ! s'écria miss Potterson en laissant échapper la carte.

— Si nous avons pris la liberté de venir vous trouver, dit le vieillard, c'est pour vous parler de miss Hexam. »

Miss Potterson, qui se baissait pour dénouer le chapeau de la petite habilleuse, se retourna vivement, et d'un air un peu irrité :
« Miss Hexam, dit-elle, est une jeune fille très-fière.

— Assez, répondit adroitement le vieillard, pour tenir beaucoup à votre estime, au point qu'avant de quitter Londres...

— Pour le Cap de Bonne-Espérance ? interrompit miss Abbey, croyant que Lizzie avait émigré.

— Pour la campagne, dit prudemment le vieux Juif. Avant de quitter Londres, elle nous a fait promettre de venir vous trouver, miss Wren et moi, et de vous faire lire un papier qu'elle nous a laissé à cette intention. J'ai fait sa connaissance depuis qu'elle a quitté ce quartier-ci, continua le vieillard, et j'ai pour elle la plus profonde estime; malheureusement je ne puis guère lui rendre service. Elle a demeuré pendant quelque temps chez miss Wren; et a été pour elle une amie bien secourable, bien nécessaire, ajouta-t-il à voix basse, bien nécessaire, madame, croyez-moi; si vous saviez...

— Je le crois sans peine, interrompit miss Abbey en regardant la petite boiteuse d'un air attendri.

— Et si c'est être fière que d'avoir un cœur toujours sensible, un caractère toujours égal, une bonté que rien n'épuise, une patience que rien ne fatigue, une main qui ne blesse jamais, dit miss Wren avec chaleur, oh! oui, elle est fière. Mais si la fierté est autre chose, vous avez tort de lui en supposer, car elle n'en a pas. »

Le courage de cette petite créature, qui, à brûle-pourpoint, osait contredire l'hôtesse des *Portefaix*, loin de déplaire à cette autorité redoutable, amena un gracieux sourire sur les lèvres de miss Abbey.

« C'est bien! dit-elle; vous avez raison de défendre ceux qui ont été bons pour vous.

— Bien ou mal, murmura miss Wren sans qu'on pût l'entendre, mais avec un sautillement visible du menton, cela me convient ainsi, et je m'inquiète peu de ce que vous en pensez, ma brave dame.

— Voici le papier, veuillez en prendre lecture, dit le vieux Juif en passant à miss Abbey la rétractation de Riderhood.

— Mais d'abord, chère enfant, demanda l'hôtesse, connaissez-vous le shrub [1] ? »

La petite habilleuse fit un signe négatif.

— Voulez-vous y goûter ?

— Si c'est bon, je veux bien, répondit miss Wren.

— Vous allez voir; et si vous l'aimez, je vous en ferai un grog, cela vous réchauffera. Mettez vos pieds sur la barre; il fait froid ce soir, très-froid; le brouillard est si épais. »

Miss Potterson aida la pauvre enfant à tourner sa chaise; miss Wren voulut se lever, et son chapeau, qui était dénoué, tomba par terre.

« Quels cheveux! s'écria l'hôtesse; il y a de quoi faire des perruques à toutes les poupées du monde.

— Ça? fit la petite créature; vous ne voyez rien; que dites-vous du reste? »

Elle détacha un ruban, et le flot d'or qui l'inonda, enveloppa la chaise, et roula sur le plancher.

L'hôtesse, frappée d'admiration, parut plus indécise que jamais; elle fit un signe au vieillard, et lui dit en se baissant pour

---

1. Liqueur composée de jus de citron ou d'orange, de sucre et d'eau-de-vie. (*Note du Traducteur.*)

tirer la bouteille de sa niche : « Est-ce une femme, ou une enfant?

— Bien jeune encore : enfant par les années; mais femme par la raison, le courage, la prévoyance, par tout ce qu'elle a souffert.

— Vous parlez de moi, bonnes gens, pensa la petite créature en se chauffant les pieds. Je n'entends pas vos paroles, mais je sais bien ce que vous dites. »

Le shrub, versé dans une petite cuiller et goûté avec réflexion, allant fort bien au palais de Jenny, les mains habiles de miss Potterson mêlèrent une certaine dose de cette liqueur avec de l'eau chaude, et mister Riah eut sa part du mélange. Ces préliminaires terminés, l'hôtesse des *Portefaix* prit lecture de la pièce qui lui avait été remise, et à chaque fois qu'elle leva les yeux, l'attentive Jenny répondit au regard de miss Abbey par un sirotement expressif du shrub.

« Cela prouve, dit miss Potterson, après avoir lu plusieurs fois le papier qu'elle avait à la main, cela prouve, ce qui d'ailleurs n'avait pas besoin de l'être, que Riderhood est un franc scélérat. Je me doutais bien qu'il avait fait le crime à lui tout seul, mais je ne m'attendais pas à voir confirmer le fait. J'ai eu des torts envers Hexam, je le reconnais; mais aucun à l'égard de sa fille; à l'époque où les choses étaient au pire, je n'ai jamais douté de Lizzie, et j'ai fait tout mon possible pour la décider à venir chez moi. Je suis désolée d'avoir été dure pour son père, d'autant plus qu'il n'y a pas moyen de réparer cette injustice. Ayez la bonté de communiquer à Lizzie les paroles que je viens de dire, et n'oubliez pas d'ajouter que si elle veut revenir aux *Portefaix*, elle y trouvera un gîte et une amie qui la recevra de tout son cœur. Elle me connaît depuis longtemps, elle connaît la maison, elle sait la vie qu'elle y mènera. Je suis d'un caractère vif; les uns disent que je suis prompte et douce, les autres prompte et acide; les avis sont partagés, cela dépend des circonstances; voilà tout ce que je peux dire, et il n'en faut pas davantage. »

Mais avant qu'on eût siroté la dernière goutte de shrub, miss Potterson découvrit qu'elle serait bien aise d'avoir une copie de la déclaration de Riderhood. « Ce n'est pas bien long, dit-elle à mister Riah; cela ne vous ferait peut-être pas grand'chose de me le coucher par écrit. »

Le vieillard s'empressa de mettre ses lunettes, et s'approcha du petit pupitre où miss Abbey conservait les recettes qui faisaient la gloire des *Portefaix*, et gardait ses échantillons de liqueur. Pas de livres à tenir, les *Portefaix* ne permettant pas à leurs pratiques d'avoir de compte chez eux.

Tandis que, penché au-dessus du pupitre, mister Riah faisait sa copie en belle ronde, miss Abbey regardant tour à tour ce portrait vivant des anciens scribes, et la petite ouvrière, couverte de ses cheveux d'or, miss Abbey se demandait si la présence de ces curieuses figures dans le bar des *Portefaix* n'était pas un rêve, et si, tout à l'heure, en s'éveillant, elle n'allait pas se retrouver seule. Deux fois déjà elle avait fermé les yeux et les avait rouverts pour s'assurer du fait, et se disposait à renouveler l'expérience, quand un murmure confus, partant de la salle, vint frapper son oreille. Comme elle se levait, tandis que ses compagnons l'interrogeaient du regard, le murmure grossit, des voix bruyantes s'accompagnèrent de piétinements, les fenêtres se levèrent avec fracas, et des cris, arrivant de la Tamise envahirent la maison.

Un instant s'écoula, puis Bob franchit le corridor, faisant sonner ses semelles, dont chacun des clous répercutait le bruit de tous.

« Qu'y a-t-il ? demanda miss Potterson.

— Un malheur sur la rivière, répondit Bob. Tant de monde qu'il y a sur l'eau, et le brouillard est si épais !

— Tous les chaudrons sur le feu ; voyez si la bouilloire est pleine. Qu'on prépare un bain ; faites chauffer les couvertures ; de l'eau chaude dans toutes les bouteilles de grès. Et vous (s'adressant aux deux servantes), rappelez votre bon sens, et tâchez de vous en servir. »

Pendant que miss Abbey donnait ces ordres aux filles de cuisine et à Bob, qu'elle avait saisi par les cheveux, et dont elle frappait la tête contre le mur pour mieux le pénétrer de ses paroles, les gens qui étaient dans la salle commune, se poussant les uns sur les autres, sortirent de la maison, et le bruit dr dehors alla croissant.

« Venez voir, » dit miss Abbey à ses visiteurs. Ils coururent tous les trois dans la salle déserte, et se mirent à l'une des fenêtres qui étaient en surplomb au-dessus de la Tamise.

« Sait-on ce qui est arrivé, demanda miss Abbey, en se penchant au dehors.

— C'est un vapeur, répondit une voix qui sortait du brouillard.

— Toujours un vapeur, cria une autre voix.

— C'est là-bas, où cette lumière tremblote, vous voyez bien, dit un troisième personnage également invisible.

— Il vient de lâcher sa vapeur, miss Abbey, expliqua un autre ; c'est là ce qui augmente le tapage, et qui épaissit le brouillard. »

Les barques se mirent en mouvement, les torches s'allumèrent, la foule se pressa sur la rive ; un homme tomba dans l'eau et en fut retiré au milieu des éclats de rire. Les dragues furent demandées; un cri, passé de bouche en bouche, réclama les bouées de sauvetage.

Impossible de rien savoir; car chaque bateau, se détachant du bord, s'enfonçait dans le brouillard, et ne s'y voyait plus à deux longueurs de rame. Il n'y avait de certain que l'impopularité du vapeur, et les reproches virulents qui l'assaillaient de toutes parts. C'était « un assassin faisant route pour la Baie de la Potence ; c'était le bourreau s'en allant à Peine-de-mort. Il fallait juger le capitaine; il fallait le pendre. L'équipage coulait avec délices les bateaux à rames. Les vapeurs étaient tous les mêmes; ils broyaient les allèges avec leurs roues; mettaient le feu avec leurs cheminées; ils ne faisaient que nuire et détruire; et semaient partout le malheur. » La masse de brume, tout entière, était pleine de ces récriminations proférées par l'enrouement universel.

Pendant ce temps-là, le vapeur agitait dans le brouillard le spectre pâli de ses fanaux; et mis en panne, attendait que le résultat de l'accident fût connu. Tout à coup il jeta des lueurs bleues qui l'enveloppèrent d'une tache lumineuse; les cris changèrent de ton; ils devinrent plus vifs, plus troublés, et dans l'atmosphère bleuâtre du navire se croisèrent des ombres d'hommes et d'embarcations, tandis que ces mots lancés avec force arrivèrent jusqu'aux *Portefaix* : « C'est là ! c'est ici ! deux coups de rame en avant ! attention ! hourrah ! allez toujours ; hâler à bord ! » Puis quelques flammes bleues sillonnèrent le brouillard, la nuit redevint sombre, le bruit des roues se fit entendre, et les fanaux du vapeur, glissant dans la brume, s'évanouirent dans la direction de la mer.

Tout cela parut avoir demandé beaucoup de temps; ce fut du moins l'impression qu'en ressentirent les spectateurs. Mais avant que miss Abbey et ses compagnons en eussent fait la remarque, ils entendirent les habitués des *Portefaix* se diriger vers la maison avec autant d'empressement qu'ils avaient mis à la quitter; puis un bateau passa, et miss Abbey put savoir enfin ce qui avait eu lieu.

« Est-ce la barque de Tom Tootle? cria-t-elle de sa voix impérative. Si c'est vous, Tom, approchez qu'on vous parle. »

L'obéissant Tom Tootle arriva immédiatement, suivi d'une foule nombreuse. « Qu'est-ce que c'est? demanda miss Potterson.

— Un vapeur étranger, miss, qui a coulé bas un bachot.
— Combien d'hommes, dans le bachot?
— Un seul, miss.
— L'a-t-on retrouvé?

— Oui, miss. Il a été longtemps sous l'eau; mais on a fini par l'avoir.

— Qu'on l'amène ici. Vous, Bob, fermez la porte; mettez-vous à côté, et n'ouvrez pas que je ne vous le dise. La police est-elle en bas?

— Ici même, dit une voix officielle.

— Quand ils auront apporté le corps, veuillez éloigner la foule, et prêter main forte à Bob pour empêcher qu'on entre.

— Soyez tranquille, miss Abbey. »

Quittant la vérandah, l'hôtesse emmena le Juif et sa compagne, les plaça l'un à sa droite, l'autre à sa gauche, derrière la porte coupée du bar, comme derrière un parapet. « Ici, dit-elle, vous n'aurez rien à craindre, et vous le verrez passer. Vous, Bob, allez près de la porte. »

La sentinelle fit faire d'une main leste un dernier tour au bourrelet que ses manches de chemise lui formaient sur l'épaule, et demeura ferme au poste.

Bruit de voix, bruit de pas approchant de la maison; piétinements et paroles au dehors. Une pause; deux coups particuliers à la porte, coups étouffés, comme si le défunt, arrivant sur le dos, eût frappé avec la plante de ses pieds inertes.

« C'est le brancard, ou le volet qui leur sert de civière; dit miss Potterson, dont l'oreille expérimentée savait à quoi s'en tenir. Ouvrez vite, Bob. »

La porte s'est ouverte; marche pesante de quelques hommes chargés; halte subite. Au dehors, course précipitée, arrêt de la foule; bruit de la porte qui se referme; cris vexés des mécontents.

« Montez, dit miss Potterson; » car elle a sur tous ses sujets une autorité si absolue que, même en cette circonstance, les porteurs attendent sa permission pour avancer.

Le couloir et l'escalier se trouvant bas et étroits, le noyé qu'on avait assis, fut porté de manière à n'avoir pas la tête beaucoup plus haut que le guichet, lorsqu'il passa dans le corridor. En le voyant, miss Abbey se rejeta en arrière.

« Bon Dieu! » s'écria-t-elle. Et se retournant vers ses visiteurs, elle leur dit : « C'est Riderhood, celui qui a fait la déclaration que vous m'avez apportée. »

III

TOUJOURS AUX PORTEFAIX

Effectivement c'était bien Riderhood, ou peut-être sa coquille, Riderhood mort ou vif qu'on portait au premier étage, dans la chambre de miss Potterson. Quelque souple et tortueux qu'il eût toujours été, Riderhood était alors d'une roideur suffisante ; mais ce ne fut pas sans beaucoup de peine, beaucoup de trébuchements des porteurs, de chocs de la civière tantôt à gauche, tantôt à droite, et de risques d'être jeté par-dessus la rampe, qu'il arriva en haut de l'escalier.

« Qu'on aille chercher un médecin, et qu'on prévienne sa fille, » ordonne aussitôt miss Abbey.

De rapides messagers partent immédiatement ; celui qui va chercher le docteur le rencontre à moitié chemin, escorté d'un agent de police. Le corps est examiné ; il y a peu d'espoir ; mais la vie n'a pas absolument disparu, et l'on s'efforce de la rappeler. Tous les moyens sont mis en œuvre, tout le monde y prête la main, y apporte son cœur et son âme. Personne ne pense à Riderhood ; il a été pour tous un objet d'éloignement ; il ne leur a inspiré que dégoût et aversion ; mais l'étincelle qu'il renferme est séparée de lui-même d'une façon curieuse, et éveille chez eux un profond intérêt ; c'est elle qu'ils veulent sauver ; sans doute parce qu'elle est la vie, parce qu'ils vivent eux-mêmes et qu'ils devront mourir.

A cette question du docteur : Comment est-ce arrivé ? Y a-t-il eu de la faute de quelqu'un ? Tom Tootle répond que l'accident était inévitable ; que ce n'est la faute de personne, excepté de Riderhood. Il était dans son bateau, ramant à la sourdine, et se faufilant en cachette comme il faisait d'habitude (soit dit sans mal parler du mort). Tout à coup il vient se placer droit à l'avant du vapeur, qui le prend par le travers et le coupe en deux tout net. Bien entendu qu'il s'agit du bateau, puisque la coque de l'homme est présente et complète.

Le capitaine Joey, celui des habitués au gros nez sous un chapeau vernis, s'est insinué dans la chambre, grâce à l'éminent service qu'il a rendu en se chargeant de la cravate du noyé. Appartenant à l'ancienne école, le capitaine émet une idée antique et respectée, à savoir : que l'on devrait suspendre le corps la tête en bas, « semblablement, dit-il, aux moutons qu'on voit dans les boucheries. » Il ne restera plus ensuite qu'à rouler le corps sur des futailles ; ce qui est particulièrement efficace pour ramener la respiration. Mais ces fragments de science de nos ancêtres provoquent chez miss Abbey une telle fureur qu'elle saisit immédiatement le capitaine au collet, et le jette à la porte sans mot dire.

Il ne reste plus dans la chambre que Tom Tootle, Bob Glamour, William Williams et Jonathan (nom de famille inconnu, si toutefois il en a un), lesquels suffisent amplement pour assister le docteur. Miss Abbey s'étant assurée que rien ne manque à celui-ci, redescend dans le bar pour y attendre, avec miss Wren, le résultat des soins qu'on prodigue au noyé.

Si vous n'êtes pas mort pour tout de bon, mister Riderhood, il serait d'un assez grand intérêt de savoir où vous êtes actuellement. Cette masse inerte de chair humaine que nous travaillons avec tant de courage et de patience ne donne aucun signe de vous-même. Si réellement vous êtes parti, Rogue Riderhood, le fait est grave ; il ne le sera pas moins si vous revenez ici-bas. Avec l'incertitude qui pèse sur cette dernière question, avec le mystère qui enveloppe votre situation présente, il y a dans la possibilité de votre retour quelque chose de plus imposant que la mort, quelque chose qui nous fait craindre autant de vous regarder que de détourner les yeux, nous qui sommes auprès de vous, et qui fait que les gens d'en bas tressaillent au moindre craquement du parquet.

« Cette paupière ne tremble-t-elle pas ? se demande le docteur en retenant son haleine. — Non. — Cette narine a tressailli ? — Non.

— Quand j'arrête la respiration artificielle, ma main appliquée sur la poitrine y sent-elle l'ombre d'un frémissement ? — Non. »

Le temps s'écoule ; mêmes questions, mêmes réponses négatives. Essayons cependant, essayons encore. « Un signe de vie ! un signe indubitable ! mais voyez donc ! »

L'étincelle peut couver sous la cendre et s'éteindre ; mais elle peut briller, et la flamme renaître. Les quatre aides du docteur, ces hommes rudes, voient cela et pleurent d'émotion. Ni en ce monde ni en l'autre Riderhood n'aurait pu les émouvoir, mais une âme qui lutte entre ces deux mondes les fait aisément pleurer.

Il combat pour revenir ; on le croyait ici ; et le revoilà bien loin. La lutte recommence ; elle est plus vive ; et cependant, comme nous tous, quand nous sommes évanouis, comme nous tous, chaque matin, quand nous nous éveillons, c'est malgré lui qu'il revient au sentiment de l'existence: il aimerait mieux dormir.

Bob Gliddery arrive avec miss Riderhood, qui n'était pas chez elle, et qu'il a eu beaucoup de peine à trouver. Plaisante a son châle sur la tête; la première chose qu'elle fait, tout en pleurant et en saluant miss Potterson, est de relever ses cheveux qui sont tombés lorsqu'elle a ôté son châle. « Je vous remercie, miss Abbey, d'avoir recueilli mon père.

— Je dois l'avouer, ma fille, je ne savais pas qui c'était; mais je l'aurais su que j'espère bien que c'eût été la même chose. »

La pauvre Plaisante, fortifiée d'une goutte d'eau-de-vie, est conduite au premier étage. S'il lui fallait prononcer l'oraison funèbre de son père, elle aurait peu de gratitude à exprimer, peu de tendres souvenirs à rappeler; mais elle a pour Riderhood bien plus d'affection qu'il n'en a jamais eu pour elle, et c'est en joignant les mains, et en pleurant amèrement qu'elle interroge le docteur. « N'y a-t-il plus d'espoir, monsieur? mon pauvre père est-il mort?

— Ma chère fille, répond le docteur sans détourner la tête, et en restant agenouillé près du lit, si vous ne pouvez pas prendre sur vous d'être calme, je ne permettrai pas que vous restiez là. »

Plaisante s'essuie donc les yeux avec sa chevelure, qui de nouveau a besoin d'être relevée, et regarde avec un intérêt mêlé d'effroi tout ce qu'on fait pour son père. En sa qualité de femme, son aptitude à soigner les malades lui permet bientôt de se rendre utile. Elle devine ce qu'il faut au docteur, le lui présente avant qu'il l'ait demandé, et finit par lui inspirer assez de confiance pour qu'il la charge de soutenir la tête de Riderhood.

Voir son père être un objet de sympathie pour les autres, voir tout le monde disposé à tolérer sa présence, disposé même à le supplier de rester ici-bas, est tellement nouveau pour Plaisante, qu'elle en éprouve une sensation inconnue. Si cela pouvait durer, quel changement d'existence! L'idée confuse d'une position respectable lui traverse l'esprit. Elle se dit que peut-être ce qu'il y avait à reprocher à son père s'est noyé tout à l'heure, et que s'il venait à rentrer dans cette enveloppe qu'il a quittée un instant, il ne serait plus du tout le même. Sous l'influence de cette pensée, elle baise ces lèvres insensibles, et croit que les mains inertes qu'elle presse entre les siennes deviendront caressantes si elle parvient à les réchauffer.

Pure illusion de la part de Plaisante; mais ils le soignent si bien! leur anxiété est si vive, leur intérêt si profond! Leur joie devient si grande à mesure que les signes de vie sont plus nombreux et plus forts, que la pauvre fille n'y résiste pas. Le voilà qui respire; il a fait un mouvement; il est revenu de ce voyage inexplicable, où il s'est arrêté sur la route mystérieuse.

Au moment où le fait est déclaré, Tom Tootle, qui est à côté du docteur, lui prend la main et la lui serre avec effusion; les autres font de même, et se donnent entre eux des poignées de main chaleureuses. Bob Glamour et William se mouchent; Jonathan éprouve le même besoin, mais n'ayant pas de mouchoir, il renonce à cette manière d'épancher son émotion. Plaisante verse de douces larmes : son illusion est au comble.

L'intelligence reparaît dans les yeux de Riderhood. Pourquoi est-il dans cette chambre? Il s'en étonne et voudrait le demander. Dites-le-lui, Plaisante.

« Père, on a coulé votre bateau, et vous êtes chez miss Abbey. » Il regarde autour de lui, ferme les yeux, et s'endort sur le bras de sa fille.

L'illusion commence à pâlir. Ce qu'il y avait de mauvais et d'ignoble est remonté du fond de l'abîme, et reparaît à la surface. A mesure qu'il se réchauffe, ceux qui l'entourent se refroidissent. Ses traits se détendent; le cœur des autres s'endurcit.

« Le voilà sauvé, dit le docteur en se lavant les mains, et en le regardant avec une défaveur croissante.

— Un honnête homme n'aurait pas eu cette chance-là, remarque Tom Tootle en secouant la tête d'un air sombre.

— Il est à souhaiter qu'il fasse bon emploi de la vie qu'il retrouve, dit Bob Glamour.

— Meilleur qu'autrefois, ajoute William.

— Je n'y compte pas, dit Jonathan. »

Ils parlent à voix basse par égard pour sa fille; mais elle les voit réunis à l'autre bout de la chambre, et sent bien que déjà ils s'éloignent de son père. Dire qu'ils sont fâchés de son retour à la vie, ce serait aller trop loin, après ce qu'ils ont fait pour le sauver; mais ils regrettent évidemment que leurs efforts n'aient pas eu un meilleur objet. Miss Potterson, à qui la nouvelle a été transmise, reparaît sur la scène; elle se tient à l'écart, parle bas au docteur, et jette vers le lit des regards peu sympathiques.

Aussi longtemps qu'elle est restée absente, l'étincelle de vie a excité un profond intérêt; maintenant qu'elle est rentrée chez Riderhood, le sentiment général paraît être un regret sincère de ne pas la voir se développer chez tout autre individu, n'importe lequel.

« Allons! dit miss Abbey d'une voix encourageante, vous n'en avez pas moins fait votre devoir, comme de braves gens que vous êtes; descendez dans la salle et vous allez prendre quelque chose aux frais des *Portefaix.* »

Ils s'en vont tous les quatre, ainsi que le docteur et miss Potterson, laissant la fille garder son père. Bob Gliddery profite de leur absence pour se présenter à miss Riderhood. « Il a le teint tout barbouillé, n'est-ce pas? » dit-il après avoir regardé le malade.

Plaisante fait un léger signe de tête.

« Ce sera encore pis lorsqu'il s'éveillera, » continue Bob.

Plaisante espère que non.

« C'est que, voyez-vous, cela lui fera un drôle d'effet de se trouver là, à cause que miss Abbey l'a chassé de la maison, et lui a défendu d'y revenir; mais la destinée a ordonné le contraire; voilà qui est drôle, n'est-ce pas?

— Il n'y aurait pas remis les pieds volontairement, dit Plaisante en s'efforçant de prendre un air digne.

— Non, répond Bob; on ne l'aurait pas permis, quand il l'aurait voulu. »

Plus d'illusion possible. Le père qu'elle avait cru changé n'est pas revenu meilleur, et il est évident que chacun l'évite aujourd'hui comme autrefois. « Je l'emmènerai aussitôt que je le pourrai, se dit Plaisante en soupirant; il sera mieux chez nous. »

Tout le monde est revenu, le docteur ainsi que les autres. Ils attendent que le sauvé ait assez de connaissance pour voir qu'ils seront enchantés de se débarrasser de lui. Son costume actuel étant composé de couvertures, on lui a préparé des vêtements pour remplacer les siens, qui sont imprégnés d'eau. Il s'agite de plus en plus sous l'influence d'un malaise visible, comme si l'impression générale se faisait jour à travers son sommeil, et lui exprimait la répulsion qu'il inspire. Il ouvre enfin les yeux, et, soutenu par sa fille, il s'assied dans son lit.

« Eh bien! Riderhood, comment vous trouvez-vous? lui demande le docteur.

— Pas trop fier, répond-il en grognant, car il n'a jamais été plus maussade.

— Je n'ai pas l'intention de vous sermonner; reprend le docteur en hochant la tête d'un air grave; j'espère seulement que le danger que vous venez de courir produira sur vous un bon effet. »

Riderhood, très-mécontent de ces paroles, grommelle une réponse inintelligible; mais sa fille, si on lui en demandait le sens, pourrait la traduire ainsi: « Je n'ai pas besoin de vos jaseries de perroquet. » Il demande sa chemise; et, toujours aidé par Plaisante, il se la passe par-dessus la tête comme s'il venait de se battre.

« Est-ce que c'était pas un vapeur ? demande-t-il en s'arrêtant au milieu de l'opération.

— Oui, père.

— C'est bon ; j'l'attaquerai en justice ; faudra qu'i' paye. »

Tout en disant cela d'un air sombre, il boutonne sa chemise, et regarde ses bras deux ou trois fois comme pour voir les coups qu'il a reçus dans la lutte. On lui donne les habits qui ont été préparés, il y entre lentement, promène autour de lui ses yeux louches, et les arrête avec une malveillance particulière sur le docteur dont le conseil l'a aigri. Il croit saigner du nez, car à plusieurs reprises il s'essuie les narines d'un revers de main, et regarde quel en est le résultat. Ce geste, qu'il accomplit à la façon des pugilistes, augmente singulièrement la ressemblance que la lutte qu'il vient de soutenir a présentée avec une partie de boxe.

« Ousqu'est ma casquette ? demande-t-il d'une voix bourrue quand il a fini de s'habiller.

— Dans la rivière, répond quelqu'un.

— Gn'y avait donc pas là un honnête homme pour m'la rapporter ? On l'a ramassée, allez ; vous pouvez en êt' sûrs ? une fameuse race, que vous tous ! »

Prenant alors avec une brusquerie toute spéciale la casquette d'emprunt que lui tend sa fille, il se l'enfonce jusqu'aux oreilles, se lève avec efforts, chancelle sur ses jambes, retombe de tout son poids sur Plaisante, et lui dit avec colère: « Est-ce que tu n'peux pas te tenir, quoi ? N'vas-tu pas tomber, à présent ! » Et, chancelant toujours, il quitte la scène où il s'est colleté avec la mort.

IV

HEUREUX ANNIVERSAIRE

L'anniversaire du mariage de Rumty et de sa noble épouse a déjà été célébré vingt-cinq fois de plus que celui de l'heureuse union de mister et de missis Lammle, et ce beau jour n'en continue pas moins d'être fêté au sein de la famille Wilfer. Non pas qu'il en résulte aucune joie ; on pourrait y manquer sans éveiller de regrets ; personne n'a jamais attendu cette solennité avec impatience, ni fondé sur elle le moindre espoir de plaisir. Mais ce jour est d'observance morale, dans le genre de vigile et jeûne, et il permet à missis Wilfer de déployer une sombre grandeur, que cette femme sensible révèle principalement dans le choix de ses couleurs favorites.

L'état de cette noble dame, en ces jours de gala, est un composé de résignation héroïque et d'auguste clémence. Le souvenir des mariages avantageux qu'elle aurait pu contracter sillonne de reflets sinistres la sombre majesté répandue sur ses traits, et le Chérubin, à la lueur des éclairs, apparaît comme un petit monstre, singulièrement favorisé du ciel, qui lui a concédé, on ne sait pourquoi, un objet vainement sollicité par des êtres qui lui étaient bien supérieurs. Sa position à l'égard de ce trésor est si fermement établie, qu'à chaque bout de l'an il se voit contraint de s'excuser de son bonheur. Il n'est pas impossible que sa modestie confuse n'aille jusqu'à lui faire des reproches d'avoir osé prendre pour épouse une créature d'un ordre aussi élevé. Quant aux enfants nés de cette union, l'expérience qu'ils ont faite de ces doux anniversaires, les a conduits à souhaiter dès leur jeune âge que Ma eût épousé n'importe qui au lieu de Pa, ou que ce cher Pa eût choisi une autre femme que Ma. Lorsqu'il n'y eut plus à la maison que les deux sœurs de notre connaissance, l'esprit audacieux de Bella, au comble de la surprise, en vint à se dire d'un ton vexé : « Mais qu'est-ce que Pa a jamais pu voir chez Ma qui l'ait rendu assez fou pour la demander en mariage ? »

L'année, dans sa course, ayant ramené l'anniversaire de ce fait inexplicable, miss Bella descend de la voiture des Boffin pour assister à la cérémonie. Il est d'usage chez les Wilfer de sacrifier ce jour-là une paire de poulets sur l'autel de l'hyménée, et la jolie femme a écrit d'avance qu'elle se chargeait de cette offrande votive. Grâce aux forces combinées de deux chevaux, de quatre roues, de deux hommes et d'un chien pareil à un plumpudding, orné d'un collier aussi peu commode que la cravate de George IV, miss Bella et ses deux volailles sont déposées devant la demeure paternelle. Elles sont accueillies par missis Wilfer, dont la dignité, comme il arrive toujours dans les grandes occasions, est rehaussée d'un mystérieux mal de dents.

« Inutile de ramener la voiture, dit Bella, je reviendrai à pied. »

Le domestique mâle de missis Boffin touche son chapeau, et reçoit de missis Wilfer un coup d'œil majestueux destiné à porter dans son âme l'assurance, qu'en dépit de ce qu'il suppose, les domestiques mâles, et en livrée, ne sont nullement rares à cette porte.

« Eh bien ! chère Ma, comment allez-vous ? dit la jeune fille.
— Aussi bien que ma position le permet, répond la noble dame.

— Miséricorde ! Ma, vous parlez comme si nous venions d'avoir un petit frère.

— C'est comme cela depuis ce matin, dit Lavinia par-dessus l'épaule maternelle. Tu peux en rire, Bella, mais c'est d'un agaçant !... »

Missis Wilfer adresse à l'impertinente un regard trop digne pour être accompagné d'un mot; et, suivie de ses deux filles, elle descend à la cuisine, où le sacrifice doit être préparé.

« Mister Rokesmith, dit-elle d'une voix lugubre, a été assez poli pour mettre son appartement à notre disposition. Ainsi donc, Bella, dans l'humble maison de votre père, si éloignée de la somptueuse demeure que vous habitez maintenant, vous trouverez un salon pour vous recevoir, et vous dînerez dans une salle à manger. Votre père a invité mister Rokesmith à partager notre modeste repas; mais ce gentleman était engagé dans une autre maison, ce qui l'a contraint de refuser. C'est alors qu'il nous a offert son appartement. »

Bella sait fort bien qu'il n'est engagé nulle part, et qu'il dînera tout seul; mais elle approuve cette réserve. « Nous aurions été fort embarrassés l'un vis-à-vis de l'autre, se dit-elle; cela nous arrive assez souvent malgré nous, pour ne pas le rechercher. » Elle est toutefois assez curieuse de voir l'appartement du secrétaire pour y monter le plus tôt possible, et pour en examiner le contenu dans ses moindres détails. Il est meublé très-simplement, mais avec goût, et fort bien arrangé. Des tablettes chargées de livres anglais, français et italiens. Sur le bureau, un portefeuille rempli de notes et de papiers couverts de chiffres, ayant évidemment rapport aux affaires de mister Boffin. Toujours sur le bureau, une feuille de papier collée sur toile, vernie, et roulée comme une carte de géographie. « Peut-être un plan, » se dit Bella. Mais quelle est sa surprise en voyant le placard descriptif de la découverte de John Harmon. Toute tremblante, elle s'empresse de rouler ce placard sinistre et de le rattacher comme il était avant; puis elle continue son inspection.

Furetant dans tous les coins, elle tombe sur une gravure élégamment encadrée : la tête gracieuse d'une femme charmante, suspendue dans l'ombre, à côté du fauteuil. « Oh ! monsieur ! dit Bella en s'arrêtant devant ce portrait, oh ! monsieur ! je crois deviner à qui vous supposez que cela ressemble; mais c'est surtout votre impudence que cela rappelle. » Ayant dit ces mots, elle décampe, non-seulement parce qu'elle est blessée, mais parce qu'il n'y a plus rien à voir.

« Ma, dit-elle en reparaissant dans la cuisine, ayant encore un peu de rouge au front, vous et Lavinia vous vous figurez que je ne suis bonne à rien ; je veux vous prouver le contraire, c'est moi qui ferai le dîner.

— Impossible, dit la noble mère ; je ne permettrai pas que vous fassiez la cuisine avec une pareille toilette.

— Ma toilette, reprend gaîment Bella en fouillant dans un tiroir, je vais la couvrir du haut en bas ; un tablier fera l'affaire, avec une serviette pour le corsage ; quant à la permission, je vous déclare que je m'en passe.

— Faire la cuisine maintenant, Bella ! vous qui ne l'avez jamais faite quand vous étiez ici !

— Oui, Ma, je ne l'ai jamais faite, et je vais la faire. »

Elle attache son tablier, prend des épingles, se fait une bavette qui lui arrive au menton, comme si, la prenant par le cou, la toile voulait l'embrasser. Rien de plus charmant que ce menton et ces joues à fossette au-dessus de la toile blanche ; et derrière celle-ci, le corsage ne l'est pas moins. « A présent, dit-elle en prenant ses cheveux à deux mains, et en les éloignant de son front, par où faut-il commencer ?

— D'abord, répond missis Wilfer d'un ton solennel, il faut, si vous persistez dans une résolution que je regarde comme entièrement incompatible avec l'équipage dans lequel vous êtes venue......

— Je persiste, Ma.

— Il faut d'abord mettre les poulets au feu.

— Certes, dit Bella ; et qui plus est, il faut les enfariner, les embrocher et les faire tourner. Voyez comme cela va bien ! ajoute-t-elle en imprimant à son rôti une allure rapide. Après, Ma ?

— Après, dit la noble dame qui agite ses gants pour protester contre cette usurpation du sceptre culinaire, je vous recommanderai de voir si le lard qui est dans la poêle est suffisamment revenu, et si les pommes de terre sont cuites, ce dont vous vous assurerez en y enfonçant une fourchette. Enfin, il faudra s'occuper des légumes, si toutefois vous persistez dans cette conduite peu séante.

— Oui, Ma, je persiste. » Et Bella pense à une chose, oublie l'autre, s'occupe de cette autre, oublie la troisième, se la rappelle tout à coup, est distraite par la quatrième, et, à chacune de ces fautes, imprime aux malheureux poulets un tour plus vif qui rend leur cuisson très-chanceuse. Mais c'est bien amusant de cuisiner.

Pendant ce temps-là, miss Lavvy met la table, et va de la cuisine à la salle à manger. Toujours mécontente, lorsqu'il faut s'occuper du ménage, elle remplit cet office avec autant de brusquerie que de mauvaise grâce, produit un coup de vent en déployant la nappe, pose les salières et les verres comme si elle frappait à la porte, et choque les couteaux et les fourchettes de manière à faire croire que l'on se bat dans la pièce voisine.

« Regarde Ma, dit-elle à sa sœur, lorsque ayant fini sa tâche, elle revient auprès de la broche. Quand on serait la fille la plus respectueuse qu'il y ait sur terre, ce qu'on espère bien être, n'y a-t-il pas de quoi avoir envie de la battre en la voyant assise dans son coin, roide comme un piquet?

— Suppose un peu, dit l'autre, que ce pauvre Pa soit mis dans l'autre coin, et obligé de se tenir comme elle, pour lui faire pendant!

— Ce serait impossible, ma chère, répond Lavinia, il dodelinerait tout de suite. Je ne crois pas qu'il y ait de créature au monde qui puisse se tenir aussi droite que Ma et vous peser autant sur les épaules. Voyons, Ma, qu'est-ce que vous avez? Êtes-vous malade?

— Je me porte à merveille, répond missis Wilfer en tournant vers Lavinia un regard plein de courage et de mépris. De quoi pourrais-je souffrir?

— C'est que vous n'avez pas un air folâtre, Ma.

— Folâtre! répète la dame; quelle expression, Lavinia! Où l'avez-vous apprise? Pour ce qui est de moi, si je ne profère aucune plainte, si je me contente de mon sort et le supporte en silence, cela ne suffit-il pas à ma famille?

— Eh bien! Ma, puisque vous m'y forcez, je prendrai respectueusement la liberté de vous dire que c'est fort bien d'avoir un mal de dent annuel pour fêter le souvenir de vos noces, que votre famille vous en est très-reconnaissante, car c'est de votre part extrêmement désintéressé; mais qu'il ne faudrait pas en avoir tant d'orgueil.

— Insolente! dit la noble dame, osez-vous me parler ainsi, vous ma fille! aujourd'hui même, où j'ai le plus de droit à vos respects. Dites-moi, je vous prie, savez-vous ce que vous seriez devenue si je n'avais point à pareil jour donné ma main à R. Wilfer?

— Non, Ma; je n'en sais rien du tout; et de plus, avec tout le respect que j'ai pour votre science et votre pénétration, je doute fort qu'à cet égard vous en sachiez plus que moi. »

Cette vigoureuse attaque sur un point désarmé de ses retranchements aurait pu mettre l'héroïque femme en déroute; mais le fait est demeuré incertain, grâce à l'arrivée de mister George Sampson, invité à la fête comme ami de la famille. A cette époque mister George avait transféré à Lavinia les tendres sentiments qu'il avait eus pour Bella, et se trouvait soumis par la cadette à une sévère discipline, sans doute pour le punir du mauvais goût dont il avait fait preuve en lui préférant d'abord l'aînée.

« Missis Wilfer, dit le jeune homme qui chemin faisant a préparé cette phrase originale, recevez, je vous prie, mes félicitations à propos de ce beau jour. » Elle le remercie avec un soupir, et redevient la proie de cet impénétrable mal de dents.

« Je suis étonné, reprend Georges d'un air timide, de voir miss Bella condescendre à faire la cuisine. »

Miss Lavinia tombe sur le malheureux jeune homme, le contredit vivement et lui défend de se mêler de ce qui ne le regarde pas. Cette algarade dispose George Sampson à la mélancolie, et lui fait garder le silence jusqu'à l'arrivée du Chérubin, dont la surprise, en voyant Bella s'occuper de cuisine, est encore plus grande que celle de son hôte. Bella n'en persiste pas moins, non-seulement à faire le dîner, mais à le servir. Puis déposant tablier et bavette, elle se met à table comme un hôte illustre, pour prendre part au festin.

Avant de commencer, le Chérubin rappelle d'un air joyeux « le doux motif qui nous fait en ce jour, etc. » A quoi sa noble moitié répond par un *amen* sépulcral, de nature à calmer l'appétit le plus violent.

« Tiens ! dit Bella en regardant son père qui découpe les poulets, comme ils ont la chair rose ! Est-ce que c'est une race nouvelle, Pa ?

— Non, chère enfant ; mais je crois qu'ils ne sont pas assez cuits.

— Ils devraient l'être, pourtant, dit la jolie femme.

— Oui, ma Belle, dit le Chérubin ; mais ils ne le sont pas. »

Le gril est mis en réquisition, et le bon Chérubin, qui, dans son ménage, remplit des fonctions peu séraphiques non moins souvent que s'il était au service des vieux maîtres, se charge de faire recuire les membres des poulets. A vrai dire, excepté de regarder fixement un point quelconque du tableau, ce qui est l'une des branches principales du service public de l'ange, ce chérubin domestique remplit toutes les fonctions du prototype ; si ce n'est qu'au lieu de souffler dans une énorme trompette ou de jouer de la contrebasse, il joue de la brosse à cirage sur les bottines de la famille ; et qu'il se hâte d'accomplir, d'un air joyeux, tous les services qu'il peut rendre, au lieu de rester en l'air, dans des raccourcis impossibles.

Bella vient partager les soins qu'il donne à cette cuisson complémentaire, ce dont il est ravi ; puis elle le plonge dans des transes mortelles en lui demandant, lorsqu'ils reviennent à leurs places, comment on accommode les poulets à Greenwich, et si vraiment les dîners qu'on fait là-bas sont aussi agréables qu'on le prétend. Les signes de tête et les clignements d'yeux du pauvre homme font tellement rire la malicieuse enfant qu'elle en avale de travers; au point que Lavinia se croit obligée de lui frapper dans le dos, ce qui la fait rire davantage, et finit par faire rire le pauvre Pa. Mais à l'autre bout de la table, missis Wilfer est un puissant correctif à cette folle gaieté.

« Je crains, mon trésor, lui dit le Chérubin dans l'innocence de son âme, et avec des intentions conciliantes, je crains que vous ne soyez pas à votre aise.

— Pourquoi cela, R. Wilfer ? demande-t-elle d'une voix sonore.

— Parce que, mon amour, vous paraissez un peu souffrante.
— Pas du tout, répond-elle sur le même ton.
— Accepteriez-vous cette lunette de volaille, cher trésor ?
— J'accepterai tout ce qu'il vous plaira de m'offrir, R. Wilfer.
— Est-ce le morceau que vous aimez ?
— Je l'aime autant qu'un autre, R. Wilfer. »

Et s'immolant au bien-être général, cette femme majestueuse se met les morceaux dans la bouche, comme si elle faisait manger quelqu'un devant un public imposant. Bella n'a pas seulement apporté les poulets, mais encore du dessert, et deux bouteilles de vin, ce qui donne à la fête un éclat sans précédent. L'héroïne fait les honneurs du premier toast à son époux, et boit à la santé de R. Wilfer.

« Merci, répond le brave homme. A la vôtre, cher trésor.
— A papa et à maman, dit Bella.
— Non, répond la noble dame, je ne crois pas le devoir. J'ai bu à la santé de votre père ; cela suffit. Cependant si vous insistez pour me comprendre dans le toast que vous lui adressez, ma gratitude n'y fera pas d'objection.

— Qu'est-ce que cela signifie ? s'écrie Lavinia. Est-ce que nous ne sommes pas là pour fêter le jour qui vous a unis tous les deux ?

— Quelle que soit la circonstance qui rende ce jour mémorable, ce n'est pas celui où je permettrai à l'un de mes enfants de me manquer. Ainsi donc, Lavinia, je vous demande, et au besoin, je vous ordonne, de modérer vos expressions. Et à ce propos, R. Wilfer, il convient de rappeler que c'est à vous de commander et à moi d'obéir ; car c'est vous qui êtes le maître. Je boirai donc à ma santé, comme à la vôtre, puisque tel est votre désir. » L'obéissante épouse avale ce toast avec une rigidité effrayante.

« Cher trésor, insinue Rumty, j'ai réellement peur que vous n'alliez pas bien.

— Au contraire, je vais à merveille. De quoi souffrirais-je ?

— Je pensais que peut-être votre pauvre figure..... vos douleurs névralgiques.....

— Ma figure peut endurer le martyre; qu'importe, si elle est souriante, et que personne ne s'en doute ? » Elle sourit en effet ; mais de telle manière que George Sampson paraît en avoir le sang figé dans les veines. Il pâlit tellement à la vue de ce sourire, qu'il se croit obligé d'expliquer l'impression qu'il éprouve.

« En un jour comme celui-ci, répond missis Wilfer, l'esprit devient naturellement rêveur, et ne peut s'empêcher de remonter le cours des ans. » L'impertinente Lavvy se croise les bras d'un air malicieux, et murmure quelques mots inintelligibles.

« Mon esprit, continue la noble épouse d'un ton déclamatoire, me représente Pa et Ma (c'est à mes parents que je fais ici allusion), me les représente, dis-je, à une époque antérieure au jour dont nous célébrons l'anniversaire. Je passais pour être de grande taille; il était possible que je le fusse en effet; mais Pa et Ma étaient incontestablement d'une haute stature. J'ai rarement vu de plus belle femme que ma mère, jamais que mon père.

— Si beau que fût grand-papa, ce n'était pas une femme, dit l'impétueuse cadette.

— Votre aïeul, reprend missis Wilfer d'un ton imposant, était tel que je le dépeins, et il eût terrassé n'importe lequel de ses descendants qui aurait osé le mettre en doute. L'un des rêves de ma mère était de me voir épouser un homme exceptionnellement grand. Cette prédilection pour les hommes de grande taille pouvait être une faiblesse; mais elle fut partagée par le Grand Frédéric. »

Ces paroles sont adressées à Georges Sampson, qui, n'ayant pas le courage d'entrer en lice et de relever le gant, est replié sous la table et a les yeux baissés. Missis Wilfer, ayant vainement attendu la réplique du jeune homme, continue donc, et reprend d'une voix plus forte, afin de redresser mister George : « Ma mère paraissait avoir une vague intuition de ce qui devait arriver, car elle me disait souvent : « N'épousez pas un petit « homme; promettez-le-moi, ma fille, pas un petit hommel » De son côté, mon père (il avait énormément d'humour) me faisait observer que les baleines ne s'alliaient point aux sardines. Sa société, comme on peut le croire, était avidement recherchée par tous les hommes d'intelligence. Les beaux esprits du jour faisaient de notre maison leur rendez-vous habituel. J'y ai vu à la fois trois graveurs y échanger les saillies les plus fines, les mots les plus piquants. »

Ici, George Sampson rendant enfin les armes, dit en s'agitant sur sa chaise, que trois hommes d'esprit c'était beaucoup, et que ces réunions devaient être bien amusantes.

« Parmi les membres les plus éminents de ce cercle distingué se trouvait un gentleman ayant six pieds quatre pouces. Ce n'était pas un graveur.

— Naturellement, dit George, sans savoir pourquoi il dit cela.

— Ce gentleman était assez aimable pour m'honorer d'attentions dont le sens ne pouvait m'échapper. » (Mister Sampson murmure que lorsque la chose en vient là, il est facile de la comprendre.) « Je déclarai immédiatement à mes parents que ces attentions étaient déplacées, et que je priais ce gentleman de ne pas continuer ses avances. On me demanda si je le trouvais trop grand ; je répondis que ce n'était pas sa taille, mais son intelligence qui était trop haute pour moi. Notre maison, ajoutai-je, est montée sur un pied trop brillant, le ton en est trop élevé, pour que je puisse le maintenir, moi, simple femme, dans la vie quotidienne. Ma pauvre mère, je me le rappelle, frappa alors dans ses mains en s'écriant : « Cela finira par un petit homme! »

Mister Sampson jette un coup d'œil sur son hôte, et secoue la tête d'un air abattu.

« Ma mère en vint à me prédire que non-seulement il serait petit, mais d'une intelligence bien au-dessous de la moyenne. C'était, il est vrai, dans le paroxysme de sa déception maternelle. » Ici missis Wilfer prend une voix sombre et creuse, comme s'il s'agissait d'une histoire de revenant. « Un mois ne s'était pas écoulé, dit-elle, que je rencontrais R. Wilfer ; et l'année n'était pas révolue qu'il devenait mon mari. Il est naturel qu'en un jour comme celui où nous nous trouvons, ces sombres coïncidences reviennent à la mémoire. »

Délivré du regard de missis Wilfer, George Sampson respire, et fait cette remarque singulièrement originale : qu'il est impossible d'expliquer ces sortes de pressentiments. Rumty se gratte la tête ; il jette un regard confus autour de la table, arrive à sa noble épouse, la voit enveloppée d'un nuage plus sombre que jamais, et lui exprime de nouveau ses craintes : « J'ai réellement peur, cher trésor, que vous ne soyez souffrante.

A quoi elle répond une fois de plus : — Au contraire ; je me porte à merveille. »

La position de mister George à cette agréable fête est vraiment digne de pitié. Il n'est pas seulement exposé sans défense aux harangues de missis Wilfer ; il a énormément à souffrir du côté de Lavinia, qui voulant montrer à sa sœur qu'elle fait de lui tout ce qu'elle veut, et qui, d'autre part, ayant à le punir de l'admiration qu'il a toujours pour Bella, lui fait mener une vie de chien. Placé entre l'éloquence de la mère, et les rigueurs de celle à qui, dans son abandon, il a voué ses hommages, ce malheureux jeune homme fait vraiment peine à voir. Que son esprit fléchisse sous le poids qui l'accable n'a donc rien d'étonnant, d'autant plus que cela a toujours été un esprit courbatu, et peu solide sur ses jambes.

Ainsi furent employées les heures souriantes jusqu'au moment où il fallut partir. Les fossettes de Bella savamment enfermées dans les brides du chapeau, et les adieux échangés, le père et la fille sortirent de la maison.

« Eh ! bien, cher Pa, l'anniversaire est terminé ; vous en voilà quitte, dit la jolie femme.

— Oui, mon enfant ; encore un de passé ! » répliqua Rumty en respirant à pleins poumons, comme une personne à qui l'air fait du bien. Bella pressa contre elle le bras de son père, et y donna de petites tapes consolantes.

« Merci, chère enfant, dit-il, comme si elle lui eût parlé ; cela va bien, chérie. Mais toi, Bella, que deviens-tu ?

— Je suis loin de m'améliorer, Pa.

— Vraiment !

— Au contraire ; je vais de mal en pis.

— Seigneur ! fit le Chérubin.

— C'est réel ; pire que jamais. Je fais tant de calculs pour savoir quel revenu je dois épouser, et quel moyen il faut employer pour cela, que je commence à en avoir le nez ridé. Est-ce que vous ne le voyez pas ? » Le Chérubin se mit à rire ; Bella lui imprima deux ou trois secousses. « Vous ne rirez pas dit-elle, quand vous verrez la jolie femme avoir le teint hâve et l'œil hagard. Je vous en préviens d'avance : il est impossible que la soif d'argent qui me brûle ne me dessèche pas avant peu. Cette vue-là vous fera mal ; et ce sera bien fait, puisque vous ne voulez pas me croire. Passons maintenant aux confidences : qu'avez-vous à me dire, monsieur ?

— Je pensais, mon amour, que c'était toi qui aurais quelque chose à me confier.

— Vraiment, monsieur ? Pourquoi ne pas l'avoir demandé tout de suite ? Les confidences d'une jolie femme ne sont pas à dédaigner. Néanmoins je vous pardonne ; regardez-moi s'il vous plaît. »

Elle mit le petit index de son gant sur ses lèvres, et le posa ensuite sur les lèvres de son père. « C'est un baiser pour vous, Pa. A présent me voilà sérieuse. J'ai à vous dire... Voyons un peu... quatre secrets. Oui, Pa; des choses très-graves; mais entre nous; pas un mot à personne; vous savez!

— Allons, chérie, le n° 1 ? demanda le père en installant son bras d'une façon confidentielle.

— Le n° 1, Pa... Vous allez être foudroyé. De qui supposez-vous que j'ai reçu des propositions? » Elle ne put s'empêcher de rougir, en dépit de l'insouciance qu'elle affectait. Le Chérubin la regarda en face, regarda par terre, la regarda de nouveau et déclara qu'il ne savait pas.

— De mister Rokesmith!

— Pas possible, ma chère!

— De mister Roke-smith, Pa! Qu'en dites-vous? »

Le Chérubin lui renvoya sa question : « Et toi, mon amour?

— J'ai répondu non; cela va sans dire.

— Certes, confirma le Chérubin d'un air rêveur.

— Et je lui ai dit ce que j'en pensais: un abus de confiance, un outrage envers moi.

— Assurément; je n'en reviens pas. Il aurait dû sonder le terrain avant de se commettre ainsi. Après tout, maintenant que j'y pense, je le soupçonne d'avoir toujours eu de l'admiration pour toi.

— Un cocher de fiacre peut m'admirer, dit Bella avec un grain de la hauteur maternelle.

— Cela doit même arriver souvent, dit le Chérubin. Voyons le n° 2.

— C'est à peu près la même chose, bien que ce soit moins ridicule: mister Lightwood se proposerait, si je voulais bien le permettre.

— Et tu ne lui en donnes pas la permission?

— Naturellement, répondit la charmante fille. Il me déplait.

— Cela suffit, dit le père.

— Mais non, reprit-elle en le secouant de nouveau, cela ne suffit pas. Vous oubliez toujours ma cupidité. Qu'il me déplaise ou non, cela ne fait rien à l'affaire ; ce qui suffit, c'est qu'il n'a pas de fortune, pas de clientèle, pas d'espérances; en un mot, rien que des dettes.

— Ah! fit le père avec un certain abattement. Le n° 3, chérie?

— Ceci est différent, Pa; c'est quelque chose de bon, de généreux, de parfait. Missis Boffin me l'a dit elle-même, en confidence... Oui Pa, de sa propre bouche, et il n'y en a pas au monde de plus véridique et de de plus sûre. Elle m'a dit qu'ils désiraient me voir bien mariée; et que si je faisais un mariage qui leur convînt, ils me donneraient une dot! » La reconnaissance fut la plus forte, et Bella fondit en larmes.

« Ne pleure pas, mignonne, dit le père en portant la main à ses yeux. Il est bien naturel que je sois un peu ému en apprenant que ma fille chérie, après tant de déceptions, n'en sera pas moins richement dotée, et pourra faire un brillant mariage. Mais toi, mignonne, il ne faut pas pleurer; voyons, chérie, ne pleure pas. Je suis très-reconnaissant, très-heureux ; je te félicite de tout mon cœur. »

Le bon petit homme s'essuya de nouveau les yeux, et Bella, lui jetant les bras autour du cou, l'embrassa en pleine rue, l'appelant avec effusion le meilleur des pères, le meilleur des amis; lui disant que le jour de son mariage elle se mettrait à ses genoux et lui demanderait pardon de l'avoir tourmenté; surtout d'avoir paru insensible aux qualités d'un père si bon, si généreux, si dévoué, si sympathique, si jeune de cœur. Elle redoubla de baisers à chaque épithète, lui fit tomber son chapeau à force de l'embrasser, et rit comme une folle en voyant le chapeau roulé par le vent, et le cher Pa courir après.

Lorsque, ayant repris haleine, il lui eut redonné le bras, et qu'il se fut remis en marche: « Voyons, dit-il, ce quatrième secret. » La figure de Bella s'assombrit tout à coup.

« Je ferais mieux de n'en rien dire, répondit-elle. Laissez-mo' voir encore ; il est possible que je me trompe ; je veux du moins l'espérer. » Le sérieux qu'elle mit dans ses paroles éveilla d'autant plus la curiosité de Rumty.

« C'est donc une chose à craindre? » demanda-t-il.

Elle le regarda en hochant la tête d'un air pensif. « Et j'en suis sûre, répondit-elle. Je ne me trompe pas; ce n'est que trop vrai!

— Tu m'inquiètes énormément; voyons, mon amour, as-tu refusé d'autres propositions?

— Non, Pa.

— En aurais-tu accepté? demanda le père en relevant les sourcils?

— Non, Pa.

— Quelqu'un t'embarrasserait-il en désirant une permission que tu hésiterais à lui donner.

— Personne, du moins que je sache.

— Cela ne peut pas être quelqu'un... qui ne voudrait pas de celle que tu penserais à lui accorder, insinua le Chérubin.

— Certes non, dit Bella en secouant le bras paternel.

— Effectivement, c'est impossible. Mais je suis obligé d'insister, ou je ne dormirai pas de la nuit. Quel peut être ce quatrième secret?

— Rien de bon, je vous assure. J'ai été longtemps sans y croire; je ne voulais pas, je fermais les yeux, j'essayais de me tromper moi-même. C'est une chose si triste, que je ne sais comment la dire : Mister Boffin n'est plus ce qu'il était ; la prospérité le gâte.

— Je n'en crois rien, mon enfant.

— C'est malheureusement vrai ; il change de jour en jour ; pas pour moi ; il est à mon égard ce qu'il a toujours été ; mais pour les autres. Je le vois devenir capricieux, défiant, tyrannique ; il est dur et injuste ; enfin ce n'est plus le même. Si jamais la fortune a perdu un excellent homme, c'est bien lui. Et cela ne m'étonne pas ; la fascination de l'argent est si terrible ! Pensez donc ! J'en vois l'effet, je le déteste, je le redoute ; je sais que la fortune me sera encore bien plus mauvaise qu'à lui ; et je n'ai qu'une pensée, qu'un désir : être riche ! Dans la vie je ne vois qu'une chose : l'argent, l'argent, toujours l'argent, et pas d'autre existence que celle qu'il peut donner ! »

V

LE BOUEUR DORÉ TOMBE EN MAUVAISE COMPAGNIE

La pénétration de Bella se trouvait-elle en défaut, ou vraiment le boueur doré, passant dans le creuset, ne produisait-il que des scories? Les mauvaises nouvelles marchent vite ; nous ne tarderons pas à le savoir.

Il existait, sur l'un des côtés de la somptueuse demeure, une pièce qui portait le nom de chambre de mister Boffin. Beaucoup moins grande que toutes les autres, elle était infiniment plus agréable, en raison d'un certain air de chez-soi que le despotisme du tapissier avait banni du reste de l'hôtel. Bien que d'une situation modeste, car elle donnait sur la petite rue dont Silas occupait jadis le coin, n'ayant aucune prétention au velours, au satin et aux dorures, cette pièce commode et simple avait acquis dans la maison une position analogue à celle d'une ample robe de chambre, ou d'une large paire de pantoufles, et quand la famille voulait se donner une bonne soirée, c'était là que, de fondation, elle allait goûter ce plaisir.

Le soir même de l'anniversaire, ayant appris, en rentrant,

qu'on était dans cette chambre, Bella s'y rendit presque aussitôt. Elle y trouva Rokesmith, appelé sans doute comme secrétaire, car il avait des papiers à la main et se tenait debout près d'une table, devant laquelle mister Boffin était allongé dans un fauteuil.

« Vous êtes occupés ? dit Bella en ouvrant la porte.

— Du tout, ma chère, entrez, entrez; vous êtes des nôtres. La vieille lady est là au coin du feu, comme d'habitude. »

Mistress Boffin ayant ajouté à ces paroles un sourire et un signe de bon accueil, Bella, son livre à la main, vint s'asseoir auprès de l'excellente femme.

« Voyons ! dit le boueur doré en frappant sur la table un coup tellement sec que Bella en tressaillit, voyons, Rokesmith, où en étions-nous ?

— Vous disiez, monsieur, répondit le secrétaire avec une certaine répugnance, et en lançant un regard vers la cheminée, vous disiez que le moment était venu de fixer mes appointements.

— Dites vos gages, s'écria Boffin avec aigreur. Que diable ! quand j'étais en place, je n'ai jamais dit mes appointements.

— Mes gages, reprit Rokesmith.

— Vous n'avez pas d'orgueil, j'espère, dit mister Boffin en le regardant de côté.

— J'espère que non, monsieur.

— C'est que, voyez-vous, quand j'étais pauvre, je n'étais pas orgueilleux, moi; la pauvreté et l'orgueil ça va mal ensemble; ne l'oubliez pas; c'est clair comme le jour : un homme pauvre, de quoi peut-il être fier ? C'est une stupidité. »

Rokesmith, un peu surpris, inclina légèrement la tête et parut approuver cette opinion en répétant des lèvres le mot stupidité.

« Pour en revenir à vos gages, reprit le boueur,... asseyez-vous. » Le secrétaire prit une chaise. « Pourquoi attendre que je vous le dise, demanda Boffin d'un air soupçonneux; est-ce par orgueil ? Pour ce qui est de vos gages, puisque nous y voilà, je dis deux cents livres; trouvez-vous que c'est assez ?

— L'offre est belle, monsieur, je vous remercie.

— Elle est suffisante, voilà tout, dit le boueur; je ne veux pas donner plus qu'il ne faut; un homme comme moi, c'est-à-dire qui a de la fortune, est tenu de considérer les prix courants. En premier, je n'y faisais pas attention; mais depuis lors j'ai fréquenté les gens riches, et maintenant je connais les devoirs que la fortune impose. Ce n'est pas une raison, parce que j'en ai le moyen, pour faire hausser les prix. Un mouton vaut tant sur le marché; je dois l'acheter au cours, pas davantage. Un secrétaire vaut tant par an; je dois payer la somme et pas une livre de plus. Cependant je n'y regarderai pas avec vous, et s'il faut un peu allonger la courroie...

— Vous êtes bien bon, monsieur, dit le secrétaire avec effort.

— Nous porterons donc le chiffre à deux cents livres ; mettez deux cents livres par an. Maintenant, il faut savoir ce que j'aurai pour mes deux cents livres. Quand j'achète un mouton, j'ai l'animal entier ; quand j'achète un secrétaire, je dois l'avoir entier aussi.

— C'est-à-dire, monsieur, que vous achetez tout mon temps.

— Sans doute ; ce n'est pas que je veuille vous occuper du matin au soir ; vous pourrez prendre un livre, une minute ou deux, quand vous n'aurez rien à faire ; bien qu'on ait toujours de la besogne lorsqu'on veut en trouver ; mais j'entends vous avoir là ; il est convenable que vous soyez à mes ordres à toute heure du jour. Ainsi donc, depuis le déjeuner jusqu'au souper vous ne quitterez pas la maison. » Le secrétaire s'inclina. « Autrefois, continua l'ancien boueur, quand j'étais en place, je ne sortais pas à ma volonté, et il ne faut pas vous attendre à flâner suivant votre fantaisie. Vous avez pris cette habitude-là depuis quelque temps ; c'est peut-être parce que la chose n'avait pas été spécifiée ; mais à présent je vous le dis, et que cela ne se renouvelle pas. Quand vous voudrez sortir, vous demanderez la permission. »

Rokesmith fit un nouveau signe d'assentiment. Il avait l'air de s'imposer une vive contrainte ; son visage exprimait à la fois la surprise et l'humiliation.

« J'aurai une sonnette qui ira de cette chambre à la vôtre, reprit mister Boffin, et je sonnerai quand j'aurai besoin de vous. Pour le moment, rien autre chose à vous dire, du moins je ne le pense pas. »

Rokesmith se leva, réunit ses papiers, et sortit de la chambre. Les yeux de miss Wilfer, qui l'avaient suivi jusqu'à la porte, allèrent se poser sur mister Boffin, toujours allongé dans son fauteuil, et revinrent se fixer sur le livre qu'ils venaient de quitter. Mister Boffin se leva l'instant d'après. « J'ai laissé ce garçon-là, un de mes gens, prendre des airs au-dessus de sa position, dit-il en trottinant dans la chambre. Ça ne convient pas ; faut lui rabattre le caquet. Un homme riche a des devoirs envers ses pareils, et doit serrer la bride à ses inférieurs. »

Bella sentit que missis Boffin éprouvait un vif malaise, et cherchait à lire sur son visage l'impression qu'elle ressentait de ces paroles. Elle attacha donc sur son livre un regard plus attentif, et tourna la page en feignant d'être absorbée par sa lecture.

« Noddy ? commença missis Boffin.

— Quoi ? ma chère, demanda le vieux boueur en suspendant sa promenade.

— Pardonne-moi cette observation ; mais n'as-tu pas été ce soir un peu sévère pour mister Rokesmith ; un peu trop... pas tout à fait, Noddy, comme tu étais autrefois ?

— Je l'espère bien, la vieille, répondit Boffin d'un air enjoué, sinon glorieux.

— Tu l'espères, Noddy ?

— Oui, ma vieille ; ce que nous étions autrefois ne conviendrait plus maintenant. Est-ce que tu es encore à t'en apercevoir ? Nos anciennes manières ne serviraient qu'à nous faire voler, tromper de toutes les façons. Autrefois nous étions pauvres, aujourd'hui nous sommes riches ; c'est une fameuse différence.

— Ah ! dit l'excellente femme, dont l'aiguille s'arrêta de nouveau, et qui soupira tout bas en regardant le feu ; oui, une bien grande différence !

— C'est pour cela que nous ne devons plus être les mêmes, continua Noddy. Il faut se conformer à sa position ; il le faut ; il n'y a pas à dire. Nous devons maintenant veiller à notre avoir, le défendre contre tous ; car c'est à qui étendra la main pour la fourrer dans notre poche ; et il ne faut pas oublier que l'argent produit l'argent, ainsi que toute autre chose.

— A propos de souvenir, dit l'excellente femme, qui avait posé son ouvrage, et qui, le menton dans sa main, regardait le feu d'un air rêveur, te rappelles-tu, mon bon Nod, avoir dit à mister Rokesmith la première fois qu'il est venu au Bower, — tu sais bien, quand il s'est arrangé avec nous, — de lui avoir dit que s'il avait plu au ciel de renvoyer John Harmon sain et sauf pour recueillir son héritage, nous nous serions bien contentés de notre monticule, et que tu n'avais pas besoin du reste.

— Oui, ma vieille, je m'en souviens ; mais dans ce temps-là, nous ne savions pas ce que c'était que d'avoir le reste. Nos souliers neufs étaient arrivés, mais nous ne les avions pas encore mis ; à présent que nous les portons, il faut marcher en conséquence. »

Missis Boffin reprit son ouvrage, et travailla sans rien dire.

« Quant à ce secrétaire, continua le boueur doré en baissant la voix, et en jetant les yeux vers la porte comme s'il avait craint qu'il n'y eût là quelque valet aux écoutes, il en est de lui comme des domestiques : il faut les aplatir, ou qu'ils vous aplatissent. Après toutes les histoires qu'on leur a débitées, un tas de mensonges sur ce que vous étiez dans le temps, si vous n'êtes pas fier avec eux, ils se croient autant que vous. Il n'y a pas de milieu ; il faut se tenir roide comme un piquet, ou se voir foulé aux pieds ; crois ce que je te dis, ma vieille. »

Miss Wilfer le regarda à la dérobée sous ses longs cils, et vit cette figure, autrefois si ouverte, assombrie par la cupidité et la suffisance.

« Dans tous les cas, dit-il, la conversation n'est pas gaie pour Bella ; n'est-ce pas, ma fille ? »

Une Bella dissimulée, qui leva les yeux et regarda mister Boffin d'un air étonné, comme si elle n'avait rien entendu de ce qui s'était dit.

« Vous avez mieux fait d'être à votre lecture que de nous écouter, reprit le vieux boueur ; d'autant plus, ma chère, que vous n'avez pas besoin qu'on vous apprenne à vous faire valoir.

— J'espère, monsieur, que vous ne me croyez pas vaine, dit-elle en rougissant.

— Pas un brin, ma fille ; je dis seulement, qu'à votre âge, ça vous fait grand honneur, de vous être si bien mise au pas du monde, et de savoir ce que vous devez y chercher. Vous avez raison ; cherchez de l'argent, ma belle ; l'argent avant tout ; n'ayez pas peur ; avec votre figure, et ce que nous aurons le plaisir de vous donner, la vieille lady et moi, vous en trouverez, mignonne ; et vous serez riche. C'est comme ça qu'il faut être, et jusqu'à la fin de ses jours, dit Boffin avec onction ; être r-ri-iche ! »

Après avoir regardé son mari, missis Boffin se tourna vers leur fille adoptive, et lui dit d'une voix profondément triste : « Ne l'écoutez pas, mon enfant.

— Qu'elle ne m'écoute pas ! s'écria Boffin.

— Non, reprit l'excellente femme d'un air désolé, je ne dis pas cela comme tu l'entends. Mais voyez-vous, Bella, il ne faut pas croire qu'il soit autre chose que bon et généreux. Je ne peux pas dire autrement, Noddy ; tu es toujours le meilleur des hommes. » Elle insista sur cette déclaration, comme s'il avait essayé de la contredire, ce à quoi il était loin de penser. « Quant à vous, mon enfant, poursuivit-elle d'un air malheureux, il vous est si attaché, quoi qu'il en dise, que votre père lui-même ne vous porte pas plus d'intérêt, et ne peut guère vous aimer davantage.

— Quoi qu'il en dise ! s'écria le boueur doré, quoi qu'il en dise ! mais c'est justement ce que je dis. Embrassez-moi, chère enfant ; souhaitez-nous le bonsoir, et laissez-moi vous confirmer ce qu'à dit la vieille. Je vous suis très-attaché, ma belle, très-attaché ; et comme nous sommes du même avis sous le rapport de la richesse, nous ferons en sorte que vous soyez riche. Votre beauté, dont vous pourriez être vaine, ma chère, bien que vous ne le soyez pas, votre beauté vaut de l'argent, elle vous en fera trouver; celui que nous vous donnerons en vaudra aussi et vous, en procurera. Vous avez une mine d'or à vos pieds, mignonne; et là-dessus bien le bonsoir. »

D'une façon ou d'une autre, Bella ne fut pas aussi enchantée de ces paroles affectueuses ni de cette brillante perspective qu'elle aurait pu l'être. Elle se jeta au cou de la vieille lady, lui souhaita le bonsoir; et la figure toujours inquiète de l'excellente femme, le désir que cette dernière avait de justifier son mari lui firent éprouver un certain malaise, comme une espèce de remords. « Quel besoin a-t-elle de l'excuser? pensa Bella quand elle fut dans sa chambre: ce qu'il a dit est très-raisonnable; je me le répète souvent. Alors cela devrait me convenir; eh bien! non; cela me déplaît; il a beau être généreux pour moi, il a perdu dans mon estime. Voyons, dit-elle, en s'adressant à elle-même, c'est-à-dire à l'image que reflétait son miroir, qu'est-ce que cela signifie, petite inconséquente? »

Le miroir, ainsi interpellé, gardant un silence ministériel, Bella se mit au lit avec un malaise plus grand que celui qui résulte du besoin de dormir; et la première chose qu'elle fit le lendemain, en sortant de sa chambre, fut d'aller voir si le nuage qui se trouvait la veille sur la figure du vieux boueur y était encore.

Il lui arrivait souvent d'accompagner mister Boffin dans ses flâneries du matin; et à dater de ce jour il la fit participer à de singulières recherches. Ayant travaillé toute sa vie dans le triste enclos d'Harmony-Jail, le boueur doré éprouvait une joie d'enfant à regarder les boutiques; c'était l'un des premiers plaisirs qu'il avait dus à la liberté; et sa femme, pour qui le spectacle n'était pas moins nouveau, y trouvait le même bonheur. Jusqu'à la mort du père Harmon, leurs seules promenades avaient eu lieu le dimanche, où les boutiques sont fermées, et quand tous les jours de la semaine devinrent des jours de fête, la splendeur des étalages et leur diversité, furent pour eux une source de jouissances qui leur parut inépuisable. Constamment à l'avant-scène de ce merveilleux théâtre, mister et mistress Boffin avaient jusqu'alors admiré tout ce qu'ils voyaient, et prodigué leurs éloges à tout ce qui frappait leurs regards. Mais à l'époque où nous sommes arrivés, l'intérêt du bon Noddy se retira peu à peu des brillants magasins pour se concentrer sur les boutiques de libraires; et qui plus est, le vieux boueur n'y chercha qu'une sorte de livres d'un genre exceptionnel. « Ici, ma chère, disait-il en arrêtant Bella devant l'étalage d'un bouquiniste; vous lisez à première vue, et vos yeux sont aussi clairvoyants qu'ils sont beaux; n'y aurait-il pas là quelque histoire d'avare? regardez bien, ma chère. »

Si Bella découvrait l'objet demandé, mister Boffin entrait immédiatement, achetait le volume; puis il cherchait une nouvelle librairie, et faisait la même recommandation : « Regardez bien, ma chère, regardez partout; ne voyez-vous pas quelque vieux livre où il serait question de gens bizarres, et qui auraient pu amasser? »

Bella examinait les vitres; l'ancien boueur examinait Bella. Désignait-elle un volume quelconque, intitulé : *Galerie de personnages excentriques, caractères singuliers, Recueil d'anecdotes, Individus remarquables*, et autres écrits de même nature, mister Boffin, tout rayonnant, se précipitait dans la boutique et faisait son emplette. Format, qualité, prix de l'ouvrage n'étaient comptés pour rien; il suffisait qu'on pût découvrir un trait d'avarice pour que le tout fût pris et emporté sur-le-champ. Ayant su par hasard qu'une portion de l'*Annual Register* était consacrée à des détails biographiques, mister Boffin acheta toute la série de cette ingénieuse compilation, et en commença immédiatement le transport. Il en confia un volume à Bella, en prit trois autres, et se promit de revenir le lendemain. Cette besogne demanda environ quinze jours. Lorsqu'elle fut terminée, mister Boffin, dont l'appétit pour ce genre de littérature s'aiguisait au lieu de se rassasier, se mit à faire de nouvelles recherches. Bella n'avait plus besoin d'avertissement; elle savait que le but de leurs promenades était de se procurer quelque histoire d'avare, et qu'elle devait tâcher d'en découvrir. Les livres de ce genre n'étant pas très-nombreux, la proportion des trouvailles aux insuccès pouvait être d'un pour cent; mais rien ne décourageait mister Boffin, et il cherchait toujours avec la même ardeur.

Une chose curieuse, et qui étonnait Bella, c'était, qu'une fois achetés, ces livres disparaissaient de l'hôtel; non-seulement elle ne les revoyait pas, mais il n'en était plus question. Mister Boffin n'en disait rien, ne faisait pas même allusion à leur contenu; il semblait vouloir thésauriser ses avares, et les cachait avec autant de soin que lesdits personnages en avaient pris autrefois pour cacher leurs trésors. Mais un fait évident, et que Bella observait malgré elle, c'était que depuis l'époque où il montrait pour ces odieux volumes une passion égale à celle de don Quichotte pour les livres de chevalerie, le boueur doré serrait de plus en plus les cordons de sa bourse. Enfin, quand il sortait de chez un bouquiniste avec une nouvelle biographie de ces lunatiques, le rire sec et sournois qu'il faisait entendre, en reprenant le bras de se compagne, inspirait à celle-ci un éloignement dont elle n'était pas maîtresse.

Missis Boffin paraissait ignorer ce nouveau goût littéraire. Ainsi que nous venons de le dire, son mari n'en parlait que dans ses promenades du matin; et Bella, qui, d'une part, sentait que mister Boffin comptait sur son silence, de l'autre se rappelait l'air malheureux de l'excellente femme, le soir de la scène avec le secrétaire, gardait la même réserve.

Pendant que l'ancien boueur se livrait à cette manie, missis Lammle découvrait de son côté que Bella avait sur elle une influence fascinatrice. Présentés aux Boffin dès le commencement par ces chers Vénéering, mister et mistress Lammle étaient reçus chez le boueur doré dans toutes les grandes circonstances; mais Sophronia ne s'était pas encore douté de ce charme tout-puissant; la révélation lui en était venue tout à coup. Une chose extraordinaire! disait-elle à missis Boffin; la grâce et la beauté produisaient sur elle un effet irrésistible; et cependant ce n'était pas là ce qui l'avait séduite; c'était quelque chose de plus. Il n'y avait pas d'expression pour dire à quel point elle était captivée par cette ravissante jeune fille.

Missis Boffin, qui non-seulement était fière de Bella, mais aurait fait tout au monde pour lui être agréable, lui répéta ces paroles; et la séduisante jeune fille trouva naturellement que missis Lammle était une femme de goût et de sens. Elle répondit aux sentiments de cette personne distinguée par un accueil des plus gracieux, et la mit à même de montrer assez souvent les charmes de son esprit pour que la séduction devînt réciproque. L'influence, il est vrai, parut toujours moins vive chez miss Wilfer que chez l'ardente Sophronia; mais la liaison était cependant assez étroite pour que la voiture qui promenait Bella renfermât plus souvent missis Lammle que missis Boffin, à laquelle elle appartenait. Ne croyez pas que celle-ci en fût jalouse. « C'est naturel, disait l'excellente femme; missis Lammle se rapproche plus de son âge; elle est plus jeune que moi; et, Seigneur! elle est surtout plus fashionable. »

Mais entre miss Wilfer et Georgiana Podsnap il y avait cette différence, parmi tant d'autres, que Bella ne courait pas le risque d'être captivée par Alfred. Elle faisait plus que de ne pas l'aimer, elle s'en défiait; sa pénétration était si grande, son tact si fin, qu'elle se défiait aussi de la femme. Seulement, étourdie par la vanité, elle avait refoulé cette défiance dans un coin de son esprit, et ne lui permettait pas d'en sortir.

Missis Lammle s'intéressait de la manière la plus affectueuse à ce que Bella fît un beau mariage. Il fallait, disait-elle avec une grave bruine, que sa charmante Bella vit les gens riches qu'Alfred avait sous la main, une foule de partis brillants qui tomberaient comme un seul homme aux pieds de la ravissante jeune fille, et y resteraient enchaînés. L'occasion s'étant produite, Sophronia présenta donc les plus passables de ces gentlemen fiévreux et débraillés, qui, toujours flânant du côté de la Cité, vont et viennent à propos de questions de Bourse : et grec, espagnol, hindou et mexicain ; et pair et prime, escompte, trois quarts et sept huitièmes. Gens aimables, qui adressèrent leurs hommages à Bella en des termes qui auraient fait croire qu'elle était composée d'une jolie fille, d'un cheval de race, d'une voiture solidement construite et d'une pipe remarquable; mais sans le moindre succès, bien que Fledgeby lui-même eût été mis dans la balance.

« Chère Bella, dit mistress Lammle, un jour qu'elles étaient dans le petit coupé, je crains bien qu'il ne soit très-difficile de vous plaire.

— Je ne le demande pas, répondit Bella en tournant les yeux avec langueur.

— Il est certain, reprit Sophronia en hochant la tête, et avec son meilleur sourire, qu'il serait malaisé de trouver un homme digne de votre attention.

— Il ne s'agit pas de l'homme, dit froidement Bella, il s'agit de s'établir.

— Mon amour, répliqua missis Lammle, votre sagesse m'étonne; où avez-vous si bien étudié la vie? Assurément, dans une position comme la vôtre, ce qu'il faut demander c'est un établissement sortable. Vous ne pouvez pas descendre, passer d'un magnifique hôtel dans une maison d'un ordre inférieur. Quand même votre bonté ne l'exigerait pas, il est probable que mister Boffin, qui vous aime, fera...

— C'est déjà fait, interrompit Bella.

— Vraiment ! »

Un peu vexée d'avoir parlé si vite, et d'autre part vexée de sa vexation, Bella résolut de ne pas reculer. « C'est-à-dire, poursuivit-elle, qu'ils ont le projet de me doter, comme étant leur fille adoptive; mais n'en parlez pas.

— En parler ! s'écria missis Lammle, qui se révoltait à l'idée de cette chose impossible. En parler ! ah ! cher ange!

— Missis Lammle, dit Bella.

— Dites Sophronia, mon amour, ou il faudra que je dise miss Wilfer.

— Eh ! bien donc, Sophronia, reprit le cher ange, après avoir poussé une brève exclamation, je vous dirai que je n'ai pas de cœur, dans le sens qu'on y attache ; et j'ajouterai que c'est une sottise d'en avoir.

— Brave fille ! murmura missis Lammle.

— Il en résulte, poursuivit Bella, que je ne cherche pas un homme qui me plaise, si ce n'est sous le rapport que vous savez. Je demande une position, le reste m'est indifférent.

— Mais vous ne pouvez pas, répondit Sophronia en la regardant avec malice, et en lui jetant un doux sourire, vous ne pouvez pas vous empêcher de séduire les autres, d'être admirée, de faire qu'un mari ne soit fier de vous. Que cela vous plaise ou non, vous n'êtes pas libre à cet égard. Vous êtes séduisante en dépit de vous-même, chère belle ; on peut donc se demander s'il ne vaudrait pas mieux, qu'à votre tour, vous fussiez charmée, en supposant que ce fût possible. »

Or, il advint que cette flatterie grossière amena la chère belle à prouver qu'en effet elle avait plu en dépit d'elle-même. Elle sentait bien qu'elle avait tort, qu'un certain mal pouvait en résulter ; mais elle n'y voyait pas d'inconvénient grave, et poursuivit sa confidence.

« Ne me parlez pas, dit-elle, de plaire malgré soi.

— Aurais-je déjà raison ? s'écria missis Lammle.

— Peu importe, Sophronia ; parlons d'autre chose ; ne m'interrogez pas. » Cela signifiait nettement : questionnez-moi, je brûle de répondre, et Sophronia fit ce qui lui était demandé.

« Voyons, chère, dites-moi quel est le chardon qui a eu l'impertinence de s'accrocher au bord de cette adorable jupe.

— Impertinence est bien le mot, dit Bella. Un chardon peu flatteur ; mais ne me questionnez pas.

— Laissez-moi deviner.

— Vous ne pourriez jamais ; que dites-vous de notre secrétaire ?

— Vraiment ! cet ermite qui va et vient par l'escalier de service, et qu'on ne voit nulle part ?

— J'ignore ce qu'il fait, répondit Bella d'un air méprisant ; mais pour l'escalier de service, je sais qu'il n'y passe jamais. Quant à ne le voir nulle part, je voudrais bien qu'il en fût ainsi ; malheureusement il est très-visible. Oui ; j'ai plu à ce secrétaire, et il a eu la présomption de me le dire.

— Pas possible, cher amour !

— Vous le croyez, Sophronia ? mais j'en ai la certitude.

— Il faut que cet homme soit fou, dit missis Lammle d'un air résigné.

— Non, répondit Bella en secouant la tête ; il paraissait avoir toute sa raison ; il a même beaucoup parlé pour se défendre. Je lui ai dit ce que j'en pensais, et l'ai congédié ; mais c'est très-désagréable ; un ennui réel. Heureusement qu'on l'ignore ; c'est un secret, Sophronia ; et je compte sur votre silence, n'en parlez pas.

— En parler ! répéta mistress Lammle avec émotion, en parler ! »

Cette fois, il lui parut indispensable, tant elle était sincère, de s'incliner vers le bel ange, et de lui donner un baiser, à ce cher amour ! Baiser de Judas, car elle se disait : d'après ce que tu découvres de toi-même, fille sans âme, poussée dans le monde par l'aveugle affection d'un balayeur des rues, je serai pour toi sans pitié. Si mon mari, qui m'envoie, tend quelque piége où il espère te prendre, ce n'est pas moi qui m'y opposerai.

De son côté, Bella se disait au même instant : D'où vient que je suis toujours en guerre avec moi-même ? Pourquoi ai-je dit, comme si j'y avais été forcée, une chose que je savais qu'il fallait taire ? Pourquoi me faire l'amie de cette femme, en dépit de tout ce que j'éprouve contre elle ? Comme toujours elle n'obtint pas de réponse de son miroir, lorsque, rentrée dans sa chambre, elle lui posa ces questions qu'elle n'avait pas su résoudre. Peut-être si elle eût consulté un oracle meilleur, le résultat aurait-il été plus satisfaisant ; mais elle n'en fit rien ; et les choses suivirent la voie qui leur était ouverte.

Il y avait à l'égard de mister Boffin, et de l'étude qu'elle faisait de son caractère, un point qui excitait vivement la curiosité de Bella. Elle aurait voulu savoir si Rokesmith examinait aussi le boueur doré, et suivait, comme elle, le changement qui s'opérait en lui. Ses rapports avec le secrétaire ne lui permettaient pas de s'en assurer ; ils se bornaient maintenant à quelques phrases banales, dont l'échange n'avait lieu que pour sauver les apparences ; et lorsqu'il arrivait qu'on les laissait ensemble, le jeune homme se retirait immédiatement. Elle le regardait avec attention chaque fois qu'elle le pouvait sans qu'il s'en aperçût ; mais il avait sur lui-même un empire incroyable, et quelle que fût la parole que lui adressât mister Boffin, ou le mauvais jour sous lequel se montrât le vieux boueur, le visage du secrétaire demeurait impassible. Un léger froncement de sourcil, n'exprimant qu'une attention pour ainsi dire automatique ; un serrement des lèvres qui pouvait n'être qu'une mise en garde contre l'envie de sourire, voilà ce que du matin au soir, de jour en jour, de semaine en semaine, Bella vit sur la figure de Rokesmith, dont rien ne semblait pouvoir altérer le calme.

Le pire de cette affaire était de conduire insensiblement,

ainsi que Bella s'en plaignait à elle-même, de l'observation de mister Boffin à l'observation continuelle de mister Rokesmith. « Ceci va-t-il enfin lui arracher un regard? le faire rougir ou pâlir? Comment cela ne fait-il aucune impression sur lui? » Telles étaient les questions que Bella se posait toute la journée. Impossible d'en rien savoir; toujours le même visage. « Peut-il être assez vil pour en arriver là? Abdiquer sa propre nature pour deux cents livres par an! se disait-elle. Et pourquoi pas? C'est une question de prix; je vendrais la mienne si l'on m'en donnait un chiffre suffisant. » Et Bella se retrouvait en guerre avec elle-même.

A son tour la figure de mister Boffin devenait indéchiffrable, bien que d'une façon toute différente; la simplicité d'autrefois était masquée aujourd'hui par quelque chose de finaud, dont s'imprégnait jusqu'à sa bonne humeur; son sourire même était rusé, comme s'il l'avait copié sur le portrait de ses avares. Excepté quelques accès d'impatience, quelques instants où il se donnait des airs de maître, le brave homme était resté d'un joyeux caractère; mais il se mêlait à sa gaieté un alliage de mauvais aloi, une défiance sordide. Alors même que les yeux clignés, toute sa figure se mettait à rire, il se prenait dans ses bras, et se serrait étroitement comme pour se ramasser, et se défendre contre les autres.

Tout en observant ces deux visages, et en se disant que cette occupation furtive devait laisser quelque marque sur ses traits, Bella en vint à penser que la seule figure ouverte qu'il y eût parmi eux était celle de missis Boffin. Non plus radieuse comme autrefois, mais toujours franche, cette figure honnête reproduisait fidèlement, dans sa tristesse, tous les changements qui se remarquaient sur celle du boueur doré. Un soir qu'ils étaient dans la chambre de mister Boffin, et que celui-ci vérifiait certains comptes, il dit au secrétaire en l'apostrophant avec aigreur: « Rokesmith, je fais beaucoup trop de dépenses, du moins vous en faites trop pour moi.

— Vous êtes riche, monsieur.

— Non! »

Le ton bref de cette réponse équivalait à un démenti; mais la figure du secrétaire n'en resta pas moins impassible.

« Je ne suis pas riche, poursuivit mister Boffin; je n'entends pas qu'on dise le contraire. Dans tous les cas, ajouta-t-il, je ne suis pas homme à dépenser tant que ça pour vous être agréable, ni à vous, ni à d'autres; ça ne vous plairait pas si c'était votre argent.

— En supposant ce cas impossible...

— Taisez-vous, interrompit Boffin ; si vous étiez satisfait vous auriez tort ; ça devrait vous déplaire. Là ! je n'avais pas envie de me fâcher ; mais vous me mettez hors des gonds ; et après tout, je suis le maître. Je ne voulais pas vous dire de vous taire ; excusez-moi ; vous pouvez parler ; seulement faut pas me contredire. Avez-vous lu l'histoire de mister Elwes ? ajouta le vieux boueur, faisant enfin allusion à son sujet favori.

— L'avare ? demanda Rokesmith.

— C'est ça ! on l'appelle avare ; voilà comme on insulte les gens. Connaissez-vous son histoire ?

— Je le crois, monsieur.

— Eh ! bien il n'a jamais avoué qu'il était riche ; et il l'était deux fois plus que moi. Connaissez-vous Daniel Dancer ?

— Un autre avare ?

— Un brave homme, dit Boffin ; et qui avait une sœur digne de lui. Jamais ni l'un ni l'autre, ils n'ont dit qu'ils étaient riches ; s'ils l'avaient dit, il est probable qu'ils n'auraient pas eu tant de fortune.

— N'ont-ils pas vécu et ne sont-ils pas morts très-misérablement ?

— Non, répliqua Boffin d'un ton bref.

— Alors ce ne sont pas ceux que je veux dire ; ces êtres abjects.....

— Pas d'injures, Rokesmith.

— Ceux dont je veux parler, reprit le jeune homme, ont passé toute leur vie dans la crasse et dans l'abjection la plus profonde.

— C'était leur plaisir, dit mister Boffin ; quand ils se seraient ruinés, cela aurait-il mieux valu ? Mais n'importe ; je ne veux pas jeter l'argent par la fenêtre ; il faut rogner la dépense. Le fait est que vous n'êtes pas assez à la maison ; ça demande une surveillance continuelle, et dans les plus petites choses. Pour peu que ça dure, nous mourrons dans un workhouse.

— Les gens que vous venez de citer pensaient de même, dit tranquillement Rokesmith ; c'est pour ne pas en arriver là qu'ils ont vécu dans la misère.

— Ça leur fait honneur, répliqua mister Boffin. Mais assez parlé d'eux comme ça. Avez-vous donné congé ?

— Oui, monsieur, j'ai exécuté vos ordres.

— Eh ! bien, maintenant, voilà : il faut payer votre trimestre ; oui, payez votre trimestre, — ce sera encore moins cher, — et venez tout de suite ici, afin d'être là nuit et jour, et de surveiller la dépense. Je prends le trimestre à ma charge ; vous le porterez sur le compte ; nous tâcherons de le regagner par ailleurs. Avez-vous un peu de mobilier ?

— Tous les meubles sont à moi.

— C'est bien, je n'aurai pas besoin d'en acheter. Dans le cas, poursuivit-il en attachant sur Rokesmith un regard d'une astuce particulière, dans le cas où vous penseriez qu'il serait honnête de me passer ce mobilier, comme garantie du payement du trimestre, il ne faudrait pas vous gêner. Je ne le demande pas; mais si vous croyez que votre honneur vous y oblige, je n'y mets point d'opposition. Quant à votre chambre, il y en a de vides dans les combles, vous pourrez choisir; prenez celle qui vous plaira.

— N'importe laquelle, monsieur. »

La figure généreuse et transparente de missis Boffin avait exprimé une telle angoisse pendant toute la durée de cet entretien, que Bella n'eut pas le courage de regarder l'excellente femme quand elle se trouva seule avec elle. Feignant d'être absorbée par son ouvrage, elle continua de broder jusqu'au moment où elle fut arrêtée par missis Boffin. Sans oser lever les yeux, elle abandonna sa main à celle qui la prenait, la laissa porter aux lèvres de la bonne créature, et sentit une larme rouler sur ses doigts. « Oh! mon Noddy bien-aimé! dit missis Boffin, que c'est dur à entendre! Mais, croyez-moi, Bella, malgré ce que vous voyez, c'est bien le meilleur des hommes. »

Il rentra au moment où Bella serrait la main de la pauvre femme entre les siennes. « Eh! dit-il d'un air soupçonneux en s'arrêtant près de la porte, qu'est-ce que vous chante la vieille lady?

— Vos louanges, monsieur, répondit Bella.

— Mes louanges, mes louanges, en êtes-vous bien sûre? Voyons! elle ne me blâme pas de me tenir sur la réserve à l'encontre d'une bande de pillards qui auraient bientôt fait de me mettre à sec, penny à penny, si on les laissait faire? Elle ne trouve pas mauvais que j'amasse un petit magot? »

Il s'était approché d'elle en disant ces paroles; l'excellente femme croisa les mains sur l'épaule de son mari, hocha la tête en le regardant, et posa sa joue sur ses mains.

« La! la! la! dit mister Boffin avec bonté, il ne faut pas se faire de chagrin, la vieille.

— Je ne supporte pas de te voir comme ça, Noddy.

— De l'enfantillage, ma chère; nous ne sommes plus comme autrefois. Dis-toi bien que nous devons dominer les autres ou qu'ils nous domineront. Il faut se rappeler que nous avons notre bien à défendre; et que l'argent produit de l'argent. Ne vous inquiétez pas, Bella; non, ma fille, soyez sans crainte; plus nous amasserons, plus vous aurez un jour. »

Elle pensa qu'il était bien heureux que missis Boffin eût la tête sur l'épaule de son mari; car les yeux du boueur doré brillaient en ce moment d'un éclat qui rendait plus visible le changement qu'elle déplorait en lui, et qui en faisait ressortir toute la laideur.

VI

DE MAL EN PIS

Silas Wegg ne se rendait plus que très-rarement chez le mignon de la fortune. Mister Boffin, ce ver de terre favorisé du sort, aimait mieux aller trouver son homme de lettres; et il avait dit à celui-ci, une fois pour toutes, de l'attendre chaque jour de telle heure à telle heure. Silas avait pris cela en mauvaise part; les heures désignées étaient celles du soir, et il considérait ce temps-là comme très-nécessaire au progrès de ses découvertes. « Mais il était naturel, disait-il avec amertume à Vénus, que l'être qui avait foulé aux pieds miss Élisabeth, maître George, tante Jane et oncle Parker, ces éminentes créatures! opprimât son littérateur. »

La Chute de l'Empire ayant fini par être consommée, Noddy avait apparu en cab avec l'Histoire ancienne de Rollin, estimable ouvrage qui parut doué de vertus soporifiques, et fut abandonné à l'époque où l'armée d'Alexandre fondit en larmes comme un seul homme, en voyant ce héros pris d'un accès de fièvre à la sortie du bain.

La Guerre des Juifs ayant également langui sous le commandement de Silas, mister Boffin arriva dans un autre cab avec Plutarque, dont les histoires lui parurent très-amusantes. Il espérait toutefois que cet écrivain-là ne s'attendait pas à ce que l'on crût tout ce qu'il racontait. A vrai dire, la grande difficulté pour Noddy Boffin, le problème littéraire qu'il ne pouvait résoudre, était de savoir ce qu'il y avait à prendre et à laisser dans les livres qu'il se faisait lire. Il avait oscillé entre une foi aveugle et un rejet absolu; avait pris ensuite un moyen terme, s'était dit qu'il pouvait en croire la moitié; mais laquelle? et cette pierre d'achoppement l'arrêta toujours.

Un soir, — à cette époque Silas était habitué à voir son patron lui apporter quelque histoire profane, chargée des noms imprononçables de peuples inconnus, gens fabuleux d'une origine impossible, qui se faisaient des guerres durant des quantités d'années et de syllabes, et traînaient avec aisance des armées et des richesses sans nombre au delà des limites d'une honnête géographie, — un soir, disons-nous, l'heure était passée et le patron n'arrivait pas. Après une demi-heure de grâce, mister Wegg se dirigea vers la porte, et se mit à siffler pour annoncer à Vénus, si par hasard celui-ci pouvait l'entendre, qu'il était à la maison, et libre de tout engagement. Vénus quitta donc l'abri que lui donnait un mur voisin.

« Frère d'armes, salut ! » dit Wegg d'un ton joyeux. » En échange de cet aimable accueil, l'anatomiste lui souhaita le bonsoir d'une manière assez brève. « Entrez, frère, poursuivit Silas en lui frappant sur l'épaule. Approchez-vous de la cheminée ; vous savez ce que dit la ballade :

> Nulle malice à redouter, monsieur,
>   Nulle perfidie à craindre.
>   Ayez confiance, ami,
>   Et j'oublierai de me plaindre ;
>   Li toddle di don di.
> Car pour guide nous avons, monsieur,
>   Mon propre coin du feu,
>   Mon propre coin du feu.

Tout en faisant cette citation, dont il rendait l'esprit plutôt que les paroles, Silas conduisait son hôte près du foyer. « Vénus, lui dit-il avec une chaleur hospitalière, vous ressemblez à... je ne sais pas quoi ; exactement ! comme deux gouttes d'eau, et portant la même auréole.

— Quelle auréole ? demanda Vénus.

— L'espérance, mon ami, l'espérance ! »

Vénus parut peu convaincu, et regarda le feu d'un air maussade.

« Bonne soirée, s'écria Wegg ; nous allons la consacrer à l'exécution du pacte amical ; après quoi, nous ferons circuler le vin dans la coupe ; c'est-à-dire, frère, que nous brasserons un peu de rhum et d'eau chaude à la santé l'un de l'autre. Vous savez ce que dit le poète :

> Inutile, mister Vénus, d'apporter votre bouteille,
>   Car vous aurez la mienne.
> Nous en boirons un verre, avec un brin de citron, dont vous êtes partisan,
>   Mister Vénus, depuis longtemps,
>   Depuis longtemps, depuis longtemps.

Ce flux de poésie et d'hospitalité annonçait que mister Wegg remarquait chez l'anatomiste un fond de mauvaise humeur.

« Quant au pacte amical, dit le grognon personnage en se frottant les genoux d'un air peu satisfait, l'un des reproches que je lui adresse est de n'aboutir à rien.

— Frère, répondit le littérateur, la ville de Rome, qui débuta (le fait est peu connu) par une louve et deux jumeaux, et qui a fini par un marbre impérial, ne s'est pas faite en un jour.

— Ai-je prétendu le contraire? demanda l'ostéologue.

— Non, camarade; vous êtes trop savant pour cela.

— Mais je dis, reprit mister Vénus, que je suis arraché à mes trophées d'anatomie; qu'on me fait échanger mes fragments humains pour de simples tas de cendre, tout cela sans résultat; et que je renonce à des recherches stériles.

— Non, monsieur! s'écria Wegg d'un air inspiré.

Chargez, Leicester, chargez!
En avant! mister Vénus, en avant!

Ne dites jamais qu'il faut mourir; un homme comme vous, monsieur!

— Peu importe qu'on le dise, répliqua Vénus; l'intéressant est d'y arriver le plus tard possible; et, d'ici là, je ne veux pas user mes jours à tâtonner dans les cendres.

— Mais pensez donc, monsieur, au peu de temps que vous y avez consacré, remontra Silas; additionnez une à une les soirées que nous avons employées de la sorte, et regardez le total: un chiffre insignifiant. Et vous, monsieur, dont les pensées, les opinions, les vues, sont en parfaite harmonie avec les miennes; vous qui, avec une patience admirable, assemblez toutes les parties de la charpente sociale, je veux dire du squelette humain, vous monsieur, vous renonceriez si vite à une pareille œuvre?

— Elle me déplaît, répondit Vénus d'un ton bref, en mettant sa tête entre ses genoux, et en ébouriffant sa chevelure poudreuse. Puis elle n'a rien d'encourageant.

— Ces monticules, reprit Wegg d'un ton solennel, en étendant la main vers la cour, ces monticules dont la cime nous contemple, ne sont pas encourageants?

— Trop volumineux, grommela Vénus. Une égratignure de temps en temps, un sondage, un coup de bêche, qu'est-ce que cela peut leur faire? D'ailleurs qu'avons-nous trouvé?

— Ah! voilà; qu'avons-nous trouvé? dit Silas, enchanté de pouvoir enfin être de l'avis de l'ostéologue. Mais aussi, camarade que ne pouvons-nous pas trouver? Tout au monde, vous m'accorderez bien cela.

— Mauvaise affaire, répondit Vénus. Je me suis engagé trop vite; je n'avais pas réfléchi. Votre Boffin connaît ses monticules mieux que nous; il connaissait le défunt, ses habitudes, ses manières; a-t-il jamais fait la moindre fouille, montré l'espoir de trouver quelque chose? »

Le bruit d'une voiture se fit entendre.

« Je m'en serais voulu, dit Wegg d'un air blessé, si j'avais pu le croire capable de venir à pareille heure. Néanmoins je pense que c'est lui. »

On sonna à la porte de la cour.

« Précisément! Je le regrette, continua le littérateur; j'aurais aimé à lui conserver un peu d'estime. »

On entendit mister Boffin crier à pleins poumons : « Holà! hé! Wegg!

— Restez assis, Vénus; il est possible qu'il n'entre pas, dit l'homme de lettres, qui à son tour se mit à crier : Oui, monsieur; je suis à vous, une seconde! j'accours aussi vite que le permet ma pauvre jambe. » Et le rusé compère, sa chandelle à la main, fit courir son pilon d'un air de joyeux empressement. Arrivé près du cab, il aperçut mister Boffin entouré d'une masse de livres.

« Aidez-moi, Silas, dit le vieux boueur avec animation, aidez-moi! Je ne veux pas descendre que la voiture ne soit débarrassée; vous voyez bien. C'est l'*Annual Register*, Wegg! une charretée de vol... lumes! Connaissez-vous ça?

— L'animal register, monsieur! répondit le fourbe; mais j'y trouverais n'importe quel animal les yeux fermés; j'en ferai le pari quand on voudra.

— Voici autre chose, le *Musée des Merveilles*, reprit Boffin; le *Museum* de Kirby; les *Caractères* de Caulfield, ceux de Wilson, et quelles histoires, Wegg! quelles histoires! Il faut m'en lire une ou deux tout de suite. Vous n'imaginez pas les endroits où ils cachaient leurs guinées; c'est merveilleux. Tenez bien ces volumes, Wegg; prenez garde! ils tomberaient dans la boue. Est-ce qu'il n'y a personne dans le voisinage qui pourrait nous aider?

— J'ai là, monsieur, un de mes amis, qui était venu avec l'intention de passer la soirée avec moi, et que j'ai gardé, lorsqu'à mon vif regret, j'ai pensé que vous ne viendriez pas ce soir.

— Appelez-le! il nous donnera un coup de main, s'écria Boffin. Ne laissez pas tomber celui-là; c'est Dancer. Sa sœur et lui, ils ont fait des pâtés avec un mouton mort qu'ils avaient

trouvé en se promenant. Où est donc votre ami? Ah! le voilà
Auriez-vous la bonté, monsieur, de nous aider à porter ces
livres. Non; ne prenez pas celui-ci, ni celui-là; ce sont les deux
Jemmy; je les porterai moi-même. »

Parlant et se trémoussant avec une extrême animation, le
boueur doré présida au transport de ses livres, et ne se calma
un peu que lorsqu'il les vit tous déposés sur le carreau de la
salle, et que la voiture fut congédiée. « La! dit-il en dévorant
les volumes du regard, les voilà tous en ligne comme les vingt-
quatre violonneux. Chaussez vos lunettes, Wegg; je sais où
trouver les meilleurs, et nous allons y goûter. Comment s'appelle
votre ami? »

Silas Wegg présenta mister Vénus.

« De Clerkenwell? s'écria mister Boffin.

— De Clerkenwell, répondit l'anatomiste.

— J'ai entendu parler de vous autrefois, du temps du bonhomme. Vous le connaissiez; vous a-t-il jamais rien vendu?

— Non, monsieur, répondit l'anatomiste.

— Mais il vous montrait certaines choses pour en savoir le
prix? » Vénus jeta un coup d'œil à son ami, et répondit affirmativement. « Qu'est-ce qu'il vous montrait? demanda le boueur
doré, qui, les mains derrière le dos, avança la tête d'un air
avide. Vous a-t-il fait voir des cassettes, des cabinets, des por-
tefeuilles, des paquets, n'importe quoi de ficelé, de fermé
à clef, ou de cacheté? » Signe négatif de Vénus. « Vous connaissez-vous en porcelaine? » Vénus secoua de nouveau la tête.
« C'est que, voyez-vous, si par hasard il vous avait montré
une théière, je serais bien aise de le savoir, dit mister Boffin;
et portant la main droite à sa bouche, il répéta d'un air pensif:
une théière, une théière! » Puis il contempla ses livres, comme
s'il y avait là quelque chose d'intéressant qui eût rapport à
l'objet en question. Les deux amis se regardèrent avec surprise.
Mister Wegg ouvrit de grands yeux par-dessus ses lunettes,
et se frappa la narine, comme pour exhorter l'anatomiste à
surveiller mister Boffin. « Une théière! répétait celui-ci en
regardant toujours les livres, une théière! Êtes-vous prêt,
Silas Wegg?

— A vos ordres, monsieur, répondit l'homme de lettres en
s'asseyant sur le banc, et en fourrant sa jambe de bois sous la
table. Mister Vénus, s'il vous plaisait de vous rendre utile, je
vous prierais de vous asseoir à côté de moi, et de vouloir bien
moucher la chandelle. »

Tandis que Vénus se conformait à cette demande, Silas
heurta de sa jambe de bois, et lui montra mister Boffin, qui

toujours rêveur, était debout entre les deux bancs. « Hum! hum! fit mister Wegg pour appeler l'attention du maître. Désirez-vous, monsieur, que je commence par un animal du...

— Non, dit mister Boffin, non. » Et tirant un petit livre de sa poche de côté, il le passa avec précaution à son littérateur, en lui demandant comment s'appelait ce volume.

« Monsieur, répondit Silas en ajustant ses lunettes et en lisant le titre du livre, cela est intitulé : *Anecdotes et biographies d'avares célèbres*, par Merry-Weather. Mister Vénus, voudriez-vous bien approcher la chandelle. » (Ceci pour avoir l'occasion de regarder son associé d'une manière significative.)

« Quels sont les gens que vous avez-là ? demanda mister Boffin; pouvez-vous le savoir sans peine?

— Oui, monsieur, répondit Silas en cherchant la table et en tournant lentement les feuillets. Je crois d'ailleurs qu'ils y sont presque tous; un riche assortiment! Mon œil saisit au passage Dick Jarrel, monsieur; John Overs; John Little; John Elwes, monsieur; le révérend Jones de Blewbury; Vulture Hopkins; Daniel Dancer...

— Bien, Wegg ! celui-là, s'écria mister Boffin; lisez-nous Dancer. »

Après avoir regardé fixement Vénus, l'homme de lettres chercha l'article demandé, et lut ce qui suit : « Page 109, chapitre VIII. Sommaire. *Sa famille. Sa naissance. Ses vêtements et son extérieur. Son habitation. La sœur de Dancer. Grâces féminines de celle-ci. Dancer découvre un trésor. Pâté de mouton. Idée qu'un avare se fait de la mort. Ce qui remplaça le feu. Avantage d'avoir une tabatière. Trésor dans un tas de fumier.*

« Hein ! s'écria mister Boffin, que dites-vous là?

— Trésor dans un tas de fumier, répéta distinctement Silas. Mister Vénus, veuillez faire usage des mouchettes. » (Ceci pour appeler l'attention du compère sur les mots *tas de cendre*, proférés seulement des lèvres.)

Mister Boffin traîna un fauteuil à l'endroit où jusqu'alors il était resté debout, et s'asseyant en se frottant les mains d'un air finaud : « Lisez-nous Dancer, dit-il, lisez-nous Dancer. »

Wegg entama donc l'histoire de cet homme éminent, et la poursuivit à travers ses diverses phases de crasse et d'avarice, depuis les guenilles retenues autour du corps par une ceinture de foin, jusqu'au jour où la sœur mourut d'un jeûne prolongé, rompu seulement par une tranche de pouding froid; depuis la méthode de réchauffer son dîner en s'asseyant dessus, jusqu'à la mort du frère, qui eut la consolation de finir sa vie dans un sac où il était sans le moindre vêtement; après quoi vinrent les lignes suivantes : « La maison qu'avait habitée Dancer, et qui à sa mort passa entre les mains du capitaine Holmes, n'était à vrai dire qu'un monceau de ruines, car on n'y avait fait aucune réparation depuis plus d'un demi-siècle. »

Mister Wegg lança un regard à Vénus, et promena ses yeux autour de la salle, qui était passablement délabrée. « Mais bien que d'une apparence très-misérable, cette maison renfermait de grandes richesses. Il ne fallut pas moins de plusieurs semaines pour en examiner le contenu ; et ce fut une occupation fort agréable pour le capitaine que de fouiller la demeure de l'avare, et d'en découvrir les trésors cachés. » Les trésors cachés, répéta mister Wegg, dont la jambe de bois alla heurter Vénus. « Un tas de fumier, resté dans la vacherie, contenait une somme d'environ vingt-cinq mille livres ; et l'on trouva dans une vieille jaquette, soigneusement clouée sous la crèche, cinq cents autres livres en or et en billets. »

Ici la jambe de bois s'allongea sous la table, et s'éleva graduellement pendant la lecture de ce passage : « Plusieurs bols étaient remplis de guinées, et en cherchant dans les coins, on y découvrit à plusieurs reprises des liasses de billets de banque plus ou moins volumineuses ; quelques-unes avaient même été cachées dans les fentes des murailles. »

Mister Vénus regarda les murs de la salle.

« On en trouva des paquets dans les coussins des chaises, et sous les housses des fauteuils. » Mister Wegg se pencha pour regarder sous le banc.

« Quelques-uns reposaient tranquillement derrière le fond des tiroirs ; et une vieille théière en contenait pour six cents livres. Le capitaine ayant aperçu de grandes jarres dans l'écurie, les trouva remplies de monnaies diverses. Il explora la cheminée, et ne perdit pas son temps, car il y ramassa deux cents livres, cachés dans des trous, soigneusement recouverts de suie. »

Le littérateur, dont la jambe de bois s'élevait toujours, et qui à chaque nouvelle découverte donnait à Vénus des coups de coude de plus en plus forts, se voyant arrivé aux dernières limites qu'il lui fût permis d'atteindre sans perdre l'équilibre, se pencha vers son associé et le pressa contre le banc. Les deux amis, plongés dans une espèce d'extase pécuniaire, demeurèrent dans cette position quelques instants ; mais la vue de mister Boffin, qui, le regard sur le feu, se pressait étroitement dans ses bras, les fit revenir à eux-mêmes. Feignant d'éternuer pour couvrir ses mouvements, le lecteur se redressa avec un etchou spasmodique, et en profita pour relever mister Vénus.

« Continuez, dit mister Boffin avec avidité.

— C'est John Elwes, monsieur, qui vient après; son histoire vous serait-elle agréable?

— Certes, dit le boueur doré; voyons ce qu'a fait John Elwes? »

Celui-ci n'ayant caché ni pièces d'or, ni billets, son histoire sembla peu attrayante. Mais une lady Wilcocks, chez laquelle on trouva dans une boîte à horloge un vieux pot rempli de guinées et de schellings, plus une boîte de fer-blanc renfermant une somme considérable, et déposée dans un trou pratiqué sous l'escalier; enfin, dans une ratière, une quantité de monnaie d'or et d'argent, cette lady Wilcoks ranima l'intérêt.

A cette femme exemplaire succéda une mendiante, qui laissa une foule de petites sommes enveloppées dans des guenilles ou des chiffons de papier, et qui, au total, composaient une fortune. Après cette pauvresse vint une marchande de pommes dont les économies s'élevaient à dix mille livres (deux cent cinquante mille francs), et qui les avait cachées çà et là, dans les fentes des murs, derrière les briques et sous les carreaux de sa chambre. Puis un Français, qui avait mis les siennes dans la cheminée; si bien qu'après sa mort, ayant fait ramoner celle-ci, on y découvrit une valise où il y avait trente mille francs et une quantité de pierres précieuses.

Enfin Silas Wegg arriva à ce dernier récit des faits et gestes de l'absurdité humaine. « Il existait à Cambridge, il y a déjà longtemps, un vieux couple du nom de Jardine; ce couple avait deux garçons. A la mort du père, qui était fort avare, on trouva mille guinées dans sa paillasse. Les deux fils prirent des goûts non moins parcimonieux, et à l'âge de vingt ans ils s'établirent à Cambridge, où ils se mirent drapiers, et où ils restèrent jusqu'à leur mort. La boutique des frères Jardine était la plus noire, la plus sale qu'il y eût dans toute la ville. On n'y entrait guère que par curiosité; les acheteurs s'y voyaient rarement. Rien de plus ignoble que l'aspect des deux frères; car, bien qu'ils fussent entourés de pièces d'étoffe, ils n'avaient sur eux que des haillons d'une malpropreté insigne. On raconte qu'ils n'avaient pas même de lit; ils couchaient sur des toiles d'emballage, empilées sur le comptoir. De meubles nulle part; et le menu était à l'unisson; il y avait plus de vingt ans qu'il n'avait paru de viande sur leur table. Aussi avares l'un que l'autre, ils s'entendaient à merveille; et néanmoins après le décès du premier qui mourut, le survivant trouva des sommes considérables dans diverses cachettes dont il ignorait l'existence.

« Voyez-vous! s'écria mister Boffin, des cachettes dont il ignorait l'existence! Ils n'étaient que deux, et l'un avait des cachettes pour l'autre! »

Vénus, qui depuis l'histoire du Français, était replié sur lui-même de façon à regarder dans la cheminée, fut tiré de son examen par cette phrase, qu'il répéta : « Et l'un avait des cachettes pour l'autre!

— Ça vous plaît-il ? demanda mister Boffin.

— Pardon, monsieur ; de quoi parlez-vous ?

— Des histoires que nous lisons ; je vous demande si elles vous plaisent ? »

L'anatomiste les trouvait fort intéressantes.

« Dans ce cas-là, dit mister Boffin, revenez un autre jour ; vous en entendrez encore ; revenez demain, après-demain, quand vous voudrez ; seulement une demi-heure plus tôt. »

L'invitation fut acceptée avec gratitude.

« C'est incroyable tout ce qui a été caché, dit mister Boffin d'un air pensif ; tantôt dans un endroit, tantôt dans l'autre ; c'est incroyable.

— Est-ce de l'argent, demanda Silas d'un air modeste, et en donnant un coup de pilon à son associé, est-ce de l'argent que parle monsieur ?

— Des papiers aussi, » répondit Boffin.

Silas Wegg tomba sur Vénus, et masqua son émotion par un nouvel éternument. « Etchou! Des papiers ont été cachés, monsieur?

— Cachés et oubliés, Wegg! Le libraire qui m'a vendu ce merveilleux muséum — où est-il ce muséum? » Boffin se mit à genoux et chercha avec ardeur parmi ses livres.

« Puis-je vous aider, monsieur ? demanda Silas.

— Pas besoin, le voilà, dit le vieux boueur en essuyant le bouquin avec sa manche. Volume 4 ; c'est bien dans celui-là que le libraire m'a lu ce que je veux dire ; cherchez Wegg, cherchez. »

Silas feuilleta le volume. « *Pétrification remarquable*, dit-il.

— Non, répondit le boueur doré, ce n'est pas une putréfaction.

— *Mémoires du général John Reid surnommé le...*

— Pas encore ça.

— *Cas remarquable d'un individu qui avala une demi-couronne.*

— Pour la cacher ? demanda mister Boffin.

— Heu...eu..., n-non, répondit Wegg en parcourant le texte ; il paraît que c'est sans le vouloir. Mais voilà peut-être ce que nous cherchons : *Découverte d'un testament...*

— Tout juste! s'écria le boueur doré ; lisez-nous ça. »

« Une cause des plus extraordinaires, se mit à lire Silas Wegg, a été jugée en Irlande, aux dernières assises de Mary Borough ; en voici le résumé. Au mois de mars 1782, Robert Baldwin fit un testament qui assurait toutes ses terres aux enfants du plus jeune de ses fils. Il perdit la mémoire peu de temps après, et mourut bientôt, âgé de plus de quatre-vingts ans. Le fils aîné prétendit que son père avait détruit le testament en question; et nul écrit n'ayant été trouvé, l'aîné des fils entra en possession des biens. Les choses demeurèrent ainsi pendant vingt et un ans; toute la famille était persuadée que le père avait anéanti ses premières dispositions, lorsque la femme du fils aîné vint à mourir. Bien qu'âgé de soixante-dix-huit ans, le veuf prit bientôt une nouvelle épouse, dont la jeunesse inquiéta les enfants de la défunte. Ceux-ci ayant exprimé leurs sentiments avec une profonde amertume, le père déshérita son fils aîné, et, dans un moment de fureur, montra le testament à son second fils, qui résolut de s'en emparer et de le détruire, afin de conserver la fortune à son frère. Dans cette intention il brisa le tiroir où son père enfermait ses papiers, et n'y trouva pas le testament qu'il cherchait; mais celui de son aïeul, testament que la famille avait oublié. »

« La! dit mister Boffin, voyez ce que les gens oublient après l'avoir serré; ou bien ce qu'ils ont l'intention de détruire, et qu'ils n'en gardent pas moins. É...ton...nant, étonnant ! » ajouta-t-il à voix basse, et en examinant les murailles.

Les deux amis promenèrent également leurs yeux autour de la salle; puis mister Wegg arrêta les siens sur le boueur doré, qui alors contemplait le feu, et le regarda comme s'il avait voulu le saisir, et lui demander ses pensées ou la vie.

« Assez pour ce soir, dit mister Boffin après un instant de silence; nous continuerons demain; rangez les livres, mettez-les sur la planche, Wegg; mister Vénus aura la bonté de vous aider. »

En disant ces mots, il fourra la main dans son pardessus, qui était boutonné sur sa poitrine, et s'efforça d'en tirer un objet sans doute trop volumineux pour sortir facilement. L'objet arriva enfin; et quelle fut la surprise des deux compères en voyant apparaître une lanterne délabrée. Sans remarquer l'effet produit par ce petit instrument, le boueur doré le posa sur son genou, tira de sa poche une boîte d'allumettes, alluma tranquillement la bougie de sa lanterne, souffla ce qui restait de l'allumette, le jeta dans le feu, et dit ensuite: « Je vais faire une tournée dans la cour; restez là, Wegg, je n'ai pas besoin de vous. Cette lanterne et moi, nous en avons fait des tournées ensemble, par centaines et par mille.

— Mais, monsieur, commença Wegg, d'un ton poli, je ne peux pas souffrir... »

Mister Boffin qui se dirigeait vers la porte, s'arrêta, et lui coupant la parole : « Je vous ai dit que je n'avais pas besoin de vous, reprit-il en se retournant. »

Le lecteur eut l'air d'un homme qui est frappé d'une idée subite. Le patron se remit à trottiner, et sortit de la salle. Mister Wegg l'avait laissé partir ; mais au moment où la porte se ferma, il saisit Vénus à deux mains, et lui dit à l'oreille, d'une voix étranglée par l'émotion : « Il faut le suivre, le guetter, ne pas le perdre de vue un instant.

— Pourquoi cela, demanda l'autre également ému.

— Vous avez pu le voir en arrivant, camarade : il y avait en moi de la surexcitation ; c'est que j'ai trouvé quelque chose.

— Qu'avez-vous trouvé ? demanda Vénus en l'empoignant à son tour ; si bien qu'ils se tenaient embrassés comme deux gladiateurs posthumes.

— Pas le temps de vous dire ; il va peut-être le chercher ; surveillons-le, camarade. »

Ils gagnèrent la porte, l'ouvrirent doucement, et jetèrent les yeux au dehors. Le ciel était couvert de nuages, et l'ombre noire des monticules rendait plus épaisse l'obscurité de la cour. « Si ce n'est pas un archi-coquin ! murmura Wegg ; pourquoi une lanterne sourde ? Avec une autre on verrait ce qu'il fait. Doucement ! par ici. »

Les deux compères s'engagèrent dans une allée poudreuse, bordée de tessons enfoncés dans les cendres, et suivirent mister Boffin à pas de loup. On entendait craquer les parcelles de charbon que le boueur écrasait en trottinant.

« Il connaît les êtres, il n'ouvre pas sa lanterne, murmura Silas ; que le diable l'emporte ! » Silas n'avait pas achevé ces paroles que la lanterne était découverte, et projetait sa clarté sur le premier des monticules.

« Est-ce là ? demanda tout bas Vénus.

— Il a chaud ; répondit Wegg, le voilà qui brûle. C'est pour cela qu'il est venu ! Mais qu'a-t-il donc à la main ?

— Une bêche, répondit l'anatomiste ; une bêche : et il connaît la manière de s'en servir, lui ! cent fois mieux que nous.

— S'il est venu le chercher, et qu'il ne le trouve pas, suggéra Wegg, qu'est-ce que nous ferons ?

— Voyons d'abord ce qu'il fera lui-même, » dit Vénus.

La lanterne se referma, et le monticule redevint noir. Un instant après la lumière reparut ; les deux amis virent le boueur doré élever peu à peu sa lanterne jusqu'à la tenir à bras tendu. Il était alors au pied du second monticule, et en examinait la surface.

« Cela ne peut pas être là, si c'était dans l'autre, dit l'anatomiste.

— Non, répondit Wegg ; il se refroidit.

— Ne vous semble-t-il pas, murmura Vénus, qu'il regarde si on n'a pas fouillé là dedans?

— Chut! répliqua Silas ; il se refroidit toujours ; le voilà qui gèle! » Cette parole échappa à l'homme de lettres en voyant mister Boffin s'arrêter au pied du troisième monticule.

« Mais il monte! dit Vénus.

— Avec sa bêche et sa lanterne, » ajouta Wegg.

D'un trot plus agile, comme si la bêche qu'il avait sur l'épaule eût stimulé ses forces en lui rappelant le passé, mister Boffin gravissait effectivement l'allée en colimaçon qui conduisait au belvédère. On se rappelle la description qu'il en avait faite à mister Wegg au début de la Chute de l'Empire romain. Les deux amis le suivaient en se baissant pour que leur ombre ne pût s'apercevoir quand la lumière allait reparaître. Vénus passa le premier afin de remorquer Silas, qui avait besoin d'aide pour retirer vivement sa jambe de bois des trous qu'elle se creusait. Mister Boffin s'arrêta pour souffler ; les deux amis s'en aperçurent bien juste, car ils ne voyaient guère ; mais enfin ils le virent, et s'arrêtèrent de même.

« Celui-là est à lui, murmura Wegg lorsqu'il eut repris haleine.

— Tous lui appartiennent, répondit Vénus.

— Il le croit, répliqua Silas ; mais c'est celui-là qu'il a possédé le premier ; celui que le bonhomme lui a légué d'abord.

— Quand il ouvrira sa lanterne, reprit Vénus dont les yeux ne quittaient pas la silhouette du boueur, il faudra nous baisser davantage, et aller un peu plus vite. »

Mister Boffin se remit en marche, ainsi que les deux complices. Arrivé au sommet, il découvrit à demi sa lanterne, et la posa par terre. Une perche, plantée dans les cendres depuis nombre d'années, inclinée par le vent, délabrée par la pluie, dominait le monticule ; c'était près d'elle que se trouvait la lanterne. Celle-ci en éclairait la partie inférieure, projetait sa clarté sur un petit coin de la surface, et envoyait dans l'air un rayon qui s'y perdait sans but.

« Il ne peut pas être venu pour déterrer cette perche, dit l'anatomiste en s'accroupissant.

— Elle est peut-être creuse, » répondit Wegg.

Toujours est-il que mister Boffin allait se mettre à l'ouvrage, car il retroussa le bas de ses manches, se cracha dans les mains, et prit lentement sa bêche en vieil ouvrier qu'il était. Il ne paraissait pas vouloir ôter le vieux mât ; il mesura seulement une longueur de bêche à partir de sa base, et enfonça l'outil à l'endroit où finissait la mesure. Son intention n'était pas non plus de creuser profondément; une douzaine de coups lui suffirent. Les douze pelletées de cendres mises de côté, il examina la fosse qu'il avait faite, puis s'étant courbé, il en retira un objet qui semblait être une de ces bouteilles trapues, aux épaules hautes, à la courte encolure, où l'on prétend que le Hollandais enferme son courage. Il referma sa lanterne, et on l'entendit remplir le trou qu'il venait de creuser.

Les cendres étaient remuées d'une main habile; nos espions comprirent qu'il était temps de prendre la fuite. Mister Vénus se glissa donc devant mister Wegg et s'empressa de l'entraîner. Mais la descente ne fut pas sans inconvénient pour le malheureux Silas. Sa jambe de bois s'opiniâtrant à s'enfoncer dans le tas poudreux jusqu'à moitié de sa longueur, et les minutes étant précieuses, le monteur de squelettes prit la liberté de l'enlever de son pilon en le prenant au collet, d'où il résulta que le littérateur fit le reste du voyage sur le dos, la tête enveloppée dans les pans de sa redingote, et suivi de sa jambe de bois qui traînait derrière lui. Troublé par cette brusque descente au point de ne plus se reconnaître, lors même qu'arrivé en terrain plat, il eut repris la verticale, mister Wegg ne se douta de l'endroit où pouvait être sa résidence qu'au moment où l'anatomiste le poussa dans la salle. Ça ne fut pas encore assez; chancelant et hors d'haleine, il regarda les murailles d'un air tout effaré, et ne reprit possession de lui-même que lorsque Vénus, au moyen d'une brosse un peu dure, lui eut rendu l'usage de ses sens, et enlevé la poussière qui couvrait ses habits.

Quant à mister Boffin il était descendu lentement, car Vénus avait achevé son brossage, et Silas avait eu le temps de se remettre avant qu'il reparût. Qu'il eût sur lui la fameuse bouteille, cela ne faisait pas le moindre doute; mais où l'avait-il cachée? Ceci était moins clair. Il avait un gros paletot, large et poilu, croisé sur la poitrine, ayant au moins six poches; dans lequel pouvait être ledit objet?

« Qu'est-ce que vous avez? demanda-t-il à son littérateur; vous êtes pâle comme un linge. » Mister Wegg répondit avec exactitude qu'il avait éprouvé comme un étourdissement.

« La bile? reprit le boueur doré en soufflant sa lanterne, et en la remettant dans son paletot; est-ce que la bile vous tourmente, Wegg? » Silas répondit en toute vérité qu'il n'avait jamais ressenti pareille chose.

« Purgez-vous demain matin, purgez-vous pour être le soir à votre affaire, dit le vieux boueur. A propos : le quartier va faire une grande perte.

— Laquelle, monsieur?

— Je fais enlever les monticules. »

Les deux amis eurent besoin d'un tel effort pour ne pas se regarder qu'ils auraient pu bayer l'un à l'autre sans plus d'inconvénient. « Vous vous en séparez, monsieur? dit l'homme de lettres.

— Oui, c'est chose décidée; on peut regarder le mien comme déjà parti.

— N'est-ce pas celui qui a une perche, monsieur?

— Justement, répondit Boffin en se frottant l'oreille comme il faisait jadis; mais avec un air de ruse qu'il n'avait pas autrefois. Il a trouvé chaland; demain on commence à l'enlever.

— Quand vous êtes sorti tout à l'heure, demanda Silas avec enjouement, était-ce pour faire vos adieux à ce vieil ami?

— Non, répondit mister Boffin, quelle diable d'idée avez-vous là? » Il proféra ces mots avec tant de rudesse que mister Wegg, qui peu à peu s'était rapproché de lui, et s'apprêtait à explorer l'extérieur des poches avec le dos de sa main, fit deux pas en arrière.

« Je ne voulais pas vous offenser, dit-il humblement. »

Mister Boffin le regarda comme un chien en regarderait un autre qui voudrait lui enlever l'os qu'il ronge, et il ne répondit que par un grognement sourd aux excuses de maître Wegg. Les mains derrière le dos, il suivit d'un œil soupçonneux les mouvements de son lecteur; puis tout à coup rompant le silence : « Bonsoir, dit-il d'un ton bourru. Je connais le chemin; restez là; je n'ai pas besoin de lumière. »

Toutes ces histoires d'avares, de cachettes et de trésors, la scène du monticule, peut-être la manière dont il en était descendu, et qui avait fait affluer à la tête son sang vicieux, avait tellement surexcité la cupidité de Silas qu'au moment où la porte se referma sur le boueur, Wegg s'élança vers elle, en entraînant Vénus.

« Ne le laissons pas partir, s'écria-t-il; courons vite! Il emporte cette bouteille; il faut absolument l'avoir!

— Vous n'entendez pas la lui prendre? dit l'autre en le retenant.

— Mais si! mais si! Il faut que nous l'ayons. Auriez-vous peur de lui, poltron que vous êtes?

— J'ai assez peur de vous pour ne pas vous lâcher, répondit Vénus qui le tenait à bras-le-corps.

— Vous n'avez donc pas entendu! s'écria Wegg; il va faire enlever les monticules, détruire nos espérances, chien que vous êtes! On commence demain! Tout sera remué de fond en comble; nous perdrons tout. Lâchez-moi donc! Si vous ne savez pas défendre vos droits, moi j'en aurai le courage. »

Comme il se débattait avec violence, Vénus jugea opportun de le renverser et de tomber avec lui, sachant bien qu'une fois par terre il aurait de la peine à se relever. Au moment donc où le boueur doré sortait de la cour, les deux associés roulaient sur le carreau.

VII

FORTE POSITION DES DEUX AMIS

En entendant la porte se refermer sur mister Boffin, les deux lutteurs se lâchèrent, et se mirent sur leur séant, où ils restèrent vis-à-vis l'un de l'autre. Une défiance marquée, à l'égard de Wegg, une disposition à se jeter sur lui et à le terrasser de nouveau, s'il en donnait le moindre prétexte, se lisaient dans les yeux affaiblis de Vénus, et dans chaque brin de sa tignasse hérissée, tandis que la figure sèche et raboteuse de Wegg, l'attitude de son corps roide et anguleux, toute sa personne qui ressemblait à ces joujoux de bois venus d'Allemagne, exprimait un désir conciliant, plus politique que sincère. Tous les deux étaient rouges, essoufflés, chiffonnés, bouleversés par la lutte qu'ils venaient de soutenir; et mister Wegg, dont le crâne avait produit un bruit sourd en tombant sur le carreau, se le frictionnait de l'air d'un homme qui vient d'éprouver un étonnement désagréable.

« Frère, dit-il enfin après un long silence, vous aviez raison, je le reconnais; je me suis oublié. »

Vénus se passa la main dans les cheveux en pensant que mister Wegg s'était montré sous son véritable jour.

« Oui, reprit Silas, vous aviez raison; mais vous n'avez pas connu miss Élisabeth, maître George, tante Jane et oncle Parker. »

Vénus admit qu'en effet il ne connaissait pas ces hauts personnages, et ajouta qu'il ne le regrettait pas le moins du monde.

« Ne dites pas cela, frère, riposta Silas, ne dites pas cela; ne les ayant pas connus vous ne comprendrez jamais la frénésie qu'on éprouve à la vue de l'usurpateur. » Après avoir proféré ces mots comme s'ils témoignaient des sentiments les plus honorables, mister Wegg se traîna à l'aide de ses mains vers une chaise placée dans un coin de la chambre; et là, se livrant à une gymnastique assez bizarre, il finit par se remettre debout.

«Camarade, dit-il à Vénus, qui s'était également relevé, quelle physionomie expressive que la vôtre ! »

Mister Vénus se passa la main sur la figure par un mouvement involontaire, puis examina ses doigts comme pour voir si son visage y avait laissé quelques-unes de ses propriétés expressives.

« Je comprends à merveille, poursuivit le littérateur en accompagnant chaque mot d'un coup de son index, je comprends la question que m'adressent vos traits éloquents.

— Laquelle ? demanda Vénus.

— Vous me demandez, répondit Silas d'un air affable, pourquoi je ne vous ai pas dit tout d'abord que j'avais trouvé quelque chose ? Pourquoi je n'y ai fait allusion que lorsque j'ai pensé que le traître venait chercher ledit objet ? Votre physionomie parlante s'exprime ainsi, et de la façon la plus claire. Pouvez-vous lire la réponse sur mon visage ?

— Pas du tout, dit Vénus.

— Je le savais, murmura Silas avec une joyeuse candeur. Et pourquoi ? direz-vous. Parce que je n'ai pas votre figure expressive ; tous les hommes ne sont pas également doués ; je sais fort bien ce qui me manque. Toutefois j'ai la parole et vous fais cette réponse : je vous réservais une *sur-pe-rise*. » Ayant prolongé ce dernier mot le plus possible, mister Wegg serra les mains de ce cher Vénus ; puis lui frappa sur les genoux comme un protecteur affectueux qui vous prie de ne pas parler du petit service que sa position lui a permis de vous rendre.

«Satisfaite de la réponse qu'elle vient de recevoir, reprit l'homme de lettres, votre figure expressive me pose cette nouvelle question : « Mais qu'avez-vous trouvé ? » J'entends cette physionomie parlante ; ne dites pas non.

— Eh bien ! dit Vénus d'un ton sec, après une assez longue attente, pourquoi ne répondez-vous pas ?

— Je m'y disposais, répliqua Silas. Écoutez-moi, frère, vous mon semblable et mon ami, qui partagez mes sentiments, aussi bien que mes entreprises, *écoutez-moi* : j'ai trouvé une cassette.

— Où cela ? » demanda l'autre.

Il visait à en dire le moins possible, et eut recours à un nouvel écoutez-moi, plein d'emphase. « Écoutez-moi ! fit-il donc. Un certain jour, monsieur...

— Quand cela ? interrompit Vénus.

— N...non, répondit l'homme de lettres en secouant la tête d'un air de reproche, mi-rêveur, mi-badin, non ; ce n'est pas votre physionomie éloquente qui m'adresse cette question ; c'est votre voix pure et simple. Je continue : un certain jour, me trouvant près des monticules—je faisais ma tournée solitaire ; car, suivant les expressions d'un ami de ma famille, l'auteur de *Tout est bien qui finit bien*, dont les paroles ont été mises en duo : car

Abandonné, il vous en souvient, mister Vénus, par la lune pâlissante,
Quand les étoiles, vous le savez, mister Vénus, avant que je vous l'aie dit,
   Annoncent avec mystère
   L'heure fatale de minuit,
 Sur la tour, la forteresse, le sol couvert de tentes,
 La sentinelle fait sa ronde solitaire,
 La sentinelle fait sa ronde.

C'est ainsi, monsieur, que je me promenais dans la cour à une heure peu avancée de l'après-midi ; j'avais à la main une barre avec laquelle j'essayais parfois de rompre la monotonie d'une existence toute littéraire, lorsque cet instrument heurta un objet qu'il est inutile de nommer.

— Très-utile, dit Vénus.

— Écoutez-moi ! s'écria Wegg.

— Quel objet ? reprit l'autre avec fureur.

— Écoutez-moi, frère ! c'était la pompe. Je m'aperçus alors que la partie supérieure de cet engin n'était fermée que par un couvercle, et sentis, dans le corps de la pompe, quelque chose de résistant. Bref, ce quelque chose était un coffret plat et long ; mais, je dois le dire, d'une légèreté désespérante.

— Des papiers ? demanda Vénus.

— Cette fois c'est votre physionomie qui parle, s'écria Wegg. Le coffre était ficelé, cacheté, et portait une bande de parchemin, où ces mots étaient écrits : « Mon testament est déposé là jusqu'à nouvel ordre.

       JOHN HARMON. »

— Il faut l'ouvrir, s'écria Vénus.

— C'est ce que je me suis dit, répliqua Silas ; et j'ai levé la serrure.

— Sans être venu me trouver ! reprit l'anatomiste.

— Sans cela, répondit l'autre d'une voix caressante, et vous me donnez raison ; votre physionomie... Écoutez-moi, frère, écoutez ! Résolu, ainsi que votre pénétration le devine, à vous faire une SUR-PE-RISE, il fallait bien qu'elle fût complète ; oui, monsieur. J'ai donc examiné le document ; il est très-court, en bonne forme, et bien et dûment signé :

« Attendu que le testateur n'a jamais eu d'amis, et que sa famille s'est toujours mal conduite à son égard, lui, John Harmon, soussigné, lègue à Nicodème Boffin, le moins grand des monticules, lequel est très-suffisant pour lui ; et donne tout le reste à la Couronne. »

— Le testament qu'on a trouvé à sa mort, est peut-être plus nouveau que celui-ci, objecta Vénus ; il faudra en examiner la date.

— La chose est faite... Écoutez, écoutez! s'écria Silas. J'ai payé un schelling pour le voir — ne regrettez pas vos six pence, frère! — Ce testament a été fait quelques mois avant celui que nous possédons. Et maintenant, vous, mon semblable et mon associé, ajouta Wegg en saisissant de nouveau les mains de l'anatomiste, et en lui refrappant sur les genoux, veuillez me répondre : ai-je accompli ma tâche amicale à votre entière satisfaction, et n'éprouvez-vous pas une énorme SUR-PR-RISE? »

Vénus attacha sur son associé un regard soupçonneux, et répliqua d'un ton rogue : « C'est en effet une grande nouvelle ; on ne peut pas dire autrement ; mais je regrette que vous ne me l'ayez pas communiquée avant la scène de tout à l'heure ; et que vous ne m'ayez pas consulté sur ce qu'il y avait à faire.

— Écoutez-moi ! dit Wegg ; écoutez jusqu'au bout ; et d'abord je vais chercher ledit objet. »

Après une absence de quelques minutes, (il lui en coûtait de faire voir son trésor), le littérateur reparut, tenant à la main un vieil étui à chapeau, où il avait mis la cassette pour détourner les soupçons. « Mais, dit-il à voix basse, et en jetant les yeux autour de la salle, ouvrir cette boîte-là ici... cela ne me va qu'à moitié. Il pourrait revenir ; il l'est peut-être déjà ; de quoi n'est-il pas capable après ce qu'il a fait ce soir?

— Vous pourriez avoir raison, dit Vénus : c'est une idée ; allons chez moi. »

Mister Wegg hésita.

« Partons-nous? reprit Vénus avec impatience.

— Écoutez! répliqua Silas, écoutez... » Et ne voyant pas comment motiver son refus, il ajouta un « certainement » qu'il aurait bien voulu ne pas dire.

Le Bower fut donc fermé ; l'anatomiste prit le bras du littérateur, le serra avec force ; et les deux amis s'en allèrent du côté de Clerkenwell.

La chandelle, brûlant toujours à la fenêtre de l'établissement, permettait au public d'entrevoir les deux grenouilles, qui, l'épée à la main, n'avaient pas encore satisfait à l'honneur. Vénus ouvrit la porte, fit entrer Silas, barra les contrevents, rentra dans la boutique, et donna à la serrure un tour de clé. « Maintenant, dit-il, on ne nous dérangera pas ; nous ne serions nulle part aussi bien qu'ici. »

Il attisa le peu de charbon qui restait dans la grille, fit du feu, remonta la chandelle, la moucha, et en arrangea la mèche. La flamme du foyer venant à éclairer peu à peu les murailles graisseuses, les bébés hindou et africain, le bébé anglais, l'assortiment de crânes et le reste, apparurent successivement comme s'ils étaient sortis avec leur maître, et revenaient à l'heure dite pour assister à la conférence. Le gentilhomme français avait considérablement grandi depuis la dernière visite de Wegg; il était maintenant pourvu d'une tête, d'une paire de jambes, et n'attendait plus que des bras. A qui cette tête avait-elle appartenu dans l'origine? le littérateur s'en inquiétait fort peu; mais il aurait souhaité qu'elle lui montrât moins les dents.

Mister Wegg alla s'asseoir en silence sur la caisse qui était devant la cheminée. Mister Vénus se laissa tomber sur sa petite chaise, fouilla parmi les nains qui l'entouraient, exhiba son plateau, ses deux tasses, et mit la bouilloire sur le feu. Le littérateur approuva ces préparatifs, espérant qu'ils émousseraient la pénétration de l'anatomiste.

« A présent que nous n'avons rien à craindre et que nous sommes installés, dit Vénus, voyons cette découverte. »

D'une main hésitante, et non sans jeter les yeux à diverses reprises sur les doigts qui étaient près de lui, comme s'il avait craint de les voir saisir le document, Silas ouvrit l'étui à chapeau, en ôta le coffret, tira de celui-ci un papier, dont il serra fortement l'un des bords, tandis que Vénus, s'emparant du coin opposé, lisait le contenu de la feuille avec attention.

« Vous ai-je dit exactement la chose? demanda le littérateur.

— Exactement, » répondit Vénus.

Mister Wegg fit un mouvement plein d'aisance, comme pour replier le papier; mais l'autre ne lâcha pas son coin. « Non, dit-il en secouant la tête et en clignant ses yeux fatigués, non monsieur; il faut savoir à qui doit être confiée la garde de ce précieux document.

— A moi! répondit Silas.

— C'est une erreur, dit Vénus; veuillez y réfléchir. Tenez, mister Wegg, je ne désire pas avoir de querelle avec vous; encore moins de nouveaux rapports anatomiques.

— Que voulez-vous dire? s'écria Silas.

— Je veux dire, répondit lentement Vénus, que je me trouve ici sur mon propre terrain, entouré de mon art, et de mon outillage si parfait.

— Que voulez-vous dire? répéta Silas.

— Je vous fais remarquer, reprit Vénus d'un air placide, que je suis au milieu de mes trésors d'anatomie; ils sont nombreux;

mon assortiment d'os humain est considérable, l'atelier en est rempli; quant à présent, je n'ai pas besoin de l'augmenter; mais j'aime mon art et j'en connais la pratique.

— Personne ne la connaît mieux, dit Wegg un peu troublé.

— Il y a dans la boîte sur laquelle vous êtes assis, continua Vénus, il y a les fragments de divers échantillons humains. Un certain nombre de ces fragments figurent dans le charmant composé qui se trouve derrière la porte. Un signe de Vénus désigna le gentilhomme français. Il lui manque toujours les bras; mais je ne suis pas pressé de les assortir.

— Frère, vous divaguez, objecta l'homme de lettres.

— C'est possible; veuillez m'excuser; j'y suis un peu sujet, répliqua Vénus. J'ai pour mon art une véritable passion, j'en connais la pratique, et c'est à moi qu'il faut confier ce document.

— Mais quel rapport a-t-il avec votre art? » insinua l'associé d'un ton mielleux.

L'artiste fit clignoter ses paupières rouges, et découvrant l'eau qui était sur le feu, murmura d'une voix creuse. « Elle ne tardera pas à bouillir. »

Silas jeta un coup d'œil sur la bouilloire, un autre sur la muraille, et recula involontairement lorsque son regard venant à rencontrer l'anatomiste, il vit celui-ci fouiller dans son gousset comme pour y chercher un scalpel.

Les deux amis tenant chacun l'un des coins du papier dont la feuille était de dimension ordinaire, se trouvaient fort près l'un de l'autre.

« Cher associé, dit Wegg après un instant de silence pendant lequel ils s'étaient regardés tous les deux, votre figure expressive ne dit-elle pas que vous êtes sur le point d'entrer en accommodement?

— Cher associé, répondit Vénus en ébouriffant ses cheveux roux, vous avez commencé par me dérober ce papier, vous ne me le cacherez pas une seconde fois; je vous abandonne le coffret et l'étiquette; mais je garde le testament. »

Silas hésita d'abord; puis tout à coup lâchant la feuille, il s'écria d'un air magnanime : « Que serait la vie sans la confiance? que serait un homme sans honneur? Croyons à celui de notre semblable. Conservez-le donc; c'est avec joie, cher associé, que je vous remets ce précieux dépôt. »

Continuant à cligner ses yeux rouges, et comme se parlant à lui-même, l'anatomiste plia le papier sans manifester le moindre triomphe, le serra dans un tiroir qui se trouvait derrière lui, et mit la clé dans sa poche. Il proposa de prendre le thé; mister Wegg accepta, et l'infusion fut versée dans les tasses.

« Maintenant, dit Vénus, qui tout en soufflant dans sa soucoupe, regardait son confiant ami à travers la fumée, la question qui se présente est celle-ci : quelle marche devons-nous suivre ? »

Sur ce point le littérateur avait beaucoup à dire. Il supplia d'abord son camarade, son ami, son frère, de se rappeler les passages qui avaient été lus dans la soirée ; il était évident que pour mister Boffin, le vieil Harmon était de la même étoffe que les gens dont on avait lu l'histoire, et que le Bower devait être une de ces masures pleines de trésors cachés ; la bouteille et la boîte confirmaient déjà cette opinion. Il n'était pas moins évident que la fortune des deux associés était faite, puisqu'ils n'avaient qu'à fixer un chiffre quelconque, pour que le ver de terre, moins favorisé qu'ils ne l'avaient cru jusqu'alors, s'empressât de leur donner la somme en échange de ce testament. Ce chiffre, pensait mister Wegg, était facile à dire ; peu de mots suffisaient : la moitié de l'héritage. Cette question réglée, il s'en présentait une autre : à quelle époque devait-on réclamer cette part si bien acquise ? Mister Wegg avait à ce sujet un plan dont il recommandait l'exécution, mais en y ajoutant une clause conditionnelle : il fallait, dit-il, attendre avec patience que la cour fût déblayée, et surveiller de près l'enlèvement des monticules. De cette manière ils s'éviteraient la peine de fouiller pendant le jour, et pourraient remuer les tas de cendres toute la nuit sans craindre qu'on s'en aperçût. La maison elle-même pourrait être mise à sac au milieu du désordre ; et le Bower leur ayant livré ses trésors, ils se présenteraient chez l'usurpateur pour réclamer leur part. C'est alors que la certaine clause devait intervenir ; mister Wegg supplia donc son camarade, son frère, son associé de redoubler d'attention. « Il n'est pas permis, dit-il, à un cohéritier de détourner une portion quelconque de l'héritage commun, et de dépouiller de la sorte ses copropriétaires ; cela ne fait pas le moindre doute. » Or quand lui, Silas Wegg, avait vu le mignon de la fortune s'éloigner frauduleusement avec cette bouteille, dont on ignorait le précieux contenu, il avait envisagé ce favori de l'heure présente comme un voleur de la pire espèce, et lui aurait arraché son bien mal acquis sans l'intervention de mister Vénus. C'était pour cela qu'il faisait la proposition suivante : « Si l'on voyait encore ce ver de terre prendre une allure mystérieuse, et déguerpir en emportant un objet quelconque, on lui montrerait aussitôt l'épée tranchante qui était suspendue sur sa tête. Il aurait à rendre un compte exact de ses découvertes, de ses espérances ; il serait traité sévèrement gardé à vue et réduit à un esclavage moral jusqu'au jour où il lui serait permis de se racheter en donnant la moitié de sa fortune. Si mister Wegg se trompait en ne disant que la moitié, il priait son camarade de relever son erreur et de ne pas craindre de lui reprocher sa faiblesse. Peut-être en effet serait-il plus juste de réclamer les deux tiers, plus conforme au bon droit d'exiger les trois quarts. Il serait toujours prêt, quant à lui, à modifier son premier chiffre.

Mister Vénus, dont l'attention s'était prêtée à ce discours par-dessus trois soucoupes successives, répondit qu'il partageait les vues de son associé. Exalté par cette approbation, mister Wegg étendit la main droite, et déclara, sans entrer dans plus de détails, que c'était une main qui jamais n'avait encore...

L'anatomiste buvant toujours, déclara qu'il en était convaincu. Ainsi l'exigeait la politesse; mais il regarda simplement la main qui lui était offerte, et se dispensa de la presser sur son cœur.

« Frère, reprit Silas, quand cet heureux accord fut établi entre eux, j'ai quelque chose à vous demander. Vous vous rappelez le soir où je suis venu ici pour la première fois; vous cherchiez alors à noyer votre vaste intelligence dans des flots de thé fumant. »

Mister Vénus avala une nouvelle soucoupe et fit un signe affirmatif.

« Et je vous retrouve, continua l'autre d'un air méditatif, où perçait l'admiration, je vous retrouve en cet endroit, comme si vous n'en étiez pas sorti; sur la même chaise, tenant la même soucoupe et la même tasse, comme si la puissance d'absorber le liquide embaumé était chez vous sans limites; siégeant au milieu de vos œuvres d'art, et la figure noble et sereine, comme si vous étiez appelé au bienheureux séjour et que vous l'eussiez quitté pour me favoriser de votre présence:

> Exilé de votre demeure, en vain resplendit l'azur du ciel.
> Ah! revenez à vos préparations charmantes;
> Aux oiseaux empaillés d'une main si savante
> Qu'on s'attend à les voir venir à votre appel.
> Reprenez en même temps, mister Vénus,
> La paix du cœur, cent fois plus chère que le jour,
> Reprenez en même temps, cher Vénus,
> Le séjour de vos pères, lieu natal, doux séjour !

Fût-il aussi effrayant, ajouta Silas en retombant dans la prose et en regardant les chefs-d'œuvre qui ornaient la boutique, aussi effrayant... à tout prendre, il n'est pas d'endroit comme celui-ci.

— Vous vouliez me demander quelque chose, dit sèchement l'anatomiste.

— La paix de votre cœur, répondit Wegg d'un ton de condoléance, était ce soir-là, dans une fâcheuse condition. Où en êtes-vous à cet égard? Votre courage a-t-il enfin?...

— Elle ne veut pas, interrompit Vénus avec un mélange d'indignation et de tendre mélancolie, elle ne veut pas être envisagée à ce point de vue spécial. Il n'y a plus à y songer.

— Ah! s'écria l'autre avec un gros soupir, et en examinant Vénus du coin de l'œil, bien qu'en ayant l'air de regarder le feu. Je me rappelle que ce soir-là — vous étiez sur cette chaise, moi sur cette caisse — vous m'avez dit que le jour même où la paix de votre âme fut détruite, vous vous intéressiez à cette affaire, qui plus tard devait être la nôtre! quelle coïncidence!

— Son père, répondit Vénus, qui s'arrêta pour boire une gorgée brûlante, son père y était mêlé.

— M'avez-vous dit son nom? reprit Silas d'un air pensif; le fait est possible; et pourtant... je ne crois pas.

— Plaisante Riderhood, soupira Vénus.

— Vraiment! s'écria Silas, vraiment! Il y a dans ce nom-là quelque chose qui vous remue. Ne semble-t-il pas dire ce qu'elle aurait pu être si elle n'avait pas fait cette réponse déplaisante, et ce qu'en définitive elle n'est pas, ayant écrit ce fâcheux billet. Ne serait-ce point, mister Vénus, répandre un baume sur votre blessure que de vous demander comment vous l'avez connue?

— J'étais au bord de l'eau, raconta le naturaliste, qui regardait le feu d'un air lugubre, et avala une gorgée de thé en clignotant, je cherchais des perroquets... (Nouvelle gorgée brûlante.)

— Je ne suppose pas, insinua Wegg pour tirer Vénus de sa rêverie, que vous eussiez l'intention de chasser le perroquet sous le climat britannique?

— Non, dit Vénus d'un air agacé. Les matelots en rapportent, et j'en cherchais pour les empailler.

— Très-bien, fit le littérateur.

— Ainsi que deux serpents à sonnettes que je devais préparer pour un muséum, poursuivit le naturaliste. Ma destinée voulut qu'Elle se trouvât sur ma route, et que ce fût Elle qui me vendît ces articles. C'était au moment où le corps de John Harmon fut retiré de la Tamise. Son père avait vu remorquer le sujet par un bateau. Je profitai du bruit que fit cette affaire pour retourner chez Elle; depuis lors je n'ai plus été le même homme. Jusqu'à mes os qui se sont ramollis! Oui, monsieur; on me les apporterait désarticulés, me priant de les assortir, que je n'oserais pas les réclamer; j'en aurais honte, tant mon être a dépéri sous cet accablement. »

Mister Wegg, moins intéressé qu'au début, jeta les yeux vers la tablette placée dans l'ombre. « Je me rappelle, — car je n'oublie rien de ce qui tombe de votre bouche, — je me rappelle que, ce soir-là, vous m'avez parlé d'un certain objet qui paraissait être sur cette planche, et que, vous interrompant tout à coup : « Peu importe ! » avez-vous dit sans achever votre pensée.

— Oui, répliqua Vénus, dont les yeux qui s'étaient levés un instant se baissèrent avec tristesse ; oui... le perroquet ; celui qu'Elle m'a vendu ; il est resté là, totalement desséché ; tout comme moi, excepté le plumage. Je n'ai pas eu la force de le préparer, mister Wegg, et je ne l'aurai jamais. »

Silas envoya le perroquet dans une région plus que tropicale, et, paraissant avoir perdu le pouvoir de s'intéresser aux chagrins de Vénus, il resserra sa jambe de bois qui avait beaucoup souffert des exercices de la soirée, et fit ses adieux au naturaliste.

Quand il fut dehors, l'étui à chapeau d'une main, sa canne de l'autre, laissant Vénus chercher l'oubli au fond de sa théière, il regretta amèrement de s'être associé cet être faible ; d'avoir compté sur des révélations qui aboutissaient à de pareilles niaiseries. Il s'était dupé lui-même, et cette pensée, qui lui revenait sans cesse, l'irritait singulièrement. Tout en cherchant à rompre l'association, sans faire de sacrifices, tantôt se reprochant d'avoir livré son secret, tantôt se félicitant du hasard qui l'avait si bien servi, il franchit la distance qui séparait la boutique de Vénus de l'hôtel du boueur doré ; car il n'aurait pu dormir, la chose pour lui était hors de doute, si d'abord il n'avait fait planer la menace sur la demeure de ce ver de terre, et ne s'était posé devant elle comme son mauvais génie. La puissance, qui ne provient ni du savoir, ni de la vertu, a de grands attraits pour les natures infimes ; et braver cette maison, lui dire qu'il possédait le moyen de l'enlever à la famille qu'elle abritait, et cela aussi aisément qu'on fait écrouler un château de cartes, était plein de charme pour l'ancien étalagiste.

Pendant que Silas allait et venait de l'autre côté de la rue, la voiture s'arrêta devant l'hôtel. « Encore un peu, et tout sera fini pour vous, dit-il en menaçant le coupé de son étui à chapeau ; votre éclat pâlit. »

Mistress Boffin descendit de voiture, et entra chez elle.

« Attendez-vous à une belle chute, milady La Boueuse. »

Bella descendit à son tour, et franchit la porte.

« Vous êtes légère, dit Silas ; mais vous n'irez pas si lestement quand il faudra rentrer chez papa. »

Quelques instants après le secrétaire sortit de l'hôtel.

« Vous m'avez passé sur le corps, murmura le littérateur ; mais vous ferez bien de chercher une autre place, jeune homme. »

En ce moment l'ombre de mister Boffin, dont la personne trottinait de long en large dans le salon, apparut et réapparut sur les rideaux.

« Tiens ! s'écria Silas, tu es là, toi ? et ta bouteille ? l'as-tu dans ta poche ? tu la donnerais bien pour ma cassette, vieux boueur ! »

Maintenant l'esprit tranquille, et se sentant préparé au sommeil, le littérateur pensa à regagner son logis. Telle était la cupidité de cet homme, qu'après avoir renoncé aux deux tiers de l'héritage, et dépassé les trois quarts, il songeait à une spoliation complète, et y marchait tout droit, lorsque la raison lui revenant à mesure qu'il s'éloignait de l'hôtel : « Mais non, dit-il, ce serait une faute ; il n'aurait plus d'intérêt à nous acheter, et nous perdrions tout. »

On est si enclin à juger les autres d'après soi qu'il n'était pas encore venu à l'esprit de Silas que mister Boffin pouvait être honnête, et préférer la pauvreté à un arrangement quelconque. Cette pensée lui vint tout à coup et le fit tressaillir, mais elle passa bien vite. « Il aime trop l'argent, se dit-il ; c'était bon autrefois ; aujourd'hui il aime trop l'argent pour cela, il aime trop l'argent pour cela. » Ce refrain mélodieux se rhythma sur les pas de mister Wegg ; et pendant le reste du chemin, celui-ci le fit jaillir des rues bruyantes, piano de son soulier, forte de sa jambe de bois : « IL AIME TROP L'ARGENT POUR CELA, IL AIME TROP L'ARGENT POUR CELA. »

Réveillé au point du jour par la sonnette de la grand'porte, Silas fut obligé de se lever pour ouvrir aux charrettes qui venaient enlever le monticule. Devant surveiller cette opération qui promettait de durer plusieurs semaines, il s'ouvrit un sentier d'où il pût avoir l'œil sur les piocheurs sans être suffoqué par la cendre, et l'arpenta jusqu'au soir sur l'air de : « Il aime trop l'argent pour cela, il aime trop l'argent pour cela. »

VIII

FIN D'UN LONG VOYAGE

Les charrettes entrèrent et sortirent depuis l'aube jusqu'à la nuit, sans que le tas de cendre parût d'abord éprouver de dimination. Toutefois les jours succédant aux jours, on vit le monticule se fondre peu à peu.

Milords et gentlemen, et vous, honorables comités, qui, à force de remuer des immondices, de recueillir des scories et des cendres, avez édifié une montagne prétentieusement stérile, défaites vos honorables habits; et, prenant les chevaux et les hommes de la Reine, hâtez-vous de l'enlever, ou la montagne s'écroulera et nous ensevelira tout vivants.

Oui, milords et gentlemen, oui honorables comités, appliquez-y les principes de votre catéchisme, et avec l'aide de Dieu, mettez-vous à l'œuvre; il le faut, milords; il le faut gentlemen.

Lorsque les choses en sont arrivées à ce point, qu'ayant à notre disposition un trésor pour soulager les pauvres, nous voyons les meilleurs d'entre ceux-ci repousser notre pitié, se dérober à nos regards, et nous déshonorer en mourant de faim parmi nous, il n'y a pas de prospérité, milords, il n'y a pas de durée possible. Peut-être ces paroles ne sont-elles pas dans l'Évangile selon Podsnap; et qui voudrait les prendre pour texte d'un sermon, ne les trouverait pas dans les rapports du *Board of Trade*; mais elles n'en expriment pas moins un fait qui est vrai depuis le commencement du monde, et qui restera une vérité jusqu'à la fin des siècles.

Cette œuvre dont nous sommes si fiers, qui n'inspire nulle crainte au mendiant de profession, et n'arrête pas le briseur de fenêtres, ou le filou rampant, frappe cruellement celui qui souffre, et remplit d'effroi le malheureux digne d'estime. Il faut changer cela, milords et gentlemen; il le faut, honorables conseils, ou dans son jour de malignité, ce système nous perdra tous.

La vieille Betty Higden accomplissait son laborieux pèlerinage, et vivait comme le font tant d'honnêtes créatures, hommes et femmes, pour qui la route est pénible; allant courageusement devant elle, afin de gagner une faible pitance, et de mourir sans passer par le work-house, la seule ambition qu'elle eût ici-bas. Elle n'avait pas donné signe de vie depuis le jour où elle s'était mise en route. La saison avait été rude, les chemins avaient été mauvais; son cœur était toujours vaillant. Un caractère moins énergique aurait pu faiblir sous des influences si contraires; mais la somme qu'on lui avait prêtée pour fonder son petit commerce, n'était pas encore rendue. Les affaires avaient moins bien été qu'elle ne l'espérait au départ; il fallait redoubler de courage pour ne pas se démentir, et garder son indépendance.

Brave créature! quand elle avait parlé au secrétaire de cet engourdissement qui la prenait quelquefois, elle l'avait fait comme d'une chose insignifiante. Mais ces accès de faiblesse devenaient de plus en plus fréquents; l'engourdissement était plus profond, l'ombre plus épaisse, comme celle d'une mort qui approche. Que cette ombre, de plus en plus noire, fût soumise aux lois physiques, cela n'avait rien d'étonnant, car la seule lumière qui éclairât missis Higden était au delà du tombeau.

La pauvre femme avait pris le bord de la Tamise, et l'avait suivi en remontant. C'était par là que se trouvait son ancienne demeure, le pays qu'elle aimait, et qu'elle connaissait le mieux. Elle avait passé quelque temps aux environs de son dernier gîte; elle avait vendu, tricoté, vendu, puis elle était allée plus loin. Pendant plusieurs semaines on reconnut sa figure à Chertsey, à Walton, à Staines, d'où elle avait continué sa route. Les jours de marché elle s'installait sur la place, dans les endroits où il y avait un marché. Ailleurs, elle se tenait dans la partie la plus animée de la grand'rue, toujours petite et rarement vivante. Parfois elle battait les chemins où sont les grandes maisons, et demandait à la loge la permission d'entrer avec son panier. On la lui refusait presque toujours; mais les dames qui passaient en voiture lui achetaient souvent quelque chose, et en général prenaient plaisir à l'entendre parler.

Ces quelques aubaines et la propreté de ses vêtements la faisaient passer pour être bien dans ses affaires: « On pouvait même dire qu'elle était riche, pour une femme de sa condition. » Ce genre de fable qui pourvoit largement aux besoins de ceux qu'elle concerne, sans qu'il en coûte à ceux qui la répandent, a toujours eu beaucoup de succès.

Dans ces jolies petites villes des bords de la Tamise, vous entendez la chute de l'eau qui tombe des barrages, et même, lorsque le temps est calme, le frémissement des roseaux. Vous voyez la jeune rivière, marquée de fossettes, comme un bel enfant, glisser et fuir en jouant parmi les arbres, ignorant les souillures qui l'attendent, et ne sachant rien de l'abîme, dont la voix n'arrive pas jusqu'à elle. Nous ne prétendons pas que la vieille Betty avait de pareilles pensées; ce serait aller trop loin; mais elle entendait l'affectueuse rivière lui murmurer, comme à tant d'autres qui lui ressemblent: « Viens à moi, puisque tu es menacée de la honte, que tu as fuie si longtemps; viens à moi, puisque la frayeur t'assiége. Viens à moi: je suis le refuge des malheureux; ma mission est de secourir; mon sein est plus doux que celui de la nourrice du pauvre. On meurt plus tranquillement dans mes bras que dans une salle d'hôpital. Viens à moi. »

Il y avait néanmoins dans son esprit inculte beaucoup de place pour des idées moins sombres. Ces gens riches, et leurs enfants, qui, de l'intérieur de ces belles maisons la regardaient passer, pouvaient-ils s'imaginer ce que c'était que d'avoir réellement faim, réellement froid ? « Ces chers enfants ! comme ils sont joyeux ! S'ils avaient vu Johnny quand il était malade, et qu'elle le tenait dans ses bras, auraient-ils pleuré ? S'ils l'avaient vu sur son lit de mort... Ils n'auraient pas pu comprendre. Chers enfants ! soyez bénis pour l'amour du cher ange. »

De même, dans les petites rues, pour les maisons plus modestes. La lueur du foyer s'apercevait à travers les vitres, la clarté devenait plus brillante à mesure que la nuit approchait. Toute la famille se rassemblait au coin du feu. « C'était folie de trouver un peu dur que l'on fermât les volets, et qu'on lui enlevât la flamme. »

Toujours de même en face des magasins : les marchands qui prenaient le thé au fond de l'arrière boutique, pas si loin, pourtant, que l'odeur du breuvage et celle des rôties, se mêlant à l'éclat des lumières, n'arrivât dans la rue, ces marchands ne trouvaient-ils pas ce qu'ils mangeaient d'autant meilleur, ou leurs habits d'autant plus chauds, qu'ils se les étaient vendus ? »

Toujours de même en passant devant les cimetières. « Bonté divine ! la nuit, et par ce mauvais temps, il n'y a ici que moi et les morts ! Tant mieux pour les gens qui ont leur famille, et sont chaudement logés. »

La pauvre créature n'était pas jalouse du bonheur des autres, et le voyait sans amertume. Mais plus elle s'affaiblissait, plus elle sentait grandir son horreur de l'aumône. Il est vrai que, dans ses courses, la pauvre femme trouvait plus d'aliments pour cette exécration que pour son corps. Tantôt c'était le honteux spectacle d'une créature désolée, tantôt d'un misérable groupe, hommes et femmes, couverts de guenilles, ayant parmi eux des enfants pressés les uns contre les autres, comme une grappe de vermine, pour conserver un peu de chaleur et qui attendaient, et attendaient sur le pas d'une porte, pendant que l'éludeur patenté de la charité publique travaillait à se débarrasser d'eux en usant leur patience. Tantôt c'était quelques pauvres à l'air décent, comme elle, qui faisait à pied une longue route pour aller voir un parent ou un ami, déporté dans une maison de l'Union, aussi loin que la prison du comté (dont l'éloignement est ce qu'elle a de plus rude pour les gens de la campagne) ; maison triste et froide, qui, par son architecture, son régime, sa manière de soigner les malades, est un pénitencier plus redoutable que l'autre.

Quelquefois elle entendait lire un journal, et apprenait comment le greffier général de l'état civil défalquait de la somme les unités qui étaient mortes de faim et de froid la semaine précédente; appoint régulier, pour lequel cet archiviste paraissait avoir une colonne particulière, comme s'il s'était agi de demi-pence. Betty Higden entendait discuter cela en des termes que, dans notre inapprochable grandeur, nous n'entendrons jamais, milords et gentlemen, jamais, honorables comités de l'assistance; et pour échapper à cela, le désespoir lui donnait des ailes.

Qu'on ne voie pas là une figure de rhétorique: si fatiguée que fût la pauvre femme, halotante, les pieds sanglants, elle partait, chassée par la crainte de tomber entre les mains de la charité publique. Un progrès remarquable chez une nation chrétienne, d'avoir fait du bon samaritain une furie persécutrice! mais il en était ainsi dans le cas dont nous parlons, et qui est celui d'une foule nombreuse, nombreuse, nombreuse.

Deux incidents vinrent encore augmenter cet effroi déraisonnable chez la malheureuse Betty (nous disons déraisonnable, parce qu'il a été convenu plus haut que ces gens-là ne raisonnent pas, et se font une loi de produire leur fumée sans feu). Un jour de marché, elle était assise à la porte d'une auberge, ayant devant elle ses menus paquets de mercerie, lorsque l'engourdissement qu'elle s'efforçait de combattre devint si profond que toute la scène disparut à ses yeux. Quand elle reprit connaissance, elle se trouva sur le pavé, la tête soutenue par une revendeuse, et entourée d'un petit cercle de curieux.

« Êtes-vous mieux, la mère? demanda l'une des femmes; croyez-vous que c'est passé?

— J'ai donc été malade? dit la pauvre Betty.

— Comme un évanouissement ou une attaque, répondit l'autre, si ce n'est d'abord que vous vous êtes débattue; puis vous êtes tombée raide, et n'avez plus bougé.

— Ah! dit-elle en recouvrant la mémoire, c'est mon engourdissement; cela m'arrive quelquefois.

— Est-ce passé? redemanda la femme.

— Tout à fait, répliqua Betty; je n'en serai que plus forte; merci bien, mes très-chères; que les autres vous le rendent quand vous serez à mon âge. »

Les femmes l'aidèrent à se relever, et furent obligées de la soutenir, après l'avoir assise.

« J'ai la tête un peu vide et les pieds un peu lourds, dit-elle en appuyant sa figure contre la femme qui était à côté d'elle; mais tout à l'heure il n'y paraîtra plus: ce n'est rien; soyez tranquilles.

— Demandez-lui si elle a des parents, dit un fermier qui sortait de l'auberge.

— Avez-vous de la famille, quelqu'un des vôtres qui puisse s'occuper de vous? reprit la femme.

— Certainement, répondit-elle; j'ai bien entendu le gentleman, seulement je n'ai pas répondu assez vite. Ma famille est nombreuse, ne vous inquiétez pas, ma chère.

— Mais votre famille est-elle dans le voisinage? demandèrent les hommes; les femmes répétèrent la question et la prolongèrent.

— Tout près, dit-elle vivement; ne craignez rien, mes bons amis.

— Vous ne pouvez pas partir! s'écrièrent des voix compatissantes. Où voulez-vous aller?

— J'irai à Londres quand j'aurai tout vendu, dit-elle en se levant avec peine. J'ai là de bons amis; ne vous inquiétez pas, je ne manque de rien; soyez tranquilles, il ne m'arrivera pas malheur. »

Un brave homme à houseaux jaunes, à figure cramoisie, et à bonnes intentions, dit d'une voix rauque, par-dessus son cachenez rouge, qu'on ne devait pas la laisser partir. « Au nom du ciel! que l'on ne s'occupe pas de moi, s'écria la pauvre Betty, folle de terreur; je suis bien maintenant; il faut que je m'en aille. » Elle avait pris son panier, et s'éloignait d'un pas chancelant, quand ledit brave homme, l'arrêtant par la manche, la pressa de venir avec lui chez le médecin de la paroisse. Hors d'elle-même, puisant dans sa volonté une force inattendue, la pauvre créature, toute tremblante, se débarrassa de l'officieux personnage, et prit la fuite. Elle franchit un ou deux milles, et ne respira qu'après s'être cachée dans un taillis, comme un animal blessé. Elle se souvint alors d'avoir tourné la tête au moment où elle avait quitté la ville, d'avoir vu l'enseigne du *Lion blanc* qui pendait au-dessus de la route, les baraques du marché, la vieille église aux murs noircis, et la foule qui la regardait sans essayer de la rejoindre.

La seconde fois elle eut encore bien peur. De nouveaux accès l'avaient prise, et avaient été fort graves; mais elle allait mieux depuis quelques jours, et cheminait sur cette portion de la route qui côtoie la rivière, portion tellement inondée à l'époque des grandes eaux qu'on y a mis des poteaux pour indiquer le chemin. Une barge remontait la Tamise; Betty alla s'asseoir au bord de la route pour jouir de ce spectacle et se reposer en même temps. Comme la barge avançait, le câble de halage se détendit par suite d'un détour du fleuve, et trempa dans l'eau en se balançant. L'esprit de la pauvre femme se troubla au point qu'il lui sembla voir ses enfants et ses petits-enfants remplir le bateau, lui tendre les bras et les agiter en mesure par un mouvement solennel. Puis la corde se raidit et se releva, laissant tomber une pluie de diamants; elle vibra avec force, parut se dédoubler, et Betty, malgré la distance qui l'en séparait, crut recevoir le choc de ces vibrations. Quand elle rouvrit les yeux, elle chercha le bateau; il n'y avait plus ni barge, ni rivière; il faisait nuit, et un homme, qu'elle n'avait jamais vu, tenait une chandelle à côté de sa figure.

« A c't'heure, dit cet homme, vous allez parler; d'où est-ce que vous venez la mère, et où est-ce que vous allez comme ça?»

Encore tout étourdie, la pauvre femme, au lieu de répondre, demanda où elle était.

« J'suis l'éclusier, répondit l'homme.

— L'éclusier?...

— Oui, c't-à-dire l'sous-éclusier. C'est ici la loge d'l'écluse; j'suis de service aujourd'hui; et alors éclusier ou sous-éclusier, ça ne fait qu'un. De quelle paroisse que vous êtes?

— Ma paroisse? » Elle fut debout immédiatement, chercha son panier d'une main tremblante, et regarda l'homme avec effroi.

« Pas besoin de l'cacher, reprit l'autre; à la première ville où c'que vous irez on vous le demandera; vous serez bon forcée de l'dire; on n'vous y souffrira qu'on qualité de casuel; i' vous feront reconduire chez vous, et bon train encore. Vous n'êtes pas dans un état à ce qu'on vous laisse sur une paroisse étrangère.

— C'était mon engourdissement; j'y suis un peu sujette, dit-elle en portant la main à son front.

— Sûr et certain qu'c'était eun engourdissement; j'aurais même trouvé le mot un peu faib' si on m'l'avait dit quand nous vous avons ramassée. Mais avez-vous de la famille? à tout l'moins des amis?

— Oh! vous pouvez le croire, maître; il n'y en a pas de meilleurs.

— Dans c'cas, s'i' peuvent vous faire quéque petite chose, adressez-vous à eux; ça n'sera pas de trop. Avez-vous un brin d'argent?

— Oui, maître; j'en ai un peu.

— Désirez-vous l'garder?

— Si je le désire!

— C'est qu' voyez-vous, reprit le sous-éclusier, qui, les mains dans les poches, haussa les épaules et hocha la tête d'un air de mauvais augure, les autorités vous le prendront, et pas pus loin qu'à c'te ville qui est là-bas, en aval d'ici; je vous en donne mon Alfred David.

— Alors je n'irai pas, dit la pauvre femme.

— I' vous feront payer, voyez-vous, tant que vot' argent durera ; payer en qualité de casuel, payer pour vous ramener à vot' paroisse, payer, payer jusqu'à la fin.

— Merci de l'avertissement, dit-elle avec effusion ; merci de toutes vos bontés, maître, et bien le bonsoir.

— Minute, dit l'honnête homme en lui barrant la porte, vous n'êtes guère solide ; qu'est-ce qui vous presse?

— Oh ! maître, dit-elle d'une voix suppliante, j'ai toujours lutté contre la paroisse ; je l'ai fuie toute ma vie, et je veux mourir sans avoir affaire à elle.

— Je n'sais pas si je dois vous laisser partir, reprit l'éclusier d'un air pensif. J'suis un honnête homme, moi, qui gagne sa vie à la sueur de son front ; en vous laissant aller, je pourrais me mett' dans l'embarras. J'y ai déjà été, voyez-vous ; j'sais c'que c'est ; et, par saint George, ça donne de la prudence. Vot' engourdissement n'aurait qu'à vous reprend' à un quart de mille d'ci, pus ou moins ; alors on s'demanderait comment i' se fait que c't honnête sous-éclusier a pu laisser partir c'te femme-là, au lieu de la mett' en sûreté ; v'là c'qu'on dirait : il aurait dû la conduire à la paroisse ; v'là c'que devait faire un homme de son mérite et de sa réputation. »

La pauvre créature, usée par le chagrin et la misère, accablée de fatigue et d'années, fondit en larmes, et joignant les mains avec désespoir : « Je vous l'ai dit, reprit-elle, j'ai de bons amis, des amis parfaits. Tenez, cette lettre vous montrera que je dis la vérité ; ils seront reconnaissants de ce que l'on fera pour moi. »

Le sous-éclusier déploya la lettre, et la parcourant d'un air grave, qui sans doute aurait fait place à la surprise s'il avait pu lire ce qu'il avait sous les yeux : « A combien q'peut s'monter la monnaie que vous appelez vot' brin d'argent ? » demanda-t-il après un instant de réflexion.

Vidant ses poches en toute hâte, la vieille Betty posa sur la table un schelling, deux pièces de six pennies et quelques pence.

« Si je vous laissais partir, au lieu de vous remett' à la paroisse, demanda l'éclusier d'un air pensif, en comptant l'argent des yeux, m'laisseriez-vous ça de bon cœur?

« Prenez-le, maître, prenez tout ; et bien des remercîments.

— J' suis un homme, reprit-il en rendant la lettre, et en empochant les menues pièces une à une, j' suis un homme qui gagne sa vie à la sueur de son front (il s'essuya la figure avec sa manche, comme si l'humble gain qu'il venait de faire eût été le fruit d'un rude labeur), et je n' voudrais pas vous faire de tort ; allez où c'qu'i' vous plaira. »

Elle était sortie de la loge aussi vite qu'elle avait pu, et se retrouvait sur la route où elle errait d'un pas chancelant, n'osant pas avancer, voyant ce qu'elle redoutait dans les lumières de la petite ville qui était devant elle, saisie de terreur à la pensée des lieux qu'elle avait fuis, comme si chacune des pierres de chaque place de marché avait été pour elle une menace. Elle prit un chemin détourné, puis un autre, s'égara, et fut bientôt perdue. Elle coucha dehors, abritée par une meule de paille; et si le bon Samaritain, — cela vaut peut-être qu'on y réfléchisse, chrétiens, mes frères, — si le bon Samaritain, sous la forme que nous lui avons donnée, fût passé près d'elle en cette nuit de détresse, elle eût remercié Dieu avec ferveur d'avoir permis qu'elle lui échappât.

Le matin la trouva de nouveau sur pied, l'esprit confus, et cependant ferme dans sa résolution. Elle comprit que ses forces l'abandonnaient et que bientôt la lutte serait terminée. Mais comment rejoindre ses protecteurs? Elle n'en trouvait pas le moyen; ses pensées lui échappaient; il ne lui restait plus que deux impressions distinctes : la frayeur qui l'avait toujours dominée, et le ferme propos d'échapper à la honte qui causait son effroi. Soutenue par cette résolution, maintenant plus instinctive que réfléchie, elle se remit en marche.

L'heure était venue où les souffrances et les besoins de cette vie n'existaient plus pour elle. On lui aurait offert des aliments qu'elle n'y aurait pas touché. Il faisait humide et froid; mais elle n'en savait rien. Elle se traînait, pauvre créature! comme un coupable qui a peur d'être pris, et ne sentait que la crainte de tomber avant la fin du jour, et d'être ramassée vivante. Quant à la nuit, elle savait bien qu'elle ne la passerait pas. Cousue dans la doublure de son corsage, la petite somme nécessaire aux frais de son enterrement était toujours intacte. « Si elle pouvait aller jusqu'au soir et s'éteindre dans l'ombre, elle mourrait indépendante. Si on la relevait respirant encore, on lui prendrait son argent, — un pauvre n'a pas droit à cette indépendance, — et on la porterait au work-house maudit. Il fallait donc aller jusqu'à la chute du jour. Demain on trouverait la lettre sur sa poitrine, avec l'argent des funérailles; on la remettrait à son adresse, et le bon monsieur et la bonne dame sauraient que la vieille Betty ayait pensé à eux jusqu'au dernier soupir, et qu'elle était morte sans avoir déshonoré cette marque de leur bonté en la laissant tomber entre les mains de ceux qu'elle avait en horreur. »

Tout ce qu'il y a de plus irrationnel, de plus inconséquent, de plus fou! Mais ceux qui traversent la vallée où plane l'ombre de la mort sont sujets au délire; puis les vieillards de bas étage, usés par la misère, ont la malice de raisonner aussi mal qu'ils vivent; ils apprécieraient sans doute la loi des pauvres d'une manière plus judicieuse s'ils avaient un revenu de dix mille livres.

Ainsi donc, cherchant les lieux écartés, et fuyant l'approche de l'homme, cette vieille femme embarrassante se traîna jusqu'au soir. Elle ressemblait si peu aux vagabonds qui fuient d'ordinaire les chemins frayés, qu'à mesure que le jour déclinait son regard devenait plus brillant, et son cœur battait plus vite, comme si elle eût dit avec allégresse : « Le Seigneur me l'épargnera. »

Les mains entrevues dans son rêve, et qui la dirigeaient dans sa fuite; les voix, depuis longtemps silencieuses, et qui semblaient lui parler; les enfants qu'elle croyait tenir dans ses bras, le nombre de fois qu'elle ajusta son châle pour mieux les couvrir; les formes variées que prenaient les arbres, transformés en tourelles, en toitures, en clochers; les cavaliers furieux qui la poursuivaient en criant : « La voilà! arrêtez! arrêtez! » et qui s'évanouissaient au moment de la saisir..... que tout cela reste dans l'oubli.

Se traînant et se cachant, pauvre innocente! comme si elle eût commis un crime et que tout le pays fût à sa recherche, elle épuisa le jour et gagna enfin la nuit.

« Des prés au bord de l'eau, » avait-elle murmuré plusieurs fois, lorsque, relevant la tête, elle avait remarqué l'endroit où elle était. Une grande maison, percée d'une multitude de fenêtres, toutes éclairées, se dressait maintenant dans l'ombre. De la fumée sortait d'une cheminée très-haute, et le bruit d'une roue, mue par l'eau, résonnait à peu de distance. Entre la mourante et le bâtiment se déployait un canal, où se réfléchissaient les lumières, et dont les bords étaient plantés.

« Me voici à la fin du voyage, murmura la vieille Betty en joignant ses mains couvertes de rides; j'en remercie humblement Celui qui est toute gloire et toute puissance. » Elle se glissa parmi les arbres, et alla s'asseoir au pied de l'un d'eux, à un endroit où elle apercevait, à travers les branches, la lumière des fenêtres et leur réflexion dans le canal. Elle posa sur l'herbe son petit panier, parfaitement en ordre, et s'appuya contre l'arbre qui se trouvait derrière elle. Cette position la fit souvenir du pied de la croix; et elle recommanda son âme à Celui qui mourut crucifié. Elle eut encore la force de placer la lettre dans son corsage, de manière qu'on pût voir qu'il y avait là un papier; et cela fait, elle perdit l'usage de ses membres.

« Ici, je suis en sûreté, pensa-t-elle en voyant s'effacer les alentours. Quand on me trouvera morte au pied de la croix, ce sera quelqu'un de mon espèce; un des ouvriers qui travaillent dans ce bâtiment. Je ne vois plus les fenêtres et leurs lumières; mais je sais qu'elles sont là; et j'en bénis le Seigneur. »

. . . .

La nuit est venue; un visage est penché au-dessus d'elle.

« Cela ne peut pas être la jolie dame!

— Je ne vous entends pas; laissez-moi vous humecter les lèvres avec un peu d'eau-de-vie; je suis allée en chercher. Avez-vous trouvé que j'avais été longtemps? »

C'est une figure de femme, entourée d'une forêt de cheveux noirs, la figure attristée d'une femme jeune et belle.

« Mais je ne suis plus sur terre, et cela doit être un ange. Y a-t-il longtemps que je suis morte?

— Je n'entends pas ce que vous dites; laissez-moi remouiller vos lèvres. Je me suis dépêchée tant que j'ai pu; et n'ai ramené personne, de peur que le monde ne vous fît impression.

— Est-ce que je ne suis pas morte?

— Vous parlez si bas, que je ne peux pas vous entendre; mais moi, m'entendez-vous?

— Oui! je vous entends.

— Je sortais de l'atelier, et je revenais par le petit chemin quand vous avez poussé un gémissement; je me suis approchée, et vous ai trouvée là.

— De quel atelier, ma chère?

— Si vous demandez où je travaille, c'est à la papeterie.

— Où est-elle donc?

— Vous ne pouvez pas la voir; votre figure est tournée vers le ciel; mais c'est tout près. Voulez-vous que je vous relève?

— Pas encore.

— Seulement votre tête, que je poserai sur mon bras; je le ferai tout doucement, vous ne le sentirez pas.

— Non; pas encore... lettre... papier.

— Qui est sur votre poitrine?

— Soyez bénie...

— Laissez-moi vous mouiller les lèvres. Dois-je l'ouvrir?

— Oui. »

Elle lut cette lettre avec surprise, et regarda avec un nouvel intérêt le visage immobile près duquel elle se tenait agenouillée.

« C'est un nom que je connais, dit-elle, j'ai entendu souvent parler de mister et de mistress Boffin.

— Le remettre.

— Je n'entends pas ce que vous dites ; laissez-moi vous bassiner le front. Pauvre femme ! sanglote la jeune fille, que m'avez-vous demandé ? attendez que j'approche l'oreille.

— L'envoyer, ma chère.

— A ceux qui l'ont écrite ? Oh ! certainement.

— Pas à d'autres...

— Soyez tranquille.

— Vous le ferez, n'est-ce pas ? aussi sûrement que vous devez mourir un jour ; c'est bien à eux que vous l'enverrez ?

— Soyez tranquille.

— Pas à la paroisse, dit l'agonisante avec un suprême effort.

— Je vous le promets.

— Et la paroisse ne me touchera pas ; ne me laissez pas regarder par elle, vous le promettez ?

— Je vous le jure. »

Un regard triomphant et plein de reconnaissance illumina la figure de la pauvre Betty ; ses yeux, qui étaient fixés sur le ciel, se tournèrent avec affection vers la jeune fille dont le visage était baigné de larmes, et ses lèvres balbutièrent avec un sourire :

« Comment vous appelez-vous, ma chère ?

— Lizzie Hexam.

— Je dois avoir une bien pauvre figure ; auriez-vous peur de m'embrasser ? »

Pour toute réponse Lizzie pressa de ses lèvres la bouche glacée, mais souriante.

« Soyez bénie, ma fille, et maintenant relevez-moi. » Lizzie Hexam souleva doucement cette tête blanchie et battue par l'orage, et l'éleva jusqu'au ciel.

IX

PRÉDICTION

« NOUS TE RENDONS GRACES SINCÈREMENT DE CE QU'IL T'A PLU DE DÉLIVRER NOTRE SŒUR DES MISÈRES DE CE MONDE SOUILLÉ PAR LE PÉCHÉ. »

Le révérend Frank Milvey ne lut pas ces paroles sans trouble dans la voix, car son cœur lui faisait pressentir que nous avions peut-être quelque reproche à nous faire au sujet de notre pauvre sœur; et que ces mots ont quelquefois un sens terrible, quand ils se prononcent sur la tombe de certains de nos semblables. Quant à l'honnête Salop, que la brave défunte n'avait abandonné que pour le délivrer d'elle, l'honnête Salop ne pouvait pas trouver dans sa conscience les actions de grâces qui lui étaient demandées.

Refus égoïste de la part de Salop; mais excusable, nous l'espérons humblement, car notre pauvre sœur avait été pour lui plus que sa mère.

Ces paroles étaient prononcées dans le coin d'un petit cimetière obscur, si obscur qu'il ne renfermait que des tertres herbus, pas une tombe ayant une pierre. Serait-ce donc, dans ce siècle de commémoration, faire beaucoup pour ces rudes travailleurs que d'étiqueter leurs fosses aux frais de la commune, afin que la génération nouvelle sût au moins qui fut enterré là; et, qu'en revenant au pays, le soldat, le marin, l'émigrant pût reconnaître l'endroit où repose un père, une mère, un camarade d'enfance, ou la promise? Nous disons tous, en regardant le ciel, que nous sommes égaux devant la mort; ne pourrions-nous pas baisser les yeux, et mettre ici-bas nos paroles en pratique, au moins dans cette faible mesure? Ce serait peut-être sentimental; mais croyez-vous, milords et gentlemen, croyez-vous, honorables comités, qu'en cherchant dans nos foules, on ne puisse pas y trouver de place vacante pour un peu de sentiment?

A côté du révérend Milvey se tenaient sa petite femme, John Rokesmith et Bella Wilfer. Ces quatre personnes, et le pauvre Salop, composaient le cortége funèbre de la vaillante Betty. On n'avait pas ajouté un farthing à l'argent qui était dans son corsage; et le vœu de cette âme honnête se trouvait réalisé.

« J'ai dans l'idée, murmurait Salop, qui le front appuyé à la porte de l'église pleurait à chaudes larmes, j'ai dans l'idée que j'aurais pu tourner plus fort, et lui rendre plus de services; ça me fend le cœur, maintenant que j'y songe. »

Le révérend Frank, voulant le consoler, lui représenta que les meilleurs d'entre nous mettaient parfois de la nonchalance à tourner leurs manivelles respectives, — quelques-uns même sont à cet égard fort négligents, — et que nous sommes tous des êtres plus ou moins faibles, inconstants et fragiles.

« Elle ne l'était pas, monsieur, répondit Salop, prenant assez mal cette consolation spirituelle. C'est bon pour nous, monsieur; mais Elle, elle n'a jamais été négligente ni pour moi, ni pour les mindors, ni pour l'ouvrage. Oh! mistress Higden, mistress Higden! vous étiez une femme, et une mère, et une calandreuse, comme il n'y en a pas dans un million de millions. » En disant ces mots, profondément sentis, le pauvre Salop quitta la porte de l'église; il retourna dans le cimetière, posa son front sur la fosse qui venait de se fermer, et pleura. « Ce n'est pas une pauvre tombe, dit le révérend Milvey en s'essuyant les yeux; les statues de Westminster ont moins de prix que celle qu'on voit là en ce moment. »

Ils se gardèrent bien de troubler sa douleur, et franchirent la petite porte à claire-voie. Le bruit sourd de l'usine arrivait jusqu'à eux, et semblait adoucir l'éclat de ce jour d'hiver. Lizzie, qu'ils n'avaient fait qu'entrevoir, leur dit alors ce qu'elle pouvait ajouter à la lettre qu'elle avait écrite à mister Boffin, en lui renvoyant celle qu'il avait donnée à Betty. Elle raconta les derniers moments de l'honnête créature, dit comment elle avait obtenu de faire déposer l'humble corps dans ce magasin vide, frais et riant, où ils l'avaient pris pour le conduire à l'église; et avec quel respect on avait exécuté les derniers vœux de la défunte.

« Je n'aurais pas pu le faire si j'avais été seule; non pas faute de bonne volonté, dit la jeune fille; mais sans notre directeur cela m'aurait été impossible.

— Votre directeur, alors, n'est pas ce Juif qui nous a reçus? dit mistress Milvey.

— Et pourquoi pas, ma chère, demanda le révérend Frank entre parenthèses.

— Si, madame, répliqua Lizzie; c'est bien notre directeur que vous avez vu; il est vrai que lui et sa femme sont israélites; c'est un israélite qui m'a placée chez eux; et je ne crois pas qu'il y ait au monde de gens meilleurs.

— Mais s'ils cherchaient à vous convertir? s'écria mistress Milvey dans tous ses états d'épouse de révérend.

— Chercher quoi, madame? reprit Lizzie en souriant d'un air modeste.

— A vous faire changer de religion, » dit la chère petite femme.

Lizzie secoua la tête. « Ils ne m'ont pas demandé quelle était ma religion, dit-elle en souriant; mais ce qui m'était arrivé. Je leur ai dit mon histoire; ils m'ont recommandé d'être laborieuse; je leur en ai fait la promesse. Ils remplissent bravement leurs devoirs à notre égard; et nous tous, qui travaillons ici, nous tâchons de faire le nôtre envers eux. Quand je dis leur devoir, ils font mieux que cela, car ils s'occupent de nous.

— On voit qu'ils vous protégent, dit mistress Milvey, assez mécontente.

— Je ne le nie pas, ce serait de l'ingratitude, répliqua Lizzie; ils m'ont donné récemment une place de confiance; mais cela n'empêche pas qu'ils suivent leur religion, sans s'occuper de la mienne; ils n'en parlent jamais, pas plus à moi qu'aux autres; et n'ont pas demandé de quelle religion était la pauvre défunte.

— Cher Frank, dit mistress Milvey à son mari en le prenant à part, je voudrais vous voir lui parler sur ce point.

— Ma chère, répondit Frank à sa petite femme, c'est une tâche que je laisserai à un autre. Il y a beaucoup de gens qui parlent de ces choses-là; elle en rencontrera bientôt, mon amour, soyez tranquille. La circonstance d'ailleurs me paraît peu favorable. »

Pendant que les deux époux échangeaient ces paroles, Bella et Rokesmith observaient Lizzie avec une extrême attention. C'était la première fois que John Harmon voyait la fille de son soi-disant assassin; et il était naturel qu'elle éveillât chez lui une vive curiosité. Bella, d'autre part, savait que le père de Lizzie avait été faussement accusé du meurtre qui avait eu tant d'influence sur sa vie; et, bien que sa curiosité à l'égard de cette jeune fille n'eût pas de motifs secrets, comme chez Rokesmith, elle ne s'en expliquait pas moins. L'un et l'autre s'étaient figuré une personne très-différente de ce qu'était la fille d'Hexam; et cette dernière, sans le savoir, devint pour eux un moyen de rapprochement.

Ils s'étaient dirigés tous les cinq vers la petite maison qu'habitait miss Hexam, en compagnie d'un vieux ménage qui travaillait à la fabrique. Au moment où Bella et mistress Milvey sortaient de la chambre de Lizzie, qu'elles avaient été voir, la cloche rappela les ouvriers, et Lizzie fut obligée de partir. La femme du révérend se mit à poursuivre les marmots du village, et à s'enquérir du danger qu'ils couraient de devenir enfants d'Israël. De son côté, le révérend Frank, désirant échapper à ce devoir apostolique, s'était prudemment éloigné, laissant Bella et Rokesmith dans la petite rue du bourg, où pendant quelque temps ils eurent l'air assez gauche.

A la fin Bella rompit le silence : « Ne ferions-nous pas mieux, dit-elle, de parler de la commission dont on nous a chargés?

— Assurément, dit le secrétaire.

— Je suppose que c'est la même, reprit-elle en balbutiant; sans cela vous ne seriez pas ici.

— C'est probable.

— Quand j'ai demandé à venir avec mister et mistress Milvey, reprit Bella, mistress Boffin m'a fortement approuvée en disant qu'elle serait bien aise d'avoir mon avis; — non pas que mon opinion ait grande valeur, — mais vous savez, mister Rokesmith, celle d'une femme... raison de plus, direz-vous, pour qu'elle n'en ait aucune ; enfin mistress Boffin désirait savoir à quoi s'en tenir au sujet de miss Hexam.

— C'est également pour cela, dit le secrétaire, que mister Boffin m'a envoyé. »

Tout en causant ils descendaient la petite rue, et gagnaient la prairie qui longeait la Tamise.

« Vous la trouvez bien, n'est-ce pas ? continua Bella, en s'apercevant qu'elle faisait tous les frais.

— J'en ai la plus haute idée.

— Oh ! que j'en suis contente ! sa beauté a quelque chose de si pur, de si élevé, n'est-ce pas ?

— Assurément.

— Et comme un nuage de tristesse qui la rend plus touchante ; c'est du moins l'impression qu'elle me fait ; une simple idée, non pas une opinion ; qu'en pensez-vous ? dit-elle avec une modestie pleine de charme.

— J'ai remarqué cette tristesse ; j'espère, dit-il en baissant la voix, que ce n'est pas le résultat de cette fausse accusation, qui d'ailleurs a été rétractée. »

Ils firent quelques pas en silence ; Bella après avoir jeté un ou deux regards furtifs sur le secrétaire, dit subitement : « N'ayez pas l'air si grave, mister Rokesmith ; soyez généreux, parlez-moi comme à une égale.

— Sur l'honneur, répondit vivement le secrétaire, dont la figure rayonna tout à coup, je ne pensais qu'à vous obéir, et m'efforçais de prendre ce visage dans la crainte de vous déplaire en ayant plus d'abandon ; mais c'est fini, puisque vous le permettez.

— Merci ; et pardonnez-moi, dit-elle en lui tendant sa petite main.

— Oh ! c'est moi qui vous demande pardon, » s'écria-t-il avec chaleur, car il voyait des larmes dans ses yeux ; larmes qui pour lui étaient plus belles que tous les diamants de la terre, et que néanmoins il se reprochait. » Vous vouliez me parler de miss Hexam, reprit-il après un instant de silence, et le front libre du nuage qui l'avait si longtemps assombri. Je l'aurais fait moi-même, si j'avais pu commencer.

— Maintenant que vous le *pouvez*, monsieur, dit Bella en soulignant ce mot de l'une de ses fossettes, parlez, je vous écoute.

— Vous vous rappelez que dans la lettre qu'elle a écrite à mistress Boffin, lettre où elle a dit en peu de mots tout ce qu'il y avait à dire, elle a prié instamment de ne révéler à personne le lieu de sa résidence. »

Bella fit un signe affirmatif.

« Je suis chargé par mister Boffin, poursuivit Rokesmith, de découvrir quel peut être le motif de cette recommandation ; je suis moi-même très-désireux de le connaître, de savoir, par exemple, si la calomnie dont son père a été victime, ne l'aurait pas placée dans une fausse position vis-à-vis de quelqu'un, ou peut-être à ses propres yeux.

— Je comprends, dit Bella d'un air rêveur ; cela me paraît juste.

— Il est possible que vous ne l'ayez pas remarqué, reprit le secrétaire, mais vous avez produit sur elle le même effet qu'elle a produit sur vous. De même que sa beauté… je veux dire son extérieur et ses manières vous attirent, elle se sent entraînée vers vous au même titre.

— Non certes, *je ne l'ai pas remarqué*, répondit Bella en soulignant cette affirmation d'une nouvelle fossette, et je lui aurais cru… » Le secrétaire leva la main pour l'empêcher d'ajouter « meilleur goût ». La chose était si évidente, que Bella rougit vivement de cette petite coquetterie.

« Si donc, avant de partir, vous pouviez causer avec elle, dit Rokesmith, je suis certain qu'elle aurait en vous une entière confiance. On ne vous demanderait pas de la trahir ; du reste on le demanderait que je sais qu'on ne l'obtiendrait pas ; mais s'il vous était possible de lui poser la question que je suis chargé de résoudre, vous le feriez mieux que personne, j'en suis sûr, et avec plus de succès. Mister Boffin s'y intéresse vivement ; je désire moi-même être éclairé à cet égard, j'ai pour cela une raison particulière.

— Si je peux rendre ce léger service, croyez que j'en serai heureuse ; la cérémonie de ce matin m'a fait sentir plus que jamais que je suis inutile en ce monde.

— Ne dites pas cela, s'écria Rokesmith.

— Je le pense, répondit Bella en haussant les sourcils.

— On n'est pas inutile dès qu'on aide quelqu'un à supporter la vie, répliqua le jeune homme.

— Mais je ne sers à personne, dit-elle presque en pleurant.

— Et votre père, miss ?

— Oh ! cher p'a ! si aimant, si oublieux de lui-même, si facile à contenter ; oh ! oui ; du moins il le croit.

— Cela suffit, dit le secrétaire. Excusez mon interruption ; mais je souffre de vous entendre vous déprécier vous-même. »

C'est vous qui avez commencé, pensa la jolie miss en faisant une petite moue ; vous ne devriez pas vous plaindre de ce que vous avez provoqué. Toutefois elle n'en dit rien et changea de conversation. « Il y a si longtemps que nous n'avons causé ensemble, reprit-elle, que je ne sais comment faire pour aborder un autre sujet. Mister Boffin... vous savez combien je lui suis reconnaissante; j'ai pour lui une affection que je lui dois bien; il est si généreux envers moi ! Vous ne doutez pas de ma gratitude, mister Rokesmith?

— Assurément non ; vous êtes d'ailleurs sa compagne favorite.

— Justement ! c'est-là ce qui me rend si difficile de parler de lui. Mais est-il bon pour vous, monsieur?

— Vous êtes à même d'en juger, répondit Rokesmith d'un air calme et digne.

— Malheureusement ! dit-elle en hochant la tête. L'idée qu'on peut supposer que je l'approuve et que je prends une part indirecte à ce qu'il vous fait subir, m'est fort pénible. En outre, c'est pour moi une vive douleur d'être forcée de reconnaître qu'il est gâté par la fortune.

— Si vous pouviez savoir, dit Rokesmith avec effusion, combien je suis heureux de ce que la fortune ne vous gâte pas, vous sentiriez, miss Wilfer, que cela doit compenser, et au delà, les quelques ennuis qui m'arrivent d'autre part.

— Ne parlons pas de moi, s'écria Bella en se frappant la main avec son gant, vous ne me connaissez pas...

— Comme vous vous connaissez vous-même? insinua le secrétaire. Mais êtes-vous sûre de vous connaître, miss?

— Bien assez, dit-elle en ayant l'air de faire peu de cas de sa personne ; je ne gagne pas à être connue ; revenons à mister Boffin.

— Que sa manière d'être à mon égard, dit le secrétaire, ne soit plus ce qu'elle était autrefois, c'est trop évident pour qu'on puisse le nier.

— En auriez-vous la pensée? demanda-t-elle avec surprise.

— Je le ferais avec joie, si c'était possible ; et pour ma propre satisfaction.

— Il est certain que vous devez en souffrir; vous ne prendrez pas ce que je vais dire en mauvaise part, mister Rokesmith? voulez-vous me le promettre?

— De tout mon cœur, miss.

— Parfois... du moins je le présume, dit-elle en hésitant, cela doit vous faire perdre un peu de votre propre estime. »

Il inclina la tête affirmativement, bien qu'il n'eût pas l'air d'admettre cette assertion, et répondit : « J'ai de puissants motifs pour accepter les inconvénients de la position que j'occupe; ils n'ont rien de mercenaires, croyez-le bien, miss. Des événements étranges, une série de fatalités, en me faisant perdre la fortune que je devais avoir, m'obligent, il est vrai, à me procurer des moyens d'existence ; mais, si ce que vous avez eu la bonté de remarquer est bien fait pour blesser mon orgueil, il est d'autres considérations qui me le font supporter avec calme; et ces dernières sont beaucoup plus fortes que ma susceptibilité.

— Il me semble, dit-elle en le regardant, comme s'il y avait en lui quelque chose qui l'intriguait, que vous vous contraignez à jouer un rôle tout passif.

— Vous avez raison, miss; je remplis un rôle qui n'est pas le mien. Si je me résigne aux déboires qu'il entraîne, ce n'est aucunement par faiblesse; mais dans un but que je me suis imposé.

— Je me figure quelquefois, dit Bella, que votre affection pour mistress Boffin est l'un des motifs de votre patience.

— Assurément, je ferais tout pour elle; j'endurerais tout au monde. Il n'y a pas de mot qui exprime à quel point je la révère.

— C'est comme moi, dit Bella. Vous avez dû voir combien elle souffre quand mister Boffin se montre si changé.

— Certes, et je regrette vivement de lui faire autant de peine.

— Vous! s'écria la jolie miss en relevant les sourcils.

— Ne suis-je pas, en général, la cause de ces tristes scènes?

— Vous dit-elle aussi qu'il n'en est pas moins le meilleur des hommes?

— Je l'ai entendue vous le répéter plusieurs fois; mais jamais elle ne me parle de mister Boffin, » dit Rokesmith dont les yeux s'attachèrent sur Bella.

Elle répondit au regard du secrétaire par un petit regard soucieux et rêveur qui n'appartenait qu'à elle; puis hochant à plusieurs reprises sa jolie tête, comme un sage en train de philosopher sur la vie, sage à fossettes et de la meilleure école, elle poussa un petit soupir, et abandonna les choses à leur triste cours, du même air qu'elle avait dit: ne parlons pas de moi.

Ce fut une charmante promenade. Il n'y avait pas de feuilles aux branches, pas de nénuphars sur la rivière; mais le ciel était bleu, l'eau en reflétissait l'azur, et une brise délicieuse, courant sur l'onde, en plissait la surface. Peut-être n'y a-t-il pas de miroir, fait de main d'homme, qui ne révélât quelque scène de détresse ou d'horreur si toutes les images qu'il a réfléchies devaient s'y reproduire. Mais la rivière, sereine et pure, semblait ce jour-là n'avoir reflété, depuis qu'elle glissait entre ses bords, que ce qui était paisible, pastoral et fleuri.

Ils causèrent de la tombe, nouvellement fermée, du pauvre Johnny, d'une foule de choses, et ils revenaient à leur point de départ quand ils rencontrèrent la petite femme du révérend, qui était à leur recherche, et leur apprit l'agréable nouvelle qu'il n'y avait rien à craindre pour les enfants de la paroisse. Le village avait une école chrétienne ; et toute l'ingérence israélite se bornait à la culture du jardin. Un peu plus loin ils aperçurent Lizzie qui revenait de la fabrique; et Bella, ayant été la rejoindre, la pria de vouloir bien la conduire chez elle.

C'est une pauvre chambre qui n'est pas digne de vous, dit Miss Hexam avec un sourire, en lui offrant la place d'honneur au coin du feu.

— Pas si pauvre que vous croyez, répondit Bella ; si vous saviez tout..... »

En effet, bien qu'on y arrivât par un escalier singulièrement tortueux, qui paraissait établi dans une cheminée d'un blanc pur, bien que plafonné très-bas, fort mal carrelée, et tirant peu de jour de sa petite fenêtre, elle était plus agréable que la chambre détestée où nous avons vu Bella déplorer le malheur d'être obligé de prendre des locataires.

La nuit approchait ; les deux jeunes filles étaient en face l'une de l'autre, aux deux coins du feu. Pas d'autre lumière dans la petite chambre que celle du foyer. Il était possible que ce fût l'ancienne grille, et que l'on y trouvât l'ancien creux, près de la petite flamme.

« Voilà qui est nouveau pour moi, débuta Lizzie ; je n'ai jamais eu la visite d'une lady de votre âge, et aussi jolie que vous ; c'est un plaisir de vous regarder.

— Je ne sais plus par où commencer, répondit Bella en rougissant ; j'allais précisément vous dire que c'était pour moi une joie de vous voir. Mais nous pouvons nous passer de préliminaires, et babiller tout de suite, voulez-vous ? »

Lizzie prit la petite main qui lui était cordialement tendue, et la serra entre les siennes.

« Maintenant, dit Bella en se rapprochant de sa compagne et en lui prenant le bras, comme pour aller se promener, je suis chargée de vous demander quelque chose ; je suis sûre que je vais le faire très-mal ; mais ce ne sera pas ma faute. C'est à propos de votre lettre à mistress Boffin, et voilà ce que c'est : — oui ; c'est bien cela. »

Après cet exorde, elle rappela en deux mots la recommandation que Lizzie avait faite du secret de sa résidence, parla délicatement de cette affreuse calomnie qu'on avait rétractée, et demanda, en supposant qu'elle pût se le permettre, si cette fausse accusation était pour quelque chose dans la requête dont il s'agissait. Parler de cela doit vous être pénible, je le sens, poursuivit Bella, toute surprise elle-même de la façon dont elle se tirait d'affaire ; mais c'est un sujet qui ne m'est pas étranger. Vous ne savez peut-être pas que je suis la jeune fille léguée par le testament; et que je devais épouser ce malheureux gentleman, si toutefois je lui avais plu. J'ai été, comme vous, mêlée à cette histoire, et sans mon consentement, comme vous l'avez été vous-même ; il y a donc entre nous beaucoup de rapport.

— J'ai compris tout de suite qui vous étiez, répliqua Lizzie. Pourriez-vous me dire le nom de cet ami inconnu?

— De qui parlez-vous? demanda Bella.

— De celui qui a obtenu la justification de mon pauvre père, et qui me l'a fait parvenir. »

Bella ignorait qui ce pouvait être; elle n'en avait pas le moindre soupçon.

« Il m'a rendu un grand service; je serais heureuse de lui témoigner ma reconnaissance. Vous me demandiez si cette calomnie.....

— Est pour quelque chose, interrompit Bella, dans le désir que vous avez.....

— Qu'on ne sache pas l'endroit que j'habite? acheva miss Hexam; oh! non. »

Tandis qu'elle secouait la tête en faisant cette réponse, et que du regard elle interrogeait le feu, il y avait dans ses mains croisées une résolution qui ne fut pas perdue pour les yeux brillants de sa compagne.

« Vous êtes bien seule, reprit Bella.

— C'est vrai; mais j'y suis habituée; j'ai presque toujours été seule, même du vivant de mon père.

— N'avez-vous pas un frère?

— Oui, mais nous ne nous voyons pas; c'est néanmoins un très-brave garçon, qui s'est élevé par son travail, et je ne me plains pas de lui. » Elle regardait le feu en disant ces mots, et une expression douloureuse passa sur son visage. Bella s'en aperçut, et lui touchant la main : « Je voudrais bien savoir, dit-elle, si vous avez une amie; j'entends une femme de votre âge.

— Non, répliqua Lizzie; j'ai toujours vécu très-isolée; je n'ai jamais eu de compagne.

— Ni moi non plus, dit Bella; non pas que j'aie vécu dans l'isolement. J'aurais même souvent mieux aimé être seule que d'avoir Ma, posant en muse tragique dans un noble coin, ou Lavvy dans ses accès de malice; j'ai cependant beaucoup d'affection pour elles. Voulez-vous me prendre pour amie? J'ai une tête de linotte; mais on peut se fier à moi, je vous en réponds. Croyez-vous pouvoir m'aimer? »

Cette nature mobile, mais affectueuse, légère faute d'un but qui l'attirât, sans autre lest que des caprices à satisfaire, et par conséquent fantasque, n'en était pas moins très-séduisante. Ce mélange de raison et d'enfantillage, cette grâce toute féminine, où perçait une sensibilité réelle, gagna immédiatement le cœur de la jeune ouvrière: et quand Bella, relevant les sourcils et inclinant la tête, lui demanda d'une voix émue par le doute si elle croyait pouvoir l'aimer, Lizzie montra d'une manière évidente qu'elle en était certaine. La causerie devint alors plus intime.

« Et pourquoi vous cacher? dit Bella.

— Vous devez avoir beaucoup de galants, commença Lizzie au lieu de répondre; elle fut arrêtée par un petit cri de sa compagne.

— Je n'en ai pas du tout, ma chère!

— Pas un seul?

— Eh bien! oui; peut-être, c'est-à-dire autrefois; car maintenant j'ignore ce qu'il pense; mettons la moitié d'un. Je ne compte pas George Sampson, un idiot; mais ne parlons pas de moi. En fait d'adorateurs, où en êtes-vous?

— Il y a quelqu'un, répondit Lizzie, un homme très-violent, qui prétend m'aimer, et j'ai tout lieu de le croire. Mais, à première vue, — c'est cependant un ami de mon frère, — j'ai senti pour lui comme de l'aversion; et la dernière fois qu'il m'a parlé, il m'a fait une frayeur que je ne peux pas rendre.

— Alors vous l'avez fui, je comprends; mais ici vous ne le redoutez plus.

— Il me fait toujours trembler; je ne suis pas timide, et malgré cela j'ai peur; je n'ose pas regarder un journal, écouter les nouvelles de Londres; je crains toujours d'apprendre qu'il s'est porté à quelque violence.

— Alors, dit Bella d'un air pensif, ce n'est pas pour vous-même que vous le redoutez.

— Je serais effrayée même pour moi si je le rencontrais; et le soir quand je reviens de la fabrique, je regarde toujours s'il n'est pas là.

— Croyez-vous qu'il puisse se détruire?

— Il en serait bien capable; mais ce n'est pas là ce qui m'occupe.

— Vous tremblez pour un autre? » dit finement Bella.

Lizzie se cacha la figure dans ses mains, et demeura quelque temps sans répondre. « J'ai toujours ses paroles dans les oreilles, dit-elle enfin, et devant les yeux le coup qu'il a frappé sur le mur. J'ai beau vouloir n'y pas songer, me dire que cela n'en vaut pas la peine; je ne peux pas m'empêcher d'être inquiète. « Fasse le ciel que je ne le tue pas! s'écriait-il, » et en disant ces mots il secouait sa main sanglante. »

Bella tressaillit; elle entoura de ses deux bras la taille de sa compagne, se croisa les mains, et reprit d'une voix douce: « Le tuer! Il est donc bien jaloux?

— Oui; jaloux d'un gentleman, répliqua Lizzie; — je ne sais comment vous dire cela, — d'un jeune homme au-dessus de mon rang, bien au-dessus, qui m'a appris la mort de mon père, et qui depuis lors m'a témoigné de l'intérêt.

— Vous aime-t-il? » Lizzie fit un signe négatif. « Il vous admire, au moins? » Cette fois elle ne secoua pas la tête, et appuya sa main sur le bras qui lui servait de ceinture. « Est-ce par son conseil que vous êtes ici?

— Oh! non! il ne faut même pas qu'il s'en doute; c'est à lui que je tiens le plus à le cacher.

— Pourquoi? demanda Bella, toute surprise de la vivacité de ces paroles; mais en voyant la figure de Lizzie, elle ajouta vivement: Non, chère, ne répondez pas, c'est une sotte question; je n'ai pas besoin que vous le disiez. »

Il y eut un moment de silence. Lizzie, la tête baissée, regardait la flamme qui avait alimenté ses premiers rêves, et où elle avait lu la destinée de son frère, prévoyant l'abandon qui serait la récompense de sa sollicitude.

« Maintenant, dit-elle en relevant les yeux et en les attachant sur Bella, vous savez la raison qui me fait cacher ma retraite. Il s'est passé autrefois certaines choses que j'aurais voulu empêcher, — ne me demandez pas ce que c'est, je ne pourrais pas vous le dire, — mes efforts n'ont pas réussi; je crois avoir fait tout ce qui m'était possible; mais néanmoins cela pèse sur ma conscience. J'espère, en agissant pour le mieux dans tout ce qui dépend de moi, finir par me tranquilliser l'esprit.

— Et par triompher de cette faiblesse pour quelqu'un qui n'en est pas digne, ajouta Bella d'un ton affectueux.

— Oh! non, s'écria Lizzie, je ne tiens pas à en triompher, je ne veux pas croire qu'il en soit indigne. Je n'y gagnerais rien; et combien j'y perdrais! »

Les sourcils expressifs de Bella adressèrent leur remontrance au brasier; puis, après un instant de silence: « Chère Lizzie, dit-elle, pardonnez-moi cette observation; mais vous y gagneriez du repos, de la liberté, de l'espoir. Cela ne vaudrait-il pas mieux que de vivre dans une cachette, et de renoncer à votre avenir?

— Un cœur de femme, tout rempli de..... cette faiblesse dont vous parlez, répliqua Lizzie, cherche-t-il autre chose? »

Cette question était si loin des projets que Bella avait exposés à son père, qu'elle se dit en elle-même: « Entendez-vous cela, petite cupide? N'avez-vous pas honte de vous, misérable que vous êtes? » Et dénouant ses bras, elle se frappa la poitrine avec indignation. « Dans tous les cas, reprit-elle après s'être administrée ce châtiment, qu'y perdriez-vous, ma chère? est-ce indiscret de vous le demander?

— J'y perdrais mes plus doux souvenirs ; j'y perdrais ce qui m'encourage et me soutient dans la vie : la croyance que si j'avais été son égale, et qu'il m'eût aimée, j'aurais pu le rendre meilleur et plus heureux, comme il l'eût fait pour moi. Le peu que je sais, et qui me vient de lui, perdrait toute valeur à mes yeux. C'est pour lui montrer que je n'étais pas ingrate, pour qu'il ne regrettât pas le sacrifice qu'il faisait, que je me suis tant appliquée. Je perdrais son image, ou plutôt celle de l'être qu'il serait devenu si j'avais été une lady ; son image qui ne me quitte pas, et devant laquelle il me serait impossible de faire une action basse ou mauvaise. Je perdrais la pensée qu'il a toujours été bon à mon égard, et qu'il a opéré en moi le même changement que celui de mes mains, qui étaient rudes et gercées quand je ramais pour mon père, et qui sont devenues blanches, souples et douces comme vous les voyez depuis que j'ai changé de travail. Entendez bien, poursuivit-elle ; je n'ai jamais rêvé qu'il pût être pour moi autre chose que cette vivante image, cette pensée bienfaisante que je ne saurai vous faire comprendre si vous n'en trouvez pas l'explication dans votre cœur. Je n'ai jamais songé que je pouvais devenir sa femme ; lui non plus. Nous sommes séparés à jamais, et je l'aime cependant de toutes mes forces. Je l'aime tant, voyez-vous, que, lorsque je pense à mon avenir désolé, j'en suis heureuse et fière. Je suis heureuse de souffrir pour lui, alors même que cela ne peut pas lui être utile, sachant qu'il l'ignorera toujours, et que s'il le savait, cela lui serait peut-être égal. »

Bella restait sous le charme de cet amour profond et désintéressé qui se révélait bravement à elle, avec la confiance que sa pureté serait comprise. Mais elle n'avait rien éprouvé d'analogue, ni même soupçonné qu'il existât pareille chose.

« C'est par une triste soirée d'hiver, continua Lizzie, qu'il m'a regardée pour la première fois. Il était bien tard ; une pauvre lampe nous éclairait ; nous étions alors, comme ici, près de la Tamise, mais dans un endroit tout différent. Il est possible que ses yeux ne me revoient plus, je le désire, je l'espère ; mais je ne voudrais pas que ce regard disparût de mon existence, pas pour tous les biens de ce monde. Vous savez tout maintenant, chère miss ; il me semble un peu étrange de vous en avoir parlé, mais je n'en ai pas de regret. Je pensais n'en jamais rien dire ; vous êtes venue et je vous ai tout confié. »

Bella posa ses lèvres sur la joue de Lizzie et la remercia vivement de sa confiance. « Je ne regrette qu'une chose, dit-elle, c'est de ne pas en être plus digne.

— Plus digne! répéta Lizzie avec un sourire.

— Je ne dis pas sous le rapport de la discrétion, reprit Bella; on me mettrait en morceaux avant de m'en arracher une syllabe; et il n'y aurait pas de mérite à cela, car je suis entêtée comme un âne. Mais vous ne savez pas, ma Lizzie! je suis d'un égoïsme insolent, et vous me faites rougir de moi-même.

— Ma chère! s'écria Lizzie en relevant ses cheveux que Bella avait dénoués, tant elle lui avait secoué la tête avec force.

— C'est très-bon à vous de m'appeler votre chère, et cela me fait plaisir, bien que je ne le mérite pas; je suis une si vilaine fille!

— Ma chère! s'écria de nouveau Lizzie d'un ton de reproche.

— Si froide, si basse dans ses calculs! si bornée, si mauvaise! enfin une petite brute sans âme.

— Croyez-vous donc, répliqua Lizzie en souriant, que je n'ai pas meilleure opinion de vous?

— Vrai, dit Bella, bien vrai? Que je serais contente si vous aviez raison! mais vous ne me connaissez pas. »

Lizzie lui demanda en riant si elle avait jamais vu sa figure, ou entendu sa voix. « Oh! certes, répondit-elle; je ne fais que me regarder dans la glace et je babille comme une pie.

— Eh! bien, moi, il m'a suffi de vous regarder et de vous entendre pour vous confier ce que je ne croyais jamais dire à personne. Ai-je eu tort?

— J'espère que non, répondit Bella, dont un quelque chose, moitié rire, moitié sanglot, étouffa les paroles.

— Autrefois j'avais l'habitude, reprit Lizzie toujours souriante, d'expliquer à mon frère les images que je voyais dans le feu; cela l'amusait. Faut-il vous dire ce qu'il y a dans le brasier, à l'endroit où il est le plus ardent. »

Elles étaient debout devant la grille, se tenant par la taille pour se dire adieu, car l'heure était venue de se quitter.

« Faut-il vous dire ce qu'il y a là?

— Une petite brute... soupira Bella en relevant les sourcils.

— J'y vois, interrompit sa compagne, j'y vois un cœur valant bien d'être gagné, capable de traverser le feu et l'eau pour rejoindre celui qui le méritera; un cœur fidèle et sûr, que rien ne pourra ni changer, ni abattre.

— Cœur de jeune fille? demanda Bella d'un air rêveur.

Lizzie fit un signe affirmatif. « Et le visage auquel il appartient?... poursuivit-elle.

— Est le vôtre, dit vivement Bella.

— Non pas; il est très-clair que c'est vous, miss. »

L'entrevue se termina ainsi par un échange de mots aimables; des « N'oubliez pas que nous sommes amies, » de la part de Bella, et mille assurances de revenir bientôt.

« Vous semblez sérieuse, miss Wilfer, lui dit Rokesmith quand elle eut rejoint ceux qui l'attendaient.

— Je le suis effectivement, répondit Bella.

Quant à la commission dont il l'avait chargée, elle pouvait en rendre compte en peu de mots : Le secret de Lizzie n'avait aucun rapport avec l'accusation qui avait pesé sur Hexam; voilà tout ce qu'elle avait à dire. « Ah! si, pourtant; encore autre chose : Lizzie voudrait connaître l'ami généreux qui lui a obtenu la rétractation, et lui en a fait l'envoi. Elle lui est si reconnaissante, et désirerait tant le remercier!

— Vraiment? dit le secrétaire.

— Supposez-vous qui cela peut être? demanda Bella.

— Pas le moins du monde. »

Ils se trouvaient à la lisière du comté d'Oxford, car la pauvre Betty avait été jusque-là. Devant partir par le premier convoi, mister et mistress Milvey, Bella, Rokesmith et Salop se dirigèrent à pied vers la gare. Peu de chemins, à la campagne, sont assez larges pour qu'on puisse y marcher cinq de front; et les deux jeunes gens restèrent en arrière assez loin des autres.

« Vous ne le croiriez pas, dit Bella; mais il me semble que depuis ce matin il s'est passé un temps énorme, des années entières.

— C'est en effet une journée très-remplie, répondit Rokesmith; la cérémonie vous a fort émue; je comprends que la fatigue...

— Pas du tout, je me suis mal exprimée; je ne veux pas dire que le temps m'ait paru long; mais qu'il me semble qu'il s'est passé une foule de choses, pour moi, bien entendu.

— Et pour votre bonheur, j'espère?

— Je l'espère aussi, dit-elle.

— Mais vous avez froid, je vous sens trembler; permettez que je vous donne ma couverture. Puis-je la poser sur vous sans chiffonner votre toilette. Oh! c'est trop long, et bien lourd; je vais en prendre le bout, si vous le permettez, puisque vous ne pouvez pas me donner le bras. »

Mais si; elle le pouvait bien. Comment fit-elle pour le sortir de tout ce qui l'enveloppait? Dieu le sait; elle y arriva cependant. « Voilà, dit-elle, en le glissant sous le bras du secrétaire. J'ai causé longtemps avec Lizzie; et j'ai été bien heureuse; elle m'a donné toute sa confiance.

— Elle n'a pas pu s'en empêcher, observa Rokesmith.

— C'est ce qu'elle m'a dit ; mais voilà qui m'étonne, comment pouvez-vous le savoir ? demanda Bella en s'arrêtant.

— Parce que là-dessus je pense comme elle.

— Et que pensez-vous, monsieur, peut-on le savoir ? dit-elle en se remettant à marcher.

— Que s'il vous plaisait de gagner sa confiance, comme celle de beaucoup d'autres, vous étiez sûre de réussir. »

En ce moment le railway ferma très à propos son œil vert, et ouvrit son œil rouge ; il fallut se hâter pour gagner la station. Bella ne pouvait pas courir facilement, enveloppée comme elle l'était ; Rokesmith fut obligé de la soutenir. Ils se trouvèrent bientôt face à face dans un coin du wagon, où le visage rayonnant de Bella était bien doux à regarder. « Que les étoiles sont brillantes ! une nuit splendide ! s'écria-t-elle.

— Oui, » répondit Rokesmith ; mais il aima mieux contempler le ciel sur ce charmant visage que de l'admirer au dehors.

Jolie dame ! ô séduisante jolie dame ! si j'étais seulement l'exécuteur légal des dernières volontés de Johnny ! Si j'avais le droit de vous transmettre le legs dont il m'a chargé, et d'en obtenir le reçu !...

Quelque chose d'analogue se mêla certainement à la fumée du train, tandis que chacune des stations qu'il brûlait dans sa course, fermait son œil vert, et ouvrait son œil rouge, d'un air d'intelligence, au moment où allait passer la jolie dame.

X

OU EST-ELLE ?

« Ainsi, miss Wren, dit Eugène Wrayburn, je ne peux pas vous décider à m'habiller une poupée ?

— Non, répondit miss Wren d'un ton bref. Si vous voulez une poupée, achetez-la dans une boutique.

— Et la charmante filleule que j'ai dans le Hertfordshire...

— Ou le Blagueshire, interrompit miss Wren.

— En sera réduite, poursuivit Eugène d'un ton plaintif, aux toilettes du commun des martyrs avec un parrain qui est l'ami intime de la couturière de la Cour.

— Si cela peut être agréable à votre charmante filleule, — un fameux parrain qu'on lui a donné là! dit miss Wren en piquant l'air d'un coup d'aiguille à l'adresse du gentleman, — s'il lui est agréable de savoir que la couturière de la Cour connaît vos ruses et vos allures, vous pouvez le lui écrire par la poste, et lui faire mes compliments. »

Miss Wren travaillait avec ardeur; Eugène à demi souriant, à demi vexé, debout près de l'établi, et ne sachant plus que dire, suivait du regard les doigts agiles de la petite ouvrière. C'était le soir; le terrible enfant de miss Wren, arrivé au delirium tremens, était en pénitence dans son coin.

« Bon! s'écria l'habilleuse de poupées, en entendant l'ivrogne claquer des dents, si elles pouvaient seulement vous étrangler, enfant maudit! Béé-de, béé-de! mouton noir! »

A chacun de ces reproches, accentués d'un coup de pied sur le carreau, le misérable répondit par une plainte.

« Donner cinq schellings pour vous! plus souvent! continua miss Wren. Savez-vous combien d'heures il me faut pour gagner cinq schellings, mauvais drôle? Je vous défends de crier, ou je vous jette une poupée à la tête. Cinq schellings d'amende! Je ne les payerai certainement pas; je les donnerai au boueur pour qu'il vous emporte dans sa charrette.

— Non! gémit l'idiote créature.

— N'y a-t-il pas de quoi vous briser le cœur, dit miss Wren en se tournant vers le gentleman. Je voudrais ne pas l'avoir élevé. S'il n'était pas engourdi comme l'eau d'une mare, il serait plus fin qu'une dent de serpent. Regardez-le : un beau coup d'œil pour une mère! »

Il est certain qu'inférieur aux pourceaux, car les porcs s'engraissent de ce qu'ils avalent et se rendent bons à manger, le fils de la petite habilleuse n'était un beau coup d'œil pour personne.

« Odieux enfant, dégoûtante créature! propre à rien qu'à être mis en bocal pour servir d'exemple à ses pareils, s'il n'a pas de considération pour lui, il devrait en avoir pour sa mère

— Oui, — dération. — Oh! ne le faites pas! balbutia l'objet de ces reproches irrités.

— Ne le faites pas! répliqua miss Wren; c'est tout le contraire qu'il faudrait dire. Vous recommencez bien, vous!

— Ne le ferai pus, — vrai! mande pardon!

— Vous me faites mal à voir, dit miss Wren en se couvrant les yeux. Allez me chercher mon chapeau et mon châle; servez au moins à quelque chose et débarrassez-nous de votre présence. »

Le malheureux obéit en chancelant, et Eugène vit des larmes entre les doigts de la pauvre Jenny, dont la main couvrait toujours les yeux. Il avait pitié d'elle; mais la part qu'il prenait à sa douleur ne lui inspirait pas autre chose que de la tristesse.

« Je vais à l'Opéra essayer mes robes, dit-elle en ricanant pour qu'on ne vît pas qu'elle avait pleuré; mais avant que je parte il faut me montrer les talons, mister Wrayburn; tenez-vous-le pour dit: vous n'avez pas besoin de revenir; du temps perdu que vos visites. Vous n'obtiendrez pas de moi ce que voulez, quand vous prendriez des tenailles pour me l'arracher.

— Vous n'habillerez donc pas la poupée de ma filleule?

— Ah! répondit-elle en secouant le menton, je suis si entêtée! surtout pour ce qui est de mon adresse, ou de celle de mes amies. Allons, partez et n'y songez plus. »

Son ignoble père était derrière elle, lui tendant son châle et son chapeau. Elle se retourna et l'aperçut : « Donnez-moi cela et retournez dans votre coin, vieux garnement! Non, non, non; je n'ai pas besoin de votre aide; dans votre coin, vous dis-je, et tout de suite! »

Le misérable, se frottant vaguement le dessus de la main gauche, avec le dessus tremblotant de la main droite, alla se remettre en pénitence. Quand il passa près du gentleman il essaya de lui jeter un coup d'œil, et accompagna ce regard d'un geste qui aurait été un coup de coude, si le malheureux avait pu se faire obéir de ses membres. Eugène se recula instinctivement pour échapper à cet odieux contact; et sans y attacher plus d'importance, demanda la permission d'allumer son cigare; puis il souhaita le bonsoir, et s'en alla.

« Maintenant, vieux prodigue, asseyez-vous, dit la petite ouvrière en agitant l'index et en hochant la tête, asseyez-vous, et ne bougez pas jusqu'à mon retour. Si vous sortez de votre coin une minute vous aurez affaire à moi; osez-le, et vous verrez. » Elle souffla la chandelle, prit sa petite canne, fourra sa grosse clé dans sa poche, et se mit en route.

Eugène, le cigare à la bouche, suivait la même direction, mais ne vit pas la petite ouvrière qui marchait de l'autre côté de la rue. Il s'en allait en flânant, suivant son habitude, l'air pensif ou ennuyé. Arrivé à Charing-Cross il s'arrêta, promena sur la foule un regard d'une suprême indifférence, et reprenait sa flânerie quand l'objet le plus imprévu attira son attention: rien moins que l'ignoble enfant de miss Wren, lequel essayait de se décider à traverser la rue. Spectacle à la fois grotesque et douloureux que celui de cet être branlant, faisant quelques pas vers la chaussée, et reculant avec terreur dans la crainte des voitures, alors qu'elles étaient loin, ou même absentes. A maintes reprises, quand la voie était libre, il s'était mis en route, avait fait la moitié du chemin, puis, décrivant une courbe, était revenu sur ses pas. Après chacune de ses tentatives, il s'arrêtait au bord du trottoir; regardait en haut de la rue, puis en bas, tandis que, heurté par les passants, il voyait ceux-ci traverser la chaussée et poursuivre leur course. A la vue de tant de succès, il faisait une nouvelle sortie, puis un nouveau détour, revenait à l'assaut, n'avait plus qu'un pas à faire pour gagner le but, voyait arriver quelque chose, et retournait en chancelant d'où il était parti. Il restait là, faisant des efforts spasmodiques pour s'élancer, comme s'il avait eu à faire un grand saut, se décidait enfin, juste quand il ne fallait pas, s'attirait des cris furieux de la part des cochers, et plus terrifié que jamais regagnait son trottoir.

« M'est avis, dit froidement Eugène, après l'avoir observé quelque temps, que si le brave homme a un rendez-vous il arrivera trop tard. » Cette remarque faite, le gentleman s'éloigna sans plus songer à l'ivrogne.

Mortimer, qui avait dîné seul, était à la maison quand son ami arriva. Eugène traîna un fauteuil au coin du feu, près duquel buvait Lightwood en lisant le journal du soir, et se versa du vin, simplement pour tenir compagnie à Mortimer.

« Cher ami, lui dit-il, tu m'offres l'image expressive du travail satisfait, se reposant après les vertueux labeurs du jour.

— Et toi, Eugène, tu me parais offrir celle de l'oisiveté mécontente, et qui ne se repose nullement ; d'où viens-tu ?

— De flâner par la ville. Si je rentre c'est avec l'intention de consulter mon très-intelligent et très-honoré solicitor sur l'état de mes affaires.

— Ton dévoué solicitor, mon pauvre Eugène, trouve tes affaires en fort mauvais état.

— Si toutefois, dit Eugène d'un air pensif, on peut, sans manquer d'intelligence, qualifier ainsi les affaires d'un client.

— Te voilà entre les mains des Juifs, mon pauvre Eugène.

— Cher ami, répliqua tranquillement le débiteur en prenant son verre, m'étant trouvé jadis entre les mains de divers chrétiens, je supporte la chose très-philosophiquement.

— Celui que j'ai vu aujourd'hui, reprit Lightwood, me paraît disposé à nous serrer de près ; un véritable Shylock, et en même temps un patriarche : tête et barbe grises, chapeau à larges bords, houppelande, etc., un vieux juif pittoresque.

— C'est impossible, dit Eugène en reposant son verre ; cela ne peut pas être mister Aaron, mon digne ami.

— Non, répondit Mortimer il s'appelle Riah.

— Précisément ; c'est moi qui, dans mon désir de le voir entrer dans notre sainte église, l'ai baptisé de ce nom d'Aaron.

— Tu n'as jamais été plus fou, Eugène ; que veux-tu dire?

— Tout simplement, cher ami, que j'ai eu le plaisir de rencontrer le Juif que tu viens de pourtraire, et que je l'ai appelé Aaron, ce nom-là me paraissant hébraïque, approprié au sujet, expressif et poli.

— Je ne crois pas qu'il existe un être plus absurde que toi, dit Lightwood en riant.

— C'est une erreur, je t'assure. A-t-il dit qu'il me connaissait?

— Non ; il a seulement dit qu'il comptait sur son argent.

— Preuve qu'il ne me connaît pas, répondit Eugène. Il faut espérer que ce n'est pas mister Aaron ; car je le crois peu disposé en ma faveur, et je le soupçonne d'être pour beaucoup dans la disparition de Lizzie.

— Fatalité! s'écria Mortimer avec impatience ; il faut donc que tout nous y ramène? Tu viens de flâner par la ville, c'est-à-dire au sujet de Lizzie, Eugène.

— Savez-vous, dit Wrayburn, en s'adressant aux meubles, que mon solicitor est un homme d'un rare discernement.

— Me suis-je trompé?

— Non, certes.

— Et cependant, tu le sais bien, tu ne dois pas songer à elle. »

Eugène se leva, mit les mains dans ses poches, et posant un pied sur le cendrier, se balança nonchalamment en regardant le feu.

« Je ne sais pas cela du tout, reprit-il après un instant de silence, je te prie de n'en pas parler comme d'une chose entendue.

— Si vraiment elle t'intéresse, c'est une raison de plus pour ne pas t'en occuper.

— Je n'en sais rien, expliqua Eugène après un nouveau silence ; mais, dis-moi, un simple renseignement : m'as-tu jamais vu prendre autant de souci d'une chose que de son départ?

— Hélas! je le voudrais bien, mon pauvre Eugène.

— Non alors ; cela me confirme dans mon opinion. Il te semble donc qu'elle m'intéresse?

— C'est moi qui te le demande, reprit Mortimer d'un ton de reproche.

— Cher ami, je l'entends bien ; mais je ne peux pas te répondre. Quelles sont mes intentions? je voudrais que tu pusses me le dire. Si la peine que je me donne pour la retrouver n'est pas une preuve qu'elle m'intéresse, qu'est-ce que cela signifie? » Il proféra ces paroles avec gaieté, néanmoins d'un air perplexe et interrogateur, comme une personne qui ne devine pas.

— Mais qu'arrivera-t-il ? commença Lightwood ; prévois un peu...

— Prévoir ! c'est justement ce que je suis incapable de faire, interrompit Eugène. Que tu es habile, cher ami, à trouver mon côté faible ! Au collége, tu t'en souviens, j'apprenais mes leçons au dernier moment, jour par jour, ligne par ligne. Il en est encore de même, je ne sais pas la veille quelle sera la tâche du lendemain. Dans l'affaire qui nous occupe, je ne vois qu'une chose, mon désir de retrouver Lizzie, et ma résolution d'y arriver ; peu m'importe le moyen : honnête ou non, cela m'est égal. Je te demande ce que cela veut dire ? Quand elle sera retrouvée, je te demanderai ce qu'il faudra penser de ce que j'éprouverai alors ; aujourd'hui ce serait une question prématurée ; ce qui n'est pas dans mon caractère. »

L'air d'assurance avec lequel il exposait le fait, comme un homme qui dit une chose toute naturelle, faisait secouer la tête à Mortimer, lorsqu'on entendit marcher pesamment sur le carré ; puis un coup indécis frappé à la porte, comme par une main qui cherche le marteau à tâtons.

« Notre jeune et folâtre voisin, que j'aimerais à jeter du haut de cette fenêtre, a probablement éteint le gaz, dit Eugène. Reste là ; c'est moi qui suis de service ; je vais ouvrir. »

Mortimer avait à peine eu le temps de se rappeler l'énergie avec laquelle son ami avait parlé de retrouver miss Hexam, lorsque Eugène introduisit un spectre immonde, tremblant des pieds à la tête, et vêtu de haillons graisseux et couverts de fange. « Cet intéressant gentleman, dit Wrayburn, est le fils, parfois désagréable, d'une lady de ma connaissance : mister Poupées, mon cher Lightwood. »

Il ignorait le nom de l'ivrogne, celui de la petite ouvrière étant de pure fantaisie, et présentait son personnage sous le nom de Poupées avec autant d'aisance que s'il le lui avait toujours connu. « D'après ce que j'ai cru entendre, poursuivit-il, pendant que Mortimer regardait bouche béante l'ignoble visiteur, mister Poupées aurait quelque chose à me dire. Je lui ai répondu qu'entre nous il n'y avait pas de secrets, et l'ai prié d'entrer pour m'exposer ses vues. »

Le misérable objet de cette présentation se trouvant fort embarrassé du débris de chapeau qu'il tenait à la main, Eugène lança d'un air dégagé ce fragment informe vers la porte, et mit le visiteur sur une chaise. « Je crois, dit-il, qu'il est nécessaire de le remonter avant d'en obtenir une parole qui puisse avoir quelque sens. Voyons, mister Poupées, de l'eau-de-vie, ou bien...

— Trois pen' d'rhum, » interrompit l'enfant de miss Wren.

Une goutte de rhum lui fut donnée dans un grand verre qu'il porta à ses lèvres, en lui faisant subir toute espèce de détours et de tremblotements sur la route.

« Les nerfs de mister Poupées, dit Eugène à Lightwood, me paraissent détendus; je pense qu'une fumigation ne peut que lui être avantageuse. »

Il fit tomber des cendres rouges sur la pelle, tira quelques pastilles aromatiques d'une boîte qui était sur la cheminée, les posa sur la cendre, et balança placidement la pelle devant l'ivrogne, de manière à le retrancher derrière la vapeur odorante.

« Dieu me bénisse! on n'est pas plus fou, dit Lightwood en riant; mais à quel propos cet être-là vient-il te voir?

— Il va me le dire, répliqua Eugène qui observait attentivement la figure de l'ivrogne. Allons, mister Poupées, n'ayez pas peur, expliquez votre affaire.

— Mist' Wrayburn? demanda le visiteur d'une voix épaisse et rauque. C'est-y mist' Wrayburn? reprit-il d'un air hébété.

— Oui, regardez-moi; que voulez-vous? »

Mister Poupées coula sur sa chaise, et murmura faiblement:
« Trois pen' d'rhum.

— Mortimer, veux-tu me faire la grâce de le remonter de nouveau; je suis occupé à cette fumigation; impossible de l'interrompre. »

Une nouvelle goutte de liqueur fut versée à l'ivrogne, qui fit décrire à son verre les mêmes circuits que la première fois. Dès qu'il eut fini de boire, l'ignoble personnage se hâta de s'expliquer, dans la crainte évidente de perdre ce qu'il avait à dire, s'il laissait éteindre l'action efficace du rhum.

« Mist' Wrayburn, voulais vous pousser l'coude, mais n'avez pas voulu. C'qui vous faut, c'est l'adresse, où c'qu'é demeure. E'ce pas, mist' Wrayburn?

— Oui, dit Eugène d'un ton ferme, en jetant un coup d'œil à son ami.

— J'suis l'homme, répondit mister Poupées en essayant de se frapper la poitrine, et en se portant la main à la figure, l'homme, — oui, — qui l'peux, l'homme à l'faire.

— Quoi? demanda Eugène, toujours avec fermeté.

— Donner c't'adresse.

— L'avez-vous? »

Mister Poupées fit de laborieux efforts pour prendre un air digne, hocha la tête de manière à éveiller les plus grandes espérances, et d'un ton joyeux, comme si l'on n'avait rien pu attendre de plus satisfaisant, répondit : « Non. » Épuisé par cet effort intellectuel, le malheureux s'affaissa complètement, et bégaya comme en rêve : « Trois pen' d'rhum.

— Remonte-le de nouveau, Mortimer, remonte-le, s'écria Wrayburn.

— Eugène, Eugène! lui reprocha Lightwood à voix basse, comment peux-tu te servir de pareils instruments?

— Je t'ai dit, répliqua Wrayburn de l'air déterminé qui avait déjà frappé son ami, que j'emploierais n'importe quel moyen, honnête ou non. Celui-ci est ignoble, je te l'accorde; je m'en servirai pourtant, à moins que je ne cède à l'envie de casser la tête à mister Poupées avec ce fumigateur. Cette adresse, voyons! pouvez-vous l'avoir? est-ce là ce que vous voulez dire? Si vous êtes venu pour vous entendre avec moi, combien demandez-vous?

— Dix schellings, trois pen' d'rhum.

— Vous les aurez.

— Quinze schellings, trois pen' d'rhum, dit mister Poupées en cherchant à se roidir.

— Je vous les donnerai. Comment aurez-vous l'adresse?

— J'suis l'homme, répondit l'ivrogne avec majesté, l'homme... que j'l'aurai.

— Mais comment l'aurez-vous?

— Un pauv' veuf, maltraité à la journée, bougonné du matin au soir; rin qu'des sottises. Elle a d'l'argent pus gros qu'elle, m'sieur; et n'me donnerait pas seulement trois pen' d'rhum.

— Continuez, dit Eugène en lui tapotant le crâne avec sa pelle, vous avez autre chose à dire. »

L'ivrogne essaya de se rassembler, mais inutilement, laissant tomber pour ainsi dire une demi-douzaine de lambeaux de lui-même chaque fois qu'il voulait en ramasser un. Puis, balançant la tête d'une épaule à l'autre, il regarda le gentleman, et, croyant sourire d'un air de mépris : « E'me traite comme un enfant, dit-il, comme un simple enfant, m'sieur. Pas un enfant, moi; j'suis un homme, m'sieur, un homme qu'a du savoir. Elles s'écrivent des lett', qu'é s'envoient par la poste; et pour un homme qu'a du savoir, pas pus difficile d'avoir l'adresse d'une lett' que son adresse à lui.

— Prenez-la, dit Eugène, et apportez-la moi. Brute que vous êtes, ajouta-t-il à voix basse, gagnez promptement vos soixante mesures de trois pence, buvez-les toutes d'un coup, et qu'elles vous tuent le plus vite possible. »

En disant ces mots, il jeta les cendres qu'il avait prises, et remit la pelle à sa place. L'ivrogne s'aperçut alors que Mortimer l'avait insulté; il fit part de cette découverte, exprima le désir de régler cette affaire d'honneur, et défia le gentleman d'approcher, pariant un souverain contre un demi-penny que le lâche n'avancerait pas. Sur cette assurance qu'il se donnait à lui-même, mister Poupées fondit en larmes et parut vouloir s'endormir. Cette dernière manifestation étant beaucoup plus alarmante que l'autre, en ce sens qu'elle menaçait d'une prolongation de séjour, réclamait une mesure énergique. Eugène se hâta donc de ramasser avec les pincettes le chapeau troué de l'ivrogne, le lui enfonça sur la tête; et, prenant l'odieux personnage à bras tendu par le collet, il lui fit descendre l'escalier, et le mena jusque dans Fleet-street. Arrivé là, il lui tourna la figure vers le couchant, et revint à la maison. Il trouva Mortimer debout devant la cheminée, ayant l'air rêveur et passablement triste.

« Je vais me laver les mains au sujet de mister Poupées, — physiquement, bien entendu, — et je reviens tout de suite, dit Eugène.

— J'aimerais mieux te les voir laver moralement, répondit Lightwood.

— Moi aussi, répliqua Eugène; mais, vois-tu, mon bon, cet homme m'est nécessaire, je ne peux rien faire sans lui. »

Deux minutes après, il s'allongeait dans son fauteuil, et avec son aisance habituelle, félicitait Lightwood d'avoir échappé à la bravoure de leur vigoureux visiteur.

« Ne plaisante pas là-dessus, dit Mortimer avec irritation; tu peux me faire rire de tout, mais pas de cela.

— Oui, dit Eugène, moi-même j'en suis un peu honteux; changeons de conversation.

— C'est tellement déplorable! tellement indigne de toi! Prendre un pareil éclaireur!

— Très-bien, s'écria Eugène, voilà le sujet trouvé; c'est toi qui l'as fourni. Voyons, n'aie pas l'air d'une statue de la patience mise à l'épreuve au coin de cette cheminée; assieds-toi, je vais te dire quelque chose qui t'amusera. Prends un cigare; bon; regarde le mien : j'allume, j'aspire, la fumée s'échappe; là, vois-tu? C'est Poupées; elle a disparu, et me revoilà comme avant.

— Nous devions parler d'éclaireur, dit Mortimer, après avoir tiré de son cigare une bouffée réconfortante.

— Nous y voilà : n'est-il pas drôle, qu'une fois la nuit close, je ne puisse pas sortir sans être suivi d'un espion? quelquefois il y en a deux. »

Lightwood ôta son cigare de ses lèvres, et regarda son ami de l'air de quelqu'un qui soupçonne un sens caché aux paroles qui lui sont dites, et qui n'en saisit pas le côté plaisant.

« Non, répondit Eugène, c'est à la lettre, parole d'honneur. Je ne sors jamais le soir sans être dans la position ridicule d'un homme observé de loin, et suivi par un ou deux autres.

— En es-tu bien sûr?

— D'autant plus sûr, mon bon, que ce sont toujours les mêmes.

— Mais il n'y a pas de poursuites contre toi. Ce juif n'a fait que des menaces; il n'a pas encore agi. Puis, il saurait bien où te prendre; à quoi bon t'espionner? d'ailleurs je te représente.

— Voyez-vous l'homme de loi? dit Eugène en s'adressant aux meubles, d'un air à la fois nonchalant et ravi. Voyez-vous la main du teinturier prônant la couleur de l'œuvre à laquelle elle travaille, ou travaillerait si quelqu'un lui fournissait de l'ouvrage? Respectable solicitor, ce n'est pas le juif, c'est le maître de pension.

— Le maître de pension?

— Souvent le maître et l'élève. Tu ne comprends pas? C'est étonnant comme tu es vite rouillé dès que je m'absente. Rappelle-toi ces deux compères qui sont venus un certain soir; eh bien! ce sont eux qui me font l'honneur de me suivre dès que la nuit est arrivée.

— Y a-t-il longtemps que cela dure? demanda Lightwood en opposant un visage sérieux au rire de son ami.

— Depuis le départ d'une certaine personne; du moins je le présume. Il est probable que je ne m'en suis pas aperçu le premier jour, et cela remonte à peu près à cette époque.

— Crois-tu qu'ils supposent que c'est toi qui l'as fait partir?

— Mon cher, tu connais la nature absorbante de mes travaux; je n'ai pas eu le temps de songer à cela.

— Leur as-tu demandé ce qu'ils voulaient? leur as-tu fait des objections?

— Pourquoi leur demander ce qu'ils veulent, quand leurs désirs ne m'intéressent nullement? et comment me plaindrais-je d'une chose qui m'est parfaitement égale?

— Je ne t'avais pas encore vu tant d'insouciance. Mais c'est une position absurde, tu en conviens toi-même; et les hommes les plus indifférents ne le sont pas au ridicule.

— Ta pénétration m'enchante, Mortimer; que tu connais bien mes défauts! J'ai la faiblesse, en effet, de ne pas accepter le ridicule, et c'est pour cela que je le transfère à mes guetteurs.

— Un peu plus de sérieux, Eugène; ne serait-ce que par considération pour moi, qui ne suis pas du tout disposé à la plaisanterie.

— Eh! bien donc, très-sérieusement, je suis en train, cher Mortimer, de pousser le maître d'école vers la folie. Je le rends si ridicule, et le lui fais si bien comprendre, que je vois la rage lui sortir par tous les pores, chaque fois que nous nous croisons. Cette agréable occupation a été mon unique plaisir depuis cette déconvenue qu'il est inutile de rappeler. J'y trouve une satisfaction réelle; cela me soulage. Voici comment la chose se passe : je sors après la chute du jour, et m'en vais en flânant. Au bout de quelques minutes je m'arrête devant un magasin, et je jette çà et là un regard furtif, pour voir si le maître d'école n'apparaît pas. Tôt ou tard je l'aperçois au guet; quelquefois avec son élève; mais le plus souvent il est seul. Quand je suis bien sûr qu'il m'a vu, je pars et l'entraîne dans tous les quartiers de Londres. Un soir je me dirige vers l'orient, le lendemain vers le nord; et à la fin de la semaine nous avons fait le tour du compas. Quelquefois je vais en voiture, et draine ainsi les poches de mon pédant, que je force à prendre des cabs. Je cherche dans la journée les endroits les plus cachés de la ville; j'en étudie les détours. Le soir, je me dirige vers ces lieux, en affichant un mystère vénitien; je m'y introduis par des cours ténébreuses, où j'attire mon pédagogue, et me retournant tout à coup, je le surprends avant qu'il ait pu s'éloigner. Je passe à côté de lui, sans paraître me douter qu'il existe, et il subit d'horribles tourments. Ou bien encore je prends une petite rue, je la descends d'un pas rapide, je tourne le coin; il me perd de vue; je fais volte-face, et le vois accourir à toute vapeur. Je repasse auprès de lui, comme s'il n'était pas là, et il resubit d'affreuses tortures. Chaque soir il éprouve une déception poignante; mais l'espérance est vivace dans les poitrines scholastiques; et il me suit le lendemain avec une nouvelle ardeur. Je jouis ainsi des plaisirs de la chasse; et me trouve à merveille de cet exercice salutaire. Quand je ne me donne pas cette récréation, le maître d'école fait le pied de grue toute la nuit à la porte du Temple.

— Singulière histoire! dit Mortimer qui avait écouté ce récit avec une sérieuse attention. Je n'aime pas cela, ajouta-t-il après une pause.

— Tu arrives à l'hypocondrie, mon bon; tu es trop sédentaire, dit Wrayburn; viens à la chasse avec moi.

— Crois-tu donc qu'il est au guet.

— Cela ne fait pas le moindre doute.

— Est-ce que tu l'as vu ce soir

— J'ai oublié d'y regarder, répondit Eugène avec la plus parfaite indifférence; mais je suis sûr qu'il est là. Voyons, Mortimer; un tour de chasse; cela te fera du bien. »

Lightwood hésita, puis la curiosité l'emportant, il finit par se lever.

« Bravo! s'écria Eugène, bravo! chausse-toi en conséquence; nos bottes vont être mises à une rude épreuve, je t'en avertis. Quand tu seras prêt, je suis à tes ordres. Tayaut! tayaut! en avant Chivey, Forward et Tantivy.

— Rien ne te rendra donc sérieux? dit Lightwood en riant au milieu de sa gravité.

— Je le suis toujours, cher ami; mais, en ce moment, je me sens excité par ce fait qu'un vent du sud et un temps couvert sont de bon augure pour la chasse. Tu es prêt? fort bien. J'éteins la lampe, j'ouvre la porte et nous voilà en campagne. »

Au moment où les deux amis débuchaient du Temple sur la voie publique, Eugène demanda, avec la courtoisie d'un homme qui fait les honneurs de ses terres, dans quelle direction Lightwood désirait que la chasse fût conduite.

« Le pays, dit-il, est assez accidenté aux environs de Bethnal-Green, et il y a longtemps que nous ne sommes allés par là. Qu'en penses-tu, Mortimer? »

Celui-ci ayant donné son approbation, les deux amis tournèrent du côté de l'est.

« Au cimetière Saint-Paul, continua Eugène, nous flânerons habilement, et je te montrerai mon homme. »

Mais ils l'aperçurent plus tôt qu'ils ne pensaient; il était seul de l'autre côté de la rue, et les suivait en se glissant près de la muraille, à l'ombre des maisons.

« Prends ton haleine, dit Eugène; car nous allons courir. Si cela dure longtemps, les fils de la joyeuse Angleterre devront nécessairement déchoir au point de vue des études. Il est impossible que ce maître d'école suive à la fois ses élèves et ma personne. Nous partons! »

Course rapide pour essouffler le malheureux, temps d'arrêts et flâneries pour user sa patience, détours sans nombre, marches et contre-marches; toutes les ruses que peut fournir un esprit excentrique, furent employées par Eugène pour excéder le maître de pension. Lightwood le remarquait avec surprise, et se demandait comment un homme aussi insoucieux pouvait être aussi avisé; comment un être aussi paresseux pouvait se donner tant de peine, et s'infliger une pareille fatigue.

Après avoir joui pendant trois heures des plaisirs de cette chasse, et ramené sa proie dans la Cité, Eugène se faufila dans quelques allées obscures, entra dans une petite cour, se retourna brusquement, faillit tomber sur le malheureux Bradley, et dit à Mortimer, comme s'il avait été seul avec lui : « Tu le vois, il subit d'affreuses tortures. »

Le mot n'était pas trop fort. Exténué, les lèvres blanches,

l'œil égaré, les cheveux épars, la haine, la jalousie, la colère peintes sur le visage; exaspéré par la certitude qu'il laissait voir son martyre, et que cette vue faisait la joie de son rival, l'infortuné les suivait dans l'ombre : tête effrayante qui semblait flotter dans l'air, tant la force de son expression éclipsait le reste du corps.

Mortimer n'était pas d'une sensibilité bien grande; mais cette figure l'avait singulièrement ému. Il en parla à plusieurs reprises pendant la fin de la course, et en reparla plusieurs fois quand ils furent rentrés.

Eugène était couché depuis deux heures lorsqu'il fut à demi réveillé par un bruit de pas qui venait de la chambre voisine; il s'éveilla tout à fait en voyant Lightwood à côté de son lit.

« Rien de fâcheux, Mortimer?
— Non.
— Quelle idée, alors, de te promener à pareille heure?
— Il m'est impossible de dormir.
— Tiens! et pourquoi?
— Je vois toujours cette figure; je ne peux pas me l'ôter des yeux.
— C'est étonnant comme cela m'est facile, » dit Eugène en riant. Il se retourna et se rendormit.

XI

DANS LES TÉNÈBRES

Pendant qu'Eugène se rendormait avec tant de facilité, il n'y avait de sommeil ni pour Bradley Headstone, ni pour la petite miss Peecher. Bradley se consuma jusqu'au jour à hanter l'endroit où rêvait son insouciant rival; et miss Peecher s'exténua à prêter l'oreille au retour de Bradley, pressentant qu'il y avait un grand trouble chez le maître de son cœur. Un grand trouble en effet, beaucoup plus grand que le petit coffre aux pensées de miss Peecher, d'un arrangement si simple et n'ayant pas de coin ténébreux, n'aurait pu en contenir; car le trouble de cet homme était celui qui pousse au meurtre. Oui, au meurtre, et cet homme le savait; bien plus, il excitait cette disposition meurtrière, et y prenait ce plaisir perverti qu'on éprouve quelquefois à irriter ses blessures.

Lié depuis le matin par la nécessité de se contenir, enchaîné par ses occupations routinières, dans un cercle babillard, qui ne lui laissait pas de repos, il s'échappait le soir comme un animal sauvage que rien n'a pu dompter. C'était, pendant le jour, un dédommagement à la contrainte qu'il subissait de penser à ce qu'il deviendrait le soir, à la liberté qu'il aurait alors d'être lui-même et d'épancher sa rage. Si les grands criminels disaient la vérité (ce qu'ils ne font pas, étant de grands criminels), bien peu d'entre eux parleraient des efforts qu'ils ont tentés pour échapper au crime. C'est afin d'y arriver qu'ils combattent; ils luttent contre les vagues pour gagner la rive sanglante, non pour s'en éloigner.

Cet homme comprenait parfaitement qu'il haïssait Eugène de toutes les forces les plus vives, les plus mauvaises qu'il avait en lui; et que s'il venait à le surprendre allant chez Elle, ce qu'il ferait alors ne le servirait pas dans le cœur de miss Hexam. Tous ses efforts tendaient à exaspérer sa haine; il se montrait son rival près de Lizzie; il le voyait aimé, attendu, accueilli dans la retraite où il savait parfaitement ce qui arriverait le jour où il ferait cette découverte. Nous accordons, toutefois, qu'il n'avait pas cru nécessaire de formuler cette vérité, pas plus qu'il n'éprouvait le besoin de se dire qu'il existait.

Il savait qu'en se faisant le jouet nocturne de l'insolence de Wrayburn il augmentait sa fureur, qu'en accumulant les provocations il s'excusait à ses propres yeux. Sachant tout cela, et content d'avancer, endurant un supplice inouï, et persévérant malgré ses tortures, pouvait-il, au fond de son âme ténébreuse, douter du but vers lequel il marchait?

Harassé et furieux, il demeura devant la porte du Temple qui venait de se refermer sur les deux gentlemen, se demandant s'il devait retourner chez lui, ou rester aux aguets. Persuadé que Wrayburn connaissait la retraite de miss Hexam, si toutefois ce n'était pas lui qui avait fait disparaître cette dernière, il se croyait sûr d'arriver à ses fins en s'attachant aux pas d'Eugène avec cette persévérance obstinée qui l'avait fait réussir dans ses études. Homme aux passions violentes, à l'intelligence paresseuse, il avait souvent eu recours à cette opiniâtreté qui l'avait bien servi, et qu'il appelait de nouveau à son aide.

Tandis qu'appuyé contre le mur, dans l'enfoncement d'une porte, il regardait l'entrée du Temple, un soupçon lui traversa l'esprit : Elle pouvait être chez Wrayburn; cela expliquait les promenades sans but d'Eugène. Au fond ce n'était pas impossible. Il y pensa tant et si bien, qu'il résolut de gagner l'appartement des deux amis, si toutefois le gardien du Temple voulait bien l'introduire.

Son visage effaré, pareil aux spectres des têtes qui décoraient jadis la porte voisine de Temple-Bar, traversa donc la rue, et s'arrêta en face du watchman.

« Que voulez-vous ? demanda celui-ci en regardant ce visage sinistre.

— Mister Wrayburn.

— Il est bien tard.

— Mister Wrayburn, je le sais, est rentré avec mister Lightwood, depuis environ deux heures. S'il est au lit je mettrai un mot dans sa boîte ; je suis attendu. »

Le watchman ouvrit la porte sans rien dire, bien qu'avec une certaine répugnance ; néanmoins il se rassura en voyant le visiteur se diriger d'un pas rapide vers l'endroit indiqué. La tête effarée d'Headstone flotta jusqu'en haut de l'escalier obscur, et s'abaissa au niveau du seuil de l'appartement des deux amis. Les portes des chambres paraissaient être ouvertes ; un rayon lumineux s'échappait de l'une d'elles, un bruit de pas s'y faisait entendre. Deux voix résonnèrent : des paroles indistinctes ; mais c'étaient des voix d'homme. Elles se turent, les pas s'arrêtèrent, la lumière s'éteignit.

Si Mortimer avait pu voir, l'écoutant dans l'ombre, cette figure qui l'empêchait de dormir, il aurait été moins que jamais disposé au sommeil.

« Elle n'y est pas, dit Bradley ; mais elle peut y avoir été. » La tête effarée se releva, reprit son ancien niveau au-dessus du sol, flotta jusqu'en bas de l'escalier et regagna la porte du Temple. Un homme était là qui parlementait.

« Tenez, le voilà, répondit le gardien à cet homme.

Voyant qu'il était question de lui, Bradley détourna ses yeux du watchman, et les arrêta sur le nouveau venu.

« Cet homme, expliqua l'agent du guet, apporte une lettre pour mister Lightwood, et je lui disais qu'une personne venait précisément de monter chez ce gentleman ; c'est peut-être pour la même affaire.

— Non, répondit Bradley en jetant un coup d'œil sur l'étranger qu'il ne connaissait pas.

— Non, grogna l'autre de son côté : ma lett', c'est ma fille qui l'a écrite, elle est d'moi tout d'même ; — ma lett' que j'dis, est pour mon affaire ; et mon affaire ne regarde personne que moi. »

Bradley franchit la porte d'un pied mal assuré ; elle se referma derrière lui ; et il entendit les pas de l'homme à la lettre qui cherchait à le rejoindre. Ce dernier paraissait ivre ; et tomba sur le maître de pension, plutôt qu'il ne le toucha :

« Scusez-moi, lui dit-il ; mais p't'êt' ben qu'vous connaissez c't aut' gouverneur.

— Qui cela ? demanda Bradley.

— C't' aut' gouverneur, répéta l'homme en jetant le pouce de sa main droite par-dessus son épaule.

— Je ne sais pas ce que vous voulez dire.

— Regardez ben, reprit l'homme en accrochant sa phrase sur les doigts de sa main gauche avec l'index de sa main droite. Y a là deux gouverneurs ; un et un ça fait deux : Lawyer Lightwood, mon premier doigt, ça fait un ; eh ! ben l'aut', mon second doigt, l'connaissez-vous ?

— Assez pour ce que j'en veux faire, répondit Bradley en fronçant les sourcils, et en regardant au loin dans l'obscurité.

— Hourrarh ! s'écria l'homme, hourrarh ! troisième gouverneur ! j'suis de vot' avis.

— Ne criez pas comme cela, dit Bradley.

— V'là ce que c'est, reprit le porteur de la lettre, dont la voix enrouée devint confidentielle, c't'aut' gouverneur est toujours à se moquer de moi, pace que, voyez-vous, j'suis un honnête homme, c'qu'i n'est pas, lui ; j'suis un honnête homme qui gagne son pain à la sueur de son front, une chose qu'i n'fera jamais.

— Que voulez-vous que cela me fasse ?

— C't'aut' gouverneur... dam ! poursuivit l'homme d'un ton blessé, si vous n'tenez pas à ce qu'on vous en dise pus long, c'est très-facile ; mais vous avez ben fait voir que c'n'est pas un d'vos amis. Après ça, moi, j'n'impose à personne ma société, pas pus qu'mon opinion. J'suis un honnête homme, v'là c'que j'suis. Qu'on m'mène devant un juge, n'importe lequel, et j'dirai : « Milord, j'suis un honnête homme. » Qu'on me mette dans le banc aux témoins, n'importe pas où, et je dirai la même chose, et je baiserai le livre ; j'baiserai pas ma manche, j'baiserai l'livre. »

Ce fut moins par égard pour ces protestations que par besoin de saisir tout ce qui pouvait se rapporter à l'objet de sa haine, que Bradley répondit : « Je n'avais pas l'intention de vous blesser ; vous parliez trop haut, voilà tout ; continuez, je ne voulais pas vous interrompre.

— Voyez-vous, répliqua l'honnête homme d'une voix attendrie et mystérieuse, j'sais c'que c'est que d'parler haut, et c'que c'est que d'parler bas. Je vas donc le faire, naturellement. C'serait assez drôle si je n'le faisais pas, vu que j'm'appelle Roger de mon nom de baptême que j'ai pris d'mon père, qui l'tenait d'son père à lui. Quant à c'lui d'not' famille qui l'a eu le premier, je n'voudrais pas vous tromper pour rien au monde en entreprenant d'vous l'dire; et j'souhaite que vous vous portiez mieux qu'vous n'en avez l'air, car vot' santé n'doit pas être fameuse si é ressemb' à vot' mine. »

Tressaillant à l'idée que sa figure laissait voir ce qu'il pensait, Bradley s'efforça de prendre un visage moins sombre. Quelle affaire cet homme pouvait-il avoir avec Lightwood? qu'est-ce qui pouvait l'amener chez celui-ci à pareille heure? La question valait la peine d'être éclaircie. Peut-être Lightwood n'était-il qu'un intermédiaire chargé de remettre à Wrayburn la lettre de miss Hexam; il fallait s'en assurer.

« Vous venez au Temple bien tard, dit Bradley avec une feinte indifférence.

— J'veu ét' pendu, troisième gouverneur, s'écria l'honnête homme avec un rire enroué, si j'n'allais pas vous faire la même remarque.

— C'est une affaire exceptionnelle, dit Bradley en regardant autour de lui d'un air décontenancé.

— Tout comme moi, dit l'autre. Mais, moi, ça m'est égal d'vous l'dire; pourquoi qu'ça n'me serait pas égal? J'suis aide-éclusier, voyez-vous; j'étais libre hier, et j'serai d'service demain.

— Vraiment?

— Mon Dieu oui; alors j'suis venu à Lond' pour voir à mes affaires, c'qu'est d'abord d'êt' nommé éclusier en titre, et puis d'appeler devant le juge un bâtiment, un vapeur qui m'a neyé. J'suis pas d'ces gens à m'laisser neyer sans faire payer le dégât. »

Bradley regarda le noyé, comme pour savoir si c'était un revenant.

« C'vapeur a coulé mon bachot, et m'a neyé, poursuivit l'honnête homme. Les aut' m'ont repêché et m'ont fait revenir; mais je l'avais pas demandé, ni le steamer non pus; je veux que c'bâtiment-là me paye la vie qu'i m'a prise.

— C'est pour cela que vous alliez chez mister Lightwood en pleine nuit? dit Bradley Headstone en l'examinant avec défiance.

— Pour ça; et puis aussi pour qu'i me donne un mot d'écrit à c'te fin d'obtenir d'êt' éclusier en titre. Faut un papier qui vous recommande, et i'gn'a qu'lui pour me l'donner. Comme j'lui dis dans ma lett', qu'est d'la main d'ma fille, avec ma croix au bas, pour qu'elle soit valab' en justice; quel aut' que vous, que j'lui dis, lawyer Lightwood, me doit c'sartificat, et quel aut' que vous doit aller réclamer pour moi un jugement cont' ce vapeur. Car, comme je l'dis, par la main de ma fille, j'ai eu assez d'tourment par vot' fait, et celui d'vot' ami. Si vous m'aviez soutenu avec fidélité, et si c't'aut' gouverneur avait mis exactement su' l'papier le témoignage que j'vous ai fait (que j'lui dis dans la lett' avec ma croix au bas), j'serais riche aujourd'hui, et j'aurais des respects au lieu d'êt' salué d'une batelée de sottises, et d'avoir à manger mes paroles, c'qu'est une espèce de nourriture peu satisfaisante pour l'estomac d'un homme. Tant qu'à vot' remarque d'êt' en pleine nuit, vous, troisième gouverneur, grommela l'honnête individu en terminant cet exposé de ses griefs, j'tez un peu les yeux su' l'paquet que j'ai sous le bras ; rappelez-vous que j'men retourne à l'écluse, et que le Temp' se trouvait su' mon chemin. »

Bradley avait changé de figure pendant cette dernière tirade, et avait observé le narrateur avec une plus grande attention. « Je crois, dit-il après une pause pendant laquelle ils avaient marché côte à côte, je crois pouvoir dire comment on vous appelle.

— Essayez voir, dit l'autre en s'arrêtant bouche béante, les yeux tout grands ouverts.

— Votre nom est Riderhood.

— C'est pourtant vrai, le ciel me bénisse ! répondit ce gentleman. Tant qu'à moi, je ne pourrais pas dire le vôt'.

— Je n'ai jamais pensé le contraire, dit Bradley.

— Par saint Georges ! marmotta l'éclusier en marchant toujours à côté de son compagnon, n'dirait-on pas à présent qu' Rogue Riderhood est une propriété publique, rien qu' ça ; et que l'premier passant venu est lib' de manier son nom comme si c'était la manivelle d'une pompe. »

« C'est un instrument, se disait Bradley ; reste à savoir s'il pourra me servir. »

Ils avaient remonté le Strand, passé dans Pall-Mall, et se dirigeaient vers Hyde-Park-Corner. Headstone réglait sa marche sur celle de l'éclusier, et laissait à Riderhood le soin d'indiquer la route. Ses pensées se formulaient dans son esprit avec tant de lenteur, elles étaient si vagues, toutes les fois qu'elles ne se rattachaient à son idée fixe que d'une manière indirecte, ou pour mieux dire lorsque, pareilles à des arbres au sombre feuillage, elles ne faisaient que border la longue avenue au bout de laquelle il voyait sans cesse les deux figures de Lizzie et d'Eugène, qu'il fit plus d'un millier de pas avant de reprendre la parole ; encore ne fut-ce que pour demander à Riderhood où était située son écluse.

— A vingt milles et quéque chose, comme qui dirait vingt-cinq milles, ou quéque chose de pus, en remontant la rivière, répondit l'honnête homme d'une voix maussade.

— Comment l'appelez-vous ?

— L'écluse du barrage de Plash-Water.

— Si je vous donnais cinq schellings, que feriez-vous ?

— J' les prendrais, naturellement, dit Riderhood. »

Bradley tira deux couronnes de sa poche et les plaça dans la main de l'éclusier, qui s'arrêta près d'une porte, et fit sonner les deux pièces sur la marche, avant d'en accuser réception. « Y a en vous quéqu' chose qui m' va, dit-il, qui parle en vot' faveur : vous avez l'argent en main ; moi j'aime ça. Maintenant, ajouta Riderhood, après avoir mis les deux couronnes dans la poche la plus éloignée de son nouvel ami, pourquoi que c'est faire ?

— C'est pour vous.

— Naturellement, répondit l'éclusier ; je l' sais ben ; gn'a pas un homme de sens qui vienne à supposer que j'vas les rend' une fois que j' les ai reçues. Mais quoi qu'vous demandez en retour ?

— Je n'en sais rien ; je ne sais pas même si j'ai à vous demander quelque chose, dit le maître de pension d'un air distrait et hébété qui étonna Riderhood. Vous ne me paraissez pas vouloir de bien à ce Wrayburn, reprit-il comme malgré lui.

— Sûr que non.

— Moi non plus.

— C'est-i pour ça ? demanda l'éclusier en hochant la tête.

— Pour cela, comme pour autre chose ; un commencement d'accord à propos d'un sujet qui me préoccupe.

— Et qui n' vous va pas, dit brusquement Riderhood. T'nez, mon gouverneur, pas besoin d' chercher à prend' un air comme si vous étiez ben aise ; moi j' dis qu' y a de la chamaille en vous ; comme une rouille, une poison qui vous brûle ; vous vous rongez, quoi !

— Ce n'est pas sans cause, balbutia le malheureux, dont les lèvres tremblèrent.

— Et une fameuse, de cause, j'en parierais une livre.

— N'avez-vous pas déclaré vous-même que cet homme vous a humilié, insulté, ou quelque chose d'approchant, comme il a fait à mon égard ? Il n'est qu'impertinence, insolence venimeuse, injure et mépris, l'outrage incarné ! Êtes-vous assez crédule, ou assez stupide, pour ne pas savoir que lui et son camarade se moqueront de votre demande, et en allumeront leurs cigares ?

— Par saint Georges ! s'écria Riderhood avec colère, ça s' pourrait ben tout d' même.

— Cela ne fait pas le moindre doute. Mais une simple question : vous avez connu Gaffer Hexam ; y a-t-il longtemps que vous n'avez vu sa fille ?

— Si y a longtemps qu' j'ai vu la fille à Hexam, troisième gouverneur ? répéta lentement l'éclusier, dont la compréhension devenait plus lente à mesure que les paroles de l'autre étaient plus vives.

— Oui ; s'il y a longtemps, non pas que vous lui avez parlé, mais que vous l'avez aperçue. »

Roger Riderhood commençait, bien que d'une main maladroite, à saisir le fil dont il avait besoin ; il regarda cette figure bouleversée de l'air d'un homme qui fait un calcul mental, et répondit lentement : « J' l'ai pas revue, pas une seule fois, depuis le jour où c' que son père est mort.

— Vous la connaissez bien ?

— Si j' la connais ! un peu, j' suppose.

— Lui aussi, vous le connaissez ?

— Qui ça, lui ? demanda Riderhood en ôtant son chapeau, et en se grattant la tête.

— Ce nom maudit vous est-il donc si agréable que vous vouliez l'entendre une seconde fois ?

— Ah ! lui ? dit Riderhood qui avait poussé Bradley dans ce retranchement afin de reprendre note de l'effroyable expression que le nom de Wrayburn donnait à sa figure. J' le reconnaîtrais dans un mille.

— Les avez-vous jamais... Il essaya de faire cette question avec calme, et parvint à dominer sa voix, mais ne put masquer son visage. — Les avez-vous jamais vus ensemble ? »

Roger Riderhood tenait à deux mains le fil de son histoire. « Oui, troisième gouverneur, oui ; je les ai vus ensemb' tous les deux, l' jour même qu'Hexam a été repêché. »

Bradley aurait pu cacher ce qu'il aurait voulu à toute une classe de bambins curieux ; mais il ne put dissimuler à Riderhood la question qu'il retenait sur ses lèvres.

Faudra l' dire, si vous tenez à c' qu'on y réponde ; et en propres termes ; car j' n'y mettrai pas du mien, pensa l'honnête homme.

« A cette époque, demanda Bradley après une lutte violente avec lui-même, a-t-il été insolent pour Elle, comme pour les autres, ou s'est-il montré bon à son égard ?

— Un peu, dit l'éclusier ; par saint Georges, d'une bonté rare. Maintenant... » Il s'arrêta ; Bradley leva les yeux pour lui en demander le motif. J'vois qu' vous êtes bigrement jaloux, avait-il voulu dire ; mais il reprit d'une manière évasive : « Maintenant qu'j'y pense, il est impossib' qu' je m' sois trompé su' c' que j'ai cru voir, qu'il était son bon ami. »

Confirmer l'éclusier dans ce soupçon, ou plutôt dans ce prétexte, car Riderhood ne croyait pas ce qu'il disait, eût dépassé la ligne à laquelle Bradley était descendu ; mais il était tombé assez bas pour songer à se servir de l'être ignoble qui imprimait cette souillure à Lizzie. Il ne répondit rien, et continua à marcher d'un air sombre. Que pouvait-il gagner à cette nouvelle connaissance ? Il ne le distinguait pas à travers les idées confuses qui lui obstruaient le cerveau. Cet homme en voulait à l'objet de sa haine ; c'était quelque chose, bien qu'il n'y eût pas chez Riderhood un atome de la rage qui lui déchirait la poitrine. Cet homme connaissait Lizzie ; il pouvait la rencontrer, ou bien entendre parler d'elle ; c'était beaucoup d'avoir à son service deux yeux et deux oreilles de plus. Ce Riderhood était assez vil pour se mettre à ses gages, ce qui pouvait être précieux. Même la bassesse d'un pareil auxiliaire n'était pas sans valeur ; car ayant conscience de sa propre infamie, Bradley éprouvait une vague satisfaction à posséder un instrument infâme, en supposant qu'il pût s'en servir.

Tout à coup il s'arrêta, et demanda à Riderhood à brûle-pourpoint s'il savait où Elle était. Riderhood ne le savait pas, c'était évident. Headstone lui demanda si, dans le cas où il entendrait parler de miss Hexam, ou des relations que mister Wrayburn pouvait avoir avec elle, s'il consentirait, moyennant finances, à lui dire ce qu'il aurait appris ? L'honnête homme y consentit volontiers. Il leur en voulait à tous les deux, il en faisait serment « à cause que tous les deux l'avaient empêché de gagner honnêtement sa vie à la sueur de son front. »

— Nous nous reverrons bientôt, ajouta Bradley, après lui avoir dit quelques paroles au sujet de leur affaire. Nous voici dans la campagne, et le jour commence à poindre ; je ne croyais être ni si loin, ni à pareille heure.

— Et vot'adresse, troisième gouverneur ? où est-ce que j'pourrai vous prendre ?

— Je sais où vous trouver ; c'est tout ce qu'il faut ; j'irai à votre écluse.

— Que j'vous dise, mon gouverneur : une connaissance qu'est faite à sec, i'n'en sort rien de bon ; arrosons-là d'une gorgée de rhum et de lait, pour être chanceux, mon gouverneur. »

Bradley, ayant accepté la proposition, entra avec Riderhood dans un cabaret qui sentait le foin moisi et la vieille paille ; cabaret matineux, où des charretiers, des garçons de ferme, des chiens étiques, des volailles nourries de marc de bière, et certains oiseaux nocturnes, rentrant au gîte, se réconfortaient chacun à sa manière ; et où, du premier coup d'œil, personne ne manqua de voir dans cet arrivant, au plumage respectable, le pire de tous les oiseaux de nuit qui étaient dans la salle fangeuse.

Une tendresse subite pour un charretier en ribote, qui suivait la même route que lui, valut à Riderhood de pouvoir se percher sur un tas de paniers amoncelés dans une charrette, et de continuer son voyage étendu sur le dos avec son paquet pour oreiller.

Bradley revint sur ses pas, retraversa des rues peu fréquentées, et regagna son pensionnat.

Le soleil, en montant sur l'horizon, le retrouva méthodiquement peigné, lavé, brossé ; méthodiquement vêtu : habit et gilet noirs décents, pantalon décent poivre et sel ; col de satin noir, à nœud décent, montre d'argent dans le gousset, chaîne de crin autour du cou : veneur scolastique en habit de classe, entouré de sa meute glapissante et aboyante. Et, plus réellement ensorcelé que ces malheureux, qui, en des temps fort regrettés de nos jours, s'accusaient, sous l'influence inspiratrice de la torture, d'impossibilités démoniaques, il avait été surmené toute la nuit, éperonné, fouaillé, mis en nage par l'esprit infernal. Si la narration du sport dont il avait été l'objet avait pris la place des textes de l'Écriture, dont les paroles se voyaient sur les murs de la classe, les plus avancés d'entre les élèves, saisis d'épouvante, auraient fui leur malheureux maître.

XII

COMBINAISON

Le soleil montant toujours s'épancha sur toute la ville, et, dans son impartialité radieuse, condescendit à parsemer d'étincelles multicolores les favoris de mister Lammle, qui en ce moment déjeûnait. Ce cher Alfred avait grand besoin qu'un rayon extérieur le brillantât quelque peu, car il paraissait bien terne et avait l'air très-mécontent.

Missis Lammle était vis-à-vis de son seigneur et maître. Les deux époux, attachés l'un à l'autre par le lien de leur mutuelle escroquerie, contemplaient la nappe d'un air maussade. Tout, dans la salle à manger, avait un aspect tellement sombre, en dépit du soleil, que si l'un des fournisseurs de cet aimable couple avait regardé à travers les stores il eût profité de l'avertissement pour envoyer son mémoire avec une lettre pressante. Mais la plupart des fournisseurs de mister Lammle n'avaient pas attendu jusque-là pour envoyer leurs factures.

« Il me semble, dit Sophronia, que vous n'avez pas reçu d'argent du tout depuis notre mariage.

— C'est possible, répondit Alfred; mais peu importe. »

Est-ce un fait particulier à mister et à missis Lammle, ou l'observe-t-on également chez d'autres couples s'aimant d'amour tendre? Toujours est-il que dans leurs entretiens conjugaux, ils ne s'adressent jamais l'un à l'autre; mais à quelque personnage invisible qui paraît être à mi-chemin de la distance qui les sépare. Peut-être le squelette, enfermé dans le buffet, en sort-il pour assister à ces débats domestiques.

« Je n'ai jamais vu dans la maison d'autre argent que le mien, dit Sophronia au squelette, je le jure.

— Pas besoin d'en faire serment, répondit Alfred au même personnage. Peu importe d'ailleurs; vous n'avez jamais fait de vos rentes un emploi si avantageux.

— Avantageux? reprit Sophronia; je voudrais savoir comment.

— En gagnant du crédit et en vivant bien, » dit Alfred.

Peut-être cette question et cette réponse furent-elles reçues par le squelette avec un rire méprisant; dans tous les cas c'est ainsi que les accueillirent mister et missis Lammle.

« Et que va-t-il arriver? demanda l'épouse :

— La débâcle, » répondit le mari.

Missis Lammle jeta un regard au squelette et baissa les yeux. Mister Lammle fit exactement la même chose. Un domestique apporta le pain grillé; le squelette se retira dans le cabinet, et s'y renferma.

« Sophronia, dit Alfred, après la sortie du domestique; Sophronia! dit-il beaucoup plus haut.

— Hein? fit la dame.

— Ecoutez-moi, je vous prie. (Il la regarda sévèrement jusqu'à ce qu'elle fût attentive.) J'ai besoin de vous consulter. Allons, allons! pas d'enfantillage. Vous vous rappelez les termes de notre contrat. Nous devons travailler ensemble à l'intérêt commun, et vous n'êtes pas moins habile que moi; sans cela nous ne serions pas mariés. Que faut-il faire? Nous sommes acculés dans une impasse : il faut en sortir ; mais par quel moyen ?

— N'avez-vous pas sur le métier quelque projet qui puisse rapporter quelque chose ? » demanda-t-elle.

Alfred se plongea dans ses favoris, et ne rapporta rien de cette excursion méditative. « Non, dit-il. Comme tous les aventuriers, nous jouons gros jeu ; il le faut, si nous voulons gagner des sommes considérables, et depuis quelque temps la veine est contre nous.

— N'avez-vous rien... » reprit mistress Lammle.

Alfred l'interrompit : « *Nous*, Sophronia, dites *nous, nous, nous*.

— N'avons-nous rien à vendre ?

— Rien absolument. J'ai donné au juif une délégation sur notre mobilier ; il peut le saisir demain, aujourd'hui, tout à l'heure. S'il ne l'a pas fait, c'est probablement à cause de Fledgeby.

— Quel rapport Fledgeby a-t-il avec ce juif ?

— Il le connaît, et m'avait prévenu de sa dureté ; il essayait à cette époque de l'attendrir pour un de ses amis, et n'y parvenait pas.

— Supposez-vous que Fledgeby ait essayé de vous le rendre...

— Dites *nous*, Sophronia.

— De nous le rendre favorable ?

— Je sais que le juif n'a pas encore fait ce qu'il pouvait faire, et que Fledgeby se donne les gants de lui avoir retenu la main.

— Est-ce que vous croyez Fledgeby ?

— Non, ma chère ; je n'ai jamais cru personne depuis que j'ai commis la faute de vous croire ; mais les apparences sont en sa faveur. »

Après avoir jeté ce mot de rappel aux observations mutines de Sophronia, mister Lammle se leva de table, peut-être pour dissimuler un sourire, peut-être pour cacher une ou deux taches blanches qui lui marquetaient les environs du nez. Il arpenta la salle et s'arrêta devant le feu. « Si nous avions pu, dit-il, lui colloquer Georgiana..... Mais c'est une affaire finie, à quoi bon y revenir ? »

Adossé à la cheminée, sa robe de chambre ramenée en avant, il avait regardé sa femme en disant ces mots. Elle devint pâle, baissa les yeux ; et sous l'influence du remords, ou peut-être de l'effroi, car elle avait peur de lui, peur de son pied ou de sa main, bien qu'il ne l'eût pas encore frappée, elle se hâta de se relever à ses yeux. « Si nous faisions un emprunt ? dit-elle.

— Mendier, emprunter, ou voler, pour nous serait la même chose, Sophronia.

— Alors, il n'y faut pas songer.

— Autant dire que deux et deux font quatre, ma chère ; l'observation ne serait ni moins juste, ni moins originale. »

Mais, voyant qu'elle ruminait quelque chose, il releva sa robe de chambre, en mit la jupe sous son bras, et de l'autre, empoignant ses énormes favoris, il regarda silencieusement sa femme.

« N'est-il pas naturel, demanda celle-ci en levant sur Alfred un œil timide, de penser aux gens simples et riches que l'on connaît.

— Très-naturel.

— Les Boffin, par exemple ?

— Très-juste.

— N'y a-t-il rien à faire avec eux ?

— Que voulez-vous faire ? »

Elle se replongea de nouveau dans ses réflexions, et le mari attacha un nouveau regard sur elle. « J'ai souvent pensé à eux, dit-il après une pause infructueuse ; mais cela ne m'a conduit à rien ; ils sont bien gardés ; cet infernal secrétaire est toujours là, entre eux et..... les gens de valeur.

— Si on l'éloignait ? dit-elle comme frappée d'une idée subite.

— Très-bien ; réfléchissez, ne vous pressez pas, dit le mari d'un ton protecteur.

— Si, en le faisant éloigner, on présentait cela comme un service personnel rendu à mister Boffin ?

— Très-bien, Sophronia.

— Depuis quelque temps, vous l'avez remarqué, Alfred ! le bonhomme devient soupçonneux, irascible.

— Et avare, ma chère ; ce qui n'est pas encourageant. Néanmoins, réfléchissez, ne vous pressez pas.

— On peut toujours éveiller ses soupçons, dit-elle. Supposez que ma conscience.....

— Et l'on sait quelle est votre conscience, chère âme.

— Supposez qu'elle ne me permette pas de garder plus longtemps ce que m'a dit cette jeune personne au sujet du secrétaire ; supposez que mes scrupules m'obligent à le répéter à mister Boffin ?

— J'aime assez cela, dit Alfred.

— Supposez, qu'en le répétant, j'insinue que mon extrême délicatesse.....

— Très-bien, Sophronia, d'excellents termes.

— Que *notre délicatesse, notre honneur*, reprit-elle en appuyant avec amertume sur ces paroles, ne me permettent pas de garder le silence en face d'une spéculation aussi révoltante. Une audace, une cupidité inouïes de la part de ce secrétaire ; un manque de foi indigne à l'égard d'un maître aussi confiant. Supposez que j'aie parlé de mon vertueux malaise à mon excellent mari ; et que, dans son intégrité, ce cher Alfred m'ait répondu : « Sophronia, vous devez découvrir cette trahison à mister Boffin, vous le devez immédiatement. »

— J'aime assez cela, répéta mister Lammle en changeant le pied sur lequel il posait.

— Vous disiez tout à l'heure qu'il était bien gardé, poursuivit-elle ; je le pense comme vous ; mais le secrétaire parti, la place est ouverte.

— Cela me plaît infiniment.

— Votre droiture inattaquable ayant rendu à ce boueur l'immense service de l'avertir de cette trahison, vous avez des droits à sa confiance. Que pourrons-nous en tirer ? je l'ignore ; le temps seul nous l'apprendra ; mais il est probable que nous en tirerons bon parti.

— Plus que probable.

— Vous serait-il impossible, par exemple, de remplacer le secrétaire ?

— Pas du tout ; il faut y arriver, conduire la chose adroitement ; cela en vaut la peine. »

Un signe de tête montra qu'elle avait compris. « Mister Lammle, reprit-elle d'un air rêveur et en regardant le feu, mister Lammle serait si heureux de vous être utile dans la mesure de ses forces. C'est à la fois un homme rompu aux affaires et un capitaliste accoutumé aux transactions les plus délicates. Mister Lammle, qui a fait de mes petits capitaux un emploi si habile, et dont la fortune particulière, la chose est notoire, le met à l'abri de toute pensée mauvaise, comme au-dessus de tout soupçon... »

Il ne put s'empêcher de sourire, et alla jusqu'à lui frapper sur la tête d'une manière caressante. Dans la joie sincère qu'il éprouvait de cette heureuse combinaison, le cher Alfred semblait avoir dans la figure deux fois plus de nez qu'il n'en avait eu de sa vie. Il était debout, calculant d'un air méditatif la portée de cette idée ingénieuse, tandis que Sophronia, toujours assise, regardait le feu d'un air absorbé. A la voix de son mari, elle leva les yeux en tressaillant, et l'écouta comme si la trahison dont elle avait le souvenir, lui eût fait craindre le pied ou la main de ce seigneur et maître.

« Il me semble, disait celui-ci, qu'il y aurait encore autre chose à faire : ne pourrait-on pas évincer la jeune fille ?

— Elle a sur eux un empire immense, dit Sophronia en secouant la tête, bien autrement grand que celui d'un salarié.

— Mais la chère enfant, reprit Alfred avec un mauvais sourire, doit s'être ouverte à ses bienfaiteurs, elle doit avoir en eux une confiance sans limites? » Sophronia fit un signe négatif. « C'est possible, continua le mari ; je n'insiste pas ; les femmes se devinent. Néanmoins, si on parvenait à les éloigner tous deux, cela pourrait être un coup de fortune. Moi, conduisant les affaires ; ma femme, menant les gens... Hein? qu'en dites-vous? » Nouveau signe négatif.

« Ils ne se brouilleront jamais avec elle, dit Sophronia, il faut accepter la jeune fille, comptez-y.

— Acceptons-la donc, répondit Alfred en haussant les épaules ; rappelez-vous seulement qu'elle nous est inutile.

— Reste à savoir quand il faudra commencer? demanda Sophronia.

— Jamais assez tôt, répliqua mister Lammle. Nos affaires, je vous l'ai dit, sont dans le plus mauvais état ; nous pouvons sauter d'un moment à l'autre.

— Il faut d'abord s'assurer de mister Boffin, dit Sophronia ; pour cela il faut être seule avec lui ; si la femme est présente, elle saura l'apaiser ; il ne s'emportera pas devant elle. J'échouerai si elle est là. Quant à miss Wilfer, puisque je trahis sa confiance, il est évident qu'elle n'en doit rien savoir.

— Si vous lui demandiez un rendez-vous?

— Non ; ma lettre serait commentée ; d'ailleurs il faut le surprendre ;

— Allez à l'hôtel, demandez à le voir en particulier.

— Cela ne vaudrait pas mieux ; laissez-moi faire. Ne prenez la voiture ni aujourd'hui, ni demain, en supposant que je ne réussisse pas tout de suite, et j'irai l'attendre. »

La chose venait d'être convenue, lorsque passa devant la fenêtre une ombre masculine. Coup de sonnette et coup de marteau.

« C'est Fledgeby, dit Alfred ; il vous admire, et a de vos moyens une haute opinion ; je vous laisse avec lui ; obtenez qu'il use de toute son influence sur ce Juif, un nommé Riah, de la maison Pubsey. » Ayant dit ces mots à voix basse pour les empêcher d'arriver à l'oreille de Fascination à travers deux trous de serrure, séparés par l'antichambre, mister Lammle quitta la salle, fit signe au domestique de garder le silence, et monta l'escalier à pas de loup.

« Mister Fledgeby! dit Sophronia en lui tendant la main de la façon la plus aimable. Que je suis contente de vous voir! Mon pauvre Alfred vient d'être obligé de sortir ; des affaires très-ennuyeuses. Asseyez-vous, cher monsieur. » Fascination prit un siége, et chercha si rien de nouveau ne lui était arrivé sous forme de barbe, depuis qu'il avait tourné le coin de l'Albany.

« Je n'ai pas besoin de vous dire, cher monsieur, combien ce pauvre Alfred est tracassé par ses affaires; il m'a confié ce que vous avez fait pour lui dans cet embarras provisoire, et quel service vous lui avez rendu.

— Oh! dit Fascination.

— Oui, répondit Sophronia.

— Je croyais, reprit l'autre en explorant une nouvelle partie de son visage, que Lammle était fort discret à l'égard de ses affaires.

— Pas avec moi, répondit-elle avec émotion.

— Oh! vraiment?

— Ne suis-je pas sa femme, cher monsieur?

— Je... n'en doute pas.

— Et en cette qualité, cher monsieur, pourrais-je, sans qu'il le sache, bien entendu, — votre pénétration doit le comprendre, — pourrais-je vous prier de lui continuer votre appui, et d'agir de nouveau auprès de mister Riah, sur qui vous avez tant d'influence. Je ne me trompe pas? c'est bien ce nom-là que j'ai entendu Alfred murmurer dans ses rêves?

— Riah, son créancier? dit Fledgeby en appuyant un peu sur le dernier mot; Sainte-Mary-Axe, Pubsey et Compagnie?

— Justement! s'écria-t-elle en joignant les mains, Pubsey et Compagnie.

— La supplique du..... » Fledgeby chercha si longtemps le mot qui devait suivre, que Sophronia crut devoir l'aider dans sa recherche : « D'une femme, » lui souffla-t-elle doucement.

— Non, répondit Fledgeby, du sexe, doit toujours être écoutée par un homme; et pour ma part, je désire n'y pas manquer. Mais ce Riah est un vil coquin; oui, madame, un vil coquin.

— Il aurait égard à vos paroles, cher monsieur.

— Un affreux coquin, sur mon âme.

— Essayez, cher monsieur, ne faites-vous pas tout ce que vous voulez?

— Très-flatteur; je vous remercie. Je ne demande pas mieux que de vous être agréable; mais je ne réponds de rien. Ce juif est d'un entêtement!... quand il a dit « je ferai telle chose, » on est sûr qu'il le fait.

— Tant mieux! s'écria mistress Lammle; quand il vous aura dit j'attendrai, il le fera; c'est tout ce que nous demandons. »

Elle est diablement habile! pensa Fledgeby; je croyais lui fermer la bouche, elle y trouve un argument.

« Car, cher monsieur, poursuivit-elle avec un air de franchise, pourquoi vous cacherai-je les espérances d'Alfred, à vous qui êtes son meilleur ami? Il s'est fait une trouée dans son horizon. »

La métaphore parut mystérieuse à Fledgeby, qui en répéta les derniers mots d'un air étonné.

« Aujourd'hui même, cher monsieur, avant de sortir, il me parlait d'une chose qu'il a en perspective, et qui changerait totalement la face de ses affaires.

— Oh! vraiment? dit Fledgeby.

— Oui, soupira mistress Lammle, dont le mouchoir apparut sur la scène. Et vous savez, cher monsieur, vous qui étudiez le cœur humain, et qui avez du monde une si parfaite connaissance, vous savez combien il serait douloureux de perdre sa position au moment de gagner le port.

— Vous pensez donc, chère dame, qu'un bref délai empêcherait Lammle de sauter, pour me servir d'une expression consacrée à la Bourse?

— Oh! oui! j'en suis bien sûre; le moindre délai.

— C'est différent, dit Fledgeby; je vais chez Riah; j'y cours tout de suite.

— Mille grâces, cher monsieur.

— Pas du tout; cette main qui m'est tendue par une femme charmante, et d'un esprit supérieur, me paye amplement d'une...

— Noble action, dit Sophronia très-pressée de se débarrasser de lui.

— Ce n'est pas cela, reprit Fledgeby qui n'acceptait jamais l'expression qu'on lui suggérait. Pas de femme plus aimable! Puis-je imprimer un... un... sur cette main — bien le bonjour.

— Je compte sur votre promptitude, cher monsieur.

— Vous le pouvez sans crainte, dit Fascination, qui de la porte lui envoya un baiser respectueux. »

Fledgeby accomplit, en effet, son message d'un pas tellement rapide qu'on aurait dit que le dévouement lui prêtait des ailes. Dans tous les cas, il lui donnait une vive satisfaction; car, sa figure avait un air d'allégresse, et, lorsqu'arrivé à Sainte-Mary-Axe, il ne trouva personne dans le bureau, ce fut d'une voix joyeuse, et presque vibrante, qu'il se mit à crier : « Êtes-vous là, Judas? »

Le vieillard apparut et salua, suivant son habitude, avec un profond respect.

« Oh! dit Fledgeby, qui fit un pas en arrière, et cligna d'un œil, vous méditez quelque mauvais tour, Jérusalem. »

Le vieillard leva les yeux, et regarda Fledgeby d'un air étonné.

« Certes, vieil hypocrite! vous allez de ce pas chez Lammle, opérer la saisie en vertu de votre billet; c'est convenu; rien ne vous arrête. Pas une minute de répit; entendez-vous?

La voix et le regard du maître n'admettant pas de réplique, le vieillard prit son chapeau qui était sur le comptoir.

« Vous avez appris que ledit Lammle, poursuivit Fascination, allait faire enlever ses meubles, du moins une partie, ce qui n'entre pas dans vos calculs; et vous agirez immédiatement si vous ne rentrez pas dans vos fonds à l'instant même, Juif que vous êtes ! »

Le vieillard regarda le maître d'un air incertain, comme s'il attendait de nouvelles instructions. « Faut-il y aller? dit-il enfin, à voix basse.

— S'il faut y aller! voyez-vous ce Juif? s'écria Fledgeby. S'il faut y aller! mais c'est votre plus grand désir, vieux fourbe! il me le demande, et il a déjà son chapeau, le misérable! et ses yeux perçants cherchent son bâton qui est près de la porte.

— Vraiment, monsieur, faut-il y aller?

— Mais oui, ricana Fascination, et tout de suite encore; partez donc, Judas! »

XIII

QUAND ON VEUT NOYER SON CHIEN ON LE DIT GALEUX

Resté seul dans la caisse, Fascination, le chapeau sur l'oreille, se promena de long en large en sifflotant, examina les tiroirs, fureta dans les coins, cherchant çà et là quelque preuve de l'infidélité du Juif, et n'en trouva aucune. « Il n'a pas grand mérite à ne pas me tromper, dit-il en fermant un œil; c'est grâce à ma vigilance. » Et continuant de flâner d'un air important, il affirma ses droits à la qualité de chef de la maison Pubsey en frappant du bout de sa canne les tabourets et les cartons, en crachant dans l'âtre, en approchant de la fenêtre et en y appliquant ses petits yeux qui apparurent juste au-dessus des vitres peintes, où se lisaient au dehors les mots de : *Pubsey et C*^{ie}.

Cette enseigne trompeuse lui rappela qu'il était seul dans la maison et que la porte de la rue était ouverte. Il se disposait à fermer cette dernière, dans la crainte d'être pris par erreur pour un membre de l'établissement, lorsqu'il fut arrêté par quelqu'un qui se dirigeait vers lui. Ce quelqu'un était l'habileuse de poupées; elle arrivait la canne à la main, un petit panier au bras; et ce qui empêcha Fascination de lui fermer la porte au nez, ce fut bien moins son approche que l'averse de hochements de tête qu'elle lui adressait quand il la découvrit. Elle augmenta la surprise du maître de la maison en franchissant les marches avec une telle prestesse, qu'avant que ce gentleman ait pu lui dire qu'il n'y avait personne, elle se trouvait en face de lui, dans le bureau même.

« J'espère que vous allez bien, dit-elle? Mister Riah est-il ici? »

Fledgeby se laissa tomber sur une chaise, comme un homme qui est fatigué d'attendre. « Je présume, répondit-il, qu'il va bientôt revenir; il m'a planté là, en me disant qu'il n'en avait que pour une minute; il y a de cela près d'une heure. Mais ne vous ai-je pas vue quelque part?

— Ici-même, répondit miss Wren.

— Précisément; vous étiez sur le toit, je m'en souviens. Et comment se porte votre amie?

— J'en ai beaucoup, monsieur; de qui parlez-vous?

— De toutes celles que vous avez, répliqua Fascination en fermant un œil; les autres sont-elles aussi belles? »

Un peu déconcertée, miss Wren éluda la question, et alla s'asseoir dans un coin, son petit panier sur ses genoux. « Pardon, monsieur, dit-elle après un long silence, je croyais trouver mister Riah. D'habitude il ne sort pas dans la matinée; voilà pourquoi je suis venue de bonne heure; mais je ne demande que mes petits chiffons, pour mes deux schellings; ne pourriez-vous pas me les donner afin que je retrotte à mon ouvrage.

— Vous les donner? s'écria Fledgeby en se retournant, car il regardait la fenêtre en se tâtant la joue. Supposez-vous que je sois de la maison, et que les achats qu'on y fait me regardent?

— Supposer! s'écria miss Wren; j'en suis sûre puisque vous êtes le maître. Mister Riah l'a dit devant nous; c'était ce fameux jour; vous n'avez pas dit non; cela se voyait bien d'ailleurs.

— Un de ses mensonges, répliqua l'autre en haussant les épaules; il n'est que fourberie. Venez avec moi, m'a dit le vieux ladre, je vais vous faire voir une jolie fille; seulement il faudra passer pour être mon maître. Je l'ai suivi; il m'a montré la personne en question, qui valait bien la peine d'être vue, et m'a qualifié de maître, je ne sais pas trop pourquoi: plaisir de mentir; c'est le fourbe des fourbes.

— Oh! s'écria Jenny en se prenant le front à deux mains; ma tête, ma pauvre tête! Vous dites cela, mais vous ne le pensez pas.

— Si, ma petite, je vous assure. »

Ce n'était pas seulement un acte diplomatique de la part de Fledgeby ; c'était une manière de se venger de la pénétration de miss Wren, et de profiter du rôle qu'il faisait jouer à mister Riah. « Ce Juif, reprit-il, a une mauvaise réputation : je crois qu'il ne l'a pas volée, et je veux lui faire recracher la somme qu'il peut avoir à moi. »

L'idée que le Juif s'enrichissait à ses dépens était, comme on sait, le dada de Fledgeby ; et cette idée s'aggravait de ce que le vieillard avait l'audace de lui faire un secret de l'adresse de la jolie fille ; non pas qu'il fût mécontent du secret en lui-même ; il s'en réjouissait au contraire, puisque cela chagrinait un de ses semblables.

Miss Wren, toujours assise, regardait le carreau d'un air abattu, et il y avait quelque temps que le silence régnait dans la salle, lorsque la figure de Fledgeby annonça qu'à travers la porte vitrée on voyait venir quelqu'un. Au même instant le bruit d'un pas mal assuré se fit entendre ; puis un frôlement, un léger coup à la porte. Nouveau frôlement un peu plus prononcé ; nouveau coup un peu plus fort. Fledgeby n'y faisant nulle attention, la porte finit par s'ouvrir, et le visage ratatiné d'un vieux petit gentleman s'avança d'un air discret.

« Mister Riah ? demanda le visiteur avec une extrême politesse.

— Je l'attends, monsieur, répondit Fascination. Il est sorti pour affaire en me disant qu'il reviendrait tout de suite ; je suppose qu'il va rentrer ; mais vous feriez bien de vous asseoir. »

Le gentleman prit une chaise, et porta la main à son front, comme s'il avait quelque sujet de tristesse. Fledgeby l'examina du coin de l'œil, et parut goûter cette pose mélancolique. « Un temps superbe, monsieur, » dit-il.

Le doux vieillard était si absorbé par ses réflexions qu'il ne prit garde à ces mots que lorsque la voix de Fledgeby eut cessé de retentir. Il tressaillit alors, et s'excusant : « Pardon, monsieur, je crains que vous ne m'ayez parlé ?

— Je disais que le temps est superbe, reprit Fascination d'une voix plus forte.

— Oui, monsieur. »

Il reporta la main à son front ; l'autre parut enchanté. Un instant après il changea d'attitude et soupira.

« Mister Twemlow, je crois ? » dit Fledgeby en grimaçant un sourire.

Le petit gentleman sembla fort étonné.

« J'ai eu le plaisir de déjeuner avec vous chez Lammle, continua Fascination ; j'ai même l'honneur d'être de votre famille. Un singulier endroit pour se retrouver; mais quand on vient dans la Cité on ne sait jamais qui l'on rencontrera. J'espère que votre santé est bonne, et que vous avez toujours lieu d'être satisfait de la vie? »

Il pouvait y avoir un grain d'impertinence dans ces dernières paroles; à moins que ce ne fût le ton de Fledgeby quand il voulait être gracieux. Perché sur un tabouret, le pied droit sur une chaise, Fledgeby avait son chapeau sur la tête. Le doux vieillard s'était découvert en entrant, et depuis lors avait son chapeau à la main. Se rappelant sa démarche auprès de mister Podsnap, le consciencieux Twemlow souffrait de la présence de Fledgeby. Il était aussi mal à son aise que peut l'être un gentleman ; et se croyant obligé à une certaine roideur envers ce personnage qu'il avait desservi, non sans cause, il répondit à ses avances par un salut très-froid. Les petits yeux de Fledgeby se rétrécirent encore en notant cette froideur. Quant à miss Wren, toujours assise auprès de la porte, les mains croisées sur son panier, sa canne entre les mains, elle n'accordait nulle attention à ce qui se passait autour d'elle.

« Il est bien longtemps, murmura Fledgeby en regardant à sa montre. Quelle heure avez-vous, mister Twemlow?

— Midi un quart, monsieur.

— Comme moi, à une minute près. J'espère que l'affaire qui vous amène ici est plus agréable que la mienne, mister Twemlow? »

Le gentleman s'inclina. Les petits yeux de Fledgeby se rétrécirent plus que jamais, et regardèrent complaisamment Twemlow, qui frappait de petits coups sur la table avec une lettre fermée.

« Ce que je sais de mister Riah, poursuivit Fascination en affectant de nommer le Juif avec mépris, me fait supposer que les affaires qui se traitent dans cette boutique sont généralement désagréables. J'ai toujours trouvé ce nom-là au fond des poursuites les plus cruelles.

Mister Twemlow accueillit cette remarque par un salut glacial ; évidemment elle lui portait sur les nerfs.

« Un homme affreux, continua l'autre; si ce n'était pas pour rendre service à un ami, je ne l'attendrais pas une seconde; mais quand des amis sont dans l'adversité, il faut les secourir: telle est mon opinion. »

L'équitable Twemlow pensa qu'un pareil sentiment, abstraction faite de celui qui l'exprimait, devait être approuvé. « Vous avez raison, monsieur, dit-il avec chaleur. C'est ainsi que doit faire tout cœur noble et généreux.

— Enchanté d'avoir votre approbation, répliqua Fledgeby. Singulière coïncidence ! mister Twemlow. — Il descendit de son perchoir, et s'approcha du gentleman. — N'est-il pas étrange que les amis dont les tristes affaires me font vous rencontrer, soient justement ceux chez qui nous nous sommes vus la première fois : ces pauvres Lammle. Une femme charmante, n'est-ce pas ? »

Twemlow pâlit horriblement. « Oui, balbutia-t-il ; une femme charmante.

— Et lorsqu'il y a deux heures, faisant appel à mon amitié, elle m'a prié de voir ce Juif, avec lequel j'ai été en relation, à propos d'une autre personne que je voulais également obliger, lorsqu'une femme de cette valeur m'appelle son cher Fledgeby en versant des larmes, vous sentez que je n'avais qu'une chose à faire.

— C'était de venir, dit Twemlow avec effort.

— Et je suis venu, comme vous voyez. Malheureusement je n'ai pas sur cet homme l'influence qu'elle me suppose. Mais pourquoi, ajouta Fledgeby en mettant les mains dans ses poches et en prenant un air méditatif, pourquoi ce Riah a-t-il pris son chapeau dès que je lui ai parlé du billet de Lammle, un billet qui lui permet de saisir les meubles de ce pauvre garçon ? Je lui demande un sursis, il me coupe la parole, et s'en va en toute hâte. Pourquoi est-il si longtemps ? je n'y comprends rien. »

Le généreux Twemlow, chevalier du cœur simple, n'était pas en état de répondre ; il avait trop de remords. Avoir pris part à des menées ténébreuses pour la première fois de sa vie, et reconnaître qu'on a été injuste ! S'être opposé clandestinement au bonheur d'un jeune homme plein de confiance, par le seul motif que ses manières vous déplaisent !

« Je vous demande pardon, poursuivit le confiant jeune homme, qui prenait plaisir à entasser les charbons ardents sur la tête du sensible Twemlow, je suis peut-être indiscret ; mais ne pourrais-je pas vous être utile ? On vous a élevé en gentleman et pas en homme d'affaires ; il est possible qu'à cet égard vous ayez peu d'expérience ; on doit même s'y attendre (ceci d'un ton légèrement ironique).

— En effet, monsieur, répondit Twemlow, je suis, en affaires, un triste sire ; à ce point que je ne comprends même pas la situation où je me trouve ; mais il y a un motif qui m'empêche d'accepter votre assistance ; il me serait pénible, monsieur, d'en profiter ; je ne la mérite pas. »

Créature enfantine et bonne, condamnée à suivre en ce monde un sentier si étroit et si ombreux qu'il ne s'était pas taché en route !

« Peut-être, dit Fledgeby, vous en coûterait-il de m'exposer votre affaire; un gentleman comme vous.....

— Ce n'est pas cela, monsieur, dit Twemlow, croyez-le bien; je sais faire la distinction entre un juste et un faux orgueil.

— Moi, dit Fledgeby, je n'en ai d'aucune sorte; peut-être n'ai-je pas l'esprit assez subtil pour distinguer l'un de l'autre; mais je sais que dans l'endroit où nous sommes les gens d'affaires, eux-mêmes, doivent se tenir sur leurs gardes; et si je pouvais vous être utile, je ne demanderais pas mieux.

— Vous êtes trop bon, monsieur; vraiment il me serait impossible....,

— Je n'ai pas la vanité de croire, interrompit Fledgeby, que mon intelligence pourrait vous être utile dans un salon; mais ici la chose est différente. Mister Riah n'est pas un homme du monde; il y ferait triste figure.

— Assurément, » balbutia Twemlow, dont la main tremblante se dirigea vers son front.

L'excellent jeune homme le supplia d'exposer son affaire; et l'innocent Twemlow, croyant étonner Fledgeby par ce qu'il allait lui dire, supposant que c'était là un de ces phénomènes qui ne se reproduisent que dans le cours des siècles, raconta qu'il avait eu pour ami un fonctionnaire chargé de famille; que cet ami contraint de changer de résidence, avait eu besoin d'argent, et que lui, Twemlow, avait donné sa signature. Bref, l'ami était mort; et chose fort ordinaire, mais incompréhensible pour l'innocent gentleman, celui-ci avait dû rendre une somme qu'il n'avait pas touchée. Acceptant néanmoins ce fait inimaginable, il était parvenu à réduire le principal à une somme insignifiante, « ayant toujours vécu, dit-il, avec la plus stricte économie, et jouissant d'un revenu borné qu'il tenait de la munificence d'un noble personnage. » Il servait les intérêts avec une exactitude rigoureuse, et avait fini par considérer cette dette, la seule qu'il eût jamais eue, comme une taxe prélevée sur chacun de ses trimestres. Il n'y pensait pas autrement, lorsque mister Riah, entre les mains duquel son billet était tombé sans qu'il pût savoir à quel propos, lui avait signifié d'en acquitter le montant, sous peine des conséquences les plus effroyables. A ces faits, d'une précision désolante, s'ajoutait le vague souvenir d'un endroit où il avait été *confesser un jugement* (il se rappelait cette phrase), puis d'un bureau, où sa vie était assurée au profit d'un certain individu qui n'était pas étranger au commerce du vin de Xérès, et dont il se souvenait, en raison d'un Stradivarius et d'une madone fort précieuse que possédait ce personnage.

Telle fut la substance du récit de mister Twemlow; récit

émouvant où passait l'ombre imposante du grand Snigsworth, envisagé de loin par les prêteurs d'argent comme une garantie dans la brume, et par Twemlow comme un juge irrité, le menaçant de son bâton baronial.

Mister Fledgeby avait écouté le gentleman avec le calme et la réserve d'un jeune homme à qui ces faits étaient connus d'avance. « Tout cela est fort grave, dit-il en hochant la tête d'un air sérieux. Je n'aime pas cette demande du capital ; si vraiment ce Juif est décidé à ravoir son argent, il faudra le lui donner.

— Supposez que je ne l'aie pas, dit Twemlow, d'un air abattu.

— Alors, répliqua Fledgeby, il faudra y aller.

— Où cela? demanda Twemlow d'une voix défaillante.

— En prison, » répondit l'autre.

Sur quoi l'innocent vieillard posa sa tête sur sa main, et gémit tout bas de honte et de douleur.

« Néanmoins, dit Fledgeby, paraissant reprendre courage, il est possible que les choses n'en viennent pas là. Si vous le permettez, dès que ce Juif sera de retour, je lui dirai qui vous êtes, ainsi que les liens qui nous unissent, et je lui expliquerai votre position, ce que je ferai en homme d'affaires; si toutefois ce n'est pas de ma part une trop grande liberté.

— Mille grâces, monsieur, répondit Twemlow; mais vraiment je ne saurais profiter de vos offres généreuses. Je sens trop bien que — pour employer l'expression la plus douce, — je n'ai rien fait pour m'attirer vos bontés.

— Où peut-il être allé? murmura Fledgeby, en tirant de nouveau sa montre. Le connaissez-vous, mister Twemlow?

— Non, monsieur.

— Un vrai juif; encore plus juif au moral qu'au physique, surtout quand il ne s'emporte pas. Le calme chez lui est un mauvais signe. Regardez-le quand il entrera; si vous lui voyez l'air tranquille, n'espérez rien. Tenez, le voilà; et d'un calme effrayant ! » En disant ces paroles, qui produisirent un effet douloureux sur Twemlow, Fascination regagna son tabouret; il venait de s'y asseoir lorsque rentra le vieux Juif.

« Ah! mister Riah, dit-il, je vous croyais perdu. »

Le vieillard jeta un coup d'œil sur Twemlow, et s'arrêta, voyant que son maître avait des ordres à lui donner.

« Vraiment, répéta Fledgeby avec lenteur, je vous croyais perdu, mister Riah; et maintenant que je vous vois... Mais non; c'est impossible, vous n'en êtes pas capable. »

Le vieillard, qui tenait son chapeau à la main, releva la tête, et regarda Fledgeby avec inquiétude, comme s'il eût cherché à savoir quel nouveau fardeau allait lui être infligé.

« Serait-ce pour faire saisir chez ce pauvre Lammle que vous êtes sorti si vite? demanda Fledgeby. Non, c'est impossible; vous ne l'avez pas fait?

— Si, monsieur, répondit le vieillard à voix basse.

— Misérable! s'écria l'autre; je savais bien que vous étiez dur; mais je ne croyais pas que vous le fussiez à ce point-là.

— Monsieur, dit le vieillard d'une voix tremblante, j'ai suivi les ordres qui m'ont été donnés. Je ne suis pas le maître ici, et ne peux qu'obéir.

— Ne dites pas cela, répliqua Fascination, qui voyait avec joie le vieillard lever les mains comme pour se défendre contre le jugement que les auditeurs devaient porter sur lui. « C'est le refrain du métier; tous vos pareils disent la même chose. Vous avez le droit de poursuivre vos débiteurs, mais ne nous faites pas de ces contes-là, surtout à moi qui vous connais. »

Le vieillard serra le bord de sa longue tunique dans sa main gauche, et regarda Fledgeby.

« N'ayez pas cette douceur infernale, je vous en conjure, poursuivit ce dernier; je sais trop ce qu'elle annonce. Mais parlons affaires : voici mister Twemlow. »

Le Juif se tourna vers le gentleman et salua; ce pauvre agneau terrifié lui rendit son salut.

« Je viens d'éprouver un tel échec au sujet de ce pauvre Lammle, continua Fledgeby, qu'il me reste peu d'espoir d'obtenir quelque chose pour monsieur, dont je suis à la fois l'ami et le parent. Si pourtant vous deviez accorder une faveur à quelqu'un, je pense que ce serait à moi, et veux essayer de vous fléchir; d'ailleurs j'en ai fait la promesse. Allons, mister Riah, un peu d'indulgence; mister Twemlow est bon pour les intérêts; il les a toujours payés avec exactitude; il continuera certainement. Pourquoi le mettre dans la gêne? Vous n'avez rien contre lui, n'est-ce pas? Montrez-vous coulant, mister Riah. »

Le vieillard regarda au fond des petits yeux de Fledgeby, espérant y découvrir l'autorisation de se montrer coulant, et n'y vit pas le moindre signe.

« Ce n'est pas un de vos parents, dit Fledgeby; vous n'avez pas de raison pour lui en vouloir de sa qualité de gentilhomme, et du noble soutien qu'il a trouvé dans la famille. S'il a du mépris pour les affaires, cela vous est bien égal.

— Pardon, interposa la douce victime, je ne les méprise nullement; ce serait de ma part une prétention ridicule.

— N'est-ce pas joliment tourné, mister Riah, dit Fledgeby; allons, accordez-moi du temps pour mister Twemlow. »

Le vieillard chercha une seconde fois dans les yeux du maître la permission d'épargner le vieux gentleman. Mais Fledgeby entendait qu'il fût exécuté.

« C'est pour moi un véritable chagrin, dit mister Riah, mais 'ai des ordres : il faut rembourser le billet.

— En bloc? demanda Fledgeby.

— Et immédiatement, » répondit le vieillard.

Fledgeby regarda mister Twemlow en hochant la tête d'un air désolé, et parut sous-entendre : quel monstre que ce Juif! « Mister Riah, » dit-il (le vieillard leva rapidement les yeux dans l'espoir de trouver sur la figure du maître le signe qu'il attendait, « je ne crois pas devoir le cacher, poursuivit Fledgeby, il y a derrière mister Twemlow un certain grand personnage ; vous le savez peut-être?

— Oui, monsieur, dit le vieillard.

— Eh bien! pour en finir, — je vous pose là une question sérieuse — êtes-vous réellement décidé à obtenir de ce noble personnage soit une signature, soit le rachat de votre créance.

— Très-décidé, monsieur, répondit le vieillard qui lisait clairement cette résolution sur le visage du maître.

— Sans vous inquiéter, ou plutôt, dit celui-ci, en vous réjouissant de l'esclandre qui en résultera, et qui brouillera sans doute mister Twemlow avec le susdit personnage? »

Ces paroles n'exigeaient pas de réponse, et n'en reçurent aucune. Le pauvre Twemlow, qui éprouvait les plus vives angoisses depuis que son noble parent figurait dans le lointain, se leva en poussant un soupir. « Je vous remercie beaucoup, monsieur, dit-il à Fledgeby, en lui tendant sa main fiévreuse ; vous m'avez rendu un service que je ne méritais pas ; merci, monsieur, merci.

— Ne parlez pas de cela, répondit Fascination ; jusqu'à présent nous avons échoué ; mais je reste, et vais faire une nouvelle tentative.

— Ne vous abusez pas, dit le vieux Juif au pauvre Twemlow ; il n'y a pour vous aucun espoir ; on est sans pitié, ici. Il faut racheter votre créance, et le faire promptement ; ou vous aurez des frais considérables. Libérez-vous, monsieur ; ne comptez pas sur moi, et payez, payez, payez! »

Après avoir dit ces mots avec force, il rendit le salut que, toujours poli, mister Twemlow venait de lui adresser ; et le bon petit vieillard, profondément abattu, prit congé de Fledgeby.

Tout cela avait mis Fascination tellement en gaieté, qu'après le départ du digne homme, il ne put faire qu'une chose : s'approcher de la fenêtre, s'y appuyer, et rire tout bas. Quand il se retourna, ayant repris son sérieux, il vit son juif toujours à la même place, e miss Wren, qui, dans son coin, avait l'air indigné.

« Eh! s'écria-t-il, vous oubliez cette jeune fille, mister Riah. Donnez-lui ce qu'elle demande; elle a bien assez attendu; faites-lui bonne mesure, en supposant que vous puissiez être généreux une fois dans votre vie. »

Il regarda le vieux Juif mettre dans le petit panier les menus biffons que la petite ouvrière avait l'habitude d'acheter; mais, repris de sa veine joyeuse, il fut obligé de retourner à la fenêtre, et s'y appuya de nouveau.

« Là! chère Cendrillon, dit le vieillard à voix basse, le panier est tout plein; allez-vous-en, et soyez bénie.

— Ne m'appelez pas votre chère Cendrillon, cruel que vous êtes, répondit la petite ouvrière en agitant l'index avec autant d'indignation que si elle l'avait été en face de son ignoble enfant; vous n'êtes pas la bonne marraine; vous êtes le loup, dit-elle, le méchant loup; et si un jour Lizzie est vendue, je saurai bien qui l'aura trahie. »

XIV

MISTER WEGG PRÉPARE UNE MEULE POUR LE NEZ DE MISTER BOFFIN

Bientôt Vénus devint indispensable aux soirées du Bower. Avoir un co-auditeur des merveilles que révélait Silas, un associé, calculant avec lui le nombre de pièces d'or trouvées dans les théières, les cheminées, les magasins et autres banques de même nature, semblait augmenter les jouissances de mister Boffin. D'autre part, Silas Wegg, bien que jaloux par tempérament, et qui, en temps habituel, eût été blessé de la faveur croissante de l'anatomiste, éprouvait un si grand besoin d'avoir l'œil sur ce gentleman, en raison du précieux papier dont celui-ci était dépositaire, qu'il ne manquait pas une occasion de faire à mister Boffin l'éloge de Vénus, comme d'une tierce partie dont la présence était fort à désirer. Autre preuve d'affection du littérateur envers l'anatomiste : dès que le patron les avait quittés, Silas reconduisait invariablement le cher camarade jusque chez lui.

Certes, il en profitait pour demander l'exhibition réconfortante de l'inestimable dépôt; mais ce qui l'attirait à Clerkenwell, c'était, disait-il, le plaisir qu'il trouvait dans la compagnie du monteur de squelettes; et, puisqu'il était venu jusque-là, entraîné par les agréments sociaux de ce cher ami, il demandait à jeter un coup d'œil sur la pièce en question; simplement par acquit de conscience : « Car je sais fort bien, monsieur, qu'un homme de votre délicatesse désire être contrôlé chaque fois que l'occasion s'en présente; et ce n'est pas à moi de blesser vos sentiments. »

Silas Wegg dépensait maintenant toute son huile en pure perte; une certaine rouille, qu'il ne parvenait pas à combattre, semblait augmenter chez Vénus; et, à l'époque dont nous parlons, ce cher camarade ne se pliait au désir de son associé qu'avec des grincements et une roideur ostéologiques. Il était même allé deux ou trois fois jusqu'à reprendre mister Wegg, quand ce littérateur écorchait un mot, ou changeait le sens d'une phrase; au point que notre homme se mit dans le jour à étudier la lecture du soir et à s'arranger de manière à tourner les écueils, et à doubler les caps, au lieu d'y aborder. Évitant surtout la moindre allusion aux faits anatomiques, s'il apercevait un os devant lui, il sautait n'importe à quelle distance, plutôt que d'avoir à en articuler le nom.

La destinée contraire voulut qu'un soir la barque du littérateur fût assaillie par une nuée de polysyllabes, et s'égarât dans un archipel de mots rocailleux. Obligé à tout moment de sonder la passe, de chercher sa route avec la plus grande attention, mister Wegg se trouva dans l'impossibilité de rien voir autour de lui; ce dont profita Vénus, pour glisser un papier dans la main de mister Boffin, et se poser un doigt sur les lèvres.

Lorsque, rentré chez lui, mister Boffin déplia ce papier, il y trouva la carte de l'anatomiste accompagnée des mots suivants : « Serait fort aise d'être honoré avant peu d'une visite, qui aurait lieu à la chute du jour, et où il serait question d'une affaire qui vous est personnelle. »

Le lendemain soir vit mister Boffin jeter un coup d'œil aux grenouilles placées à la fenêtre de l'anatomiste, et Vénus faisant signe à ce gentleman de pénétrer dans la boutique. Invité à s'asseoir devant la cheminée, sur une caisse d'os humains de nature diverse, le boueur doré le fit avec plaisir, et promena autour de lui un regard admirateur. Le feu étant peu animé, sa clarté vacillante et la nuit très-prochaine, tout l'assortiment semblait cligner les yeux à l'imitation de Vénus; le gentilhomme français tout aussi bien que le reste. A chaque mouvement de la flamme, les orbites creuses de cet étranger paraissaient s'ouvrir et se fermer non moins régulièrement que les yeux d'émail des chiens, des chats et des oiseaux; et les bébés hindou, anglais, etc., apportaient avec la même obligeance leur concours à l'effet général.

« Comme vous voyez, je n'ai pas perdu de temps, dit mister Boffin, me voici.

— Oui, monsieur, dit Vénus, vous voilà.

— Je n'aime pas les mystères, reprit l'ancien boueur; en général les cachoteries me déplaisent; mais je suppose que vous avez de bonnes raisons pour être mystérieux à ce point-là.

— Je le pense, monsieur.

— Naturellement, répliqua le boueur doré. Vous n'attendez pas Wegg, le fait est certain.

— Non, monsieur, je n'attends plus personne. »

Mister Boffin regarda autour de lui, comme si le gentilhomme français, les bébés, les chiens, les canards, eussent complété le cercle attendu par l'anatomiste.

« Monsieur, dit Vénus, avant d'entamer l'affaire dont il va être question, je vous demanderai sur l'honneur, d'envisager cette entrevue comme une chose secrète.

— Permettez; il faut savoir ce que vous entendez par là, répondit Boffin; combien le secret doit-il durer? est-ce pour un temps, est-ce pour toujours?

— Je vous comprends, monsieur, répliqua Vénus; vous pensez que l'affaire en question est peut-être de nature à ce que vous ne puissiez pas la tenir secrète.

— Cela se pourrait, dit prudemment l'ancien boueur.

— Assurément, repartit Vénus. Eh! bien, monsieur, ajouta-t-il après s'être empoigné les cheveux pour s'éclaircir les idées, une autre proposition : donnez-moi votre parole d'honneur de ne rien faire, de ne rien dire à cet égard, de ne mêler mon nom à aucune de vos démarches sans que j'en aie connaissance.

— Cela me paraît juste, dit le boueur doré.

— Vous m'en donnez votre parole?

— Certainement.

— Votre parole d'honneur?

— Mon bon ami, répliqua mister Boffin, dès que ma parole est engagée, mon honneur l'est également; l'un ne va pas sans l'autre. J'ai trié dans ma vie beaucoup d'ordures, je n'ai jamais trouvé les deux séparément. »

Cette remarque sembla déconcerter quelque peu l'anatomiste. « C'est vrai, monsieur, » répondit-il avec hésitation.

Il fut quelque temps sans renouer le fil de son discours, balbutia de nouveau que c'était vrai, et dit enfin : « Si je vous avoue, monsieur, que j'ai accepté une proposition dont vous étiez l'objet, et qui n'aurait pas dû se faire, vous me permettrez de vous dire, et vous voudrez bien le prendre en considération, qu'à cette époque j'avais l'esprit complètement abattu. »

Les mains croisées sur la pomme de sa canne, le menton sur ses mains, et le regard tant soit peu narquois, le boueur doré fit un signe affirmatif.

« Parfaitement, dit-il.

— Cette proposition, monsieur, était un complot ayant pour but de tromper votre confiance ; à tel point que j'aurais dû vous la révéler immédiatement ; et loin de le faire, mister Boffin, j'y ai trempé. »

Nouveau signe du boueur, qui, sans remuer un doigt, ni un œil, répéta d'un air placide : « Parfaitement, Vénus.

— Non pas que je m'y sois jamais livré de bon cœur, poursuivit l'artiste d'un air contrit, et que j'aie été un seul jour sans me reprocher d'avoir déserté le sentier de la science pour prendre — il allait dire celui de la scélératesse ; mais ne voulant pas s'accuser d'une manière aussi rude, il termina sa phrase par ces mots sur lesquels il appuya avec force : pour prendre celui de la *weggerie*.

— Très-bien, répondit mister Boffin dont le regard était plus narquois et la tranquillité plus profonde que jamais.

— Maintenant, monsieur, que j'ai préparé votre esprit au gros de l'affaire, continua l'anatomiste, je vais articuler les détails. »

Après ce court exode, le monteur de squelettes fit l'histoire du pacte amical, et rapporta les faits dans toute leur réalité. On pourrait supposer que ce récit éveilla la surprise, sinon la colère de mister Boffin ; mais le boueur doré ne manifesta nulle émotion, et répondit à cela par un « très-bien, » non moins placide que le précédent.

« Je dois vous avoir étonné, monsieur, dit Vénus d'un air interrogateur.

— Certainement, » répondit Boffin avec une entière indifférence.

Vénus demeura stupéfait ; mais la surprise ne tarda pas à changer de côté. Lorsque reprenant son histoire, l'artiste en arriva à la découverte de Wegg, et raconta qu'ils avaient vu tous les deux, son associé et lui, déterrer la bouteille hollandaise, mister Boffin changea de couleur et d'attitude, et manifesta une anxiété de plus en plus vive jusqu'à la fin du récit.

« Vous savez, monsieur, dit Vénus en terminant, vous savez

ce qu'il y a dans cette bouteille; quant à moi je ne sais que ce que j'ai vu, et ne prétends pas en savoir davantage. Je suis fier de mon art, bien que je lui doive une déception qui m'a frappé au cœur, et m'a presque rendu à l'état de squelette; je suis, dis-je, fier de mon art, et c'est à lui que j'entends devoir mes moyens d'existence. En d'autres termes, je ne veux pas tirer le moindre penny de cette affaire déshonnête. La seule manière de réparer la faute que j'ai commise en prenant part à ce complot, est de vous avertir de la découverte de mister Wegg. Ce dernier mettra son silence à un taux fort élevé, j'en ai la certitude; car du moment où il a connu son pouvoir, il a disposé de vos richesses. Aurez-vous intérêt à subir ses conditions? vous en jugerez, monsieur, et vous prendrez les mesures qui vous paraîtront nécessaires. Quant à moi, je ne veux rien. Si l'on m'appelle en témoignage, je dirai la vérité; mais je ne souhaite pas qu'on m'interroge; et voudrais ne plus avoir à y songer.

— Merci, dit mister Boffin en serrant avec chaleur la main de l'anatomiste, merci, Vénus, merci. » Il arpenta le petit magasin d'un pas agité, et revenant s'asseoir au bout d'un instant. « Voyons, dit-il avec émotion. Si je dois acheter le silence de Wegg, je ne l'obtiendrai pas à meilleur marché que si vous preniez votre part; et il aura toute la somme, au lieu d'en avoir la moitié; car je suppose que vous partagiez avec lui.

— Cela devait être, répondit Vénus.

— Il aura donc la somme entière; et je n'en payerai pas moins, car c'est un gueux, n'est-ce pas? un gredin, un misérable.

— Assurément, dit Vénus.

— Ne pourriez-vous pas, insinua le boueur doré, après avoir regardé le feu pendant quelques instants, ne pourriez-vous pas avoir l'air de rester dans le complot jusqu'à la fin, et vous décharger la conscience en me remettant ce que vous auriez soi-disant empoché.

— Non, monsieur, répondit Vénus d'une voix ferme.

— Pas même comme réparation?

— Non, monsieur; il me semble qu'après être sorti de ce qui est honnête, la seule chose qu'il y ait à faire est d'y rentrer.

— Ce qui est honnête, reprit Boffin d'un air rêveur, qu'entendez-vous par là?

— J'entends le droit, répondit sèchement Vénus.

— Il me semble, grommela Boffin en regardant le feu, que si le droit est quelque part c'est de mon côté. J'ai plus de droit que la Couronne à l'argent du patron; qu'est-ce que la Couronne a jamais fait pour lui, si ce n'est de lui réclamer la taxe? Au lieu que moi et ma femme, nous avons fait tout au monde. »

Mister Vénus, la tête dans ses mains, et plongé dans la mélancolie par la cupidité de mister Boffin, se donna la jouissance d'augmenter sa tristesse en murmurant : « Elle ne veut pas être considérée au point de vue de ses os. »

— Et comment vivrai-je? demanda Boffin d'un air piteux, s'il faut que j'achète les gens sur le peu que j'ai gagné? Comment arranger l'affaire? Quand faudra-t-il que je paye? A quelle époque doit-il fondre sur moi? vous ne me l'avez pas dit. »

Vénus répondit que le projet de mister Wegg était de ne rien faire tant que les monticules ne seraient pas enlevés, et il en expliqua le motif.

« Je présume, dit mister Boffin avec une lueur d'espoir, qu'il n'y a pas de doute sur la date et l'authenticité de ce diable de testament.

— Pas le moindre doute, répondit Vénus.
— Où peut-il être déposé? demanda-t-il d'un air câlin.
— Chez moi, monsieur.
— Chez vous! s'écria Boffin avec chaleur. Demandez ce qu'il vous plaira, n'importe quelle somme, et jetez-le au feu; dites... voulez-vous? Je...
— Non, interrompit Vénus; je ne veux pas.
— Ni me le confier?
— Ce serait la même chose, monsieur. »

Le boueur doré allait continuer ses demandes, quand un certain clopinement résonna au dehors, et s'approcha de la porte.

« Chut! le voilà, dit Vénus; cachez-vous dans le coin, derrière le crocodile; vous pourrez l'entendre et le juger par vous-même. Je n'allumerai la chandelle que lorsqu'il sera parti, il est habitué au crocodile, et ne fera pas attention à vous. Retirez vos jambes, monsieur; je vois des souliers au bout de la queue. Placez bien votre tête; là, derrière sa gueule souriante; vous y serez parfaitement. Il y a de la place; un peu de poussière; mais c'est de la couleur de vos habits. Y êtes-vous, monsieur? »

Le boueur doré avait à peine eu le temps de chuchoter un oui, que mister Wegg ouvrait la porte.

« Comment va ce cher camarade? demanda Silas d'un air dégagé.

— Pas de quoi se vanter, répondit Vénus.
— Vraiment! soupira Wegg; je suis désolé que vous ne vous remettiez pas plus vite. Votre âme, cher monsieur, est trop vaste pour votre corps; voilà le malheur. Et notre fonds de commerce? toujours en lieu sûr, j'espère?
— Voulez-vous le voir?

— S'il vous plaît, répondit Wegg en se frottant les mains, je serai bien aise de l'examiner avec vous, cher associé, ou, pour me servir des paroles qui ont été mises en musique il y a peu de temps :

Je désire le voir avec vos yeux,
Et le confirmer avec les miens.

Mister Vénus tira une clef de sa poche, se retourna, ouvrit un meuble, et produisit le testament dont il garda le coin entre les doigts, comme il faisait d'habitude. Mister Wegg, tenant le coin opposé, s'installa sur le siége que venait de quitter mister Boffin, et parcourut le précieux document.

« Fort bien, dit-il avec une extrême lenteur, dans sa répugnance à lâcher prise, fort bien. » Et il regarda d'un œil avide son associé remettre le testament à sa place, tourner la clef, et la replonger dans sa poche.

« Rien de nouveau ? demanda Vénus en se rasseyant derrière le comptoir.

— Si, monsieur, il y a du nouveau : ce matin le vieux ladre...

— Mister Boffin ? dit Vénus en lançant un coup d'œil vers le sourire du crocodile.

— Au diable le mister, s'écria Wegg avec une honnête indignation; Boffin tout court, Boffin le boueur. Ce chien maudit, aussi rusé qu'avare, envoie ce matin dans la cour, pour se mêler de nos affaires et surveiller notre bien, un garçon à lui, un nommé Salop. « Que demandez-vous, jeune homme ? c'est une cour particulière, » dis-je à ce garçon. Il me présente alors un papier d'une autre canaille au service de ce boueur, qui autorise ledit galopin à surveiller le travail de la cour, et le chargement des voitures. C'est un peu fort; ne trouvez-vous pas?

— Rappelez-vous qu'il ne connaît pas nos droits, insinua Vénus.

— D'accord; c'est pour ça qu'il faut lui souffler la chose, et de manière à l'effrayer; car, donnez-lui un œuf, et il prendra un bœuf. Laissez-le faire; vous verrez ce qui arrivera; il est capable d'enlever tout ce que nous avons. Pour moi, je n'y tiens plus; il faut que je lui dise son fait, ou j'éclaterai. Chaque fois qu'il met la main à sa poche, c'est comme s'il la fourrait dans la mienne; chaque fois qu'il fait sonner sa bourse, c'est mon argent qu'il me paraît faire sauter. A la fin on se lasse; et je ne peux plus attendre; c'est trop pour une jambe de bois.

— Mais, objecta Vénus, il a été dit qu'on n'agirait qu'après l'enlèvement des monticules; c'est vous-même qui l'avez décidé.

— Je le reconnais, cher camarade; mais j'ai dit en même temps que s'il venait rôder en *fraude* autour de notre avoir, on lui apprendrait qu'il n'en a pas le droit, et que nous en ferions notre esclave. Ne vous l'ai-je pas dit?

— Certainement, dit Vénus.

— Certainement, répéta Silas, mis en belle humeur par cette prompte admission du fait. Eh bien! je considère l'envoi de ce galopin comme un acte frauduleux qui mérite qu'on lui passe le nez à la meule.

— Et vous l'aiguiserez bien, dit Vénus; car le soir où nous l'avons suivi, s'il a emporté la bouteille, ce n'est pas votre faute, mister Wegg.

— Comme vous dites, cher associé; on ne pouvait pas souffrir qu'il s'en allât comme un voleur, par une nuit noire, fouiller dans un tas qui nous appartenait, puisque d'un mot nous pouvions le dépouiller du dernier grain de cendre, ou lui faire payer tout ce que nous voulions, — fouiller un tas qui nous appartenait, et emporter les trésors qui s'y trouvaient enfouis! Était-ce possible? non; c'est encore une chose qui lui fera passer le nez à la meule.

— Qu'entendez-vous par là, mister Wegg?

— J'entends l'insulter en face, répliqua l'estimable Wegg; s'il a envie de me répondre, je lui jetterai ça à la figure : « Pas un mot de plus, chien de boueur, ou je fais de vous un mendiant. »

— Et s'il ne dit rien? demanda Vénus.

— Nous nous arrangerons; ça ira plus vite; je lui mettrai la bride et le conduirai un peu bien, soyez tranquille. Plus on le mènera durement, mieux il payera, et la somme sera ronde, je vous en réponds, cher associé.

— Vous lui en voulez donc beaucoup, mister Wegg?

— Si je lui en veux! N'est-ce pas pour lui que j'ai décliné l'Empire tous les jours l'un après l'autre? N'est-ce pas lui que j'attends chez moi trois fois par semaine, planté comme un jeu de quilles pour être abattu, puis relevé, puis abattu de nouveau par les livres qu'il lui plaît de me jeter à la tête, moi qui vaux mieux que lui, monsieur, des cent fois et des cinq cents fois? »

Mister Vénus accueillit cette assertion d'un air de doute, peut-être pour exaspérer maître Wegg, afin qu'il se montrât sous son plus mauvais jour.

« Comment! s'écria le littérateur en frappant sur le comptoir; n'est-ce pas ou coin de la maison qui est déshonorée aujourd'hui par ce mignon de la fortune, que moi, Silas Wegg, qui vaux mille fois plus que ce ver de terre, je suis allé m'asseoir des années par la pluie, le vent et la neige, pour attendre une pratique ou une commission ? N'est-ce pas là, au coin de ce noble hôtel, que je l'ai vu pour la première fois nageant dans le luxe pendant que je vendais des chansons pour avoir du pain ? Faudra-t-il encore que j'aie fouillé dans la cendre pour qu'il en ait le profit ? Non pas, mister Vénus. »

Le gentilhomme français, éclairé tout à coup par la flamme, grimaça un sourire, comme s'il eût compté les milliers d'êtres venimeux dont la haine pour les heureux de ce monde est basée sur les mêmes motifs que celle de mister Wegg. On eût dit que les bébés à têtes monstrueuses allaient achever leur culbute, et chercher à quel nombre se montent les enfants des hommes qui, par le procédé de mister Wegg, transforment les services en injures, et leurs bienfaiteurs en ennemis. Enfin le large rictus de l'alligator semblait dire : Tout cela est connu et familier depuis des siècles dans les profondeurs de la fange.

« Mais votre figure expressive, continua Silas Wegg, me dit que je suis plus sombre et plus féroce que d'habitude ; peut-être, en effet, me suis-je livré à des pensées trop amères. Fuyez, noirs soucis, fuyez au loin. Tout est dissipé, monsieur ; je vous ai regardé, et le calme a repris son empire ; car, ainsi que le dit la chanson :

    Lorsqu'un homme est en proie au plus cruel tourment,
    Le brouillard s'en va quand Vénus vient à paraître ;
    Comme les sons d'un violon, oui monsieur, tout doucement,
    Vous relevez notre esprit et charmez tout notre être.

Bonsoir, mister Vénus.

— Bonsoir, mister Wegg. Avant peu, j'aurai un mot à vous dire au sujet de notre affaire.

— Mon heure sera la vôtre, mister Vénus ; en attendant je vais préparer la meule pour y mettre le nez de ce vieux renard. »

Ayant fait cette aimable promesse, Silas se dirigea vers la porte et la ferma derrière lui.

« Attendez que j'allume, monsieur, dit l'artiste, vous sortirez plus aisément. »

La chandelle allumée, portée à bras tendu par Vénus, mister Boffin sortit de sa cachette, et d'un air tellement défait, que non-seulement l'alligator paraissait avoir pris tout le plaisir de l'aventure, mais semblait rire aux dépens du bonhomme.

« Quel monstre ! fit le vieux boueur en s'époussetant les bras et les jambes ; un être abominable !

— L'alligator ? demanda l'anatomiste.

— Non, Vénus, non, je parle du serpent.

— Veuillez le remarquer, reprit Vénus, je ne lui ai pas même laissé entrevoir que je me retirais de l'affaire, voulant d'abord en causer avec vous; mais je n'en serai jamais dehors assez tôt; veuillez donc, monsieur, me dire à quelle époque il entre dans vos idées que je rompe avec mister Wegg.

— Merci, Vénus, merci; mais je ne sais que vous répondre; c'est fort embarrassant. De toute manière il fondra sur moi un jour ou l'autre. Il y est bien décidé, n'est-ce pas?

— Très-décidé, monsieur.

— En continuant d'en être, vous pourriez me protéger, vous placer entre nous deux et amortir le coup. Restez au moins dans le complot, c'est-à-dire ayez-en l'air, jusqu'à ce que j'aie pu me retourner. »

Vénus demanda combien il faudrait de temps pour cette opération.

« Je n'en sais rien, dit le bonhomme; tout est bousculé dans ma tête. Si je n'avais pas eu cette fortune, je n'y aurais jamais songé; mais la tenir, et qu'on vous en dépouille, ce serait trop dur; ne trouvez-vous pas, Vénus? »

L'anatomiste préféra laisser à mister Boffin le soin de trancher la question.

« Je ne sais à quoi me résoudre, reprit le boueur doré; consulter quelqu'un; c'est donner à un autre l'occasion de faire acheter son silence, et me ruiner complétement. Autant vaudrait tout lâcher, et s'en aller au work-house. En parler à Rokesmith, c'est la même chose; un jour ou l'autre il fondra sur moi; je suis venu au monde pour qu'on m'attaque. »

Les mains sur ses poches, et les pressant comme s'il y ressentait une vive douleur, Noddy Boffin trottinait dans la boutique en proférant ces lamentations que le maître du logis écoutait en silence.

« Après tout, Vénus, vous ne m'avez pas dit ce que vous comptez faire, à quelle époque vous entendez rompre, et comment vous sortirez de là. »

Vénus répondit que mister Wegg ayant trouvé le testament, son intention était de le lui rendre, en lui déclarant qu'il ne voulait plus en entendre parler; Silas ferait alors ce qui lui plairait et en subirait les conséquences.

« Il fondra sur moi, et je serai seul contre lui! s'écria Boffin avec douleur. J'aimerais mieux être attaqué par vous, mister Vénus; même par vous deux que par lui tout seul. »

L'anatomiste répéta que sa ferme intention était de rentrer dans la voie de la science, et de n'attaquer ses semblables qu'après leur mort, afin de les articuler avec tout le soin qu'il pourrait y apporter.

« Mais combien de temps garderez-vous les apparences? Si je vous priais de rester jusqu'à la fin de l'enlèvement des monticules? reprit mister Boffin.

Vénus ne voulait pas; ce serait trop prolonger son affreux malaise.

« Pas même si l'on vous donnait pour cela de bonnes raisons, des raisons suffisantes? » demanda le boueur doré.

Si mister Boffin entendait par là des motifs inattaquables, cela pourrait peut-être... mais il ne croyait pas à l'existence de pareils motifs.

« Venez chez moi, dit Boffin; voulez-vous?

— Pour y trouver de bonnes raisons? demanda Vénus avec un sourire incrédule.

— Peut-être que oui, dit le boueur doré; cela dépend de votre manière de voir. Jusque-là ne sortez pas du complot. Voyons! donnez-moi votre parole que vous ne ferez aucune démarche sans que j'en aie connaissance; je vous réitère la mienne de ne rien faire sans vous prévenir.

— Accordé, répondit l'anatomiste après une courte réflexion.

— Merci, Vénus, merci.

— Quel jour, monsieur, pourrai-je aller vous voir?

— Quand vous voudrez; le plus tôt sera le meilleur; mais il faut que je parte; bonsoir Vénus.

— Bonsoir, monsieur.

— Bonsoir la compagnie, dit mister Boffin, en jetant les yeux autour de la boutique. Une drôle de société, que j'aimerais assez à connaître; je reviendrai un de ces jours. Bonsoir, Vénus, bonsoir; je vous remercie encore, merci, merci. » Il ferma la porte et reprit le chemin de son hôtel.

« Peut-être bien, se dit-il en trottinant et en dorlotant sa canne, peut-être bien que ce Vénus, qui fait là le bon apôtre, n'est pas meilleur que Wegg. Qui m'assure qu'il ne songe pas à venir réclamer sa part, quand j'aurai acheté l'autre, et à me dépouiller jusqu'aux os? »

C'était une idée tout à fait dans l'esprit de l'école dont il étudiait les maîtres, et il continua sa route d'un air rusé et soupçonneux. Deux fois, trois fois et même plus, mettons la demi-douzaine, il enleva sa grosse canne du bras où il la berçait, et, de la pomme de ce bâton, il frappa dans le vide un coup violent. Il est possible qu'il eût alors devant les yeux la figure ligneuse de son littérateur, car il frappait avec une vive satisfaction.

Il n'avait plus à franchir que deux ou trois rues pour gagner son hôtel, lorsqu'une voiture de maître, suivant la direction contraire, passa près de lui, et revint sur ses pas. C'était un petit coupé d'une allure excentrique; car mister Boffin le vit revenir, l'entendit s'arrêter, et le vit passer de nouveau, s'enfuir et disparaître; toutefois pour ne pas aller bien loin, puisque le boueur doré le retrouva au coin de sa rue.

Un visage de femme était à la portière; en passant près de cette voiture mister Boffin entendit son nom.

« Pardon, madame? dit-il en s'arrêtant.

— Missis Lammle », reprit la voix.

Mister Boffin, s'approchant de la voiture, espéra que missis Lammle était bien portante.

« Non, cher monsieur; pas bien du tout; je suis très-agitée; c'est peut-être une folie; mais je n'en souffre pas moins. Il y a une demi-heure que je vous attends; pourrais-je vous dire un mot, cher monsieur? »

Le boueur doré proposa à missis Lammle de venir chez lui, d'où ils n'étaient plus qu'à deux pas.

« Merci, cher monsieur; à moins que vous n'y teniez absolument. Ce que j'ai à vous dire est tellement délicat, qu'il me serait pénible d'en parler chez vous; d'ailleurs, ce serait difficile. Vous devez trouver cela bien étrange?

— Oui, pensa mister Boffin, qui répondit non.

— C'est que je suis tellement reconnaissante de l'affection de mes amis, tellement touchée de leur estime, que l'idée de trahir leur confiance m'est odieuse, alors même qu'il s'agit d'un devoir. J'ai demandé à mon mari si vraiment c'était un devoir impérieux; et ce cher Alfred m'a répondu par un oui des plus positifs. Je regrette de ne pas lui en avoir parlé plus tôt; je me serais épargné bien du tourment.

— Est-ce une nouvelle attaque? pensa Noddy tout effaré.

— C'est lui qui m'envoie, cher monsieur. Ne revenez pas, m'a-t-il dit en partant, sans avoir vu mister Boffin, et lui avoir tout confié. Il en pensera ce qu'il voudra; mais il faut qu'il le sache. Vous déplairait-il de monter dans ma voiture?

— Pas du tout, répondit mister Boffin, qui s'installa à côté de missis Lammle.

— Marchez lentement, et roulez sans bruit, dit cette dernière au cocher.

— Ça ne peut être qu'une attaque, se dit mister Boffin; que va-t-elle demander? »

XV

PIS QUE JAMAIS

Présidé par Bella, le déjeuner, chez mister Boffin, était ordinairement très-agréable. Le boueur doré, en s'éveillant, retrouvait chaque jour son ancien caractère; il lui fallait vivre pendant quelques heures au contact de sa fortune pour en ressentir l'influence corruptrice; et, généralement, à ce premier repas, sa figure et ses manières ouvertes auraient pu faire croire qu'il n'était pas changé. Cet éclat s'affaiblissait peu à peu; et les nuages qui venaient assombrir le vieux boueur se multipliaient à mesure que la journée avançait; on eût dit que les ombres de l'avarice et de la défiance s'allongeaient en même temps que la sienne, et que la nuit l'envahissait par degrés.

Mais un matin, dont on devait garder le souvenir, il était minuit pour mister Boffin quand il apparut dans la salle. Jamais le triste changement qui s'était opéré en lui n'avait été si marqué. Sa manière d'être à l'égard du secrétaire fut si arrogante, si injurieuse, que le malheureux jeune homme sortit de table avant la fin du déjeuner; et le coup d'œil que lui lança mister Boffin, tandis qu'il se retirait, fut à la fois astucieux et vindicatif. Bella en aurait été indignée, alors même que le poing du vieux boueur n'aurait pas menacé Rokesmith au moment où ce dernier fermait la porte.

C'était précisément la veille de ce matin mémorable que l'entrevue du boueur doré avec missis Lammle avait eu lieu. Bella examina la figure de missis Boffin, espérant y trouver l'explication de cette humeur orageuse; mais elle n'y put rien voir, si ce n'est que l'excellente femme l'observait elle-même avec anxiété.

Quand elles furent seules toutes les deux, ce qui n'arriva que dans l'après-midi, car mister Boffin, allongé dans son fauteuil ou trottinant dans la salle, resta longtemps près d'elles, serrant les poings et marronnant avec colère, quand elles furent seules, disons-nous, Bella demanda à sa vieille amie ce qui avait pu fâcher mister Boffin.

« Je ne dois pas vous le dire, chère belle; il m'est défendu de vous en parler. »

Elle n'obtint pas d'autre réponse; et lorsque, très-surprise, elle releva la tête, elle se vit avec effroi l'objet d'un nouvel examen de la part de mistress Boffin.

Oppressée par l'attente d'un événement fâcheux, et se demandant pourquoi l'excellente femme la regardait comme si elle devait y prendre part, Bella trouva la journée mortellement longue. Vers le soir, — elle était dans sa chambre, — un domestique vint lui dire que mister Boffin la priait de se rendre chez lui.

Missis Boffin était sur le divan; le boueur doré trottinait de long en large; il s'arrêta en voyant entrer la jeune fille, l'appela d'un signe, lui prit la main, et se l'accrocha au bras.

« N'ayez pas peur, dit-il; je ne suis pas fâché contre vous. Pourquoi trembler comme cela? Rassurez-vous, chère belle, vous allez être vengée.

— Vengée? murmura-t-elle avec surprise.

— Oui, ma chère; attendez un peu. »

Il sonna, et fit demander Rokesmith. Bella se serait perdue en conjectures, si elle en avait eu le temps; mais le domestique ayant trouvé le secrétaire dans le corridor, celui-ci entra à l'instant même. « Fermez la porte, lui cria le boueur doré; ce que j'ai à vous dire ne vous plaira pas.

— Je le regrette, mais c'est probable, fit observer Rokesmith.

— Qu'est-ce que cela signifie? s'écria le vieux boueur.

— Qu'il n'est pas nouveau pour moi d'avoir à écouter de votre part ce que j'aimerais mieux ne pas entendre.

— Cela va changer, dit mister Boffin en secouant la tête d'un air de menace.

— Je l'espère, monsieur, répondit le jeune homme d'un ton calme et respectueux, qui néanmoins était ferme et digne, ce que Bella reconnut avec joie.

— Monsieur, poursuivit mister Boffin, regardez la jeune fille qui est à mon bras. »

A ces paroles imprévues, miss Wilfer leva les yeux et rencontra ceux de Rokesmith, dont le visage était pâle et agité. Elle se tourna vers mistress Boffin, rencontra de nouveau le regard du secrétaire, et, subitement éclairée par l'étincelle qu'elle en vit jaillir, elle comprit ce qu'elle avait fait.

« Je vous dis, monsieur, répéta mister Boffin, de regarder cette jeune lady. »

Bella crut voir un reproche dans les yeux qui s'arrêtaient sur elle; mais il est possible que le reproche fût en elle-même.

«Dans la position où vous êtes, reprit le boueur doré, comment avez-vous pu oser sortir de votre classe, jusqu'à l'importuner de vos hommages impudents?

— Je ne crois pas, monsieur, devoir répondre à des paroles aussi blessantes.

— Ah! vous refusez de répondre; vous ne croyez pas... eh bien! moi je le ferai pour vous. La chose a deux faces, et je les prends l'une après l'autre : la première, c'est de l'insolence toute pure. » Rokesmith sourit avec amertume. « Oui, toute pure, continua mister Boffin; pure insolence de penser à cette jeune lady qui n'est pas faite pour vous. Est-ce que vous n'êtes pas trop au-dessous d'elle? Il lui faut quelqu'un de riche, — telle qu'elle est, ça ne peut pas lui manquer, — et vous ne l'êtes pas. »

Bella baissa la tête, et parut vouloir quitter le bras de mister Boffin.

« Je vous demande un peu qui vous êtes, vous, pour prétendre à cette jeune lady? Elle attend une bonne enchère; elle y a droit; elle n'est pas sur le marché pour ceux qui ne pourraient pas la payer.

— Oh! monsieur! murmura Bella en se couvrant la figure de ses deux mains. Parlez pour moi, missis Boffin, je vous en conjure!

— Taisez-vous, la vieille! dit le boueur doré en prévenant la réponse de sa femme. Bella, ma chère, calmez-vous; soyez tranquille; je soutiens vos droits.

— Mais non, monsieur, mais non! s'écria-t-elle avec force, vous me faites injure.

— Ne vous troublez pas, ma chère, reprit le vieux boueur avec complaisance; il va être obligé de s'expliquer. Voyons, Rokesmith, si vous refusez de répondre, vous ne pouvez pas refuser d'entendre; eh bien! je vous répète qu'il y a d'abord dans votre conduite insolence et présomption. Elle vous l'a dit elle-même, vous ne le nierez pas.

— Je lui en ai demandé pardon, s'écria Bella; je le lui demanderais encore, et à deux genoux, si cela pouvait lui épargner vos paroles. »

Ici, les larmes de missis Boffin éclatèrent.

« Pas de tapage, la vieille! s'écria le mari. Très-bien, ma belle, c'est d'un bon cœur; mais j'entends dire à ce garçon tout ce qu'il mérite. Impudence, voilà le premier côté de l'affaire; et ce n'est rien auprès de l'autre, qui est une indigne spéculation.

— Je le nie formellement.

— Niez tant qu'il vous plaira; ça ne signifie rien. J'ai une tête sur les épaules, et ce n'est pas celle d'un enfant. Est-ce que je ne sais pas, continua mister Boffin en prenant attitude une soupçonneuse, et en faisant de son visage un amas de replis tortueux, est-ce que je ne sais pas tout ce qu'on fait pour me dévaliser? Si je n'avais pas l'œil ouvert, et les mains sur mes poches, il y a longtemps que j'aurais dû prendre le chemin du work-house. Est-ce que je n'ai pas l'exemple de Dancer, d'Elwes, d'Hopkins, de Blewbury, et de tant d'autres? Est-ce qu'ils n'ont pas été assaillis par un chacun, attaqués de façon à tomber dans la misère? Est-ce qu'ils n'ont pas été forcés de cacher tout leur avoir, sans quoi on aurait tout pris? voilà qui est certain. On me dira peut-être qu'ils ne connaissaient pas les hommes.

— Pauvres gens! murmura le secrétaire.

— Qu'est-ce que vous dites? murmura brusquement le boueur doré. Mais non, c'est inutile de le répéter; ça n'en vaut pas la peine; d'ailleurs nous ne serions pas d'accord. Je vas dérouler votre plan à cette jeune lady; je veux lui montrer ce que vous êtes; et vous aurez beau dire, rien ne pourra vous défendre. Écoutez bien, ma chère: c'est un garçon qui n'a rien, un pauvre, que j'ai ramassé dans la rue. Est-ce vrai, Rokesmith?

— Allez, monsieur; ne faites pas appel à mon témoignage.

— Votre témoignage? est-ce que j'en ai besoin, moi? y faire appel? ce serait un peu drôle. Je le disais donc, c'est un pauvre que j'ai ramassé dans la rue. Je ne le connaissais pas; il est venu à moi, m'a demandé de le prendre pour secrétaire, et je l'ai pris. Très-bien; le voilà au courant de mes affaires, et il arrive à savoir que je veux doter cette jeune lady. « Oh! oh! que se dit mon jeune homme, » — ici le vieux boueur se frappa la narine avec le doigt d'un air astucieux, pour représenter Rokesmith en conférence avec son nez, — « un fameux coup de filet! mettons-nous à l'ouvrage. » Et voilà mon compère qui se met à ramper du côté de la dot. Pas mauvaise la combinaison; car si la jeune lady avait eu moins de bon sens, ou l'esprit tourné au romanesque, par saint Georges! il pouvait réussir et empocher le magot. Par bonheur, elle était plus forte que lui. Maintenant qu'il a été pris la main dans le sac, il fait une jolie figure.

— Vos malheureux soupçons... commença Rokesmith.

— Très-malheureux pour vous, interrompit Boffin, rien n'est plus sûr.

— Ne méritent pas qu'on essaye de les détruire, continua Rokesmith, et je ne m'en donnerai pas la peine; mais par respect pour la vérité...

— Bouh! la vérité! vous ne vous en moquez pas mal, dit le vieux boueur en faisant claquer ses doigts.

— Noddy! s'écria sa femme d'un ton de reproche, Noddy!

— Tais-toi, la vieille; je dis et je répète qu'il se moque de la vérité.

— Nos relations étant rompues, monsieur, répliqua le secrétaire, peu importe ce que vous pouvez dire.

— Oh! vous êtes malin, reprit le vieux boueur d'un ton narquois; tout est fini entre nous, vous l'avez deviné; mais ce n'est toujours pas vous qui aurez pris les devants. Regardez un peu ce que je tiens là ; c'est votre paye, et votre certificat. Vous voyez que j'ai le pas sur vous; ne prétendez pas que vous quittez la place: c'est moi qui vous renvoie.

— Pourvu que je parte, cela m'est égal, dit Rokesmith.

— Vraiment! eh bien! à moi, ça ne m'est pas égal du tout. Un garçon qui vous quitte, c'est une chose; et le renvoyer parce qu'il a des vues sur votre fortune, c'en est une autre. Une et une font deux. Reste tranquille, la vieille; mêle-toi de ce qui te regarde.

— Avez-vous dit tout ce que vous vouliez dire, monsieur? demanda Rokesmith.

— Je n'en sais rien.

— Peut-être cherchez-vous s'il n'y a pas d'autres injures que vous puissiez m'adresser?

— Je le ferai si ça me plaît, je n'ai pas besoin de votre permission. Vous voulez avoir le dernier mot, vous ne l'aurez pas.

— Noddy, mon cher, tes paroles sont très-dures, s'écria la pauvre femme, ne pouvant plus se contenir.

— La vieille, répondit mister Boffin, mais sans rudesse, si tu fourres ton nez là dedans sans qu'on t'y invite, j'irai chercher un oreiller, je te mettrai dessus, et je te porterai dans ta chambre. Que voulez-vous dire, Rokesmith?

— Un seul mot à miss Wilfer et à votre excellente femme.

— Dites-le et dépêchez-vous; car j'ai assez de votre présence.

— Si j'ai supporté la position que j'avais ici, dit-il à demi-voix, c'était pour ne pas m'éloigner de miss Wilfer. Être près d'elle m'a dédommagé de tout ce que j'ai pu souffrir, m'a récompensé des efforts de chaque jour, et fait oublier le triste aspect sous lequel elle a dû me voir. Depuis qu'elle a repoussé mes vœux, pas un mot, pas un regard, au moins que je sache, ne les lui a rappelés; mais je suis aujourd'hui tel que j'étais autrefois, si ce n'est que mon dévouement pour elle, — qu'elle me pardonne ce langage, — est plus profond et mieux fondé que jamais.

— Notez-le bien, s'écria le boueur en clignant un œil d'un air finaud, quand il dit miss Wilfer, ça signifie livres, schellings et pence; voilà à quoi il est dévoué.

— Le sentiment que j'ai pour miss Wilfer, continua Rokesmith, n'est pas de ceux dont on doive rougir : je l'aime, et l'avoue sans crainte. Quel que soit l'endroit où je me rende en partant de cette maison, la vie sera pour moi décolorée et sans but, puisque je l'aurai quittée.

— C'est-à-dire quitté la dot : livres, schellings et pence, ajouta mister Boffin en clignant de nouveau les yeux.

— Que nulle pensée cupide ne se mêle dans mon esprit à celle de miss Wilfer, poursuivit Rokesmith, cela n'a rien de méritoire, puisque tous les trésors que je pourrais imaginer seraient sans valeur auprès d'elle. Qu'elle fût riche et du rang le plus élevé, cela n'aurait d'autre importance à mes yeux que d'augmenter la distance qui nous sépare, et je n'en serais que plus désespéré. Qu'elle puisse d'un mot vous dépouiller de votre fortune et se l'approprier, mister Boffin, pour moi elle n'en vaudra pas davantage.

— Qu'en penses-tu, la vieille ? demanda le boueur d'une voix railleuse en se tournant vers sa femme ; crois-tu encore qu'il ne se moque pas de la vérité ? Tais-toi, ma chère ; tu n'as pas besoin de parler ; mais tu as le droit de penser en toi-même. Quant à me dépouiller de mon avoir, je te garantis que si la chose était possible, il le ferait bien tout seul.

— Non, monsieur, » répondit Rokesmith en le regardant en face.

Mister Boffin se mit à rire. « Ah ! bah ! rien de tel que ces gens-là pour faire un bon coup, lorsqu'ils en ont le moyen.

— Je n'ai pas tout dit, reprit Rokesmith d'un ton grave. L'intérêt que m'inspire miss Wilfer a commencé dès notre première rencontre ; je dirai mieux, je ne l'avais jamais vue, qu'elle m'occupait déjà. Elle l'a toujours ignoré ; mais c'est là ce qui m'a fait rechercher mister Boffin et entrer à son service. Si j'en parle c'est pour me justifier de l'odieux calcul dont on m'accusait tout à l'heure.

— Un fameux chien ! dit mister Boffin d'un air capable ; il a encore plus de nez que je ne croyais. A-t-il préparé ça de loin, et bien conduit la chasse ! Il cherche d'abord à me connaître, puis à connaître ma fortune, puis cette jeune lady, puis la part qu'elle avait dans le testament. Il rassemble tout cela, et se dit en lui-même, je vas me faufiler chez Boffin, entortiller miss Wilfer, les attacher avec la même corde, et mener mes cochons à la foire ; je l'entends d'ici. Mais, Dieu me bénisse ! il n'avait pas affaire aux gens qu'il supposait. C'est à nous deux, ma Bella, puis à Dancer, à Hopkins, à Elwes, à Jones, à tous les autres qu'il s'adressait, et il a été battu. Il croyait nous faire sortir l'argent de la poche, et c'est lui qu'on fait sortir. »

Bella ne répondit rien ; pas un mot, pas un geste. Assise de côté sur une chaise, les mains sur le dossier, la figure dans ses mains, elle n'avait pas changé d'attitude depuis qu'elle avait retiré son bras de celui du boueur doré. Missis Boffin se leva au milieu du silence, et parut vouloir se diriger vers Bella ; mais son mari l'arrêta d'un signe, et l'obéissante femme se rassit immédiatement.

« Voici votre paye, monsieur, dit le boueur doré en jetant à Rokesmith ce qu'il avait à la main. Après les bassesses que vous avez faites, il ne doit pas vous en coûter de ramasser votre argent.

— Non, monsieur, car je l'ai gagné par un dur travail.

— J'espère que vous faites les paquets un peu vite ; plus tôt vous aurez décampé, mieux ça vaudra pour tout le monde.

— N'ayez pas peur, monsieur, que je m'attarde chez vous.

— Il y a cependant une chose que je voudrais vous demander avant d'être délivré de votre présence, ne serait-ce que pour montrer combien les fourbes de votre espèce s'abusent quand ils supposent qu'on ne voit pas qu'ils se contredisent. Vous prétendez avoir de l'admiration pour cette jeune lady...

— Je ne fais pas que de le prétendre, monsieur.

— Très-bien ; disons que vous l'admirez, puisque vous êtes si pointilleux. Comment alors avez-vous pu croire que cette jeune lady était assez imprévoyante, assez idiote, pour jeter son argent aux girouettes, et courir à toutes jambes au workhouse ?

— Je ne vous comprends pas, monsieur.

— C'est pourtant clair. Où en serait-elle maintenant si elle avait écouté vos fleurettes ?

— Si j'avais été assez heureux pour gagner son affection, et posséder son cœur ? est-ce là ce que vous voulez dire, monsieur ?

— Gagner son affection ! répéta le boueur doré avec un ineffable mépris ; gagner son affection ! miaou, fait le chat ; et posséder son cœur ! couac, couac, fait le canard ; et le chien, ouah ! ouah ! Gagner son affection et posséder son cœur ! miaou, miaou ! couac, couac ! ouah ! ouah ! ouah ! »

Rokesmith le regarda avec surprise, croyant à un accès de folie.

« Ce qu'il lui faut, reprit mister Boffin, c'est de l'argent ; elle y a droit, et elle le sait.

— Vous lui faites injure, monsieur.

— Moi ! c'est vous qui l'insultez avec vos affections, vos cœurs et toutes vos colombredaines ; ça va de pair avec le reste. Je n'ai appris votre conduite qu'hier soir ; autrement j'en aurais parlé plus tôt, soyez-en sûr. Je le tiens d'une personne qui a une bonne tête; elle connaît cette jeune lady, et sait comme moi que tout ce qu'elle désire c'est de l'argent, de l'argent, puis encore de l'argent; et que votre affection et votre cœur, c'est des mensonges. »

Rokesmith se tourna tranquillement vers missis Boffin. « Madame, lui dit-il, vous avez été pour moi d'une bonté, d'une délicatesse, qui n'a pas varié d'un instant; je vous en remercie de toute mon âme; et vous prie de croire à ma profonde gratitude. Adieu madame, adieu miss Wilfer.

— Maintenant, chère Bella, calmez-vous, dit mister Boffin en posant la main sur la tête de la jeune fille, vous voilà bien vengée. »

Mais loin de se calmer, la chère belle recula pour échapper au vieux boueur; et, se levant tout à coup, les bras tendus vers Rokesmith, « Oh! monsieur, lui cria-t-elle au milieu de ses sanglots, je veux redevenir pauvre; quelqu'un m'exaucera-t-il? Je l'en supplie, ou mon cœur va se briser. Cher Pa, je veux retourner chez vous; être pauvre comme autrefois. J'étais mauvaise là-bas; mais ici j'ai été bien pire. Je ne veux pas d'argent, mister Boffin; je n'en veux pas; gardez le vôtre; laissez-moi aller retrouver mon père, et lui dire mon chagrin. Personne ne peut me comprendre et me consoler comme lui; savoir tout ce que j'ai fait, et continuer à m'aimer comme un enfant. Je vaux mieux avec lui qu'avec tout autre; je suis plus franche, plus triste ou plus joyeuse. » Suffoquée par les larmes, elle inclina la tête, et l'appuya sur l'épaule de missis Boffin, qui s'était approchée d'elle.

Rokesmith et le vieux boueur la regardèrent en silence, jusqu'au moment où elle-même fut silencieuse. « Eh bien! ma chère, dit alors Boffin d'une voix caressante; eh bien! voilà qui est fini; c'est une affaire faite; la scène a été un peu chaude; elle vous a émue; ce n'est pas étonnant; mais une affaire terminée, répéta le vieux boueur d'un ton définitif et d'un air satisfait.

— Je vous déteste, s'écria Bella, en se retournant vers lui, et en frappant de son petit pied; — non, je ne peux pas vous détester; mais je ne vous aime plus. »

Mister Boffin poussa une exclamation à voix basse.

« Vous êtes un méchant homme, un homme injuste, insolent, détestable. Je m'en veux de vous dire des injures : c'est bien ingrat; mais elles sont vraies, archivraies; vous le savez bien. »

Mister Boffin regarda à droite et à gauche, comme s'il croyait rêver.

« Tout à l'heure, en vous entendant, j'avais honte de vos paroles; honte pour vous et pour moi. Quand je suis venue ici, je vous estimais, je vous honorais et ne tardai pas à vous aimer. A présent, votre vue m'est odieuse; — cela ne va peut-être pas jusque-là; mais vous êtes un monstre. »

Après avoir lancé ce trait de toute sa force, Bella se mit à rire convulsivement, et à pleurer tout ensemble. « Le meilleur souhait qu'on puisse faire pour vous, dit-elle en revenant à la charge, c'est que vous perdiez jusqu'à votre dernier schelling. Quel véritable ami que celui qui vous ruinerait! vous seriez peut-être banqueroutier; mais riche, vous êtes un démon. »

Elle éclata de rire de nouveau, riant et pleurant tout à la fois. « Je vous en prie, mister Rokesmith, ne partez pas sans m'avoir entendue. J'ai beaucoup de chagrin des injures que vous avez subies à cause de moi; je vous en demande pardon, et du plus profond de mon cœur. »

Comme elle se dirigeait de son côté, il alla à sa rencontre, prit la main qu'elle lui tendait, et la portant à ses lèvres: « Soyez bénie! » dit-il.

Le rire cette fois ne se mêla pas à ses larmes qui étaient pures et ferventes. « Il n'est pas un des mots qui vous ont été dits, monsieur, que je n'aie entendu avec indignation, et qui ne m'ait blessée plus que vous; car ces injures m'étaient dues, et vous ne les méritiez pas. C'est par moi qu'on a su tout ce qu'on vous a reproché; c'est moi qui l'ai dit, alors même que je m'en voulais de le faire. C'était bien moi; et pourtant je vous l'assure, je l'ai fait sans méchanceté, dans un de ces mouvements d'orgueil et de folie, comme j'en ai si souvent. Il y a des jours où cela m'arrive; mais j'en suis bien punie. Essayez de me pardonner.

— Je le fais de grand cœur, dit-il.

— Oh! merci! Ne partez pas encore; on vous accuse, il faut qu'on sache la vérité. La seule faute que vous ayez commise en me parlant comme vous l'avez fait certain soir — avec quelle délicatesse, quel désintéressement, moi seule le sais et ne l'oublierai jamais — votre unique faute est de vous être exposé aux dédains d'une fille sans âme, à qui l'égoïsme avait tourné la tête, et qui était incapable de s'élever jusqu'à l'offre que vous daigniez lui faire. Depuis ce temps-là, monsieur, cette jeune fille s'est vue souvent sous un bien triste jour; mais jamais sous un jour aussi déplorable qu'en entendant répéter les mots indignes qu'elle a employés pour vous répondre, fille cupide et vaine qu'elle était alors! »

Il lui baisa de nouveau la main.

« Je dois le reconnaître, poursuivit-elle, si les paroles de mister Boffin m'ont révoltée, il n'en est pas moins vrai que, tout récemment encore, je méritais d'être ainsi défendue ; mais j'espère bien ne plus m'attirer pareil affront. »

Il lui baisa la main une dernière fois, et sortit sans rien dire. Bella fondit en larmes, et se précipitait vers la chaise qu'elle avait d'abord occupée, lorsque rencontrant missis Boffin : « Il est parti, s'écria-t-elle en se jetant dans les bras de l'excellente femme. Il a été insulté, calomnié, chassé d'une manière outrageuse ; et c'est moi qui en suis cause. »

Mister Boffin, dont les yeux n'avaient pas cessé de rouler pendant toute cette tirade, sembla revenir à lui-même. Il regarda fixement devant lui, renoua sa cravate qu'il avait desserrée, avala sa salive à plusieurs reprises, respira largement à deux ou trois fois, et poussa une exclamation qui prouva qu'il était mieux.

Missis Boffin ne dit pas un mot ; elle eut pour Bella des soins caressants, puis jeta un regard à son mari, comme pour lui demander des ordres. Noddy, sans lui répondre, alla s'asseoir devant elles deux ; et penché en avant, la figure impassible, les jambes écartées, une main sur chaque genou et les coudes en dehors, attendit que Bella eût relevé la tête, et séché ses larmes, ce qu'elle fit avec le temps.

« Je m'en vais, dit-elle en se levant tout à coup. Je vous suis très-reconnaissante de ce que vous avez fait pour moi ; mais je ne reste pas ici.

— Ma fille ! remontra missis Boffin.

— Non, répondit Bella, je ne peux pas rester, je ne peux pas, je ne peux pas.

— Réfléchissez, mon ange ; pas de précipitation ; pensez à ce que vous allez faire.

— Oui, dit mister Boffin, pensez-y bien.

— Dans tous les cas, je penserai du mal de vous, s'écria Bella en lui montrant un visage où la défense du secrétaire éclatait dans chaque fossette. L'argent vous a perdu ; vous n'avez plus de cœur ; vous êtes pire que Dancer, que Vulture Hopkins et Blackberry Jones ; pire que tous ces misérables, et vous n'étiez pas digne (ici elle fondit en larmes), pas digne de ce gentleman.

— J'espère, miss Bella, dit lentement le boueur doré, que vous n'entendez pas me comparer à ce Rokesmith ?

— Non, dit-elle en secouant avec fierté sa riche chevelure, et en se dressant de toute sa hauteur, qui n'était pas très-grande, non, dit-elle plus jolie que jamais au milieu de sa colère, non, car il vaut mille fois mieux que vous. Son estime me serait autrement précieuse que la vôtre, fût-il un simple balayeur, et vous en équipage d'or massif, l'éclaboussant de vos roues brillantes.

— Voilà qui est bon! s'écria le boueur doré en ouvrant de grands yeux.

— Chaque fois, poursuivit-elle, que vous pensiez vous mettre au-dessus de lui, je vous voyais sous ses pieds; pour moi il était le maître, vous étiez l'inférieur. A partir du jour où vous l'avez traité indignement, j'ai été pour lui contre vous; je l'ai aimé, et je m'en vante. »

Ce violent aveu fut suivi d'une réaction non moins vive. Elle posa la tête sur le dos de sa chaise, et sanglota longuement.

« Voyons, dit mister Boffin dès qu'il put rompre le silence, écoutez-moi. Je ne suis pas fâché, Bella...

— Je le suis, répondit-elle.

— Je suis pas fâché, reprit le vieux boueur; je ne demande qu'à oublier tout cela. Il n'en sera plus question; voilà qui est entendu; vous resterez ici.

— Rester! s'écria-t-elle en se levant; rester ici! l'idée seule m'en est odieuse. Je m'en vais, et pour toujours.

— Pas d'enfantillage, répliqua Noddy avec bonté; ce serait une faute irréparable; songez-y, ne le faites pas; vous le regretteriez plus tard.

— Jamais, dit-elle; je me mépriserais à toute heure, si je restais chez vous après ce qui est arrivé.

— Sachez au moins ce que vous allez faire, Bella; regardez avant de sauter. Restez avec nous, et tout ira bien; quittez la maison, vous n'y rentrerez plus.

— C'est bien ainsi que je l'entends.

— N'espérez pas, si vous partez de cette façon-là, poursuivit mister Boffin, que je vous assurerai la dot que vous deviez avoir; vous n'aurez rien, Bella; faites-y bien attention, pas un farthing.

— Que je n'espère pas? reprit-elle avec hauteur; pensez-vous donc, que s'il vous plaisait de m'en offrir, il y aurait un pouvoir au monde qui me ferait accepter votre argent? »

Mais il fallait se séparer de missis Boffin, et l'impressionnable créature s'affaissa de nouveau sous le poids de son émotion. A genoux devant cette excellente amie, la pressant dans ses bras, se berçant sur elle, pleurant et sanglotant : « Chère, bien chère, vous la meilleure, la plus aimée des femmes, je n'aurai jamais assez de tendresse et de reconnaissance pour vous. Je ne vous oublierai jamais, croyez-le bien. Si je dois vieillir au point d'être aveugle et sourde, je vous verrai, je vous entendrai en esprit, et je vous bénirai jusqu'à mon dernier jour. »

Missis Boffin pleurait de tout son cœur et la couvrait de baisers, en l'appelant sa chère fille; mais elle n'ajouta pas un mot à cette parole qu'elle répéta mainte et mainte fois. Bella finit par s'éloigner d'elle; et toujours en larmes, allait sortir de la chambre, lorsque, par un de ces retours affectueux qui lui étaient particuliers, elle se rapprocha de mister Boffin. « Je suis contente, monsieur, de vous avoir dit des injures, balbutia-t-elle avec des sanglots dans la voix, car vous les méritez bien ; mais je vous ai vu si bon, que je le regrette de tout mon cœur. Voulez-vous me dire adieu ? »

Il le fit d'une voix brève.

« Si je savais laquelle de vos mains est la moins gâtée, je vous demanderais la permission de la serrer une dernière fois ; mais non pour que vous me pardonniez mes paroles, car je ne m'en repens pas.

— Prenez celle-ci, dit mister Boffin en lui tendant la main gauche d'un air abasourdi, c'est elle qui sert le moins.

— Vous avez été excellent pour moi, monsieur, et je la baise en souvenir de vos bontés ; mais vous avez été aussi mauvais que possible pour mister Rokesmith, et je la repousse à cause de cela. Adieu, monsieur ; et merci pour mon compte.

— Adieu, » répéta mister Boffin.

Elle lui sauta au cou, l'embrassa de tout son cœur, et se sauva en courant. Arrivée dans sa chambre, elle s'assit par terre et pleura à chaudes larmes ; mais le jour baissait, il n'y avait pas de temps à perdre. Elle ouvrit tous les meubles, choisit, parmi ses effets, ceux qu'elle avait apportés de chez son père, et en fit un paquet mal tourné, qu'on lui enverrait plus tard. « Je ne veux pas des autres, dit-elle en serrant les nœuds avec force. Laissons tous les cadeaux, et commençons une vie nouvelle. »

Afin de mettre cette résolution en pratique, elle se déshabilla et prit la robe qu'elle portait le jour où elle avait quitté sa famille ; puis elle se coiffa du petit chapeau avec lequel elle était montée dans la voiture de mister Boffin en sortant de chez son père. « Me voilà au complet, dit-elle ; c'est un peu dur ; mais il ne faut pas pleurer. Bonne petite chambre! tu m'as été bien douce; adieu ; je ne te reverrai plus. »

Elle lui envoya un baiser du bout des doigts, ferma doucement la porte, descendit légèrement l'escalier, s'arrêtant de distance en distance ; et prêtant l'oreille, afin d'éviter toute rencontre, elle gagna le vestibule sans avoir vu personne.

La chambre qu'avait occupée le secrétaire était ouverte; elle y jeta un regard en passant, et, ne voyant sur la table aucun papier, devina qu'il était parti. Elle ouvrit doucement la porte, la referma tout doucement, se retourna, et, bien que ce ne fût qu'un vieil assemblage de bois et de ferraille, elle y mit un baiser, puis s'éloigna d'un pas rapide. « J'ai bien fait de marcher vite, dit-elle en se ralentissant dès qu'elle eut gagné la rue voisine; si j'avais gardé assez d'haleine pour cela, j'aurais encore pleuré. Pauvre cher Pa ! il va être bien étonné de me voir. »

XI

REPAS DES TROIS LUTINS

Au moment où Bella suivait les rues sableuses de la Cité, celle-ci avait une mine peu florissante. La plupart de ses moulins à écus avaient serré leurs voiles, ou tout au moins cessé de moudre. Les patrons étaient déjà partis, et les ouvriers s'en allaient. Ruelles et cours paraissaient exténuées; les trottoirs eux-mêmes, foulés dans tous les sens par un million de pieds, avaient un air de lassitude. Il faut de longues heures de nuit pour apaiser l'agitation quotidienne d'un endroit aussi fiévreux. Le tourbillonnement et le fracas des moulins, nouvellement arrêtés, paraissaient demeurés dans l'air; et le calme, qui résultait de l'arrêt des machines, ressemblait plus à la prostration d'un géant harassé, qu'au repos d'un être qui répare ses forces.

Si en apercevant la Banque, miss Wilfer pensa qu'il serait agréable d'y jardiner pendant une heure, et d'y remuer l'or à la pelle, ce n'était pas qu'elle fût pour cela en veine de cupidité. Bien changée à cet égard, et suivant certaines images qui flottaient devant ses yeux, images confuses où il entrait fort peu d'or, elle gagna la région de Mincing-Lane, et ressentit, en y pénétrant, le même effet que si elle eût ouvert un tiroir dans une boutique de pharmacien.

La maison Chicksey-Véneering-et-Stobbles lui fut indiquée par une vieille femme qui sortait d'un cabaret en s'essuyant la bouche, et qui expliqua l'humidité de ses lèvres en disant qu'elle était entrée là pour voir l'heure qu'il était.

L'établissement Chicksey-Véneering-et-Stobbles, droguerie et produits chimiques, situé au rez-de-chaussée, était composé d'un mur percé de fenêtres, s'ouvrant à côté d'un porche ténébreux;

et tandis qu'en approchant de ladite muraille, Bella se demandait si son entrée chez Véneering et Stobbles, et sa requête de parler à R. Wilfer avaient jamais eu de précédent, elle aperçut ce dernier, qui, assis près de l'une des fenêtres, se préparait à collationner.

Approchant toujours, Bella découvrit que le menu du goûter paraissait composé d'un petit pain bis, et d'une tasse de lait. Au moment où elle faisait cette découverte, R. Wilfer l'apercevait à son tour, et évoquait les échos de Mincing-Lane par un « bonté divine ! » plein d'émotion.

Tête nue et le sourire aux lèvres, il courut chérubiquement à la rencontre de sa fille, l'embrassa, et la prenant par la main, la conduisit dans son bureau, « car la journée est finie, dit-il pour expliquer sa conduite ; je suis seul ; et, comme cela m'arrive quelquefois, quand ils sont tous partis, je me disposais à prendre le thé. »

Bella, à qui ce bureau faisait l'effet d'une cellule où son père était détenu, pressa ce père chéri dans ses bras et l'y serra tout son content.

« Je n'ai jamais été si étonné, dit le Chérubin ; je n'en pouvais croire mes yeux, sur mon âme ; je pensais qu'ils me trompaient. Te voir descendre la ruelle ! venir toi-même, en personne ! Pourquoi ma chère, ne pas envoyer le laquais ?

— Je suis venue sans domestique, cher Pa.

— Mais en voiture, ma belle.

— Non, Pa.

— Tu n'es pas venue à pied ?

— Mais si. »

Il parut tellement confondu, que Bella n'eut pas le courage de lui apprendre tout de suite la chose. « A pied, dit-elle ; et même assez vite ; il en résulte que je suis un peu lasse ; et que j'aurai grand plaisir à goûter avec vous. »

Le petit pain et la tasse de lait se trouvaient sur l'appui de la fenêtre, sur une feuille de papier. Un morceau du petit pain, encore à la pointe du couteau paternel, gisait à côté de la tasse où le Chérubin l'avait jeté précipitamment. Bella s'en empara et le porta à sa bouche.

« Mon enfant ! du pain sec ! et d'une qualité si commune ! Il faut au moins que tu aies ton petit pain et ta mesure de lait. Une minute, ma chère ; la crèmerie est à deux pas. »

Sans écouter le refus de sa fille, il partit en courant, et revint bientôt avec ses provisions. « Chère enfant, dit-il en étalant devant elle une autre feuille de papier, l'idée d'une femme... » Il jeta les yeux sur la toilette de Bella et s'arrêta court.

« Que vouliez-vous dire, cher Pa?

— D'une femme élégante, servie de la sorte, reprit-il lentement. — Est-ce une robe neuve que tu as là, ma chère?

— Du tout; une vieille robe; vous ne la reconnaissez pas?

— En effet, chérie; je crois la reconnaître.

— Assurément; c'est vous qui l'avez achetée.

— C'est possible, répliqua le Chérubin en s'imprimant une secousse comme pour rappeler ses esprits.

— Êtes-vous devenu si inconstant que vous ne la trouviez plus à votre goût?

— Ce n'est pas cela, mon amour, répondit-il en avalant avec effort une bouchée de pain qui semblait arrêtée au passage; mais je ne l'aurais pas crue assez belle pour la position que tu as maintenant.

— Ainsi, dit Bella, en allant s'asseoir à côté de son père, il vous arrive souvent de collationner tout seul dans ce petit coin? Si je mets mon bras sur votre épaule, comme cela, petit père, cela ne vous gênera pas?

— Oui et non, cher trésor ; oui, pour la première question; et certes non pour la seconde. Quant au repas que je fais ici, je vais t'expliquer, mon ange: le travail est quelquefois un peu rude; et si rien ne s'interpose entre les occupations du jour et ta bonne mère, qui, elle aussi est un peu fatigante.

— Je sais, cher Pa.

— Oui, mon amour; alors parfois je me donne un thé, que je prends ici, tranquillement, sur la fenêtre, en regardant la ruelle, qui à cette heure-là est paisible; un thé que je mets entre la fatigue du jour et...

— Le bonheur domestique, dit Bella avec tristesse.

— Le bonheur domestique, répéta R. Wilfer qui reçut l'expression d'un air satisfait.

— Et c'est dans ce cachot, pauvre Pa! dit sa fille en l'embrassant, que vous passez toute votre vie, quand vous n'êtes pas à la maison?

— Ou sur le chemin qui vient d'Holloway ici, ou va d'ici làbas, mon ange. Tu vois ce pupitre qui est dans le coin?

— Dans ce coin noir? si loin de la fenêtre et de la cheminée? le plus vieux de ces vieux pupitres?

— C'est vrai, dit le père, qui la tête de côté examinait la chose en artiste; cela ne m'avait pas encore frappé. Oui, mon ange; c'est ma place; ce qu'on nomme le perchoir de Rumty.

— Le perchoir de qui? demanda Bella avec indignation.

— De Rumty, ma chère; comme le tabouret est un peu bas

et que pour y arriver, il faut monter deux marches, ils l'ont qualifié de perchoir; et comme ils m'appellent Rumty...

— Les insolents! s'écria Bella.

— Non, mon ange, c'est de la gaieté; ils sont plus jeunes que moi et ils aiment à rire; d'ailleurs qu'est-ce que cela fait? Ce serait Grognon, ou Bougon, ou cent autres du même genre, que vraiment cela me déplairait; mais Rumty, Seigneur! pourquoi pas?»

Infliger une cruelle déception à cet être si doux, qu'à travers ses caprices, Bella aimait et admirait depuis son enfance, était pour elle la tâche la plus rude de cette journée. « J'aurais mieux fait de le lui dire tout de suite pensait-elle; j'aurais dû profiter de l'instant où il a remarqué ma toilette, il se doutait de quelque chose. Maintenant le revoilà tout joyeux, et je vais lui faire tant de peine ! »

Il s'était remis à collationner et mangeait son pain bis, de l'air le plus aimable du monde. Bella s'amusait à lui dresser les cheveux, selon ancienne habitude, et s'apprêtait à lui dire : «Cher Pa, il ne faut pas vous désoler; mais j'ai à vous apprendre une chose désagréable, » quand il l'interrompit au milieu de ses pensées, en réveillant de nouveau les échos de Mincing-Lane:

« Bonté divine! c'est fort extraordinaire.

— Quoi donc, Pa?

— Mister Rokesmith.

— Oh! vous vous trompez, dit Bella dans une extrême agitation.

— C'est bien lui, ma chère, vois plus tôt.

— Non-seulement il passa près de la fenêtre, mais il entra dans la maison; non-seulement il pénétra dans le bureau, mais s'y trouvant seul avec Bella et son père, il s'élança vers elle, la prit dans ses bras, et s'écria avec transport:

« Noble fille! aussi vaillante que désintéressée! »

Et non-seulement cela, chose qui pouvait déjà sembler assez étonnante; mais la tête de Bella après s'être inclinée, s'appuya sur la poitrine de Rokesmith, où l'on eût dit qu'elle trouvait son lieu d'élection, la place où elle se reposait à jamais.

« Je savais vous rencontrer ici et je suis venu, dit Rokesmith; mon amour et ma vie! vous êtes à moi.

— Oui, murmura-t-elle; à vous, si vous m'en jugez digne. »

Le Chérubin, dont les cheveux, alors même que Bella n'eût pas pris la peine de les relever, se seraient mis tout droits sous l'influence de cet étonnant spectacle, alla en trébuchant se rasseoir auprès de la fenêtre, et fixa sur l'heureux couple ses yeux tout grands ouverts.

14

« Mais nous oublions ce cher Pa, dit-elle ; je ne lui ai encore rien dit ; il faut lui parler. »

Et ils se retournèrent du côté du Chérubin.

« Mon enfant, dit celui-ci, je te prierai d'abord de vouloir bien me jeter un peu de lait au visage ; car je me sens défaillir. » Le fait est que le bon petit homme devenait d'une flaccidité alarmante ; et que ses sens l'abandonnaient rapidement. Bella le couvrit de baisers, lui fit boire une goutte de lait, au lieu de l'en asperger, et le ranima par ses caresses.

« Nous allons, dit-elle, vous apprendre cela tout doucement.

— Chère fille, répliqua le Chérubin, en les regardant tous les deux, vous m'en avez déjà tant appris, et si violemment, que je crois pouvoir entendre le reste sans plus de préparation.

— Mister Wilfer, dit Rokesmith, d'une voix animée, je n'ai pas de fortune, pas même de position ; rien au monde que les ressources que je pourrai me créer par mon travail, et cependant Elle m'accepte.

— D'après ce que je viens de voir, mon cher monsieur, répondit le Chérubin d'une voix faible, je m'en doutais.

— Vous ne savez pas comme j'ai été mauvaise pour lui, dit-elle.

— Vous ne savez pas, monsieur, quel noble cœur elle a, dit Rokesmith.

— Et quelle atroce créature je devenais quand il m'a sauvée de moi-même, cher Pa.

— Et quel sacrifice elle me fait, monsieur !

— Ma chère Bella, répondit Wilfer toujours pathétiquement effaré, ma chère Bella et mon cher John, si vous me permettez de vous appeler ainsi.

— Oui Pa, je le permets et ma volonté est sa loi ; n'est-ce pas, John ? »

Tant de grâce timide se mêlait chez elle à tant d'amour, de confiance et d'orgueil lorsqu'elle le regarda en l'appelant pour la première fois par son nom de baptême, que Rokesmith fut bien excusable de la faire disparaître de nouveau dans ses bras et de la serrer sur son cœur.

« Je pense, mes très-chers, fit observer le Chérubin, que si vous trouviez bon de vous asseoir à mes côtés, l'un à gauche, l'autre à droite, nous pourrions parler avec plus de suite, et le faire avec plus de clarté. John disait tout à l'heure qu'il n'avait pas même de position.

— Aucune, dit Rokesmith.

— Non, Pa, aucune.

— D'où je conclus, poursuivit le Chérubin, qu'il a quitté mister Boffin.

— Oui, Pa ; et qui plus est...
— Un instant ma belle, j'y arriverai tout à l'heure. Mister Boffin ne l'a pas bien traité.
— Ignoblement, cher Pa, dit-elle le visage en feu.
— Ce qu'une certaine jeune fille, continua le père, en lui faisant signe d'être patiente, une jeune fille de ma connaissance, bien que très-cupide, a cru devoir désapprouver.
— Hautement, cher Pa, dit-elle avec un rire mêlé de larmes, en embrassant le Chérubin avec effusion.
— Sur quoi, cette jeune fille de ma connaissance m'ayant dit il y a quelque temps que la fortune gâtait mister Boffin, a senti, malgré sa cupidité, qu'elle ne pouvait à aucun prix vendre le sentiment qu'elle avait en elle du bien et du mal, du juste et de l'injuste, du vrai et du faux. Je ne me trompe pas. »
Nouveau rire mouillé de larmes, et nouveau baiser.
« D'où il résulte, poursuivit le Chérubin, d'une voix triomphante, tandis que la main de Bella lui gagnait doucement l'épaule, d'où il résulte que cette jeune fille, bien que très-cupide, a refusé le prix qui lui était offert, a quitté les riches vêtements qui en faisaient partie, a remis la petite robe que je lui avais donnée, et comptant sur mon approbation, est venue droit à moi. — Suis-je toujours dans le vrai ? »
Bella avait alors le front sur sa main, et cette dernière sur l'épaule paternelle.
« Cette jeune fille a bien fait, dit le bon père, elle a eu raison d'avoir confiance en moi ; je l'admire plus dans cette simple toilette que si elle était parée de châles du Thibet, de soie de Chine et de diamants de Golconde. J'aime tendrement cette jeune fille ; et je dis du fond de l'âme à l'élu de son cœur : l'engagement qui existe entre elle et vous a ma bénédiction. C'est une fortune précieuse que la pauvreté qu'elle vous apporte, et qu'elle a loyalement acceptée pour l'amour de vous et de la justice. »
La voix manque au brave petit homme, qui donna la main à Rokesmith, et inclina la tête vers celle de sa fille. Mais ce ne fut pas pour longtemps ; il releva bientôt les yeux et dit d'un air enjoué.
« Maintenant, chère Bella, si tu veux bien tenir compagnie à John pendant une minute, je vais aller à la crèmerie, lui chercher un petit pain et une tasse de lait ; nous prendrons le thé tous ensemble. »
Bien que le thé manquât, ce fut un repas délicieux, pareil à celui des trois lutins, moins l'alarmante découverte qui leur fit grommeler : « Quelqu'un a bu mon lait », le meilleur repas

qu'eussent jamais fait Bella, Rokesmith, et même le Chérubin.

La singularité du lieu, et des objets environnants, jusqu'à la caisse de fer avec ses deux boutons de cuivre, ressemblant aux prunelles de quelque morne dragon, ne faisaient qu'ajouter aux délices de la fête.

« Penser, dit le Chérubin en regardant autour de lui avec une joie ineffable, penser que je devais voir ici ma Bella pressée dans les bras de son futur. Comprenez-vous ? »

Ce ne fut qu'après la disparition totale des petits pains et des trois tasses de lait, quand les premières ombres de la nuit commencèrent à planer sur Mincing-Lane, que le Chérubin devenu graduellement un peu nerveux dit à Bella, après s'être éclairci la voix : « Hum ! As-tu songé à ta mère, chère enfant?

— Oui, Pa.

— Et à ta sœur ?

— Oui Pa ; je crois qu'il serait bon de ne pas entrer dans les détails ; il suffira de dire que je me suis querellée avec mister Boffin, et que je l'ai quitté.

Rokesmith connaît ta mère, reprit le Chérubin après un moment d'hésitation ; je peux dire devant lui, mon ange, que tu la trouveras peut-être un peu fatigante.

— Un peu comment, petit père? demanda Bella avec un rire d'autant plus harmonieux qu'il était plus tendre.

— Oui, mon amour, nous pouvons dire cela entre nous, et sous le sceau du secret, elle est un peu fatigante ; ta sœur également a le caractère un peu...

— Cela ne fait rien, cher Pa.

— Ensuite mon trésor, dit-il avec une extrême douceur, il faut te préparer à notre manière de vivre ; tu sais, mon ange ; cela te paraîtra bien pauvre, bien maigre, après la maison de mister Boffin ; tu souffriras beaucoup.

— Cela ne fait rien, Pa ; j'en souffrirais bien d'autres pour John. »

Ces derniers mots, proférés en rougissant, n'avaient pas été dits à voix si basse que Rokesmith ne les eût entendus, et n'en donnât la preuve en serrant de nouveau l'adorée sur son cœur.

« Eh bien, ma chère, dit gaiement le Chérubin, sans désapprouver cette disparition mystérieuse, quand tu voudras ; je crois qu'il est temps de partir. »

Si la maison Chicksey-Vénéering et Stobbles avait jamais été fermée par trois personnes plus heureuses, ce devait être des gens d'un bonheur superlatif. Mais il fallut d'abord que Bella montât sur le perchoir de Rumty, et qu'elle demandât à son père ce qu'il faisait là depuis le matin jusqu'au soir.

«Est-ce comme cela que vous écrivez? dit-elle en posant sa joue ronde sur son bras gauche, en perçant sa plume de vue au milieu d'un flot de cheveux, et de la façon la moins commerciale du monde.

Les trois lutins, après avoir effacé toutes les traces du repas, et balayé les miettes, sortirent de Mincing-Lane pour se diriger vers Holloway. Si deux d'entre eux ne souhaitaient pas que la distance fût deux fois plus longue, le troisième fut bien trompé. Dans tous les cas, cet esprit modeste, jugeant qu'il devait les empêcher de jouir complétement du voyage, s'en excusa en disant : « Je crois, mes très-chers, qu'il vaut mieux que je passe de l'autre côté de la rue, et que je ne semble pas être des vôtres. » Ce qu'il fit aussitôt, semant en vrai Chérubin, à défaut de fleurs, des sourires sur leurs pas.

Dix heures allaient sonner quand ils aperçurent la grille de Wilfer-Castle. La place était déserte; Bella et Rokesmith commencèrent une série d'adieux qui menaçaient de durer toute la nuit.

«John, dit enfin le Chérubin, si vous me donniez une certaine jeune fille de ma connaissance, je rentrerais avec elle.

— Impossible de la donner, répondit John; mais je peux vous la prêter.

— Maintenant, dit-elle en émergeant des bras de Rokesmith, donnez-moi la main, cher Pa, nous allons courir, et terminer l'affaire. Y êtes-vous? un, deux...

— Mon ange, balbutia le Chérubin d'une voix tremblante, si ta mère...

— Vous ne pouvez pas reculer, monsieur, dit Bella. Voyons! le pied en avant : voici la marque; la voyez-vous? c'est bien; un! deux! trois! »

Elle s'élança, entraînant le Chérubin, et ne lui permit de s'arrêter qu'au moment où elle agita la sonnette.

« A présent, dit-elle, en le tenant par les oreilles comme un pot à deux anses, et en lui appuyant sur les joues ses lèvres roses, nous y voilà!

Miss Lavinia, suivie de l'attentif Georges Sampson, vint ouvrir. « Pas possible! fit-elle en reculant de surprise. Et se retournant, elle se mit à crier : Ma! c'est Bella. »

Ce cri fit immédiatement apparaître mistress Wilfer, qui, arrêtée sur le perron, les reçut d'un air morne et avec le cérémonial d'usage. « Ma fille, que l'on était loin d'attendre, est la bienvenue dans la maison de son père, dit-elle en présentant sa joue, comme elle eût fait d'une ardoise, destinée à recevoir le nom des visiteurs. Vous également, R. Wilfer, vous êtes le bienvenu, quoique vous soyez en retard. » Le domestique mâle de mistress Boffin est-il assez près pour m'entendre ? »

Ces paroles, jetées d'une voix caverneuse, furent lancées au milieu des ténèbres à l'adresse dudit valet.

« Ma, il n'y a pas là de domestique, répondit Bella.

— Pas de domestique! répéta la noble dame avec une surprise majestueuse.

— Non, chère Ma. »

Un frisson plein de dignité parcourut les épaules et les gants de mistress Wilfer, et sembla dire : Quelle énigme! Puis, ouvrant la marche, l'honorable dame se dirigea vers la salle mi-parloir, mi-cuisine, où se réunissait la famille. Arrivée là, et se tournant tout à coup vers le Chérubin, que cette figure solennelle fit tressaillir : « A moins qu'on venant, dit-elle de sa voix la plus grave, R. Wilfer n'ait eu la précaution d'ajouter quelque chose à notre frugal repas du soir, celui-ci paraîtra détestable à miss Bella ; un collet de mouton et une laitue sont une bien triste chère auprès de la table de mister Boffin.

— Ne parlez pas de cela, je vous en prie, Ma ; la table de mister Boffin me touche peu, je vous assure. »

Miss Lavinia, qui depuis un instant examinait le chapeau de sa sœur, fit entendre un : « Mais, Bella! » des plus expressifs.

« Oui, ma chère, comme tu vois, » répondit cette dernière.

L'indomptable fille regarda la robe de son aînée, se baissa pour la mieux voir, et répéta son exclamation.

« Oui, dit Bella, j'allais m'expliquer au moment où tu m'as interrompue. Je suis partie de l'hôtel Boffin, Ma, et je reviens ici pour tout à fait. »

Mistress Wilfer garda le silence, arrêta sur sa fille des yeux terribles pendant une minute ou deux, et se retira dans son coin d'apparat, où elle alla s'asseoir, pareille à un objet glacé mis en vente sur un marché russe.

« Bref, dit Bella en ôtant son vieux petit chapeau, et en secouant son abondante chevelure, je me suis querellée avec mister Boffin au sujet de quelqu'un sa maison ; la querelle a été sérieuse, et tout est fini entre nous.

— Je dois vous dire, ma chère, ajouta le Chérubin d'un air soumis, que Bella était dans son droit ; elle s'est conduite avec un vrai courage et une parfaite loyauté. J'espère donc, chère amie, que vous ne serez pas trop désolée de ce qui arrive.

— George, dit Lavinia d'une voix sépulcrale, copiée sur celle de sa mère, vous pouvez le répéter : Que vous ai-je dit au sujet de ces Boffin ? »

George Sampson, voyant sa barque fragile lancée au milieu

des récifs, pensa qu'il était plus sage de ne revenir sur aucun fait particulier, dans la crainte de se briser sur un deuil, et regagna la pleine eau, en marin habile, par un oui, balbutié d'une voix faible.

« Oui, reprit Lavinia, j'ai dit à George, ainsi qu'il le reconnaît lui-même, que ces odieux Boffin chercheraient querelle à Bella dès qu'elle n'aurait plus pour eux le charme de la nouveauté. Avais-je tort? L'ont-ils fait, oui ou non? Que dites-vous maintenant de vos Boffin, Bella?

— Ce que j'en ai toujours dit, et ce que j'en dirai toujours; mais ne parlons pas de cela, je suis de trop belle humeur pour me disputer. J'espère que vous n'êtes pas fâchée de me voir, Ma? dit-elle en embrassant missis Wilfer; ni toi non plus, Lavvy? » Elle embrassa également sa sœur. Maintenant je vais arranger la salade. Voulez-vous souper, Ma? » tout est prêt, ajouta Bella au bout d'un instant.

Missis Wilfer se leva en silence. « George! la chaise de Ma, » ordonna l'impérieuse Lavvy.

Mister George s'élança derrière la noble dame, et la suivit une chaise à la main, tandis qu'elle se dirigeait d'un pas majestueux vers le banquet. Arrivée près de la table, elle se posa avec roideur sur la chaise droite que lui avait apportée le jeune homme, et favorisa celui-ci d'un regard qui le fit aller à sa place d'un air confus.

Le Chérubin, n'osant pas s'adresser à un objet aussi effrayant, se servit d'un intermédiaire pour lui passer à souper. « Bella, du mouton pour ta mère. Je crois, Lavvy, que ta chère Ma prendrait un peu de salade, si tu lui en mettais sur son assiette. »

La chère Ma reçut viande et salade avec une figure d'automate pétrifié; elle les avala du même air, posant de temps en temps son couteau et sa fourchette, comme pour se demander à elle-même ce qu'elle faisait; et jetant à l'un et à l'autre des convives un regard indigné, qui semblait leur poser la même question. L'effet magnétique de ce regard empêchait celui auquel il était adressé d'ignorer l'attention dont il était victime; si bien qu'un spectateur qui aurait tourné le dos à cette chère Ma n'en aurait pas moins su qui elle regardait, en voyant la figure du contemplé.

Miss Lavinia, pendant tout le repas, fut extrêmement aimable pour mister Sampson, et crut devoir en expliquer le motif à sa sœur. « Je ne t'en ai jamais parlé; ce n'était pas digne d'occuper ton esprit; tu vivais dans une sphère tellement éloignée de celle de ta famille, qu'il n'était pas probable que cela pût t'intéresser, dit-elle en avançant le menton; mais George me fait la cour. »

Bella fut enchantée de l'apprendre. Mister George, devenu très-rouge, se sentit dans l'obligation d'entourer du bras gauche la taille de la charmante Lavvy, rencontra sur sa route une épingle qui lui déchira le doigt, poussa un cri aigu, et s'attira l'éclair des yeux de la chère Ma.

« Il est dans de très-bonnes conditions, ajouta Lavvy (on ne s'en serait pas douté), et nous nous marierons un de ces jours. Quand tu demeurais chez ton Boffin, — elle s'arrêta en sautant sur elle-même, — chez mister Boffin, reprit-elle d'une voix plus calme, je ne me souciais pas de te le dire; mais à présent, je crois fraternel de te l'annoncer.

— Je te remercie, Lavinia, et te félicite de tout mon cœur.

— Merci, Bella. Nous nous sommes demandé, George et moi, s'il fallait t'en faire part; mais je lui ai dit qu'une si piètre affaire n'aurait pour toi aucun intérêt; qu'il était presque sûr que tu romprais avec nous, plutôt que de l'adopter comme membre de la famille.

— C'est une erreur, dit Bella.

— George a une nouvelle position, et vraiment un bel avenir; hier cela t'aurait paru misérable, et je n'aurais pas eu le courage de t'en parler; mais ce soir je suis plus hardie.

— Depuis quand es-tu devenue timide? demanda Bella en souriant.

— Ce n'était pas timidité; seulement je ne voulais pas exposer mon mariage — vous allez encore vous piquer, George, — au mépris d'une sœur trop bien placée. Je ne t'en aurais pas voulu; tu avais une perspective si brillante?... mais enfin je suis fière. »

L'irrépressible fut-elle vexée de ne pas parvenir à entraîner Bella dans une querelle, ou mécontente de la voir revenue à portée des hommages de George, ou fallait-il qu'elle cherchât noise à quelqu'un pour stimuler son esprit? nous l'ignorons. Toujours est-il que, s'adressant à sa noble mère, et de la façon la plus violente : « Ma! lui dit-elle, ne me regardez pas comme cela; c'est crispant. Si j'ai du noir au bout du nez, dites-le-moi; si je n'en ai pas, regardez ailleurs.

— Osez-vous me parler ainsi? demanda missis Wilfer; êtes-vous assez présomptueuse...

— Pas de phrases, Ma! pour l'amour du ciel. Une fille qui est d'âge à se marier peut très-bien ne pas vouloir qu'on la regarde comme une horloge, et cela, sans présomption.

— Insolente! répliqua la dame; si l'une de ses filles, à n'importe quel âge, eût parlé de la sorte à votre grand'mère, celle-ci eût envoyée immédiatement dans un cabinet noir.

— Ma grand'mère, riposta Lavvy en se croisant les bras et en s'étendant sur sa chaise, n'aurait pas regardé les gens de manière à les mettre hors d'eux-mêmes; et si jamais elle envoya quelqu'un dans un cabinet noir, cela ne prouve qu'une chose, c'est qu'elle avait perdu la tête: voilà!

— Taisez-vous! proclama la noble dame.

— Ce n'est pas mon intention, répondit froidement l'impertinente; il ne sera pas dit qu'on me dévisagera, ainsi que George, comme si nous revenions de chez les Boffin, et que je me tairai. »

L'irrépressible ayant ouvert cette tranchée, qui permettait d'atteindre Bella, missis Wilfer s'y engagea aussitôt.

« Fille révoltée, esprit rebelle! dites-moi, Lavinia, si, en violation des sentiments de votre mère, vous avez poussé la condescendance envers les Boffin jusqu'à vous permettre d'accepter leur patronage; et si, vous échappant de ce lieu de servitude...

— Pures balivernes, Ma, interrompit l'insolente.

— Comment! s'écria mistress Wilfer avec une âcreté sublime.

— Lieu de servitude, Ma, est tout simplement un non-sens, repr.: Lavinia d'un ton calme.

— Fille audacieuse! Je dis que si vous arriviez des environs de Portland-Place, après être venue, courbée sous le joug du patronage, suivie de ses laquais en livrées éclatantes, pour me faire une visite... pensez-vous que mes sentiments, profondément enfouis, se seraient exprimés par des regards?

— Je ne pense rien, répliqua Lavvy, si ce n'est que vos regards devront s'adresser à qui les mérite.

— Et si, continua la noble mère, si au mépris de mes avertissements qui vous disaient que la figure de missis Boffin ne présageait que malheurs, si vous m'aviez préféré cette femme, et que repoussée, foulée aux pieds, mise à la porte par elle, vous rentriez au sein de la famille, pensez-vous, Lavinia, que mes sentiments se fussent exprimés par des regards? »

L'insolente allait répondre à sa respectable mère, lorsque Bella, quittant la table, se mit à dire : « Bonsoir, cher Pa; j'ai passé une journée fatigante et vais me coucher. »

Ce fut le signal du départ; mister George s'en alla peu de temps après, accompagné de Lavinia, qui l'escorta avec une chandelle jusqu'au vestibule, et sans chandelle jusqu'à la porte du jardin.

Missis Wilfer, se lavant les mains au sujet des Boffin, alla se coucher à la façon de lady Macbeth; et le Chérubin resta seul, dans une attitude mélancolique, au milieu des débris du souper.

Un bruit léger le tira bientôt de sa rêverie: c'était Bella, qui, enveloppée de ses cheveux, la brosse à la main, et les pieds nus, arrivait tout doucement pour lui souhaiter le bonsoir.

« Tu es vraiment, cher ange, ce qu'on appelle une jolie femme, dit-il en prenant l'une des boucles de cette opulente chevelure.

— Eh bien! la jolie femme vous donnera de ces cheveux; l'occasion de son mariage, elle vous en fera une chaîne; attacherez-vous quelque prix à ce souvenir?

— Oui, mon trésor.

— Vous l'aurez donc, si vous êtes sage. En attendant, je suis bien fâchée du trouble que j'apporte dans la maison.

— Ne t'inquiète pas de cela, mignonne, dit le Chérubin de la meilleure foi du monde; tu ne serais pas venue, qu'il en aurait été de même. Ta mère et ta sœur trouvent toujours, de temps en temps, le moyen d'être un peu fatigantes; si ce n'est l'une, c'est l'autre; nous ne sommes jamais sans quelque discussion. Rassure-toi; tu n'en es pas cause. J'ai seulement peur que tu ne sois très-mal dans ton ancienne chambre: elle est peu commode, et la société de Lavvy...

— Soyez sans crainte, cher Pa.

— C'est qu'autrefois, mon ange, tu t'en plaignais beaucoup; et tu n'étais pas, comme aujourd'hui, habituée...

— Je n'y ferai pas attention, je vous assure, cher Pa; et vous savez pourquoi.

— Non, ma belle; si ce n'est que tu as énormément gagné.

— Pas du tout; c'est parce que je suis heureuse. »

Elle l'embrassa, l'inonda de ses longs cheveux, qui le firent éternuer, rit de tout son cœur, jusqu'à ce que lui-même se mit à rire; puis elle l'étouffa sous ses baisers pour empêcher qu'on ne l'entendît. « Écoutez bien, reprit-elle en devenant sérieuse, ce soir quelqu'un, en ramenant la jolie femme, lui a dit la bonne aventure. Ce n'est pas une grande fortune qui l'attend; car en supposant qu'un certain personnage obtienne la position qu'il espère, elle épousera cent cinquante livres par an, pour commencer. Mais quand cela n'augmenterait pas, la jolie femme n'en serait pas moins heureuse. Autre chose: il y a dans le jeu un certain blond, un petit homme, qui suivant le tireur de cartes, se retrouve toujours à côté de la jolie femme; et qui aura dans la maison de cette dernière un petit coin paisible, comme on n'en a jamais vu. Allons, monsieur, dites-moi le nom du petit homme.

— N'est ce pas un valet, demanda le Chérubin, en clignant de l'œil.

— Oui, répondit-elle en le réembrassant, oui monsieur : le valet de Wilfer. La jolie femme est si heureuse de cette bonne aventure qu'en y pensant elle ne souffrira de rien, et s'améliorera de jour en jour. Il faut que le petit blond y songe également, et se disoon lui-même, chaque fois qu'il sera tarabusté : « J'aperçois le port. »

— Oui, mon ange ; je le vois enfin.

— Bien dit ! cher petit valet. Puis allongeant son petit pied nu : voici la marque, reprit-elle, vous voyez ; placez votre botte tout contre, et pensez à l'avenir. Maintenant, monsieur, embrassez-moi, avant que je m'en aille, heureuse et reconnaissante. Oui, blond petit père, si heureuse, si reconnaissante ! »

XVII

CHŒUR SOCIAL

La vente des effets et des meubles de mister Lammle, y compris un billard (en grosses capitales), vente à l'encan, vente après saisie, vient d'être annoncée au public sur un tapis de foyer suspendu dans Sackville-street, et l'ébahissement le plus profond siége sur les figures de toutes les connaissances de mister et de misis Lammle. Mais personne n'est aussi ébahi qu'Hamilton Véneering, esquire, Membre du Parlement, lequel Hamilton découvre que parmi les gens qu'il porte dans son cœur, les Lammle sont les seuls qui ne soient pas les plus anciens et les plus chers amis qu'il ait au monde. Anastasia, femme du député de Vide-Pocket, partage, en fidèle épouse, la découverte et l'étonnement de son mari. Peut-être le couple Véneering croit-il devoir ce dernier sentiment à sa réputation, en ce sens qu'il fut une époque où l'on disait tout bas que les fortes têtes de la Cité se secouaient quand on parlait devant elles des immenses affaires et de la fortune de Véneering.

Ce qu'il y a de certain, c'est que ni le mari, ni la femme ne peuvent trouver de mots pour exprimer leur surprise ; et il est indispensable qu'ils offrent un repas d'ébahissement aux amis les plus anciens et les plus chers qu'ils aient au monde ; car on a remarqué, dans les derniers temps, que, quelque chose qu'il arrive, ils donnent un repas pour la circonstance.

Être invité chez les Véndering est passé, pour lady Tippins à l'état chronique, ainsi que l'inflammation qui en résulte.

Boots et Brewer montent en cab, et vont et viennent, sans qu'on leur connaisse d'autres affaires que de recruter des gens qui aillent dîner chez Véndering. Celui-ci arpente les couloirs législatifs, dans l'intention de piéger des convives parmi ses honorables collègues. Missis Véndering a dîné hier avec vingt-cinq figures inconnues ; aujourd'hui elle leur a porté sa carte et leur enverra demain une invitation à dîner, pour d'après-demain on huit. Avant que ce dîner soit digéré, elle ira visiter les frères et les sœurs, les oncles et les tantes, les neveux et les cousins des précédents, et les invitera à dîner chez elle. Tout le monde accepte ; et c'est toujours comme autrefois, non pas pour dîner avec les Véndering, mais pour dîner chez eux, les uns avec les autres.

Après tout, qui sait ? peut-être Véndering trouve-t-il un bénéf à ces dîners coûteux, en ce sens qu'ils lui créent des partisans.

Mister Podsnap, en sa qualité d'homme représentatif, n'est pas le seul qui se montre jaloux de sa propre dignité, et par suite défende avec aigreur celles de ses connaissances qui ont obtenu de lui un certificat : leur abaissement pourrait l'amoindrir. « Les chameaux d'or et d'argent, les seaux à glace, toute la décoration de la table de Véndering produit beaucoup d'effet ; et lorsque moi, Podsnap, j'annonce, entre parenthèses, que j'ai dîné lundi avec cette magnifique caravane, je tiens pour une offense personnelle tout ce qui tendrait à en déprécier la valeur. Je ne fais pas éloge de pareils ornements, ce luxe est au-dessous de moi : je suis un homme plus solide, — mais enfin cette caravane s'est chauffée au soleil de mes regards ; dès lors, monsieur, comment osez-vous me faire entendre que j'ai rayonné sur des chameaux qui ne sont pas irréprochables ? »

Sortie du buffet, la caravane est en train de se fourbir pour le dîner d'ébahissement, donné à l'occasion de la ruine des Lammle ; et mister Twemlow, étendu sur son canapé, au-dessus des écuries de Duke-street, éprouve un certain malaise en raison de deux pilules qu'il a prises dans la journée, sur la foi de la notice qui accompagne la boîte (se vend un schelling, timbre compris), notice où il est dit que ces pilules, éminemment salutaires, sont spécialement destinées, comme mesure précautionnelle, à tous ceux qui se livrent aux plaisirs de la table.

Tandis qu'une pilule insoluble, arrêtée dans son gosier, et la sensation d'un résidu gommeux, errant lentement un peu plus bas, écœurent le gentleman, un domestique vient annoncer à celui-ci qu'une lady est sur le carré et demande si elle peut le voir.

« Une lady! s'écrie Twemlow, en lissant son plumage ébouriffé. Priez cette lady de vous faire la grâce de vous dire son nom. »

Elle se nomme missis Lammle, et ne dérangera mister Twemlow qu'une minute. Elle est certaine que mister Twemlow la recevra; il suffira de la nommer. Surtout que le domestique n'écorche pas son nom. Si elle avait une carte, elle l'enverrait; mais elle n'en a pas.

« Faites entrer », dit le gentleman; et la dame est introduite.

Le petit logement de Twemlow est meublé d'une façon très-modeste, à l'ancienne mode (un peu comme la chambre de la femme de charge à Snigsworthy-Park); il ne s'y trouverait pas la moindre ornement, n'était une gravure qui représente le sublime Snigsworth regardant avec hauteur et mépris une colonne corinthienne, ayant à ses pieds un énorme rouleau de vélin, et derrière lui un rideau pesant qui va lui tomber sur la tête. Ces accessoires, on doit le comprendre, expliquent que le noble lord est représenté à l'instant où il sauve le pays.

« Madame, veuillez vous asseoir. »

Missis Lammle prend le siège qui lui est offert et entame la conversation.

« Vous avez appris notre revers de fortune, monsieur, je n'en doute pas; ces nouvelles-là vont vite; surtout chez les amis. » Twemlow, qui pense au dîner de Véneering, avoue qu'en effet il l'a entendu dire.

« Après ce qui s'est passé entre nous, reprend missis Lammle d'un ton sec et mordant, qui fait reculer le doux gentleman, vous avez dû en être moins étonné que beaucoup d'autres; et, si j'ai pris la liberté de venir, c'est pour ajouter une sorte de post-scriptum à ce que je vous ai dit ce certain jour. »

La perspective d'une nouvelle complication rend la figure de mister Twemlow encore plus sèche et plus terreuse. « Madame, dit-il avec un profond malaise, je regarderais comme une véritable faveur si vous vouliez bien ne pas pousser plus loin la confidence. Je me suis efforcé toute ma vie, qui malheureusement n'a guère eu d'autre but, efforcé d'être inoffensif, de rester en dehors de toute cabale, de toute ingérence. »

Douée d'infiniment plus de pénétration que le gentleman, Sophronia trouve inutile de regarder Twemlow quand il parle, tant il est facile de deviner ce qu'il ressent. « Mon post-scriptum, je conserve l'expression, dit-elle en le regardant cette fois pour donner plus de force à ses paroles, mon post-scriptum répond à votre désir. Je ne viens pas vous demander votre concours; mais, au contraire, la plus stricte neutralité. »

Voyant qu'il va répondre, elle détourne les yeux, sachant que ses oreilles suffiront pour recevoir le contenu de ce faible vase.

« Je ne crois pas, réplique Twemlow d'une voix tremblante, pouvoir refuser la communication que vous me faites l'honneur de désirer me faire. Mais si je peux vous le demander, en y mettant toute la délicatesse possible, je vous supplie, madame, de vouloir bien rester dans les limites que vous avez posées vous-même.

— Vous vous rappellez, monsieur, reprend-elle en intimidant le petit gentleman par la dureté de ses manières, que je vous ai confié certaine chose, avec mission d'en faire part à qui de droit, si vous le jugiez convenable.

— Ce que j'ai fait, dit Twemlow.

— Et ce dont je vous sais gré, bien que je me demande comment j'ai pu trahir mon mari pour cette petite, qui au fond n'est qu'une sotte. J'ai été simple comme elle autrefois, c'est probablement la raison. »

Voyant l'effet que produisent sur le doux vieillard son rire sec et son regard froid et perçant, elle continue sur le même ton. « S'il vous arrivait, monsieur, de trouver mon mari et moi investis de la confiance d'une personne quelconque, serait-ce une de vos connaissances, peu importe, vous n'auriez pas le droit de faire usage contre nous du secret qui vous a été confié pour un objet spécial. Voilà, monsieur, tout ce que je voulais vous dire : ce n'est pas une condition que je vous impose; c'est une promesse que je vous rappelle. »

Twemlow porte sa main à son front, en se murmurant quelque chose à lui-même.

« M'étant confiée à votre honneur, le fait est bien simple, continue missis Lammle, tellement simple que je n'ajouterai pas un mot : votre silence m'est acquis. »

Sophronia le regarde jusqu'à ce que, haussant les épaules, il lui fasse un petit salut de côté qui signifie : vous pouvez compter sur moi. Elle s'humecte les lèvres, et paraît éprouver un certain soulagement. « J'ai promis de ne rester que deux minutes, et ne veux pas vous retenir davantage.

— Un moment! dit Twemlow en se levant avec elle. Veuillez m'excuser, madame : je ne vous en aurais jamais parlé; mais, puisque vous-même vous me rappelez cette affaire, permettez-moi de vous dire toute ma façon de penser. Était-il conséquent, après la mesure que vous avez cru devoir prendre contre mister

Fledgeby, de vous adresser à ce gentleman, comme à un ami sincère, et de lui demander un service ; en supposant toutefois que vous l'ayez fait, car je n'ai à cet égard aucune donnée personnelle.

— Il vous l'a dit, alors?

— Oui, madame.

— C'est bizarre, reprend missis Lammle d'un air pensif. Je vous en prie, monsieur, où a-t-il pu vous dire cela? »

Twemlow hésite. Elle est non-seulement plus grande et plus forte que lui, mais elle a une façon de le regarder qui lui fait tellement sentir son désavantage, qu'il voudrait être de l'autre sexe.

« Je vous demande où la chose a été dite, et vous promets le secret.

— Je dois avouer, répond le doux Twemlow, que ce n'est pas sans remords que j'ai entendu mister Fledgeby ; et qu'en l'écoutant, je me suis apparu sous un triste jour, surtout quand ce jeune homme insista, avec la plus grande obligeance, pour me rendre un service : le même, précisément, qu'il vous rendait alors. »

La délicatesse du gentleman le force à ajouter cette phrase. Autrement, pense-t-il, je me trouverais dans la position avantageuse d'un homme qui n'a pas d'embarras pécuniaires, tandis que je connais les siens.

« Mister Fledgeby a-t-il été aussi heureux à votre égard qu'au nôtre? demande missis Lammle.

— Aussi malheureux, madame.

— Pourriez-vous me dire où vous l'avez-vu, monsieur?

— Mille pardons, madame, j'avais l'intention de le faire. J'ai rencontré mister Fledgeby, par hasard, à l'endroit même où j'avais dû me rendre, c'est-à-dire chez mister Riah, Sainte-Mary-Axe.

— Vous êtes donc entre les mains de ce Juif?

— Malheureusement, madame, répond Twemlow. Le seul billet qu'il me soit arrivé de souscrire, la seule dette que j'aie eue de ma vie, et que je ne conteste pas, veuillez le croire, est entre les mains de mister Riah.

— Mister Twemlow, dit Sophronia en plongeant ses yeux dans ceux du petit gentleman, qui s'y opposerait s'il le pouvait, mais qui ne le peut pas, votre billet est entre les mains de mister Fledgeby. Je vous dis cela pour votre gouverne : mister Riah est son masque. Le renseignement peut vous servir, ne serait-ce que pour vous empêcher d'être dupe, et de juger les autres par vous-même.

— Impossible! s'écrie Twemlow saisi d'horreur; comment le savez-vous?

— Je ne pourrais pas vous dire; une foule de circonstances, inaperçues jusqu'alors, ont pris feu subitement et m'ont éclairée.

— Mais vous n'avez pas de preuves?

— C'est étonnant, dit Sophronia d'un air froid et dédaigneux, combien les hommes les plus différents de caractère ont parfois de ressemblance. Est-il deux êtres qui aient moins de rapport entre eux que mister Twemlow et mister Lammle? cependant ils me répondent tous deux la même chose, et emploient les mêmes termes.

— C'est naturel, madame, répond Twemlow, qui se hasarde à discuter; si nous employons les mêmes termes, c'est parce que réellement vous n'avez pas de preuves.

— Les hommes sont intelligents à leur façon, réplique Sophronia en lançant un coup d'œil hautain au portrait du grand Snigsworth, et en imprimant à sa jupe une dernière secousse pour la remettre en ordre; mais ils manquent d'une certaine lumière. Mon mari est loin d'être ingénu; il est soupçonneux par nature, et il ne voit pas plus ce fait évident que mister Twemlow, parce qu'il n'a pas de preuves. Neuf femmes sur dix n'en demanderaient pas, et verraient la chose aussi bien que moi. C'est égal; je n'aurai pas de repos que je n'en aie convaincu mon mari, ne fût-ce qu'en souvenir de la trahison de ce monsieur qui m'a baisé la main; et je vous conseille de vous tenir pour averti. Elle se dirige vers la porte; mister Twemlow l'accompagne; il a, dit-il, l'espoir que les affaires de mister Lammle ne sont pas dans un état désespéré.

« Je n'en sais rien, répond mistress Lammle, qui s'arrête et suit les contours du papier de la muraille avec le bout de son ombrelle; cela dépend; il y aura peut-être moyen d'en sortir; nous le saurons bientôt. Si cela manque, nous faisons banqueroute, et nous passons à l'étranger. »

Mister Twemlow fait observer qu'on peut y vivre d'une manière fort agréable.

« Oui, répond Sophronia, qui dessine toujours sur le mur; seulement je doute que de vivre à une table d'hôte malpropre, n'ayant pour ressources que les cartes, le billard et le reste, appartienne à cette manière-là.

— C'est beaucoup pour mister Lammle, insinue Twemlow, bien que profondément choqué, c'est beaucoup d'avoir auprès de lui un être dévoué à sa fortune, dont l'influence salutaire l'empêchera de recourir à des moyens qui seraient désastreux pour son honneur.

— Mon influence? mais il faut boire et manger, mister Twemlow, se loger et se vêtir. Quant à rester près de lui, il n'y a pas là de quoi me vanter; que puis-je faire à mon âge? Nous nous sommes trompés en nous épousant, il faut en subir les conséquences, porter ensemble notre fardeau; c'est-à-dire s'ingénier pour avoir le dîner du jour et le déjeuner du lendemain, jusqu'à ce que la mort nous sépare. »

En disant ces mots, elle ouvre la porte, et descend l'escalier, d'où elle passe dans Duke-street, quartier Saint-James.

Twemlow regagne son canapé, et met sa tête brûlante sur le crin luisant du petit traversin, avec la persuasion qu'une pénible entrevue n'est pas ce qu'il faut s'administrer à la suite de pilules d'un effet si étroitement lié aux plaisirs de la table. Néanmoins, sur les six heures, le digne petit gentleman est un peu mieux; il met ses bas de soie et ses escarpins démodés pour se rendre au dîner Véneering; et sept heures du soir le voient trotter dans Duke-street, faisant l'économie d'une voiture de six pence.

A force de dîner en ville, l'aimable Tippins est tombée dans un tel état qu'un esprit mal fait voudrait au moins la voir souper: ce serait un changement; puis elle irait se coucher. Tel est le désir d'Eugène Wrayburn, qui, à l'arrivée de mister Twemlow, regarde Tippins de l'air le plus maussade, tandis que la folâtre créature le plaisante au sujet des droits qu'il a depuis si longtemps au sac de laine [1].

Mortimer est également l'objet des agaceries de Tippins; elle lui réserve des coups d'éventail pour avoir été garçon d'honneur au mariage de ces... comment les appelle-t-on? des gens sans foi, que l'on croyait riches, et qui n'ont ni feu ni lieu. L'éventail, quoique réservé à Mortimer, est néanmoins en pleine activité, et frappe en face de tous les hommes, avec un bruit sans nom, quelque chose d'affreux: comme le claquement des os d'un squelette.

Une nouvelle espèce d'amis intimes a poussé dans la maison depuis que Véneering est membre du Parlement dans l'intérêt du bien public, et Anastasia a pour eux des attentions particulières. Ces nouveaux amis ont cela de commun avec les astres, que l'on ne peut en parler qu'en se servant des plus gros chiffres. L'un d'eux, au dire de Buffer, est un entrepreneur, qui, directement ou indirectement (on en a fait le calcul), emploie cinq cents et quelques mille hommes. Celui-ci, d'après Brewer, est président

---

1. C'est-à-dire à la place de lord-chancelier; celui-ci préside la Chambre haute, où il est assis sur un sac de laine.

d'un si grand nombre de comités, et ces comités sont si éloignés les uns des autres, qu'il ne fait jamais moins de trois mille milles en chemin de fer par semaine.

En voilà un qui n'avait pas un schelling il y a dix-huit mois, et qui, par l'effet de son génie et de ses coupons, achetés sans espèces à 85 et revendus au pair argent comptant, possède aujourd'hui trois cent soixante-quinze mille livres. Buffer insiste particulièrement sur cet appoint de soixante-quinze mille, et refuse d'en rabattre un farthing.

Ces Pères de l'Église du dividende excitent la verve de lady Tippins ; elle en devient facétieuse, les regarde à travers son lorgnon, et, entre autres plaisanteries, demande à Boots, à Brewer et à Buffer, si, en échange de son amour, ces hommes éminents consentiraient à l'enrichir.

Véneering, dans son genre, n'est pas moins occupé de ces chefs de l'Église, et se retire pieusement dans la serre, d'où s'échappe de temps en temps le mot comité. Il y apprend de la bouche de ces héros du dividende comment on doit laisser à sa gauche la vallée du piano, suivre la ligne du manteau de la cheminée, se rendre au candélabre par un chemin de traverse, saisir à la console le trafic des voies ferrées et autres moyens de transport, enfin, couper les branches et les racines de l'opposition dans l'embrasure de la fenêtre.

Mister Podsnap est au nombre des convives, ainsi que missis Podsnap, en qui les chefs de l'Église découvrent une femme superbe. Elle est consignée à l'un d'eux : celui qui emploie cinq cents et quelques mille individus, et conduite par cet homme important à la gauche du maître de la maison. La sémillante Tippins qui est à côté d'elle, c'est-à-dire à la droite de Véneering (mais celui-ci ne compte pas) demande qu'on lui parle de ces amours de marins. « Est-ce que réellement ils vivent de bistecks crus, et boivent du porter à même le tonneau ? »

Mais en dépit de ces légères escarmouches, on sent qu'on est là pour s'étonner ; il faut être surpris, c'est un dîner d'ébahissement ; et Brewer, qui a une réputation à soutenir, devient l'interprète de l'instinct général. « Ce matin, dit-il, en saisissant le premier instant de silence, j'ai pris un cab, et me suis rendu à la vente.

— Moi aussi », dit Buffer.

Mais qu'il y soit allé ou non, personne ne s'en inquiète.

« Comment cela s'est-il passé? demande Véneering.

— Tout cela, dit Brewer en cherchant du regard à qui faire sa réponse, et en choisissant Lightwood, au lieu de s'adresser à qui de droit, tout s'est donné pour un morceau de pain : d'assez jolies choses ; mais rien n'a monté.

— C'est ce que j'ai appris, dit Lightwood.

— Je voudrais bien savoir, si toutefois il est permis de le demander à l'homme de loi, qui a peut-être la confiance de la famille, dit Brewer, comment ces gens-là ont fait pour arriver à une débâcle totale ? »

Brewer a d'abord séparé les mots, puis les syllabes pour donner plus de force à ses paroles. Lightwood répond qu'en effet il a été consulté ; mais que n'ayant pas trouvé le moyen d'empêcher la saisie, il a renoncé à l'affaire. Il ne commet donc pas d'indiscrétion en supposant que ces gens-là se sont ruinés parce qu'ils faisaient plus de dépenses qu'ils n'avaient de revenu.

— Mais, s'écrie Véneering, comment peut-on dépenser plus qu'on n'a ? c'est incompréhensible. »

Chacun sent que le coup a porté ; le chimiste, qui passe en offrant du champagne, a l'air de parfaitement comprendre et d'être en mesure d'expliquer cette énigme.

Anastasia pose sa fourchette, se presse les mains par le bout des doigts, et s'adressant au Père de l'Église qui ne fait pas moins de trois mille milles par semaine, demande comment une mère peut regarder son bébé, quand elle sait qu'elle dépense plus que son mari n'a de rente. Elle ne se le figure pas.

(Eugène dit, entre parenthèses, que mistress Lammle n'ayant pas d'enfant, n'a pas de bébé à regarder).

« C'est vrai, répond missis Véneering, mais le principe est le même.

— Évidemment, dit Boots.

— Évidemment », ajoute Buffer ; mais il est dans la destinée de celui-ci de toujours nuire à la cause qu'il épouse. Chacun avait accepté que le principe était le même, Buffer le reconnaît, et, aussitôt, un murmure général s'élève pour attester que le principe est différent.

« Ce que je ne comprends pas, dit le Père aux trois cent soixante-quinze mille livres, zéro pence, zéro farthings, c'est que les gens dont il est question, s'ils étaient de la société, et je crois qu'ils en font partie ?... »

Véneering est obligé de convenir qu'ils ont souvent dîné à sa table, et que c'est même chez lui qu'a eu lieu le repas de noces.

— Eh bien ! reprend le susdit Père, je ne comprends pas comment leurs dépenses, quand elles auraient excédé leurs revenus, ont pu les conduire à ce qui a été qualifié de débâcle totale ; car, pour les gens d'une certaine classe, il y a toujours moyen d'arranger les affaires. »

Eugène, qui ce soir paraît être d'humeur sombre, fait une nouvelle objection. « Supposez, dit-il, que vous n'ayez rien, et que vous dépensiez davantage? »

Ce cas est trop insolvable pour que le Père s'en occupe ; trop insolvable pour occuper n'importe qui, ayant le respect de soi-même ; et le fait est repoussé par tout le monde avec indignation. Mais que des gens d'une certaine classe soient totalement ruinés est une chose si étourdissante que chacun est tenu d'en chercher le motif.

« Il a joué, suppose l'un des Pères.

— Ou spéculé, sans savoir que la spéculation est une science, dit un collègue du précédent.

— Les chevaux, articule Boots.

— Deux ménages », confie lady Tippins à son éventail.

Mister Podsnap ne disant rien, on lui demande son opinion. « Ne m'en parlez pas, dit-il l'œil en feu et la voix irritée, je ne discute point les affaires de ces gens-là. Ce sujet m'est odieux ; ce sujet me blesse, m'offense, me soulève le cœur. »

Et arrondissant le bras droit, mister Podsnap balaye de la surface de la terre ces êtres incompréhensibles, qui ont fait plus de dépense qu'ils n'avaient de revenu et sont arrivés à une entière débâcle.

Eugène, étendu sur sa chaise, regarde mister Podsnap avec une certaine irrévérence, et va peut-être faire une nouvelle objection quand on aperçoit le chimiste en lutte avec le cocher. Celui-ci paraît avoir le désir d'approcher des convives ; il tient à la main un petit plat d'argent, comme s'il voulait quêter pour sa famille. Le chimiste lui barre le passage, et l'arrête près du buffet. La majesté, sinon le rang supérieur du maître d'hôtel, impose nécessairement à un homme qui n'est rien hors de son siége ; et le cocher, cédant le plateau, se retire avec perte.

Le chimiste prend la figure d'un censeur littéraire, parcourt de l'œil un chiffon de papier qui se trouve sur le plateau, le repousse au milieu, choisit le moment, s'approche de mister Wrayburn, et lui présente ledit objet ; sur quoi l'aimable Tippins dit à haute voix : « Le lord chancelier a donné sa démission. »

Eugène qui connaît la curiosité de la charmeresse, tire froidement un lorgnon qu'il essuie d'un air distrait, et lit avec lenteur le nom qu'il a vu dès qu'on lui a remis le papier. Ce nom, dont l'encre est encore humide, est celui du jeune Blight.

« On attend? dit Eugène, qui, parlant au chimiste, lui demande cela tout bas, et par dessus l'épaule.

— On attend », répond le chimiste à voix également basse.

Eugène adresse un regard d'excuse à missis Véneering ; il sort et trouve le clerc de Lightwood à la porte de la salle.

« Vous m'avez recommandé de vous l'amener, monsieur, quel que fût l'endroit où vous pourriez être, dit le jeune Blight, qui pour parler à l'oreille du gentleman, s'est mis sur la pointe des pieds.

— Garçon intelligent ! où est-il ? demande Eugène.

— Là, dans un cab. J'ai pensé qu'il valait mieux ne pas le laisser voir, s'il était possible ; car il tremble de la tête aux pieds, comme Glue Mongo. »

Peut-être cette comparaison est-elle inspirée au jeune Blight par la vue des friandises environnantes.

« Garçon intelligent ! » répète Wrayburn, qui se rend auprès du cab. Il s'appuie négligemment à la portière dont la glace est baissée, et voit l'ignoble enfant de miss Wren. Ce dernier apporte son atmosphère avec lui, et semble avoir choisi une barrique de rhum pour en effectuer le transport.

« Allons, mister Poupées, réveillez-vous.

— Mist' Wrayburn ?

— Oui.

— L'adresse, — quinze schellings. »

Après avoir lu attentivement le sale chiffon de papier que lui a présenté l'ivrogne, et l'avoir serré avec soin dans la poche de son gilet, Eugène compte l'argent qui lui est demandé. Il commence imprudemment par mettre le premier schelling dans la main de mister Poupées, qui le jette par la portière ; ce que voyant, il dépose les quinze schellings sur la banquette. « Menez-le en voiture à Charing-Cross, dit-il au jeune Blight ; et là, débarrassez-vous de lui. »

Arrivé à la porte de la salle à manger, Wrayburn s'arrête une seconde ; il entend au-dessus du cliquetis des fourchettes, et du bourdonnement des convives, la belle Tippins dire en fausset :

« Je meurs d'envie de savoir ce qui l'a fait sortir.

— Vraiment! murmure Eugène ; peut-être mourrez-vous si la chose est possible. Je serais de la sorte un des bienfaiteurs de l'humanité ; je m'en vais donc. »

L'air pensif, il prend son chapeau et son manteau, et s'éloigne sans être vu du chimiste.

QUATRIÈME PARTIE

PIÉGES ET TRAPPES

I

AU BORD DE L'EAU

C'était en été : rien de paisible et de charmant comme l'écluse de Plashwater le soir dont nous parlons. Un air tiède passait au milieu des arbres, en agitait les feuilles d'un vert tendre, glissait doucement sur la rivière, et plus doucement encore sur l'herbe qui s'inclinait devant lui. Le murmure de l'eau, ainsi qu'il arrive quand on écoute la voix de la mer, ou celle du vent, semblait évoquer le souvenir, et former à l'auditeur comme une seconde mémoire. Mais tout cela échappait à Riderhood, qui sommeillait sur l'un des leviers de ses portes d'écluse. Pour que le vin puisse jaillir du tonneau, il faut qu'on l'y ait mis d'abord par un moyen quelconque. Il en est de même du sentiment chez l'homme ; et aucune mesure n'ayant jamais été prise pour faire entrer le sentiment chez Roger Riderhood, rien au monde ne pouvait l'en faire sortir. A chaque balancement qui lui faisait perdre l'équilibre, il se réveillait avec colère, et poussait un grognement ; comme si, en l'absence de tout autre, il avait eu envers lui-même des intentions hostiles. Le cri : « Ho hé ! de l'écluse ! » qu'il entendit pendant un de ces sursauts, l'empêcha de se rendormir. S'étant levé, il se secoua comme une bête farouche qu'il était, donna à la fin de son grognement une inflexion qui en faisait une réponse, et jeta les yeux en aval pour voir qui le hêlait. C'était un canotier, habile à manier la rame chose évidente, bien qu'il y mît une certaine nonchalance; un amateur, au batelet tellement petit, que Riderhood fit cette remarque : « Un peu d'moins et c'serait comme une gageure. »

En disant ces mots, il se dirigea vers le cabestan et se mit en devoir d'ouvrir au canotier. Tandis que celui-ci, debout dans son esquif, le croc appuyé au bâti qui, de son côté, fermait l'écluse, attendait que la porte fût ouverte, Riderhood reconnut en lui « c't'nut' gouverneur, » c'est-à-dire Eugène Vrayburn, qui, trop indifférent, ou trop préoccupé, ne reconnut pas l'honnête homme.

Les lourdes portes s'entrebâillèrent en grinçant ; le petit canot passa dès qu'il eut assez de place ; et les portes regrincèrent en se refermant sur lui. Riderhood courut à l'autre bout de l'écluse ; il en tourna le cabestan, et, pesant de tout son corps sur le levier de la seconde porte, afin d'empêcher cette dernière de s'ouvrir tout à coup, il aperçut un batelier couché à l'ombre de la haie vive qui bordait le chemin de halage.

L'eau se précipita dans l'écluse, dispersa l'écume qui s'était formée derrière la porte, et fit monter le petit canot de telle façon, qu'Eugène apparut graduellement au batelier qui reposait au bord du chemin. Riderhood vit alors que celui-ci, pour qui Wrayburn se trouvait en pleine lumière, relevait la tête, s'appuyait sur un bras, et semblait avoir les yeux rivés sur le gentleman. Mais les portes étaient ouvertes, il y avait un droit à percevoir, et Riderhood se détourna pour toucher ce qui était dû. Eugène le lui jeta sur la rive, dans un morceau de papier, et en le lui adressant reconnut à qui il avait affaire. « Tiens ! c'est vous, l'honnête ami, dit-il en reprenant ses rames ; vous avez donc obtenu la place?

— Oui, répondit l'éclusier d'un ton rogue, et j'ai pas à vous en remercier, pas pus que l'lawyer Lightwood.

— Nous avons gardé notre apostille, mon honnête camarade, pour celui qui se présentera lorsqu'on vous aura pendu ; ayez la bonté de ne pas trop le faire attendre. »

Il avait dit ces paroles avec un sérieux tellement imperturbable, que Riderhood le regarda s'éloigner bouche béante. Ce ne fut qu'en lui voyant dépasser la ligne d'objets, qui, pareils à d'énormes totons, reposent à fleur d'eau le long du barrage, et au moment où le gentleman allait disparaître derrière les arbres, que l'éclusier fut en mesure de lui répondre; mais Eugène était trop loin pour qu'il pût s'en faire entendre ; et l'honnête homme en fut réduit à maudire, et à grommeler entre ses dents.

Il referma les portes de l'écluse, et revint du côté de la Tamise où était le sentier de halage ; chemin faisant, il revit le batelier qui avait déjà attiré son attention, et l'examina, sans toutefois en avoir l'air. Il se coucha lui-même au bord de l'écluse, s'étendit négligemment, le dos tourné vers l'individu qui l'occupait, cueillit quelques brins d'herbe, et se mit à les mâcher.

Son oreille ne percevait presque plus le bruit des rames d'Eugène, lorsqu'il vit passer le batelier; cet homme rasait la haie vive, laissant entre eux le plus d'espace qu'il lui était possible. Riderhood attacha sur lui un regard attentif, et se mit à crier : « Ohé! de l'écluse! ohé de l'écluse de Plashwater! » Le batelier se retourna.

« Plashwater Weir Mill! troisième gouverneu-eu-eu-eur! » cria Riderhood en se faisant un porte-voix de ses deux mains.

Le batelier revint sur ses pas et montra que c'était bien ce troisième gouverneur, c'est-à-dire Bradley Headstone, vêtu d'habits de marinier achetés d'occasion.

« J'veux mouri, dit Riderhood en riant et en se frappant la jambe droite, j'veux mouri si vous n'avez pas voulu m'singer, troisième gouverneur; tout mon portrait, quoi! J'me croyais pas si joli qu'ça. »

Effectivement, Bradley avait étudié le costume de Riderhood pendant la course qu'ils avaient faite ensemble. Il avait dû l'apprendre par cœur et s'en était souvenu, car celui qu'il avait alors en reproduisait les moindres détails; et, chose bizarre, tandis qu'avec son costume d'instituteur il avait l'air de porter les habits d'un autre, maintenant qu'il avait ceux de plusieurs autres, il semblait n'avoir jamais porté que ceux-là.

« C'est votre écluse? fit-il avec un étonnement qui parut être sincère. Quand j'ai demandé où elle se trouvait, on m'a dit que c'était la troisième, et celle-ci n'est que la seconde.

— M'est avis, gouverneur, répondit Riderhood avec un hochement de tête et un clignement d'œil, qu'vous en aurez compté une de moins. C'est pas aux écluses que vous avez la tête; non, non, non. »

Comme en disant cela il jeta l'index d'une manière significative dans la direction qu'avait prise le canot, une rougeur d'impatience monta au visage de Bradley, qui lança un regard soucieux en amont de la rivière.

« Non, non, reprit Riderhood, c'est pas les écluses qui vous occupent.

— A quoi supposez-vous que je pense? aux mathématiques?

— Un mot qu'j'n'connais pas, et qu'est trop long pour la chose; après tout, si vous appelez ça comme ça... dit l'éclusier en mâchant son herbe d'un air bestial.

— De quelle chose parlez-vous?

— Disons les choses, c'sera pus juste, grogna Riderhood.
— Je ne sais pas ce que voulez dire.
— Eh! bon donc, les affronts, les sottises, les injures; les provocations à mort, quoi! »

Bradley eut beau faire; il ne put empêcher la fureur de lui jaillir au visage, ni ses yeux de remonter la Tamise.

« Soyez tranquille, reprit Riderhood; il va cont' le courant, et ne s'foule pas la rate; vous pouvez l'rattraper si ça vous plaît. J'ai pas besoin d'vous l'dire, vous savez mieux qu'moi l'avance qu'vous avez prise sur lui, une fois qu'la marée l'a eu quitté; autant dire d'puis Richemond.

— Est-ce que vous supposez que je l'ai suivi?
— Pas besoin, répondit Riderhood : j'en suis sûr.
— Eh bien! oui, confessa Bradley; mais il peut aborder, ajouta-t-il en regardant la rivière avec inquiétude.
— N'ayez pas peur; et puis d'abord, i'n'serait pas perdu, son bateau resterait là; i'n'peut pas en faire un paquet, et l'mett' sous son bras.
— Il vous a parlé? qu'est-ce qu'il vous a dit? demanda Bradley en posant un genou sur l'herbe à côté de l'éclusier.
— Tchique!
— Hein! fit Bradley.
— Tchique! répéta Riderhood, qui jura avec colère; é'-ce qui peut dire aut' chose? j'aurais dû sauter su lui, faire un bon saut, et l'neyer comme un chien. »

Bradley détourna la tête pour ne pas laisser voir sa figure convulsive; et après un moment de silence : « Qu'il soit damné! dit-il en arrachant une poignée d'herbe.

— Hourahr! cria Riderhood; ça vous fait honneur: hourahr! et moi je dis tout comme vous.

— Quelle tournure, demanda Bradley en faisant un effort qui l'obligea de s'essuyer la face, quelle tournure son insolence a-t-elle prise aujourd'hui?

— Celle-là d'espérer, vous n'le croirez pas, répondit l'honnête homme d'un air féroce, qu'j'étais prêt à me faire pend'.

— Qu'il y prenne garde! reprit l'autre; ce sera fâcheux pour lui quand ceux qu'il a insultés ne craindront pas d'être pendus. Que lui aussi, le misérable! se prépare à son sort; il n'a pas cru si bien dire : quand ceux qu'il a bafoués seront prêts à se faire pendre, la cloche des morts sonnera un glas funèbre, et ce ne sera pas pour eux. »

Tandis que Bradley proférait ces paroles d'une voix étranglée par la haine, Riderhood, les yeux fixés sur lui, s'était relevé graduellement. Lorsque les derniers mots s'éteignirent, l'éclusier avait, lui aussi, un genou en terre, et son regard rencontra celui du maître de pension.

« Ah! j'devine, dit-il en crachant lentement l'herbe qu'il avait mâchée; ça n'serait-i pas qu'i va la voir, troisième gouverneur?

— Il a quitté Londres hier, et cette fois, je n'en doute pas, répondit Bradley.

— Alors, vous n'en êtes pas sûr?

— Aussi sûr, dit-il en empoignant sa chemise grossière, aussi sûr que si c'était écrit là; et son poing crispé indiquait le ciel.

— Autant que j'peux en juger, reprit Riderhood en crachant son dernier brin d'herbe, et en s'essuyant la bouche avec sa manche, vous avez déjà cru en êt' sûr, et vous vous êtes trompé; ça s'voit à vot' mine.

— Écoutez, dit Bradley à voix basse, en posant la main sur l'épaule de Riderhood, je suis en vacances.

— Par saint Georges, murmura l'autre en regardant cette figure ravagée, si c'est là vos jours de fête, quéqu' c'est qu'vos jour'ouvriers? i'doiv' êt' joliment rudes.

— Je ne l'ai pas quitté, poursuivit Bradley dont la main impatiente écarta l'interruption, et je ne le quitterai pas que je ne l'aie surpris avec elle.

— Et après qu'vous les aurez vu' ensemb'? demanda Riderhood.

— Je reviendrai vous trouver. »

L'honnête homme roidit le genou sur lequel il s'appuyait, et se releva en attachant un regard farouche sur son nouvel ami. Après avoir marché pendant quelques instants, à côté de Riderhood, dans la direction qu'avait prise le petit canot, Bradley laissa l'éclusier un peu en arrière. Il tira de sa poche une bourse pimpante (un présent de ses élèves), et Riderhood se décroisa les bras pour salir le revers de sa manche en se le passant sur la bouche d'un air méditatif.

« J'ai une livre à vous donner, dit Bradley.

— Vous en avez deux, » répondit Riderhood.

Un souverain brillait entre les mains du maître de pension. Riderhood, les yeux à terre et le regard de côté, allongea le bras gauche. Bradley prit dans sa bourse un second souverain, et les deux pièces d'or tintèrent dans la main de Riderhood, qui les mit promptement dans sa poche.

« Il faut maintenant que je le suive, dit Bradley Headstone. L'insensé! en prenant la rivière il a cru me faire perdre sa trace; mais avant de se débarrasser de moi, il faudra qu'il devienne invisible. »

Riderhood s'arrête. « Si c'te fois vous n'êtes pas trompé, c'est donc à l'écluse que vous allez r'venir?

— Oui, » répondit Bradley.

Riderhood ayant fait un signe de tête, le faux batelier continua sa route d'un pas rapide, marchant sur l'herbe qui bordait le sentier de halage, et serrant la haie d'aussi près que possible.

De l'endroit où les deux hommes s'étaient séparés, on découvrait la rivière sur une grande étendue. Un étranger aurait pu croire que, çà et là, sur la ligne que décrivait la haie, quelqu'un guettait le batelier, et l'attendait pour revenir avec lui. Tout d'abord Headstone l'avait cru lui-même, avant que ses yeux fussent habitués aux poteaux, qui, décorés des armes de la Cité de Londres, portent la dague avec laquelle fut tué Wat Tyler.

Pour Riderhood, il n'y avait pas de différence entre cette dague historique et toutes les autres. Pour Bradley, qui aurait pu réciter sans manquer un mot tout ce qui concernait Wat Tyler, y compris Walworth et le roi, tous les instruments de mort n'avaient ce soir-là qu'un seul objet au monde. Ainsi Riderhood qui le regardait s'éloigner, et Bradley, qui, les yeux fixés sur le canot d'Eugène, posait, en passant, une main furtive sur les dagues des écussons, Riderhood et lui étaient à peu près au même niveau.

Poursuivant sa course, la petite barque filait sous les arbres qui surplombaient la rivière, et glissait sur leur ombre paisible, entraînant derrière elle le batelier, qui, de l'autre côté du fleuve, marchait toujours sans s'écarter de la haie. Des points d'une lumière étincelante montraient à Riderhood où le canotier plongeait ses rames. Le soleil descendit à l'horizon; le paysage fut enveloppé d'une teinte rouge; puis cette couleur parut s'effacer de la terre, et se diriger vers le ciel, où, dit-on, monte le sang criminellement versé.

Tout en regagnant son écluse, Riderhood était pensif, et méditait aussi profondément qu'un homme de sa trempe était capable de le faire. « Pourquoi qu'il a copié mes habits? se demandait-il; j'y comprends rien. Il aurait pu avoir l'air de c' qu'il voulait paraît' sans s'habiller comme moi. »

De temps à autre, une idée confuse surgissait dans son esprit, comme il arrive à ces épaves que charrie la rivière, et qui, à demi flottant, à demi enfonçant, paraissent et disparaissent tour à tour. L'idée finit cependant par être saisissable, et Riderhood se posa cette question. « C'est-i' un hasard? » Puis, il se dit qu'il fallait arriver à le savoir; et il chercha quelque ruse qui lui en fournît le moyen.

Rentré dans sa loge, il prit le coffre où étaient ses vêtements, il le porta dehors; et s'asseyant sur l'herbe, à la clarté grisâtre du crépuscule, il sortit un à un tous les objets renfermés dans la caisse, jusqu'à ce qu'il eût trouvé un mouchoir d'un rouge vif, noirci par l'usage en différents endroits. Il l'examina avec attention, parut plus réfléchi que jamais, dénoua le tortillon crasseux qui lui entourait la gorge, et y substitua la cravate rouge, dont il laissa flotter les bouts. « Maintenant, dit-il, s' i' m' voit avec c' mouchoir-là, et qu'après il en ai' un pareil au cou, ça n' sera pas du hasard. »

Ravi du piège qu'il venait de tendre à ce troisième gouverneur, il reporta le coffre dans sa loge, et se mit à souper.

« Ohé ! de l'écluse ! ohé ! »

La lune était brillante ; une barge qui descendait la rivière, tira l'éclusier d'un long somme. Il avait fait passer le bateau, et surveillait la fermeture de ses portes, lorsque Bradley parut au bord de l'écluse. « D'jà r'venu ? s'écria Riderhood.

— Il est à l'auberge du Pêcheur, répondit l'autre d'une voix haletante. Je sais quand il doit repartir et je viens me reposer en attendant.

— C'est pas de trop, dit Riderhood.

— Bah ! répliqua Bradley avec impatience, j'aurais mieux aimé le suivre toute la nuit ; mais s'il ne veut pas marcher, il faut bien que je m'arrête. J'ai rôdé aux alentours afin d'apprendre le moment de son départ : c'est pour six heures. Si je n'avait pas pu le savoir, je serais resté là-bas. Mauvais endroit pour un homme qu'on y jetterait les mains liées, dit-il en regardant l'écluse. Entre ces murailles glissantes, il aurait peu de chance de salut. Est-ce que les portes, d'ailleurs, ne l'attireraient pas au fond ?

— Attiré ou r'poussé, dit Riderhood, i' n'en sortirait pas, allez ; inutile d' lui attacher les mains. Qu'il y tombe quand les portes sont fermées, et j' lui donne une pinte de vieille ale, à jamais j'le revois debout, à la place où vous êtes. »

Bradley regarda l'abîme avec une joie sinistre, et dit après un instant de silence : « Vous courez sur le bord, à cette clarté douteuse, vous allez d'un côté à l'autre sur cette planche étroite et pourrie, comme s'il n'y avait aucun péril ; vous ne craignez donc pas de vous noyer ?

— C'est impossib', dit Riderhood.

— Comment cela ?

— Oui, reprit l'honnête homme en hochant la tête d'un air convaincu, c'est un fait : j' l'ai manqué une fois ; on m'a répêché à présent c'est fini. Je n' voudrais pas au moins que c' souffleur ponté en eût connaissance ; ça pourrait nuire à ma réclamation ; mais, pour êt' sûr, v'là qu'est sûr ; tous les gens comme moi, qui travaillent su la rivière, vous diront qu'un homme qu'on a r'pêché mort aux trois quarts ne peut pus s' neyer. »

Bradley sourit aigrement de cette ignorance qu'il aurait détruite chez un de ses élèves, et continua à regarder l'eau comme si elle exerçait sur lui une sorte d'attraction.

« L'endrêt paraît vous plaire, reprit Riderhood. »

Il ne fit aucune réponse, et demeura immobile comme s'il n'avait pas entendu : sa figure d'une expression indéfinissable pour Riderhood, avait quelque chose de féroce et d'arrêté ; mais la détermination qu'elle annonçait pouvait tourner aussi bien contre lui que contre l'objet de sa haine. Qu'il eût reculé d'un pas, et se fût élancé dans le gouffre, n'aurait point étonné le regard qui l'aurait vu en ce moment. Peut-être son âme troublée, résolue à quelque violence, flottait-elle alors entre celle-ci et une autre ?

« E' c' que, demanda Riderhood, après l'avoir regardé de côté pendant un instant, vous n'avez pas dit qu' vous aviez une coup' d'hour' à vous r'poser? »

Il fallut le pousser du coude avant d'en obtenir une réponse.

« Oui, dit-il enfin, comme réveillé en sursaut.

— En c' cas, vous feriez mieux d'entrer et d' faire un somme.

— Merci ; vous avez raison. »

Il suivit Riderhood, qui, arrivé dans la chambre, tira du buffet une tranche de bœuf salé, un demi pain, une bouteille où restait un peu de gin, prit une cruche, et la rapporta peu de temps après toute ruisselante de l'eau qu'il venait de puiser à la rivière.

« Voilà, dit l'éclusier en posant la cruche sur la table. Avant de faire vot' somme, croyez-moi, mangez un morceau, mon gouverneur. »

En ce moment les bouts de la cravate rouge attirèrent l'attention de Bradley, ce dont s'aperçut Riderhood. « C'est bon pensa le digne homme; vous la r'gardez; vous allez la voir tout vot' content. »

Il s'assit en face de Bradley, ouvrit sa veste, et renoua lentement sa cravate.

Bradley, tout en mangeant et en buvant, examina plusieurs fois, à la dérobée, cette cravate rouge, comme s'il eût rectifié les notes qu'il en avait prises, et qu'il en eût soufflé les détails à sa mémoire paresseuse.

« Quand vous s'rez prêt à faire vot' somme, dit l'honnête éclusier, j'tez vous su mon lit qu'est dans l' coin; j' vous appellerai dès qu'i' f'ra jour.

— Cela ne sera pas nécessaire », répondit Bradley. Au bout d'un instant, il défit ses chaussures et se coucha tout habillé.

Riderhood, allongé dans son fauteuil de bois et les bras croisés sur la poitrine, le regarda dormir, jusqu'au moment où un voile lui tombant sur les yeux, il s'endormit à son tour. Quand il s'éveilla, le jour était venu, et son hôte, déjà sur pied, se dirigeait vers la rivière pour faire ses ablutions.

« Que j'sois béni, murmura l'honnête homme, qui l'observait du seuil de la porte, que j'sois béni, si j'pense que la Tamise donnerait assez d'eau pour vous rafraîchir. »

Cinq minutes après le faux marinier était parti, et s'éloignait par le chemin qu'il avait pris la veille. Lorsqu'un poisson venait à sauter, Riderhood le savait en voyant le marcheur tressaillir et regarder autour de lui.

« Ohé! de l'écluse! ohé! » depuis le matin jusqu'au soir, à différents intervalles. « Ohé! de l'écluse! ohé! » trois fois pendant la nuit; mais pas de Bradley Headstone.

La seconde journée fut d'une chaleur accablante; dans l'après-midi, l'orage se déclara, et au moment où la nuée crevait en une pluie furieuse, Bradley entra dans la loge avec la violence de l'ouragan.

« Vous l'avez vu, s'écria Riderhood en se levant tout à coup.
— Oui.
— Où ça?
— Au but de son voyage. Son canot est hissé pour trois jours. Il est allé l'attendre, et l'a rencontrée. Je les ai vus hier ensemble; ils marchaient l'un près de l'autre.
— Quéqu' vous avez fait?
— Rien.
— Mais vous allez faire quéqu' chose? »

Il tomba sur une chaise, éclata de rire; et un jet de sang lui sortit des narines.

« D'où ça vient i'? demanda Riderhood.
— Je n'en sais rien; cela m'est arrivé deux, trois, quatre,— je ne sais plus combien de fois depuis hier. J'en ai d'abord le goût, puis l'odeur, puis la vue, et cela jaillit comme vous voyez. »

Il sortit tête nue, par la pluie battante, se pencha au-dessus de la rivière, prit de l'eau à deux mains et se lava la figure, tandis que derrière lui un vaste rideau noir montait lentement vers le ciel. Il revint, trempé de la tête aux pieds et l'eau ruisselant du bas de ses manches, qu'il avait plongées dans la rivière.

« Vous avez l'air d'un spect', dit Riderhood.
— En avez-vous jamais vu? demanda-t-il d'un air sombre.
— J'veux dire qu'vous êtes fatigué.
— C'est possible; je n'ai pas dormi depuis mon départ; je ne crois pas même que je me sois assis.

— Couchez-vous, dit Riderhood.

— Avant, il faut que je boive. »

La cruche et la bouteille apparurent sur la table. Il mêla un peu de gin avec de l'eau, et but deux rasades coup sur coup.

« Vous me demandiez quelque chose, dit-il en posant son verre.

— Non, fit Riderhood.

— Je vous dis, reprit-il en se tournant d'un air farouche vers l'éclusier, je vous dis que vous m'avez demandé quelque chose au moment où je sortais.

— Eh bien! oui, répondit Riderhood en se reculant un peu, j'demandais c'que vous alliez faire.

— Est-ce que je le sais? dit-il en agitant ses mains tremblantes avec une telle violence que l'eau tomba de ses manches comme s'il les avait tordues. Est-ce que dans ma position on a des projets? Avant de penser, il faut que je dorme.

— C'est c'que j'disais, répondit l'autre.

— C'est possible.

— Dans tous les cas, mettez-vous là; et pus vous dormirez, mieux vous saurez c'qui est à faire. »

La couchette que lui désignait Riderhood sembla lui revenir peu à peu à l'esprit; il ôta ses souliers, éculés par la marche, et, tout mouillé qu'il était, il se jeta lourdement sur le grabat de l'éclusier. Riderhood alla s'asseoir près de la fenêtre, et regarda les éclairs; mais l'orage était loin d'absorber sa pensée, car il se tournait fréquemment vers son hôte, et l'examinait d'un œil curieux.

Bradley, afin de se protéger contre la pluie, avait relevé le collet de sa veste, qui était boutonnée jusqu'en haut. N'en ayant pas plus conscience que d'autre chose, il s'était lavé la figure sans même rabattre le collet, et s'était couché ainsi, bien qu'il eût été plus à l'aise en défaisant sa veste.

L'orage continuait avec la même furie; de toutes parts les éclairs sillonnaient le vaste rideau noir, et y entrecroisaient les déchirures bifurquées. Riderhood regardait maintenant la couchette. Parfois la lumière qui la lui faisait voir était rouge, parfois elle était bleue; puis le dormeur s'effaçait presque dans l'ombre, ou disparaissait tout à fait sous une flamme palpitante d'un éclat éblouissant. L'honnête homme éloignait de son esprit toutes ces phases de l'orage, qui auraient interrompu son examen attentif.

« I'dort joliment, se dit-il en lui-même; et c'pendant m'est avis qu'si j'quittais mon fauteuil, — j'dis pas si je l'touchais, — lui qui n'entend pas l'tonnerre, pourrait ben se réveiller. »

Néanmoins il se leva tout doucement. « Êtes-vou' a vot' aise? demanda-t-il à voix basse. I'fait pas chaud, gouverneur; faut-i' que j'vous couv' les pieds? » Pas de réponse. « V'là un habit tout prêt, vous voyez; si je l'posais su vous? » dit-il en haussant un peu la voix. Le dormeur fit un mouvement. Riderhood se remit dans son fauteuil et fit semblant de regarder le ciel. Un spectacle grandiose, mais pas encore assez pour retenir l'honnête homme, dont les yeux, avant la fin de la minute, avaient repris leur ancienne direction. C'était sur le collet du dormeur qu'ils s'attachaient avec tant de curiosité; ils y restèrent jusqu'au moment où le sommeil de celui qu'ils épiaient devint plus profond, et arriva à cette stupeur de l'homme épuisé de corps et d'esprit.

Riderhood, cette fois, quitta non-seulement son fauteuil, mais s'approcha du lit! « Pauvre homme, murmura-t-il d'un air finaud, l'œil au guet et le pied levé, c'te jaquette, ça l'gêne, elle l'étrang'; si j'l'ouvrais, i's'erait tout d'même pus à son aise. »

Il défit le premier bouton, et recula d'un pas : le dormeur resta d'une immobilité complète. Il défit les autres boutons d'une main plus assurée, par cela même plus légère; puis il entr'ouvrit doucement la veste, l'écarta avec une extrême précaution. Les bouts flottants d'une cravate d'un rouge vif apparurent, et montrèrent qu'on avait pris la peine de tremper certaines parties de l'étoffe dans quelque liquide, pour lui donner l'apparence d'un long usage.

Riderhood promena son regard inquiet de cette cravate à la figure de son hôte, de celle-ci à la cravate, puis alla se rasseoir dans son fauteuil; et le menton dans la main, regardant alternativement la cravate et le visage du dormeur, il tomba dans une sombre méditation.

II

LE BOUEUR DORÉ SE RELÈVE

Mister et mistress Lammle sont venus pour déjeuner avec mister et mistress Boffin; non pas qu'on les ait invités, mais leur affection pour le couple doré est tellement vive, qu'il aurait été difficile de décliner l'honneur ou le plaisir de les recevoir.

On n'est pas d'une humeur plus charmante; et leur tendresse

pour ces vrais amis ne le cède qu'à l'amour qu'ils ressentent l'un pour l'autre.

« Chère madame, dit Sophronia, cela me fait revivre de voir mon Alfred parler confidentiellement avec mister Boffin. Ils sont nés pour être intimes. D'une part tant de simplicité, unie à tant de force de caractère ; de l'autre un esprit, une sagacité naturelle, jointe à une amabilité, à une distinction...

— Ma Sophronia, interrompt mister Lammle en quittant la fenêtre pour s'approcher de la table, votre partialité pour votre pauvre mari...

— Non, ne dites pas partialité.

— Eh bien ! mon ange, l'opinion avantageuse — vous opposez-vous à ce mot-là ?

— Comment le pourrais-je, Alfred ?

— Cette opinion, chère âme, est injuste à l'égard de mister Boffin, et m'est trop favorable.

— J'ai eu tort au sujet de votre ami, je le reconnais, mais en ce qui vous concerne, non, non, non.

— Injuste envers mister Boffin, reprend mister Lammle d'une voix éloquente, parce qu'elle abaisse ce gentleman à mon faible niveau. Trop favorable pour moi, cher ange, parce qu'en me plaçant à côté de cet homme généreux, elle m'élève à une hauteur que je ne saurais atteindre. Mister Boffin a montré plus de patience qu'il ne m'aurait été possible d'en avoir.

— Même si l'affaire vous eût été personnelle ?

— La question n'est pas là, mon amour.

— Pas là ? reprend mistress Lammle ; oh ! savant légiste, dit-elle avec finesse.

— Non, cher ange. Du niveau inférieur où je me trouve, Sophronia ! mister Boffin m'apparaît comme un homme trop généreux, trop clément à l'égard d'êtres indignes de lui, et qui ne l'ont payé que d'ingratitude. Je ne saurais prétendre à cette magnanimité ; au contraire, elle excite mon indignation.

— Alfred !

— Oui, cher trésor, mon indignation contre les infâmes qui en sont l'objet ; indignation qui fait naître en moi l'ardent désir de me placer entre mister Boffin et ceux que vous connaissez. Pourquoi cela, direz-vous ? parce qu'étant d'une nature inférieure, je suis moins délicat, moins détaché de ce monde ; parce que, n'ayant pas sa grande âme, je suis plus froissé des torts qu'on a envers lui qu'il ne saurait l'être lui-même, et me sens plus capable de venger ses injures. »

Décider mister et missis Boffin à prendre part à la conversation ne paraît pas du tout facile ; missis Lammle en est frappée.

Jusqu'à présent elle a discouru avec son mari de la manière la plus affectueuse; mais elle n'a pas eu un mot du boueur, ni de sa femme. Elle vient encore de jeter quelques amorces, et ni l'un ni l'autre n'ont mordu à l'appât. Il est probable que le vieux couple est impressionné par ce qu'il entend, mais on aimerait à en avoir l'assurance; d'autant plus qu'on s'adresse parfois à l'une des chères créatures, et qu'il est singulier de n'en pas avoir de réponse. Dans tous les cas, si la timidité, ou la conscience de leur peu de valeur empêche ces braves gens de se mêler à l'entretien, il faut les prendre par les épaules et les y faire entrer de force.

« Dans son admiration pour l'homme qu'il brûle de servir, dit Sophronia s'adressant au vieux couple, ce cher Alfred oublie ses revers momentanés; et je vous le demande, cher monsieur, n'est-ce pas là faire preuve d'une nature généreuse? Je n'ai jamais su discuter; mais cela me paraît évident: ne trouvez-vous pas, chère madame? »

Toujours pas de réponse. Le cher monsieur regarde son assiette, et continue de manger son jambon. La chère madame a les yeux sur la bouilloire, et ne s'en détourne pas. Voyant s'évanouir son éloquent appel, qui va se mêler à la vapeur de l'urne, Sophronia jette un coup d'œil sur le couple doré, et hausse légèrement les sourcils, comme pour dire à son Alfred : Est-ce que la chose tournerait mal? Mister Lammle, qui, en mainte occasion, a obtenu de sa poitrine d'heureux effets, manœuvre son vaste devant de chemise de la façon la plus expressive, et répond en souriant : « Mister et missis Boffin, chère Sophronia, vous rappellent ce vieil adage : l'éloge de soi-même n'est pas une recommandation.

— De soi-même, Alfred? Est-ce parce que vous et moi ne faisons qu'un?

— Ma chère enfant, je veux dire que vous méritez, pour votre part, le compliment que vous voulez bien me faire; car vous éprouvez pour madame, ce que je ressens pour mister Boffin; vous me l'avez confié, chère oublieuse.

— Quel habile avocat! dit tout bas mistress Lammle à missis Boffin; me voilà battue; je n'ai plus qu'à l'avouer; car la chose est vraie. »

Missis Boffin lève seulement les yeux, avec un semblant de sourire; et les repose sur la bouilloire. Plusieurs marques blanches vont et viennent près du nez de mister Lammle.

« Eh bien! Sophronia, admettez-vous l'accusation? demande Alfred d'un ton railleur.

— Hélas! dit-elle gaiement, j'en suis réduite à réclamer la protection de la Cour. Dois-je répondre à cette question, milord! (elle s'adresse à mister Boffin.)

— Comme il vous plaira, madame. »

Le vieux boueur a l'air grave, et tire quelque dignité du déplaisir qu'il éprouve de cette conversation. Les sourcils de missis Lammle demandent de nouveaux ordres; un léger signe répond qu'il faut encore essayer.

« Pour me défendre contre le soupçon d'éloge personnel, dit Sophronia d'un air badin, il faut que je vous dise, chère madame, comment c'est arrivé.

— Non, interpose le vieux boueur; non madame, je vous en prie.

— La Cour s'y oppose? dit en riant mistress Lammle.

— Lacour, madame, si c'est moi que vous appelez comme ça, répond mister Boffin, Lacour s'y oppose, et ça pour deux raisons: premièrement il ne croit pas que ce soit honnête; en second lieu ça tourmente la vieille lady, mistress Lacour, puisqu'elle se nomme comme moi.

— Qu'est-ce qui paraît à la Cour avoir peu d'honnêteté? demande Sophronia d'un air qui tient à la fois de la supplique et du défi.

— De vous laisser continuer, répond mister Boffin en hochant doucement la tête; ce n'est pas jouer cartes sur table, et c'est manquer de franchise. Quand la vieille lady est mal à son aise, croyez-le, ce n'est pas sans motif. Je la vois qui se tourmente; je vois aussi qu'il y a de bonnes raisons pour ça. Avez-vous déjeuné, madame? »

Sophronia repousse son assiette d'un air dédaigneux, regarde son mari et se met à rire; mais cette fois d'une manière peu joyeuse.

— Et vous, monsieur, avez-vous fini? demande le vieux boueur.

— Encore une tasse de thé, si madame le veut bien, dit Alfred en montrant toutes ses dents.

Il répand un peu du liquide sur cette poitrine qui devait faire tant d'effet, et n'en a produit aucun; mais en somme il boit avec aisance, bien que les taches mobiles qui marquettent sa figure soient aussi larges que si elles étaient dues à la pression de la petite cuiller. « J'ai fini et vous remercie mille fois. »

— Maintenant, reprend mister Boffin, en tirant son portefeuille, qui de vous deux tient la bourse?

— Chère Sophronia, dit Alfred qui se renverse sur sa chaise, étend la main droite vers sa femme, et introduit le pouce de sa main gauche dans l'entournure de son gilet, c'est vous qui en serez chargée.

— J'aurais préféré que ce fût votre mari, dit mister Boffin; oui, madame, parce que... Peu importe; j'aimerais mieux avoir affaire à lui. Enfin, je tâcherai de dire ce que j'ai à dire avec le moins d'offense possible. Vous m'avez rendu service en faisant ce que vous avez fait; ma vieille lady connaît l'affaire. J'ai mis dans cette enveloppe un billet de cent livres; le service que vous m'avez rendu vaut bien ça, et je donne cet argent avec plaisir. Voulez-vous me faire la grâce de le prendre, et recevoir mes remercîments? »

Sophronia tend la main d'un air de hauteur, sans regarder mister Boffin, et reçoit le petit paquet. Alfred, qui jusque-là n'avait pas cru à la possession des cent livres, paraît soulagé et respire plus librement.

« Il est possible, continue le vieux boueur en s'adressant à mister Lammle, que vous ayez eu comme une vague idée de remplacer Rokesmith.

— Très-possible, répond Alfred avec un brillant sourire.

— Peut-être bien, poursuit mister Boffin en regardant Sophronia, peut-être, madame, que vous avez eu la bonté de songer à ma vieille lady, et de lui faire l'honneur de penser qu'un de ces jours, vous pourriez devenir pour elle une sorte de miss Wilfer, ou quelque chose de plus ?

— Je présume, monsieur, répond mistress Lammle d'un air de mépris et d'une voix très-haute, que si jamais j'étais quelque chose pour votre femme, je ne pourrais manquer d'être un peu plus que *miss Wilfer*, comme vous l'appelez.

— Et vous, madame, comment la nommez-vous? » demande mister Boffin.

Elle ne daigne pas répondre, et bat du pied avec impatience.

« Enfin, reprend le vieux boueur, je dis que vous avez pu y songer; n'est-il pas vrai, monsieur?

— Assurément, répond Alfred avec un nouveau sourire.

— Eh bien ! dit mister Boffin d'un ton grave, ça ne se peut pas. Je voudrais, pour beaucoup, ne pas dire un mot qui vous serait désagréable; mais ça ne se peut pas.

— Sophronia, dit Alfred d'une voix railleuse, vous l'entendez, ma chère : ça ne se peut pas.

— Non, répond mister Boffin, dont l'air est toujours grave, c'est comme je le dis. Excusez-nous; allez de votre côté, nous irons du nôtre, la vieille lady et moi ; et tout sera terminé à la satisfaction commune. »

Sophronia proteste par un regard on ne peut moins satisfait; mais ne prononce pas un mot.

« Le meilleur parti à prendre, continue le vieux boueur, c'est

de considérer la chose comme une affaire, et de nous dire que c'est une affaire faite. Vous m'avez rendu un service ; je l'ai payé, tout est dit ; à moins que le prix ne vous convienne pas. »

Les deux époux se regardent, mais ne font aucune objection ; Alfred hausse les épaules, Sophronia reste immobile.

« Très-bien, reprend le boueur doré. Vous reconnaîtrez, nous l'espérons, ma vieille lady et moi, que nous avons pris le chemin le plus court et le plus honnête qu'offrait la circonstance. La vieille lady et moi, nous en avons causé avec beaucoup de réflexion, et nous avons senti que de vous tenir plus longtemps le bec dans l'eau, ça ne serait pas juste. Alors je vous ai donné à entendre que... » Mister Boffin cherche un nouveau tour de phrase, et n'en trouvant pas de meilleur, répète que ça ne se peut pas. Si j'avais su dire la chose d'une façon plus agréable, je l'aurais fait avec plaisir. J'espère néanmoins ne pas vous avoir blessés ; dans tous les cas, ce n'était pas mon intention... Et vous souhaitant bonne chance sur la route que vous allez prendre, je finis en vous disant qu'il faut nous séparer. »

Mister Lammle se lève de table avec un rire impudent ; sa chère âme avec le regard dédaigneux qui lui appartient. En ce moment un pas rapide s'entend dans l'escalier, la porte s'ouvre, et Georgiana, tout en larmes, se précipite dans la chambre sans qu'on l'annonce.

« Oh ! ma Sophronia ! s'écrie-t-elle en se tordant les mains et en se jetant dans les bras de missis Lammle ; penser que vous êtes ruinés, vous et Alfred ! Qu'on a vendu chez vous ! pauvre chère Sophronia ! après toutes les bontés que vous avez eues pour moi. Oh ! mister et missis Boffin, je vous souhaite le bonjour ; veuillez me pardonner ; vous ne savez pas combien je l'aimais quand on m'a défendu de la voir, et tout ce que j'ai souffert depuis que j'ai entendu dire à Ma qu'ils n'avaient plus de position dans le monde. Vous ne savez pas combien d'heures j'ai passées la nuit sans dormir, à pleurer pour ma Sophronia, ma première et ma seule amie. »

La figure et les manières de missis Lammle ont complétement changé. Elle est extrêmement pâle, et adresse à mister Boffin et à sa femme un regard suppliant, qu'ils comprennent tous les deux avec plus de promptitude que ne l'auraient fait beaucoup de gens mieux élevés, dont la pénétration vient moins directement du cœur.

« Je n'ai qu'une minute, dit la pauvre Georgiana ; il faut que je m'en aille. Je suis sortie avec Ma pour visiter les magasins ; j'ai dit que j'avais mal à la tête afin de rester dans le phaéton. J'ai couru chez Sophronia ; nous en étions tout près ; — on m'a dit qu'elle était ici. Alors Ma est allée voir une atroce vieille femme à Portland-Place, qui a un turban ; j'ai dit qu'elle me faisait peur, et que je ne voulais pas monter, que pendant ce temps-là j'irais avec la voiture déposer des cartes chez les Boffin... Excusez-moi, ce n'était pas bien parler ; mais, bonté du ciel ! ma pauvre tête ! et le phaëton qui est à la porte ! Si Pa le savait ! miséricorde !

— Rassurez-vous, chère enfant, dit mistress Boffin ; vous êtes venue me voir et...

— Eh ! non, s'écrie la pauvre petite. C'est très-impoli, je le sais bien ; mais je suis venue pour Sophronia, ma seule amie. Que j'ai souffert de notre séparation, avant de savoir que vous étiez ruinés ; et que je souffre bien plus maintenant ! »

La pauvre petite miss au cœur tendre, à la tête faible, se jette au cou de missis Lammle, et de vraies larmes jaillissent des yeux de l'arrogante créature.

« Mais je suis venue pour affaire, reprend Georgiana qui sanglote, s'essuie les yeux et fouille dans un petit sac. Si je ne me dépêche pas, tout sera manqué. Bonté divine ! que dirait Pa, s'il le savait ? Et Ma ! que dira-t-elle si je la laisse attendre à la porte de ce turban ? Et il n'y a jamais eu de chevaux comme les nôtres pour piaffer et me faire perdre l'esprit, quand j'en ai le plus besoin. Quand je pense qu'ils vont et viennent, en piaffant, dans la rue de mister Boffin, où ils ne devraient pas être ! Mais où est-ce donc, où est-ce donc ? Je ne le trouve pas ! »

Et sanglotant, et fouillant toujours dans le petit sac,

« Qu'est-ce que vous ne trouvez pas, ma chère ? demande mister Boffin.

— Bien peu de chose : parce que Ma me traite toujours comme une enfant. — Je voudrais bien l'être encore ; je serais avec une gouvernante au lieu d'être avec elle ; — mais je ne dépense rien, et cela monte à quinze livres. C'est bien peu, Sophronia ; mais prenez-les tout de même. Cela vaut mieux que rien. Encore autre chose : bonté divine ! je l'ai perdu ! Oh ! non : le voilà. »

Et pleurant, sanglotant, fouillant dans le petit sac, Georgiana tire un collier.

« Les enfans et les bijoux ne vont pas ensemble, dit toujours Ma, ce qui fait que je n'en ai pas d'autres. C'est ma tante Hawkinson qui me l'a donné par testament. J'avais coutume de penser qu'on aurait bien fait de l'enterrer avec elle, puisqu'il est toujours au fond d'une boîte, enveloppé dans du coton ; mais le voilà ; il va enfin servir ; j'en suis bien reconnaissante. Vous le vendrez, Sophronia, et vous achèterez des affaires avec.

— Je m'en charge, dit mister Boffin en prenant le collier.

— Oh! que vous êtes bon! vous êtes donc l'ami de Sophronia? Mais il y avait encore autre chose; bonté divine! cela m'est sorti de la tête. Oh! non, je me rappelle; voilà ce que c'est : la fortune de grand'mère est à moi; elle me reviendra quand je serai majeure; on n'aura pas de compte à me demander; Pa et Ma pas plus que les autres; et je veux signer un papier pour qu'on m'avance de l'argent. Il me faut une grosse somme, bien grosse; je veux qu'ils reprennent leur position dans le monde. Vous m'aiderez, n'est-ce pas, cher monsieur, vous qui êtes l'ami de Sophronia?

— Oui, dit mister Boffin; je veillerai à cela également.

— Oh! que vous êtes bon! merci mille fois. Un mot suffira; vous le remettrez à ma femme de chambre, avec une demi-couronne. J'irai avec elle chez le pâtissier, et je donnerai ma signature; ou bien dans le square, si quelqu'un voulait venir, et tousser pour que je lui ouvre; il apporterait une plume et de l'encre, et un morceau de papier buvard. O ciel! il faut que je m'en aille! Pa et Ma le sauraient. Chère Sophronia, ma seule amie, adieu! adieu! »

Puis s'arrachant des bras de cette dernière : « Adieu cher mister Lammle; c'est Alfred que je veux dire. Rappelez-vous quelquefois que je ne me suis pas éloignée de vous, ni de Sophronia, parce que vous n'aviez plus de position dans le monde. Seigneur! j'ai tant pleuré, que j'en ai les yeux tout rouges; et Ma, pour sûr, va me demander ce que c'est. Oh! conduisez-moi, je vous en prie, conduisez-moi. »

Mister Boffin la conduit jusqu'à sa voiture, et la regarde s'éloigner avec ses pauvres petits yeux rouges, et son petit menton faible qui apparaissent au-dessus du grand tablier soupe-au-lait. On dirait un enfant qu'on a envoyé coucher dans le jour, en punition d'une désobéissance, et qui montre au-dessus de la couverture son malheureux petit visage, où se voit un mélange d'abattement et de repentir.

Revenu dans la salle à manger, mister Boffin retrouve mister et missis Lammle toujours à côté de la table.

« Ils seront bientôt rendus, je m'en charge, » dit le vieux boueur, en montrant l'argent et le collier.

Missis Lammle, qui a son ombrelle à la main, suit les contours des arabesques de la nappe, comme elle a esquissé les fleurs du papier de mister Twemlow. « J'espère, monsieur, que vous ne la détromperez pas, dit-elle d'une voix douce, et en tournant la tête vers mister Boffin, mais sans le regarder.

— Non, madame, répond le vieux boueur; je tâcherai de faire entendre à sa famille qu'elle a besoin d'être protégée d'une manière affectueuse; mais je n'en dirai pas davantage, soyez tranquille; et ce ne sera pas devant elle.

— Mister et missis Boffin, dit Sophronia, en dessinant toujours et en paraissant y apporter un grand soin, je ne crois pas qu'il y ait beaucoup de gens qui, en pareille occasion, auraient eu pour nous la même bienveillance; consentez-vous à être remerciés?

— Les remercîments valent toujours qu'on les reçoive, répond missis Boffin avec son affabilité ordinaire.

— En ce cas, je vous remercie tous les deux.

— Sophronia, dit Alfred d'un air railleur, allez-vous devenir sentimentale?

— Allons, mon cher monsieur, réplique mister Boffin, c'est une bonne chose de penser du bien de quelqu'un; et une très-bonne quand les autres pensent du bien de vous; madame n'en vaudra pas moins pour ça.

— Très-obligé, dit Alfred; mais c'était à missis Lammle que s'adressait ma question. »

Elle continue son dessin et garde le silence.

« C'est que voyez-vous, ajoute-t-il, je me sens moi-même disposé à m'attendrir en pensant aux bank-notes et au bijou que vous nous prenez, mister Boffin. Comme disait notre petite Georgiana, quinze livres sont peu de chose; mais cela vaut mieux que rien; et avec le prix du collier on achète des affaires.

— Pour cela, il faudrait l'avoir, » dit mister Boffin en mettant le bijou dans sa poche.

Alfred suit le collier d'un œil avide, ainsi que les trois billets de cinq livres qui vont rejoindre les perles dans le paletot du vieux boueur; puis il regarde sa femme d'un air à la fois ironique et furieux.

La lutte qu'elle subit intérieurement se trahit par les lignes profondes que son ombrelle a tracées, et des larmes lui coulent sur le visage. « Que le diable l'emporte! la voilà sentimentale, » s'écrie mister Lammle.

Reculant devant la colère avec laquelle il l'examine, elle se dirige vers la fenêtre et regarde au dehors pendant quelques instants; puis elle se retourne, et d'un air parfaitement calme: « C'est la première fois, dit-elle, que vous avez à vous plaindre de ma sensibilité; ce sera la dernière. Alfred, n'y faites pas attention; cela n'en vaut pas la peine. N'allons-nous pas à l'étranger?

— Il le faut, vous le savez bien.

— N'ayez pas peur que j'emporte là-bas un sentiment quelconque; je m'en débarrasserai avant de partir; c'est déjà fait. Êtes-vous prêt Alfred?

— Je n'attends que vous, Sophronia.
— Eh bien ! allons-nous-en. »

Elle est sortie la première, son mari derrière elle. Le couple doré ouvre une fenêtre et les suit des yeux, tandis qu'ils descendent la rue. Ils se donnent le bras, et marchent d'une allure triomphante, sans toutefois échanger une parole. On pourrait se tromper en supposant que, sous leur air d'assurance, il y a quelque chose de la confusion de deux fourbes enchaînés l'un à l'autre par des menottes invisibles ; mais on serait dans le vrai en pensant qu'ils sont horriblement fatigués l'un de l'autre, fatigués d'eux-mêmes, fatigués de tout au monde. Ils tournent le coin de la rue, et pourraient aussi bien passer de vie à trépas, sans qu'il y eût la moindre différence pour mister et missis Boffin ; car ces derniers ne reverront jamais ni mister ni missis Lammle.

III

RECHUTE DU BOUEUR DORÉ

Le jour du départ des Lammle était jour de lecture au Bower ; mister Boffin, aussitôt après le dîner, qui avait eu lieu à cinq heures, embrassa la vieille lady, sortit de l'hôtel, et s'en alla en trottinant, sa grosse canne dans les bras, comme il faisait autrefois ; de telle sorte que le bâton avait l'air de lui parler à l'oreille. Dans tous les cas son visage était si attentif, que les discours de la grosse canne paraissaient être peu lucides. Noddy Boffin avait l'air d'un homme à qui l'on communique une affaire embrouillée, et tout en trottinant, il lançait de temps à autre au bâton le regard qui d'habitude accompagne ces mots : qu'entendez-vous par là ?

Le boueur doré et sa canne allèrent ainsi jusqu'à un certain carrefour où l'on devait rencontrer tout individu, qui, à la même heure, se serait rendu de Clerkenwell au Bower. Noddy s'arrêta et regarda à sa montre. « Il s'en faut, dit-il, de cinq minutes qu'il soit l'heure indiquée par Vénus ; je suis un peu en avance. »

Mais Vénus était un homme ponctuel, et mister Boffin n'avait pas remis sa montre dans son gousset qu'il aperçut le monteur de squelettes. Celui-ci pressa le pas en voyant mister Boffin, et fut bientôt arrivé.

« Merci, Vénus, dit le vieux boueur, merci, merci, merci. » On aurait pu se demander pourquoi il remerciait l'anatomiste, n'étaient les paroles suivantes qu'il se hâta d'ajouter. « Depuis que vous êtes venu chez moi, et que vous consentez à garder les apparences, pendant un certain temps, je me trouve comme un soutien, et me sens plus à mon aise ; merci, Vénus, merci, merci, merci. »

Vénus serra d'un air modeste la main qui lui était offerte, et s'achemina vers le Bower en compagnie de mister Boffin.

« Croyez-vous, demanda celui-ci d'un air pensif, que Wegg ait l'intention de m'attaquer ce soir ?

— Je le crois, monsieur.

— Est-ce que vous avez une raison pour cela ?

— Le fait est, monsieur, qu'il est venu chez moi afin de vérifier l'état de ce qu'il appelle notre fonds disponible ; il m'a dit que rien au monde ne l'empêcherait d'ouvrir le feu la première fois que vous viendriez ; et cette fois, insinua Vénus, étant la première depuis lors...

— Vous supposez donc qu'il va tourner la meule ? interrompit le vieux boueur.

— Oui, monsieur. »

Mister Boffin prit son nez dans sa main, comme si cet organe était déjà entamé, et que les étincelles eussent commencé à en jaillir. « C'est un homme terrible, dit-il, un homme terrible. Je ne sais pas comment j'ai pu m'y laisser prendre ; moi qui l'aimais ! Vous me soutiendrez n'est-ce pas ? franchement et loyalement ; vous ferez au moins tout votre possible ? »

Vénus répondit d'une manière affirmative ; et mister Boffin garda le silence jusqu'à ce qu'il eût tiré la sonnette du Bower.

La jambe de bois ne tarda pas à se faire entendre, et la porte ayant roulé sur ses gonds, mister Wegg, la main sur la serrure, apparut aux arrivants. « Mister Boffin ! s'écria-t-il avec une feinte surprise ; vous n'êtes plus ici qu'un étranger.

— C'est vrai ; il y a longtemps que je ne suis venu, Silas ; j'ai eu de l'occupation.

— Vraiment ? fit l'autre avec ironie. Eh ! bien, moi, je vous attendais, et je peux dire d'une façon toute spéciale.

— Pas possible, Wegg ?

— Tellement possible, que si vous n'étiez pas venu ce soir, je serais allé vous trouver demain matin.

— Pas de malheur, Wegg ?

— Non, monsieur, oh ! non ; quel malheur pourrait-il arriver dans ce séjour des Boffin ? Entrez, monsieur, entrez.

Si vous voulez venir au Bower, que j'ai gardé pour vous,
Votre lit ne sera pas de roses; mais sera bien plus doux;
Voulez-vous, voulez-vous, voulez-vous,
Voulez-vous,
Entrer dans le Bower?
Oh! monsieur, ne voulez-vous pas, ne voulez-vous pas,
Ne voulez-vous pas,
Entrer dans ce galetas?

Un éclair de méchant triomphe brilla dans les yeux de Wegg, lorsqu'après avoir introduit le vieux boueur dans la cour, il ferma la porte, et donna un tour de clé à la serrure.

« Regardez-moi ce ver de terre, ce mignon de la fortune, dit-il à l'oreille de Vénus, en lui montrant le boueur doré, qui marchait devant d'un air abattu.

— Je vous ai préparé les voies, répondit Vénus je lui ai annoncé la chose; c'est pour cela qu'il a l'oreille basse. »

Entré dans la salle, mister Boffin posa sa canne sur le banc qui lui était réservé, mit ses mains dans ses poches; et les épaules hautes, le chapeau en arrière, attacha un regard désolé sur son littérateur.

« Mister Vénus, mon ami et mon associé, lui dit cet homme puissant, me donne à entendre que vous êtes averti du pouvoir que nous avons sur vous. Quand vous vous serez découvert, nous en viendrons à l'explication du fait. »

Le vieux boueur secoua la tête de manière à faire tomber son chapeau derrière lui, et continua à regarder Silas d'un air éperdu.

« Je vous préviens d'abord qu'à partir de ce moment je vous appelle Boffin tout court. Si ça vous déplaît, il vous est permis d'être mécontent.

— Ça m'est égal, répondit le vieux boueur.

— Tant mieux pour vous, Boffin. Désirez-vous qu'on vous fasse la lecture?

— Ce soir, je n'y tiens pas, Wegg.

— C'est que, voyez-vous, poursuivit Silas, un peu désappointé, si vous le demandiez, on vous le refuserait net. J'ai été assez longtemps votre esclave; je ne veux plus être foulé aux pieds par un boueur. La place me déplaît. Je renonce à tout, excepté aux profits. Mais passons à l'article suivant; il faut déblayer le terrain, avant de parler d'affaires. Vous avez placé dans la cour un de vos chiens de valets, rampant et reniflant...

— Quand je l'ai envoyé, dit le vieux boueur, il n'était pas enrhumé du cerveau.

— Pas de plaisanteries avec moi, Boffin; ça ne prendra pas, je vous en avertis. »

Ici l'anatomiste crut devoir intervenir, et fit observer qu'il comprenait que mister Boffin eût pris les paroles de Wegg au pied de la lettre; d'autant mieux que lui, Vénus, avait pensé d'abord que le susdit valet était affligé d'une affection, ou d'une habitude nasale, très-désavantageuse dans les rapports sociaux, jusqu'à ce qu'il eût découvert que la description de Wegg devait être prise au figuré.

« Peu importe, dit Silas, d'une manière ou de l'autre ce garçon-là est ici; et j'entends qu'il s'en aille. Je somme donc Boffin, avant d'aller plus loin, d'appeler ce drôle, et de lui ordonner de faire son paquet. »

En ce moment, le confiant Salop était dans la cour, où il faisait prendre l'air à ses nombreux boutons. Mister Boffin ouvrit la fenêtre, et lui fit signe de venir.

« Je somme Boffin, reprit Wegg, le poing sur la hanche et la tête de côté, d'apprendre à ce valet que c'est moi qui suis le maître ici. »

Conséquemment lorsqu'entra le jeune homme, l'obéissant Boffin lui dit : « Mon brave garçon, mister Wegg est ici le maître; il n'a pas besoin de vous, et il faut vous en aller.

— Pour tout à fait, dit Wegg d'un ton sévère.

— Pour tout à fait; répéta le boueur. »

Les yeux écarquillés, et les boutons dehors, Salop resta bouche béante; mais sans perdre de temps, mister Wegg le conduisit jusqu'au portail; et le poussant dans la rue par les épaules, referma la porte avec fracas.

« La smotphère, dit-il en rentrant, le visage un peu rougi par cette expulsion, la smotphère est plus pure, et l'on respire plus librement. Mister Vénus, veuillez, monsieur, prendre un siége. Vous pouvez vous asseoir, Boffin. »

Le pauvre Noddy, les mains dans les poches, se posa sur le bord de son banc, de manière à occuper le moins de place possible, et attacha sur le puissant Silas des regards conciliateurs.

« Ce gentleman, dit mister Wegg en désignant Vénus, a été plus doux à votre égard que je ne le serai bien certainement. Mais il n'a pas, comme moi, porté le joug de l'empire romain, ni été forcé de complaire à votre goût dépravé pour les histoires 'avares.

— Je n'ai jamais pensé, mon cher Wegg...

— Taisez-vous, Boffin; vous parlerez quand on vous questionnera; peut-être qu'alors vous ne serez pas si pressé de le faire. Vous jouissez d'une fortune qui ne vous appartient pas, mais pas du tout; vous le savez sans doute.

— Vénus me l'a dit, soupira le vieux boueur.

— Eh bien! reprit Silas, voici ma canne et mon chapeau ; ne badinez pas, ou je les prends l'un et l'autre, et, au lieu de faire marché avec vous, je vais m'entendre avec le véritable propriétaire. A présent, qu'est-ce que vous dites?

— Je dis, répliqua le vieux boueur, les deux mains sur les genoux, le corps penché en avant, que je ne badinerai pas; je l'ai même dit à Vénus.

— Oui, monsieur, confirma l'anatomiste.

— Vous êtes trop doux pour lui, objecta Silas en hochant sa tête ligneuse, beaucoup trop doux, mon cher, du lait coupé! Ainsi donc, Boffin, vous désirez un accommodement?

— Oui, Silas, j'accepte...

— Qui vous parle d'accepter? Je vous demande si vous désirez qu'on vous accorde la faveur de vous permettre d'en venir à un accommodement? »

Wegg se plaça de nouveau le poing sur la hanche, et regarda Boffin par-dessus l'épaule.

« Oui, murmura le vieux boueur.

— Oui ne me suffit pas ; je veux toute la phrase, reprit l'inexorable Wegg.

— Bonté divine! s'écria le malheureux, suis-je assez tourmenté? Eh! bien donc, je désire que l'on m'accorde la faveur d'en venir à un accommodement, si toutefois le testament est valable.

— Ne craignez rien, dit Silas en jetant brusquement la tête dans la direction du boueur, on vous le montrera. Posons d'abord les conditions. Est-ce le chiffre de la somme que vous désirez savoir? Voulez-vous répondre, ou ne le voulez-vous pas?

— Miséricorde! c'est à en perdre l'esprit ; vous me pressez tant! Dites-moi vos conditions, Wegg.

— Écoutez bien, répondit Silas ; c'est au bas mot, et à prendre ou à laisser. Le petit monticule, celui que vous avez en propre, sera mis avec le reste, et le tout sera divisé en trois parts ; de sorte que vous irez de pair avec nous autres. »

La figure du boueur doré s'allongea, et mister Vénus, qui ne s'attendait pas à une pareille demande, se tortilla la bouche d'un air surpris.

« Attendez, Boffin, ce n'est pas tout, continua Silas; vous avez mangé beaucoup d'argent, ça doit être à votre compte ; par exemple, vous avez acheté une maison, vous en rembourserez les deux tiers.

— Il me ruine, murmura le vieux boueur.

— Autre chose, poursuivit le rapace ; je surveillerai seul l'enlèvement des monticules, et si par hasard il s'y trouve des valeurs, elles seront confiées à ma garde. Vous produirez les contrats de vente de ces monticules, afin qu'on sache à un penny près ce qu'ils peuvent valoir. Vous donnerez également la liste des propriétés et objets de toute nature qui composent la fortune; et quand la dernière pelletée de cendre aura été enlevée le partage aura lieu.

— C'est une horreur, s'écria Noddy en se prenant la tête à deux mains, une horreur, une horreur! je mourrai dans un work-house.

— Enfin, reprit mister Wegg, vous avez fureté dans cette cour, vous y avez fouillé illégalement. Deux paires d'yeux, que le hasard avait mises sur vos traces, vous ont vu, parfaitement vu déterrer une bouteille hollandaise.

— Elle m'appartient, dit mister Boffin, c'est moi qui l'y avais mise.

— Qu'y avait-il dans cette bouteille? demanda Silas.

— Ni espèces, ni bijoux, ni bank-notes; rien dont on puisse tirer profit, je vous en réponds, sur mon âme. »

Wegg se retourna vers son associé, et d'un air capable et finaud : « M'attendant bien, dit-il, à une réponse évasive, je me suis arrêté à un chiffre, qui, je l'espère, obtiendra votre approbation : j'ai taxé ladite bouteille à mille livres. »

Mister Boffin poussa un gémissement.

« En outre, vous avez à votre service un faux chien nommé Rokesmith; nous n'entendons pas qu'il ait à se mêler de nos affaires; il devra être congédié.

— Il l'est déjà, répondit d'une voix sourde le malheureux Boffin, qui, la tête dans ses mains, se balançait comme une personne en proie à une vive douleur.

— Il l'est déjà! répéta Wegg avec surprise. Eh bien! alors, je crois que c'est tout. »

Le malheureux Boffin continuait à se balancer et à gémir; Vénus le supplia d'avoir du courage, lui disant qu'il s'accoutumerait peu à peu à l'idée de changer de position; qu'on lui laisserait le temps de s'y habituer; et qu'à la longue...

Mais il n'entrait pas dans les vues de Silas d'accorder le moindre délai. « C'est oui ou non, dit-il; pas de demi-mesures! » Il le répéta plusieurs fois en agitant le poing devant le nez de sa victime, et en frappant le carreau de sa jambe de bois.

A la fin mister Boffin sollicita un répit d'un quart d'heure, et demanda qu'il lui fût permis de se promener dans la cour pendant ces quelques minutes. Mister Wegg n'y consentit qu'avec difficulté, et seulement à condition qu'il accompagnerait le boueur, ne sachant pas ce qu'il pourrait déterrer si on l'abandonnait à lui-même.

Chose risible que de voir le malheureux Noddy, en proie à la plus vive agitation, trottiner légèrement à côté de Silas Wegg, et celui-ci, haletant et sautillant, s'efforcer de le suivre, guettant d'un œil avide le moindre battement des cils du boueur, car cela pouvait indiquer l'endroit où dormait quelque trésor. Jamais scène plus grotesque ne s'était passée à l'ombre des monticules.

Le quart d'heure écoulé, mister Wegg clopina vers la salle, et rentra n'en pouvant plus. Quant à mister Boffin, il se jeta sur son banc d'un air de désespoir, et les mains si profondément enfouies dans ses poches, que celles-ci paraissaient défoncées.

» Que faire ? s'écria-t-il ; à quoi bon résister, puisque je ne trouve rien ! Il faut en passer par là ; mais je voudrais voir le testament. »

Silas, qui ne demandait qu'à terminer l'affaire, répondit à Boffin qu'on allait le contenter. Il lui planta son chapeau derrière la tête, puis s'arrogeant sur le vieux boueur, corps et âme, un droit absolu, il le prit par le bras, et le conduisit de la sorte chez Vénus, dont la collection ne renfermait pas d'objets plus hideux que cet affreux mister Wegg.

L'anatomiste aux cheveux roux, complétement ébouriffé, marchait derrière Boffin, qui, trottinant de toutes ses forces, entraînait Silas dans de fréquentes collisions avec les passants, ainsi que l'aurait fait, à l'égard de son maître, un chien d'aveugle préoccupé.

Ils gagnèrent enfin Clerkenwell, où ils arrivèrent quelque peu échauffés par la vitesse de la course, surtout la jambe de bois. Suant et haletant, mister Wegg se bouchonna la tête avec son mouchoir de poche, et resta quelques minutes sans pouvoir prendre la parole.

Pendant ce temps-là, Vénus, qui avait laissé les grenouilles ferrailler à la lueur de la chandelle, pour la délectation du public, alla fermer les contrevents, et une fois la porte close, dit à Silas, toujours en nage :

« Je crois, monsieur, que le papier en question peut être produit.

— Un instant, répliqua Silas, un instant ; voudriez-vous avoir l'obligeance de me pousser la caisse de fragments divers, qui m'a servi de siége plus d'une fois, et de la mettre ici. » Mister Vénus poussa la caisse au milieu de la boutique, ainsi qu'il lui était demandé. « Très-bien, dit Wegg en jetant les yeux autour de lui ; voudriez-vous, monsieur, me passer la chaise qui est près de vous. »

Il prit cette dernière des mains de l'anatomiste, la posa sur la caisse, et ordonna au boueur de s'y asseoir. Mister Boffin, comme s'il se fût agi de faire son portrait, de l'électriser, de le recevoir franc-maçon, ou de l'isoler à son désavantage, alla se mettre sur la sellette qu'on venait de lui préparer.

« Maintenant, mister Vénus, dit Wegg en ôtant sa redingote, lorsque je me serai emparé des bras et du corps de notre ami, de façon à le clouer au dos de sa chaise, vous pourrez lui montrer ce qu'il veut voir; et si vous êtes assez bon pour tenir le papier d'une main, et la chandelle de l'autre, il en prendra lecture. »

Mister Boffin parut protester contre ces précautions; mais saisi par le littérateur, il ne fit aucune résistance. Le papier fut produit par Vénus, et le malheureux Boffin l'épela lentement à haute voix, si lentement que le cher Wegg, qui dépensait toute sa force à le tenir, se sentait complétement épuisé.

« Dites-moi quand vous l'aurez remis à sa place, mister Vénus, balbutia-t-il avec peine; car l'effort que je suis obligé de faire est quelque chose d'épouvantable. »

Enfin le précieux document fut sous clef, et mister Wegg, dont l'attitude pénible était celle d'un homme qui essaye en vain, mais avec persistance, de se poser sur la tête, prit un siége pour se remettre de ses fatigues. Quant au boueur doré, il ne songea même pas à quitter son perchoir.

« Eh! bien, lui dit Wegg, aussitôt que celui-ci fut en état de parler, vous n'avez plus aucun doute?

— Non, Silas.

— Fort bien; vous savez nos conditions; tâchez de vous en souvenir. Mister Vénus, si dans cette heureuse circonstance vous aviez quelque chose d'un peu moins doux que votre breuvage habituel, je vous en demanderais amicalement un petit échantillon. »

Rappelé ainsi aux devoirs de l'hospitalité, Vénus tira d'un coin une bouteille de rhum. « Voulez-vous un peu d'eau chaude, mister Wegg?

— Je ne crois pas, répondit le littérateur, avec un aimable enjouement. Voulant fêter la circonstance, j'aime mieux le prendre sous forme de chatouille-palais. »

Toujours sur la sellette, le malheureux boueur semblait posé là pour être harangué; ce fut pourquoi mister Wegg, après l'avoir regardé à loisir avec impudence, lui adressa la parole en ces termes : « Boffin!

— Oui, répondit le boueur en poussant un soupir, et comme réveillé en sursaut.

— Il est une chose que je ne vous ai pas dite, parce que c'est un détail qui tombe sous le sens : désormais vous serez gardé à vue.

— Je ne comprends pas, dit mister Boffin.

— Vous ne comprenez pas? s'écria Silas d'un ton railleur ; qu'avez-vous donc fait de votre esprit? Avez-vous oublié que jusqu'à la sortie de la dernière charrette, vous êtes responsable de la richesse commune? C'est à moi que vous en devrez compte. Mister Vénus étant à votre égard d'une douceur de lait coupé, n'est pas l'homme qui convient ; pour moi c'est différent.

— Je pense, dit mister Boffin d'un air abattu, qu'il faut cacher ça à ma vieille lady.

— Le partage? demanda Wegg en se versant une troisième goutte de rhum.

— Oui ; ça fait que si elle mourait la première elle ne le saurait jamais ; elle croirait seulement que j'ai mis le reste de côté.

— Je soupçonne, répondit Wegg en hochant la tête d'un air sagace, et en adressant au boueur un clignement d'œil hautain, que vous avez entendu parler de quelque vieux drôle que l'on croyait avare, et qui se faisait passer pour être plus riche qu'il ne l'était réellement ; après tout, cela m'est égal.

— C'est que, voyez-vous, reprit mister Boffin d'une voix émue, ce serait pour elle, pauvre chère âme ! un coup bien rude.

— Je ne vois pas cela, répondit vertement Silas ; vous en aurez autant que moi ; et qui êtes-vous donc?

— Et puis, objecta doucement mister Boffin, c'est que la vieille lady est d'une honnêteté...

— Qu'est-ce qu'elle est donc votre vieille lady, interrompit Wegg, pour avoir la prétention d'être plus honnête que moi? »

Mister Boffin sembla moins patient sur ce point que sur tous les autres ; mais il sut se contenir, et dit avec assez de douceur, bien qu'avec fermeté : « Je crois cependant devoir le cacher à la vieille lady.

— Comme vous voudrez, répondit Wegg d'un air méprisant, bien que, peut-être, il ne fût pas sans inquiétude à l'égard de missis Boffin ; cachez-le-lui si bon vous semble ; ce n'est pas moi qui irai le lui dire. Mais il faut me recevoir ; je suis autant que vous, et même plus ; il faut m'inviter à dîner. Je valais assez pour vous autrefois, et pour votre vieille lady, quand je mangeais votre pâté de veau et de jambon. Est-ce qu'avant vous, il n'y avait pas là miss Élisabeth, maître Georges, tante Jane, et oncle Parker?

— Plus de douceur, mister Wegg, plus de douceur, objecta Vénus.

— Du lait coupé, n'est-ce pas? répondit Wegg d'une langue épaissie par la quantité de rhum qui l'avait chatouillée. Il est sous ma surveillance, et je le surveillerai jusque dans sa maison:

> Sur toute la ligne le signal a couru;
> Et l'Angleterre attend
> De l'homme ici présent
> Qu'il veille à ce que Boffin dans le devoir soit maintenu.

Je vais vous reconduire, Boffin. »

Ce dernier quitta sa chaise, prit affectueusement congé de Vénus; et cheminant côte à côte, surveillant et surveillé gagnèrent l'hôtel Boffin. Le vieux boueur souhaita le bonsoir à son gardien, tira sa clef, rentra chez lui et referma doucement la porte. Mais Silas avait besoin de s'affirmer de nouveau sa toute-puissance.

« Bof-fin! dit-il par le trou de la serrure.
— Que voulez-vous, Silas? fut-il répondu par le même canal.
— Vous voir encore une fois; sortez. »
Le boueur obéit.
« Rentrez, dit Wegg en lui faisant la grimace; et allez vous coucher. »

Il avait à peine refermé la porte que mister Wegg l'appelait encore : « Bof-fin!
— Que voulez-vous, Silas? »

Cette fois Silas ne daigna pas répondre, mais se donna le plaisir de tourner une meule invisible devant le trou de la serrure, derrière lequel mister Boffin prêtait l'oreille. Puis il ricana tout bas, et reprit le chemin du Bower.

IV

MARIAGE CLANDESTIN

Un matin, de fort bonne heure, ayant devant lui un jour de congé, Pa-Chérubin quitte aussi doucement que possible le côté de la majestueuse Ma. Il est attendu par la jolie femme; mais non pour sortir avec elle. Bella, qui était debout avant quatre heures, n'a pas même son chapeau ; elle est assise au bas de l'escalier, et paraît n'avoir d'autre but que de faire partir le Chérubin.

« Votre déjeuner est prêt, lui dit-elle à demi-voix, en l'embrassant; mangez vite et sauvez-vous. Comment cela va-t-il, cher Pa?

— Comme un voleur novice, mon ange, qui vient de commettre une effraction, et qui ne se sentira à l'aise qu'après s'être éloigné de la scène du crime. »

Elle sourit gaiement, lui donne le bras; et marchant tous deux sur la pointe du pied, ils se dirigent vers la cuisine : Bella s'arrête à chaque palier pour mettre le bout du doigt sur ses lèvres roses, et de là sur celles de Chérubin, suivant sa manière de baiser Pa.

« Et toi, mon amour, comment vas-tu? demande Rumty en mangeant.

— Comme si la bonne aventure allait se réaliser à l'égard du petit homme blond.

— De lui seulement, cher ange? »

Elle lui met de nouveau un baiser sur les lèvres; puis s'agenouillant auprès de lui : « Voyons, dit-elle, qu'ai-je promis de vous donner si vous étiez bien sage?

« Je n'en sais plus rien, mon ange; ah! si, je me rappelle: n'était-ce pas une de ces admirables nattes? dit-il en lui caressant les cheveux.

— L'avoir oublié! répond Bella en prétendant faire la moue. Savez-vous bien, monsieur, que le tireur de cartes donnerait au moins cinq mille guinées (si ce n'était pas de sa part une inconvenance) cinq mille guinées de ce que j'ai coupé à votre intention. Vous ne sauriez croire le nombre de fois qu'il a baisé une petite mèche grande comme ça, que je lui ai donnée; et il la porte toujours; oui, monsieur, sur son cœur, ajoute Bella en secouant la tête. Néanmoins vous avez été bien sage, un bon garçon, le meilleur, le plus aimé de tous les enfants de la terre; et voici la chaîne que j'ai faite de cette admirable natte. Laissez-moi vous la passer autour du cou. »

Tandis que le cher Pa baisse la tête, elle verse quelques larmes, appuie son front sur la poitrine du Chérubin, découvre qu'elle s'essuie les yeux à son gilet blanc, rit de cette énormité, et, reprenant son sérieux : « Cher Pa, dit-elle, donnez-moi vos mains, que je les joigne, et répétez ce que je vais dire : Ma petite Bella,

— Ma petite Bella, répète Wilfer.

— Je vous aime de tout mon cœur.

— De tout mon cœur, chère mignonne.

— N'ajoutez rien, monsieur! vous n'oseriez pas ajouter aux répons de l'office, et vous devez faire comme à l'église.

— Je retire la chère mignonne, mon ange.

— Très-bien ; c'est d'un enfant pieux. Continuons : Vous avez toujours été...

— Toujours été, dit-il.

— Un petit animal exigeant, capricieux...

— Pas du tout ! s'écrie le Chérubin.

— Capricieux, tourmentant, égoïste et ingrat ; mais j'espère qu'à l'avenir vous serez meilleure ; et dans cet espoir je vous pardonne et vous bénis. »

Elle lui saute au cou et l'embrasse avec effusion, oubliant que c'est à lui de dire ces paroles.

« Si vous saviez, cher Pa, comme ce matin je pense au vieil Harmon, à la première fois qu'il m'a vue. J'étais bien en colère, n'est-ce pas ? vous me l'avez dit souvent ; je frappais du pied, je criais, je vous battais avec mon petit chapeau. Eh bien ! il me semble que je n'ai pas fait autre chose depuis que je suis au monde, que de frapper du pied et de vous battre avec mon affreux chapeau.

— Une plaisanterie, ma belle ; et vos chapeaux ont toujours été charmants, car je ne vous en ai jamais vu qui ne vous allât à ravir ; à moins que ce ne fût toi qui leur allât bien, mon trésor.

— Vous ai-je fait beaucoup de mal, pauvre Pa ? » Malgré ses remords elle ne peut s'empêcher de rire en se voyant frapper le Chérubin avec son petit chapeau.

« Non, mon enfant, tu n'aurais pas blessé une mouche.

— Hélas ! je le crains bien, je ne vous aurais pas battu si je n'avais pas cru vous faire mal. Et je vous pinçais les jambes ?

— Pas très-fort, mignonne. Mais je pense qu'il est temps...

— Oh ! oui, s'écrie-t-elle ; si je continue à jaser vous serez pris. Sauvez-vous, Pa, bien vite, bien vite. »

Ils remontent sur la pointe du pied ; elle tire sans bruit les verrous de la porte ; et le Chérubin, ayant reçu une dernière accolade, quitte la maison. Il se retourne quand il a fait quelques pas ; elle lui envoie un nouveau baiser, et lance son petit pied en avant pour lui rappeler sa parole. Il fait le même geste pour dire qu'il y sera fidèle, et s'éloigne le plus vite possible.

Après avoir rêvé dans le jardin pendant une heure environ, Bella regagne sa chambre où Lavinia dort toujours. Elle met un petit chapeau qu'elle a fait la veille, et qui pour être fort simple n'en est pas moins coquet.

« Je vais me promener, » dit-elle, en embrassant Lavinia.

Celle-ci fait un bond, murmure qu'il n'est pas encore temps de se lever, et retombe dans un profond sommeil.

Bella est à pied ; la voyez-vous, la charmante fille ? vive et légère, elle franchit les rues d'un pas rapide. Voyez le Chérubin : il l'attend derrière une pompe, à trois milles, au moins, du toit paternel.

Regardez-les maintenant ; les voyez-vous sur le bateau de Greenwich ? Y seraient-ils attendus ? Probablement. Du moins Rokesmith est depuis trois heures au débarcadère, et semble radieux quand il les voit sur le petit vapeur enfumé, qui, pour lui, brille d'un éclat sans égal. Probablement ; car à peine a-t-elle sauté sur la rive qu'elle s'est emparée du bras de John, sans témoigner le moindre étonnement. Ils marchent l'un et l'autre d'un air éthéré, comme soulevés par la brise, et entraînent dans leur sillage un vieux pensionnaire de Greenwich : deux jambes de bois, un visage rude et bourru. Une minute avant que Bella fût arrivée et passât son petit bras confiant sous celui de Rokesmith, le vieux loup de mer ne voyait plus au monde d'autre objet que le tabac ; il était échoué dans la vase. Elle paraît, il est remis à flots à l'instant même, et suit à la dérive.

« Sur quel endroit va-t-on mettre le cap ! » Tout en se faisant cette question, notre invalide est pris d'un intérêt si vif qu'on lui voit tendre le cou et se mettre, pour ainsi dire, sur la pointe des pieds, afin de regarder par-dessus les gens qui l'en séparent.

Le Chérubin ouvre la marche ; Rude-et-Bourru l'observe, et s'aperçoit qu'on a mis le cap sur l'église de Greenwich, où le séraphique personnage va sans doute voir ses parents ; car bien que la plupart des faits ne produisent chez lui d'autre résultat que d'y condenser les chiques, Rude-et-Bourru est frappé de l'air de famille qu'il y a entre ce Chérubin à gilet blanc et ceux qui décorent l'église. Il est possible que cette ressemblance lui remette en mémoire d'anciens Valentins[1], dans lesquels un chérubin, vêtu d'une façon moins appropriée au climat anglais, conduit les amants à l'autel ; et que ce souvenir communique à ses jambes de bois l'ardeur qui les enflamme. Toujours est-il qu'il a brisé ses amarres et qu'il s'est mis en chasse.

Souriant et radieux, Pa-Chérubin ouvre donc la marche ; Bella et John le suivent, et Rude-et-Bourru, le vieux loup de mer, s'attache à leurs pas. Il y a longtemps que son esprit a perdu ses ailes ; mais Bella les lui rapporte, et les revoilà qui se déploient. Il est mauvais voilier sous le vent du bonheur ; mais il prend la traverse, arpente le terrain avec la verve qu'il mettrait

---

1. Tendres billets, qui, à l'occasion de la Saint-Valentin, s'écrivent à celle qu'on aime, et sont généralement ornés d'une vignette de circonstance. (*Note du traducteur.*)

à marquer les points d'une orageuse partie de cribbage ; si bien qu'il arrive à temps pour voir l'ombre du porche engloutir ceux qui l'entraînent, et pour s'y engouffrer derrière eux.

Le Chérubin est tellement effrayé de cette entrée véhémente, que, sans les deux jambes de bois qui le rassurent, il aurait cru voir sa majestueuse épouse, déguisée en pensionnaire de Greenwich, et arrivant traînée par des griffons, comme les mauvaises fées au baptême des princesses, pour troubler la cérémonie par quelque maléfice.

« Tu ne crois pas que ce soit ta mère? n'est-ce pas mon ange, » dit-il à l'oreille de Bella. Cette fois sa pâleur est motivée par un frôlement mystérieux, comme un bruit de pas furtifs dans la région lointaine de l'orgue. Mais on n'entend plus rien, et personne ne paraît, bien qu'il y ait là un fait réel, comme on l'a su plus tard par le registre où sont inscrits les mariages.

« Qui prend cette femme?
— Moi, John Rokesmith.
— Qui prend cet homme?
— Moi, Bella Wilfer.
— Qui donne cette femme à cet homme?
— Moi, R. Wilfer. »

Maintenant, mon vieux brave, que John et Bella sont unis par le lien du mariage, la cérémonie est terminée, et vos deux jambes de bois peuvent s'éloigner du temple.

Le porche de l'église n'a pas le pouvoir de restituer Bella Wilfer, qu'il a engloutie pour toujours; mais il livre à sa place mistress John Rokesmith, qui passe de son ombre à l'éclat radieux du soleil, et qui, dans son extase, croit avoir fait un rêve. Elle tire de sa poche une petite lettre qu'elle lit à son père et à John, et dont voici la copie :

« Bien chère Ma,

« J'espère que vous ne m'en voudrez pas; mais je suis mariée, très-heureusement, avec mister John Rokesmith, qui m'aime beaucoup plus que je ne le mériterai jamais, si ce n'est que je l'aime aussi de tout mon cœur. J'ai pensé qu'il valait mieux n'en rien dire, afin de ne pas troubler la maison, dans le cas où tout le monde ne l'aurait pas approuvé. Ayez la bonté, je vous prie, d'en informer ce cher Pa. Mille tendresses à Lavvy.

« Toujours, bien chère Ma, votre fille affectionnée,

« BELLA (*P. S.* — ROKESMITH). »

John applique la figure de la reine sur l'enveloppe (jamais sa gracieuse Majesté n'a paru plus souriante qu'à cette heure bénie), et la lettre est jetée à la poste.

« Maintenant, cher Pa, dit gaiement la jolie femme, vous pouvez être tranquille ; vous voilà en sûreté. »

Mais dans les profondeurs troublées de sa conscience, le cher Pa est si loin de se croire à l'abri de toute surprise, qu'il aperçoit à chaque minute, derrière les arbres innocents du parc, de graves matrones qui l'attendent au passage ; et il voit à la fenêtre d'où les familiers du Royal Astronomer guettent les astres, un visage entouré d'une fanchon bien connue, visage qui abaisse vers lui des regards sinistres. Toutefois, les minutes s'écoulant sans que missis Wilfer apparaisse sous une forme réelle, le Chérubin finit par se rassurer, et se dirige avec appétit vers la demeure de missis Rokesmith, où le déjeuner les attend. Un petit cottage situé à deux pas, réduit modeste, mais frais et lumineux ; et sur la nappe d'un blanc de neige, le plus joli petit déjeuner. Pour le servir, une jeune fille voltigeant, çà et là, comme une brise de mai ; toute couleur de rose, et toute enrubannée ; rougissante comme si elle-même elle venait de se marier ; et proclamant la supériorité de son sexe par un émoi joyeux et vainqueur, des regards qui semblent dire : « Voilà, messieurs, où il faut que vous en veniez tous, quand il nous plaît de vous mettre au pied du mur. » Cette jeune fille est la servante de Bella, et remet à celle-ci un trousseau de clefs, gardant une foule de trésors sous forme d'épices, de conserves, de salaisons, dont l'examen se fait après le déjeuner.

« Pa, il faut goûter à toutes ces bonnes choses, pour nous porter bonheur ; n'est-ce pas, John ? » Et Pa se voit emplir la bouche de toutes sortes de provisions dont il est assez embarrassé.

Puis une charmante course en voiture ; et les voilà flânant parmi la bruyère en fleurs. Ils aperçoivent Rude-et-Bourru, le vieil invalide, qui assis par terre, les jambes de bois croisées, semble réfléchir aux vicissitudes de la vie. « Oh ! vous voilà ! quel bon cher homme vous êtes ! comment allez-vous ? »

A quoi il répond : « J'étais ce matin à votre mariage, ma beauté. Et si ce n'était pas une liberté trop grande, il lui souhaiterait beau temps et belle brise, et voudrait bien savoir à qui s'adressent ses félicitations. » Puis il remonte sur ses deux jambes de bois, se découvre, et salue galamment, en vieux marin au cœur de chêne.

Vue touchante que celle de ce vieux loup de mer, qui, tête nue au milieu des genêts d'or, ses cheveux blancs et rares flottant au vent, agite son chapeau en l'honneur de Bella, comme si elle le lançait de nouveau sur les eaux bleues.

« Vous êtes bien aimable, dit-elle ; et je suis si heureuse que je voudrais pouvoir vous rendre heureux aussi.

— Votre main à baiser, et ce sera fait, belle mignonne. »

La chose est faite, au contentement de chacun ; et ce jour-là si le vieux pensionnaire de Greenwich ne va pas carguer la voile de perroquet, ce n'est pas faute de pouvoir infliger cette honte au corps enfantin des mousses.

Mais, brochant sur le tout, le repas de noces est le grand succès du jour. Quelle attention pour le cher Pa ! c'est à l'endroit où la jolie femme et lui ont fait cette partie fine ; le même hôtel, le même cabinet. Elle est assise entre John et le Chérubin, et leur partage également ses attentions charmantes. Cependant elle croit nécessaire, en l'absence du garçon, de rappeler au cher Pa qu'elle ne lui appartient plus.

« Je ne l'oublie pas, mignonne, et je te cède volontiers.

— Comment, monsieur ! vous devriez être au désespoir.

— Oui, mon enfant, si je te perdais.

— Pauvre cher Pa ! mais je vous reste ; c'est un fils de plus que vous avez ; et il sera pour vous aussi tendre, aussi reconnaissant que je le suis moi-même. Regardez bien. » Elle met son doigt sur ses lèvres, le pose sur la bouche de son père, puis sur la sienne et sur celle de John. « Voilà, cher Pa ; maintenant nous sommes trois associés. »

L'arrivée du potage arrête Bella dans ses effusions ; d'autant mieux que la soupière se présente sous les auspices d'un gentleman à figure solennelle, habit noir et cravate blanche, qui a beaucoup plus l'air d'un prêtre que celui du matin, et paraît occuper, dans tous les cas, un poste ecclésiastique infiniment plus élevé. Ce haut dignitaire conférant en secret avec John, au sujet des vins et du punch, incline la tête comme pour recevoir une confession d'après la coutume papiste. L'illusion est d'autant plus complète que sur une proposition de John, qui n'entre pas dans ses vues, Sa Grâce prend un air réprobateur, et semble infliger une pénitence.

Mais quel dîner ! Des poissons de toutes les mers, venus pour ce grand jour. Si les spécimens de tous ceux qui, dans les *Mille et une Nuits*, ont fait un discours (véritable explication ministérielle sous le rapport de la clarté), et qui de la tribune ont sauté dans notre poêle, ne sont pas reconnaissables, malgré leurs teintes diverses, c'est que plongés dans la même pâte, ils ont tous pris la couleur des whitebaits[1], en cuisant avec eux. Ils n'en sont pas moins bons ; tous les plats, assaisonnés de bonheur, condiment précieux, dont on est quelquefois dépourvu à Greenwich, sont d'un goût parfait ; et les vins étince-

---

1. Espèce de clupe, très-renommée à Greenwich.

ants, mis en bouteille dans l'âge d'or, ont accumulé pour ce jour béni leur bouquet et leurs topazes.

Le plaisant de l'affaire, c'est que Bella, John et Rumty sont convenus entre eux de ne laisser voir à personne qu'l s'agit d'une noce. Or, l'archevêque du restaurant le sait aussi bien que si c'était lui qui eût célébré le mariage; et l'air de hauteur avec lequel Sa Grâce, qui s'est mise dans la confidence sans y être invitée, affecte d'éloigner les gens de service, est tout ce qu'il y a de plus divertissant. Il y a parmi ses acolytes un jouvenceau, à la taille mince, aux jambes grêles, ne sachant rien encore des ruses du métier; mais évidemment romanesque, et profondément épris d'une jeune fille, qui ne se doute pas de ce qu'il vaut. Cet innocent jeune homme sait lui-même à quoi s'en tenir; il a tout deviné, et borne son service à regarder languissamment Bella du coin du buffet, quand elle n'a besoin de rien, et à fondre vers elle, quand elle doit changer d'assiette. Mais, au moment de l'atteindre il est repoussé du coude par l'archevêque, qui l'envoie honteusement chercher du beurre fondu, lui prend des mains le plat qu'il apporte, et lui ordonne de rester en arrière.

« Excusez-le, madame, je vous en prie, dit Sa Grâce, en parlant à demi-voix et d'un air pompeux; c'est un enfant que nous avons pris par complaisance, et qui ne nous plaît pas du tout. »

Rokesmith, qui veut sauver la situation prend la parole, et d'un air qu'il croit très-naturel : « Bella, dit-il, ce repas d'anniversaire est tellement supérieur à ceux des années précédentes, que si vous voulez, mon amour, nous reviendrons ici tous les ans. » Ce à quoi Bella s'efforce de répondre en ancienne épouse, et dit sans le moindre succès :

« Je pense comme vous, John. »

Ici l'archevêque tousse d'une façon importante, afin d'appeler l'attention de trois de ses ministres, et leur jette un regard qui signifie : au nom de votre loyauté, je vous somme de croire à ces paroles. Il pose de ses propres mains le dessert sur la table, et semble dire à ses hôtes: « Enfin voici le moment où l'on peut renvoyer cette valetaille, qui n'est pas dans le secret. » Il se dispose lui-même à se retirer lorsqu'un acte d'audace du fluet jouvenceau le force à rester plus longtemps. Ayant trouvé quelque part un brin de fleur d'oranger, le pauvre garçon le met dans un verre à liqueur; et, passant inaperçu, le place à la droite de Bella. Immédiatement l'archevêque repousse l'indiscret et l'excommunie; mais la chose est faite.

« J'espère, madame, dit Sa Grâce, en revenant seule auprès de la table, que vous voudrez bien n'y pas faire attention ; c'est l'acte d'un très-jeune homme, qui n'est ici que par charité, et ne répondra jamais à nos soins. »

Il se retire après s'être incliné jusqu'à terre; et n'a pas fermé la porte, que tous les trois rient de bon cœur, et pendant long-temps.

« Ils me devinent tous, dit Bella; c'est peut-être parce que j'ai l'air trop heureux. »

Son mari lui ouvrant les bras, elle s'y cache avec obéissance, et du fond de sa retraite : « Cher Pa, dit-elle d'une voix émue, vous rappelez-vous notre babillage au sujet des navires?

— Certainement.

— Comprenez-vous qu'il n'y eût pas de John dans tous ces navires-là? comme c'est bizarre!

— Pas du tout, mon ange : pouvons-nous savoir ce que nous apportent les vaisseaux qui arrivent des pays inconnus?»

Bella restant silencieuse à la place qu'elle occupe, le Chérubin finit son dessert, en y mettant une sage lenteur; puis il se rappelle qu'il est temps de reprendre la route d'Holloway. « Mais ce serait pécher, mes enfants, que de partir sans avoir bu à de nombreux anniversaires de cet heureux jour.

— Qu'ils soient sans nombre, dit Rokesmith; je remplis mon verre, et celui de ma femme adorée.

— Gentlemen, dit le Chérubin, qui, dans sa tendance anglo-saxonne à épancher ses sentiments sous forme de speech, admet à son discours, sans le leur faire entendre, les gamins qu'on voit de la fenêtre se porter le défi de plonger dans la vase, pour une pièce de six pence, Gentlemen, et vous John et Bella, vous comprendrez sans peine que mon projet, dans cette circonstance, n'est pas de vous imposer de nombreuses observations, dont la longueur serait au moins importune. La nature du toast que je propose, à l'occasion de cet heureux jour, vous est d'ailleurs connue, et vous pouvez en induire les termes dans lesquels ce toast doit être formulé. John, Bella et Gentlemen, la circonstance actuelle est une circonstance empreinte de tels sentiments, que je ne saurais me fier à moi-même pour en tenter l'expression; mais je veux au moins, John, Bella et Gentlemen, vous remercier de la part que vous m'y avez fait prendre, de la confiance que vous avez mise en moi, et de l'affectueuse bonté que vous avez eue de ne pas me trouver gênant, alors que je savais fort bien qu'il était impossible que je ne le fusse pas, à un degré quelconque ; je vous en remercie de tout mon cœur. Gentlemen, John et Bella, vous avez toute ma tendresse; puissions-nous, comme en cette circonstance, nous réunir à pareil jour, pendant une longue série d'années; c'est-à-dire, Gentlemen, John et Bella fêter de nombreux anniversaires de l'heureuse circonstance qui nous rassemble aujourd'hui. »

Ce discours terminé, l'aimable Chérubin embrasse sa fille, et se précipite vers le vapeur qui doit le ramener à Londres. Mais John et Bella n'entendent pas le laisser partir ainsi; et les voilà tous deux sur le quai.

« Cher Pa! crie la jolie femme en l'appelant avec son ombrelle.

— Qu'est-ce que c'est, mignonne? »

Elle se penche gracieusement pour lui parler tout bas:

« Vous ai-je battu bien fort avec cet affreux petit chapeau?

— Pas pour dire, mon enfant.

— Mais je vous pinçais les jambes!

— Rien qu'un peu, ma mignonne.

— Vous êtes sûr de m'avoir pardonné, bien sûr, n'est-ce pas? »

Elle rit tout en pleurant, et met tant de charme et de naturel dans ses paroles, que le Chérubin, faisant la même figure que lorsqu'elle était enfant, lui dit : petite souris niaise! du ton dont il la consolait de ses gros chagrins de bébé.

« Mais vous pardonnez tout? les coups de chapeau et le reste?

— Oui, mon ange.

— Et vous n'êtes pas triste de vous en aller tout seul? Vous n'avez pas peur que je vous oublie, n'est-ce pas?

— Non, chère enfant, sur mon âme; et que le ciel te bénisse.

— Adieu, cher Pa.

— Au revoir, mon ange; emmenez-la, John; conduisez-la chez vous. »

Le soleil se couche, et colore tout en rose le sentier qui les ramène chez eux. Oh! il y a de ces jours sur terre qui valent et qu'on vive et qu'on meure. Oh! le bel et bon refrain que celui de cette vieille chanson :

> C'est l'amour, l'amour, l'amour,
> Qui fait le monde à la ronde.

V

A PROPOS DE LA FEMME DU MENDIANT

L'air sombre avec lequel missis Wilfer acueillit son mari, lorsqu'il revint de Greenwich, produisit sur les jambes du Chérubin un tel effet, que le vacillement physique et moral de ce cher Pa aurait fait naître des soupçons chez une personne moins préoccupée que sa majestueuse épouse. Mais la noble femme, ainsi que Lavinia et l'estimable George, était si absorbée par la nouvelle du mariage, qu'elle n'avait plus d'attention à donner au coupable.

« Wilfer, dit-elle héroïquement de son coin d'honneur, ne demandez pas où est votre fille Bella.

— Il est certain, ma chère, répondit-il avec une innocence très-visiblement feinte, que c'est une omission de ma part. Comment, — c'est-à-dire, où peut être Bella?

— Pas ici, proclama la dame. »

Rumty balbutia un « vraiment, ma chère! » complétement avorté.

« Pas ici! répéta la dame d'une voix rude et retentissante. En un mot, R. Wilfer, vous n'avez plus de fille du nom de Bella.

— Comment! plus de...

— Non, Wilfer; votre fille Bella, interrompit la dame avec hauteur comme si elle n'eût jamais participé à cette jeune lady, et que ce fût un objet de luxe que le Chérubin se fût donné malgré elle, votre fille Bella s'est livrée à un mendiant.

— Miséricorde! balbutia Rumty.

— Lavinia, dit l'héroïque épouse en agitant la main, et de cette voix qui sert à la lecture des actes du Parlement, donnez à votre père la lettre de sa fille Bella. Je suppose qu'il admettra la validité de cette pièce. Il connaît sans doute l'écriture de sa fille; mais il peut dire que non; désormais, rien ne m'étonnera.

— Timbrée de Greenwich, et datée de ce matin, dit l'impétueuse Lavvy en présentant la lettre. On espère que Ma ne sera pas fâchée; mais on est mariée à mister John Rokesmith. On n'en a rien dit pour éviter les observations; et prière d'en informer ce cher Pa. Je voudrais savoir ce qu'il dirait si c'était une autre de ses filles qui eût agi de la sorte. »

Le Chérubin jeta les yeux sur la lettre, et s'écria d'une voix faible : « Miséricorde!

— Oui, miséricorde! vous pouvez le dire, » reprit missis Wilfer d'une voix sépulcrale.

Encouragé par cette approbation, il répéta le mot une troisième fois, mais avec peu de succès, car la dame lui fit observer d'un ton méprisant qu'il l'avait déjà dit.

« C'est incroyable! murmura le Chérubin; mais, ajouta-t-il en repliant la lettre après un silence déconcertant, je pense, ma chère, que le mieux est d'en prendre son parti. Mister Rokesmith, permettez-moi de vous le dire, n'est pas à la mendicité, du moins que je sache.

— Vraiment! fit la noble Ma avec une politesse glaciale; je ne savais pas que mister Rokesmith fût un riche gentleman; je suis heureuse de vous l'entendre dire.

— Je n'ai pas dit cela, ma chère, reprit humblement le Chérubin.

— Très-reconnaissante; il paraît que j'en ai menti. Comme vous voudrez : ma fille m'outrage, mon mari m'insulte; les deux choses se valent; l'une engendre l'autre; c'est naturel. » (Dit avec une gaieté funèbre, et suivi d'un frémissement de résignation.)

Mais ici Lavinia s'élança dans le conflit, entraînant le malheureux George qui eût préféré la neutralité. « Ma, s'écria l'impertinente, il serait beaucoup mieux de rester dans la question, et de ne pas faire de phrases à propos d'insultes qui n'existent pas.

— Comment! fit la mère en fronçant ses noirs sourcils.

— Non; George le dira comme moi. »

Missis Wilfer, se pétrifiant tout à coup, fixa des yeux indignés sur le malheureux George, qui, placé entre le désir de défendre ses amours, et l'obligation d'appuyer sa future belle-maman, ne soutint personne, pas même lui.

« Le fait est, poursuivit Lavinia, que Bella s'est fort mal conduite à mon égard; elle pouvait me compromettre vis-à-vis de George et de sa famille, en se sauvant de la maison pour épouser je ne sais qui. Elle aurait dû me confier ses projets, et me dire : « Si tu crois convenable, dans ta position, de régulariser mon mariage par ta présence, je te demande d'y assister, et de n'en rien dire à Pa, ni à Ma; » ce que j'aurais fait, sans aucun doute.

— Vous l'auriez fait?

— Naturellement.

— Vipère! s'écria la noble Ma.

— Sur mon honneur, dit enfin George en secouant la tête d'un air sérieux, vous le savez, madame, ce mot-là (avec tout le respect que je vous dois), ce mot là, vous le savez, madame, vous ne devez pas... réellement vous ne devez pas... Quand un homme, pourvu de tous les sentiments d'un gentleman, est le fiancé d'une jeune personne, et qu'il arrive à quelqu'un (fût-ce un membre de sa famille) de la traiter de vipère, vous savez, madame... Je ne veux que soumettre la chose à votre sensibilité. »

Cette intervention obligeante valut au malheureux jeune homme un regard d'une telle virulence, que Lavinia fondit en larmes, et sauta au cou de son fiancé pour le défendre. « Mère dénaturée! s'écria-t-elle, vous voulez sa mort; mais vous ne me l'arracherez pas; vous me tuerez la première. »

Des bras de sa fiancée, George s'efforça de hocher la tête, et dit courageusement à la terrible Ma : « Avec tout le respect que je vous dois, madame, le mot vipère ne vous fait réellement pas honneur.

— Elle me tuera d'abord, s'écria Lavvy, et l'exterminera ensuite. Lui ai-je donc fait quitter son heureuse demeure, pour exposer ses jours! Soyez libre, cher George; fuyez ces lieux, abandonnez celle qui vous aime à son malheureux sort. Mes amitiés à votre tante; suppliez-la de ne pas maudire la vipère qui s'est trouvée sur votre passage, et qui a perdu votre existence. »

La jeune miss, à peine arrivée à l'âge des attaques de nerfs, et qui ne s'y était jamais livrée, tomba ici dans une crise, dont l'exécution, très-remarquable pour un début, fut couronnée de succès. Penché au-dessus d'elle, George la contempla avec désespoir, et, dans son égarement, jeta à missis Wilfer ces paroles peu logiques : « Démon! je vous le dis, madame, avec tout le respect que je vous dois : démon! regardez votre ouvrage. »

Le Chérubin, sentant son impuissance, se frottait le menton d'un air assez penaud, mais n'était pas éloigné de bénir cet incident, qui, en vertu de ses propriétés absorbantes, pouvait faire disparaître la question principale, ou tout au moins changer le cours des idées; ce qui se produisit en effet. Lavinia, revenue peu à peu à elle-même, demanda avec une émotion qui tenait encore du délire : « George, êtes-vous en sûreté? Que s'est-il passé, cher George? — Et Ma, — où est-elle? »

Mister Sampson releva la jeune miss, lui dit quelques paroles encourageantes, et la passa à missis Wilfer comme il eût fait d'une assiette. La noble dame accepta sa fille d'un air digne, et la baisa au front comme si elle eût gobé une huître. Miss Lavvy, toute chancelante, retourna près de son fiancé pour lui continuer sa protection, et lui dit : « Cher George, je crois que j'ai été un peu folle; mais je suis toujours très-faible; ne me lâchez pas; la tête me tourne. »

Et, fort agitée, elle en donna la preuve en faisant entendre, au moment où l'on s'y attendait le moins, un bruit qui tenait du sanglot et de l'explosion d'une bouteille de soda, bruit qui sembla déchirer son corsage.

Parmi les effets les plus remarquables de cette crise, nous devons citer une influence morale d'un genre très-élevé, dont le Chérubin, en sa qualité de spectateur, fut naturellement exclu

Miss Lavinia prit l'air modeste d'une personne qui vient de se distinguer; missis Wilfer eut la sérénité que donnent la clémence et la résignation; et mister George la figure radieuse d'un néophyte qui se sent purifié par le châtiment. Heureuse influence, qui se montra surtout dans la manière dont on rentra dans la question.

« Cher George, dit Lavinia avec un sourire mélancolique après ce qui s'est passé, je suis sûre que Ma voudra bien dire à Pa qu'il peut dire à Bella que nous serons heureux de les voir, elle et son mari. »

Mister Sampson répondit qu'il n'en doutait pas; et murmura qu'il avait toujours eu pour missis Wilfer un profond respect; mais jamais un respect aussi éminent que depuis ce qui s'était passé.

« Loin de moi, proclama la dame du fond de son noble coin, d'aller à l'encontre des sentiments de l'une de mes filles, et de ceux du jeune homme qui est l'objet de sa préférence juvénile. Je peux sentir qu'on a trompé mon attente; je peux sentir, que dis-je? je sais qu'on a manqué à tout ce qui m'était dû. Je sais, qu'après avoir triomphé de ma répulsion pour mistress Boffin jusqu'à la recevoir sous le toit qui m'abrite, et à consentir (s'adressant au Chérubin) à ce que votre fille allât résider chez eux, j'aurais pu m'en féliciter si quelque avantage fût résulté, pour votre fille Bella, d'une liaison aussi antipathique et aussi inconvenante. Je peux savoir qu'en s'unissant à mister Rokesmith, votre fille a épousé un être qui, en dépit de tous les sophismes, n'est qu'un mendiant. Je peux sentir qu'en devenant la femme d'un mendiant, votre fille Bella n'a point fait honneur à sa famille; mais je concentre en moi ce que j'éprouve, et je n'en dis rien.

— C'est là, murmura George, ce qu'on est en droit d'attendre d'une femme qui a toujours été, pour les siens, un modèle, et jamais un opprobre, surtout après ce qui s'est passé. »

A cette conclusion, passablement obscure, mister Sampson ajouta qu'il prenait la liberté de dire que ce qui était vrai de la mère, l'était également de la fille; et qu'il n'oublierait jamais l'impression qu'il avait ressentie de la conduite de l'une et de l'autre. Enfin il espérait qu'il n'existait pas d'homme, ayant un cœur dans la poitrine, qui fût capable d'une chose... que nous ignorons, Lavvy l'ayant arrêté au moment où sa langue trébuchait.

« C'est pourquoi, reprit la noble épouse en s'adressant à son seigneur et maître, vous pourrez laisser venir votre fille quand bon lui semblera; elle sera reçue, R. Wilfer; son mari également, ajouta cette femme héroïque après une pause, en ayant l'air d'avaler une médecine.

— Et je vous supplie, dit Lavinia, de ne pas lui raconter ce que nous avons souffert. Cela ne servirait à rien, et serait pour elle une cause de remords.

— Mais il faut qu'elle le sache! s'écria mister Sampson.

— Non, George, non ; que ce soit enseveli dans nos cœurs.

— Trop de noblesse, murmura le gentleman.

— Rien n'est trop noble, cher George. Surtout, Pa, ayez soin de ne pas l'entretenir de mon futur mariage ; vous auriez l'air de lui rappeler sa faute. Vous éviterez également de parler devant elle de l'avenir de George, qui devient plus brillant de jour en jour ; elle y verrait une allusion à sa misère. Laissez-moi ne pas oublier qu'elle est mon aînée ; et que je dois lui épargner des contrastes qui la blesseraient profondément. »

D'après mister George, telle devait être la conduite des anges.

« Non, très-cher, répliqua Lavinia d'un ton grave ; je sais trop que je ne suis qu'une créature humaine. »

Brochant sur le tout, les yeux de la noble Ma, rivés sur le Chérubin comme deux points d'interrogation, lançaient des regards qu'on pouvait traduire ainsi : « Méritez-vous les bienfaits dont vous êtes comblé? La main sur le cœur, vous sentez-vous digne d'avoir une fille aussi vertueuse? Je ne vous demande pas si vous méritez une pareille épouse ; mais avez-vous conscience de la grandeur morale de cette scène de famille? En ressentez-vous une gratitude suffisante? »

Ce regard devenait très-fatigant pour le cher Pa, qui, d'ailleurs, un peu troublé par le vin de l'archevêque de Greenwich, craignait sans cesse de dire un mot qui pût le trahir. Tout bien considéré, la scène touchant à sa fin, il prit le parti de se réfugier dans le sommeil, parti qui blessa profondément sa femme. « Pouvez-vous songer, dit-elle, à votre fille Bella, et vous endormir?

— Oui, ma chère, parfaitement.

— Alors, reprit la dame avec indignation, je vous conseillerai ; s'il vous reste quelque respect humain, d'aller vous mettre au lit.

— Merci, ma chère ; le conseil est bon ; c'est là, en effet que je serai le mieux. »

Et il se retira, enchanté de la permission.

Quelques semaines après, la femme du mendiant et son mari, bras dessus, bras dessous, vinrent prendre le thé à Holloway, par suite d'une invitation que le cher Pa leur avait transmise.

La manière dont la jeune femme enleva la position où Lavvy s'était retranchée avec tant de délicatesse, fut un véritable triomphe. Elle entra en courant, et la figure radieuse.

« Que je suis contente de vous voir ! Comment vous portez-vous, chère Ma ? Et cette Lavvy aimée, comment va-t-elle ? Et George Sampson, où en est-il ? Vous mariez-vous bientôt ? Fait-il de bonnes affaires ? Je veux tout savoir. John ! embrassez notre mère, puis notre sœur ; et nous voilà chez nous, tous heureux d'être ensemble. »

Missis Wilfer demeura bouche béante, ainsi que miss Lavinia. Sans plus de cérémonie que de contrition, Bella ôta son chapeau, alla s'asseoir, et se mit à faire le thé.

« Vous le sucrez toutes les deux, je sais cela. Pas de lait pour ce petit père ; autrefois je n'en voulais pas ; j'en prends aujourd'hui, parce que John en prend toujours. Avez-vous embrassé Ma et Lavvy, John ? à merveille, mais je ne l'avais pas vu. Coupez les tartines, voulez-vous ? Oh ! comme il les fait bien ! Il les aime doubles ; c'est cela. Maintenant, chère Ma, vous allez me dire, et toi aussi, Lavvy : bien vrai, sœur, votre parole d'honneur, n'avez-vous pas pensé (rien qu'un instant), en lisant ma lettre, que j'étais une affreuse petite misérable ? »

Avant que missis Wilfer eût agité ses gants, Bella poursuivait sur le même ton : « Vous m'en avez un peu voulu, chère Ma ? toi aussi, pauvre sœur ? et je le méritais bien. Mais voyez-vous, j'avais été si folle (une créature sans âme), ayant toujours dit que je n'épouserais qu'un homme riche, et me croyant incapable de faire un mariage d'amour. J'ai supposé que vous ne voudriez pas me croire ; vous ne saviez pas tout le bien que j'avais appris de Monsieur. Cela m'a intimidée ; j'avais honte de ce que vous pensiez de moi. Puis j'ai eu peur : on pourrait ne pas s'entendre ; j'ai craint les disputes, les mots qu'on aurait regrettés plus tard ; et j'ai dit à John que s'il voulait me prendre comme cela, je ne demandais pas mieux. Il a bien voulu ; et nous nous sommes mariés à Greenwich, sans autre témoins qu'un personnage qui était là par hasard, et la moitié d'un invalide. N'est-il pas agréable de penser qu'il ne s'est pas dit une parole dont on serait fâché aujourd'hui, et que nous voilà tous les meilleurs amis du monde ? »

Elle se leva pour les embrasser et revint à sa place, après avoir passé le bras autour du cou de son mari, et donné un baiser à John comme aux autres. « Maintenant, reprit-elle, vous voulez savoir comment nous vivons ; c'est trop juste. Eh bien, nous demourons à Blackheath ; dans le plus joli cottage : une maison de poupée délicieuse, meublée d'une manière ravissante,

18

avec une petite bonne très-adroite, qui décidément est très-jolie. Et un ordre! une économie! cent cinquante livres par an, et nous ne manquons de rien, pas même du superflu. Enfin, si vous voulez savoir ce que je pense de mister Rokesmith, je vous dirai en confidence que je suis tout près de l'aimer.

— Et si vous voulez savoir ce que je pense de ma femme, dit en souriant le mari, qui se trouvait alors derrière elle.

Mais elle se leva et lui mettant la main sur la bouche : « Taisez-vous, monsieur ! Non, John, sérieusement ; avant de parler de moi il faut que je sois autre chose que la poupée de la maisonnette.

— C'est déjà fait, ma chérie.

— Non ; je ne vaux pas la moitié, pas le quart de ce que j'espère valoir un jour. Attendez un revers, une épreuve quelconque; après cela vous direz ce que vous penserez de moi.

— Certes oui ; je le promets.

— Jusque-là, pas un mot ; voulez-vous ?

— Pas un mot, » dit-il avec ravissement.

Elle posa sa joue rose et riante sur la poitrine de John, et regardant les autres de côté : « Il n'en sait rien, dit-elle, il ne s'en doute pas ; mais je l'aime tout à fait. »

Missis Wilfer, elle-même, se détendit sous l'influence de la jeune femme, et laissa soupçonner que si R. Wilfer en avait été digne, elle aurait pu quitter son piédestal, et condescendre à le charmer. Quant à Lavinia, elle avait des doutes sur la valeur politique de cette façon d'agir, et se demandait si ce ne serait pas gâter George que de l'employer à son égard.

Le Chérubin, lui, se disait tout bonnement qu'il était le père de la plus charmante des femmes, et son gendre le plus heureux des hommes, opinion que celui-ci n'aurait pas contestée.

Les nouveaux mariés se retirèrent de bonne heure afin de gagner tranquillement le bateau de Greenwich. Ils furent d'abord très-gais et parlèrent beaucoup ; mais tout en jasant, Bella crut voir que son mari devenait sérieux, et lui demanda à quoi il pensait.

« A rien de grave, répondit-il.

— Vous ne voulez pas me le dire ? reprit-elle en se penchant pour le regarder en face.

— Si, mon amour. Je me demande si tu n'aimerais pas à me voir riche ?

— Toi, John ! s'écria-t-elle en reculant un peu.

— Oui, très riche ; comme mister Boffin, par exemple ?

— J'en serais presque effrayée ; la fortune ne rend pas meilleur John ; vois ce qu'elle a fait de mister Boffin ; et ce que, moi-même, j'étais devenue.

— Il y a beaucoup de gens riches, qui, pour cela n'en sont pas moins bons.

— Est-ce la plus grande partie? demanda-t-elle d'un air rêveur.

— Il faut l'espérer, mon ange. Suppose que tu sois riche, tu aurais le pouvoir de faire du bien.

— Oui ; mais penserais-je à en faire usage ? et n'aurais-je pas la faculté de me nuire?

— Cette faculté-là, reprit John en riant, voudrais-tu l'exercer ?

— J'espère que non, dit-elle d'un air pensif ; mais il est facile de se le figurer quand on est sans fortune.

— Pourquoi ne pas dire quand on est pauvre ? demanda John en l'examinant avec attention.

— Parce que je ne le suis pas. Crois-tu par hasard que nous soyons pauvres?

— Je le trouve, dit-il.

— Oh ! John !

— Comprends-moi, cher ange ; personnellement je suis l'homme le plus riche de la terre, puisque je te possède ; et ce n'est pas à moi que je pense. Tu portais une robe du genre de celle-ci la première fois que je t'ai vue, tu ne m'en as pas moins charmé ; je ne sais pas de toilette qui pourrait t'embellir à mes yeux. Mais tout à l'heure, tu admirais de riches étoffes ; n'est-il pas naturel que je désire te les donner ?

— Que tu es bon, John ! merci de la manière dont tu dis cela ; j'en pleure de joie ; mais je n'ai pas envie de ces belles robes.

— Nous marchons là dans ces vilaines rues, poursuivit-il ; je souffre de voir la boue toucher la semelle de tes souliers, tes jolis petits pieds me sont si chers ! n'est-il pas tout simple que je veuille te donner une voiture ?

— Il est bien doux, dit-elle en regardant les petits pieds en question, de savoir que tu les aimes tant ; et puisque tu les admires, je suis fâchée que ces bottines soient beaucoup trop larges ; mais je n'ai pas besoin de voiture ; crois-le bien.

— Tu ne serais pas contente d'en avoir une ?

— Bien moins que d'un pareil désir ; tes vœux sont pour moi comme ceux des contes de fées : dès que tu les formes, ils s'accomplissent. Désire pour moi tout ce que tu peux souhaiter à celle que tu aimes, et j'en serai plus contente que si on me le donnait. »

Jasant de la sorte, aussi heureux qu'ils pouvaient l'être, ils gagnèrent à pied leur maisonnette, qui ne leur en parut pas moins riante.

Bella montrait pour les affaires domestiques un génie qui se développait rapidement. Au dire de John les amours et les grâces s'étaient mis à son service, et l'aidaient à rendre son intérieur le plus charmant du monde. Sa vie glissait calme et douce. Tous les jours, après un déjeuner pris de bonne heure, son mari partait pour la Cité, et ne rentrait que le soir. Il travaillait dans une maison d'articles de Chine, disait-il à Bella, qui n'en demandait pas davantage, et se représentait la chose en bloc, sous forme de riz, de thé, de vieux laque, de boîtes aux fines sculptures, de soieries d'une odeur étrange, de personnages aux yeux bridés, à longue queue tombant dans le dos, à chaussures pourvues d'une quantité de semelles, et peints sur de la porcelaine transparente.

Le matin elle conduisait John au chemin de fer; le soir elle allait à sa rencontre; plus réservée qu'autrefois, mais pas beaucoup, et la toilette, bien que très-simple, aussi soignée que si elle ne s'occupait pas d'autre chose. Rentrée à la maison, elle se déshabillait, remplaçait la robe de ville par un joli petit peignoir, mettait son tablier, prenait ses cheveux à deux mains, comme les actrices qui vont jouer une scène de folie, les rejetait en arrière, puis commençait le travail du jour. Et la voilà mesurant, pesant, hachant, faisant poudding ou pâté; essuyant, nettoyant, balayant ou repassant; coupant les fleurs fanées, pinçant, repiquant, jardinant; cousant, raccommodant, ou rangeant; surtout se livrant à des études profondes; en ce sens que miss Wilfer, n'ayant jamais fait tout cela, obligeait missis Rokesmith à recourir continuellement à un certain ouvrage intitulé la Parfaite ménagère anglaise, petit volume que Bella consultait les coudes sur la table, et le front dans les mains, comme une sorcière embarrassée, méditant sur la magie noire; car la parfaite ménagère, si bonne anglaise qu'elle puisse être de cœur et d'âme, s'exprime en un anglais fort obscur, et pourrait parfois employer le kamstchadale sans plus d'inconvénient.

« Sotte créature, que voulez-vous dire? s'écriait alors Bella; il faut que vous ayez bu! » Et la parenthèse fermée, elle se replongeait dans son livre, toutes ses fossettes rivées par une attention profonde. Cette parfaite ménagère avait en outre une sécheresse impérieuse vraiment exaspérante. Prenez un four de campagne, vous disait-elle de la façon dont un général commanderait à un de ses hommes d'empoigner un insolent. Ou bien elle vous ordonnait de jeter ici ou là une poignée de quelque chose d'impossible à trouver.

« Stupide! s'écriait Bella en fermant le livre, et en en frappant la table; vieille sotte! où voulez-vous que je prenne cela? »

Une autre étude réclamait encore son attention, et faisait

partie de la tâche quotidienne; c'était celle du journal, afin de pouvoir causer avec John des questions à l'ordre du jour. Dans son désir d'être sa compagne en toute chose, elle aurait étudié la géométrie ou l'algèbre, s'il eût partagé son âme entre elle et l'une ou l'autre de ces sciences. Rien de merveilleux comme la manière dont elle s'appropriait les nouvelles de la Cité, et les communiquait à John dans la causerie du soir, mentionnant, par parenthèse, que telle ou telle marchandise prenait faveur, que le cours de telle autre avait baissé; combien la banque avait reçu d'or. Tout cela d'un air grave et compétent, jusqu'à ce qu'elle se mît à rire d'elle-même, et dit en l'embrassant avec effusion : « C'est parce que je t'aime, John chéri. »

Pour un homme de la Cité, le cher John s'inquiétait fort peu du cours des marchandises, du taux de l'escompte, ou de l'encaisse de la banque; mais il s'intéressait au delà de toute expression à sa femme adorée, qui valait pour lui tout l'or du monde, et qui chaque jour était en hausse; car, inspirée par sa tendresse, et d'une vive intelligence, elle faisait des progrès surprenants dans tous les arts domestiques. Bref, elle devenait de plus en plus précieuse, sinon plus séduisante, ce qui, au dire de John, était depuis longtemps impossible.

« Un esprit si joyeux! s'écria-t-il avec amour. Tu es un rayon de soleil, la maison en est tout éclairée.

— Bien vrai, John?

— Certainement; et mieux encore.

— Sais-tu, John, dit-elle en le prenant par un bouton de son habit, sais-tu que dans certains moments — il ne faut pas rire, je t'en prie. (Rien au monde n'aurait fait rire John, quand elle le défendait.) Eh! bien, il me semble, par instants, que je deviens sérieuse.

— T'ennuierais-tu d'être seule?

— Oh! non; le temps passe si vite que je n'ai pas une minute de reste.

— Pourquoi, alors, es-tu sérieuse?

— Je ne sais pas.

— Quand cela te prend-il?

— C'est quand je ris, dit-elle en appuyant sa tête sur l'épaule de John. Ainsi maintenant, tu ne le croirais pas, mais je suis très-sérieuse. »

Elle se remit à rire et ses yeux devinrent humides.

« Tu voudrais être riche? dit-il d'une voix caressante.

— Moi! peux-tu faire de pareilles questions?

— Regrettes-tu quelque chose?

— Rien au monde, affirma-t-elle avec confiance; puis changeant tout à coup, et moitié souriant, moitié pleurant, oh! si, dit-elle, je regrette missis Boffin.

— Moi également; cette rupture m'a fait beaucoup souffrir; mais ce n'est peut-être que provisoire; il est possible que nous la revoyions; qui sait ce qui arrivera? »

Bella, qui, en tout autre moment, eût relevé ces paroles avec ardeur, ne parut pas y attacher d'importance; elle tenait toujours le bouton du paletot de John, et l'examinait d'un air distrait, lorsque entra le cher Pa, qui venait passer la soirée. Le Chérubin avait là son fauteuil, son petit coin, toujours prêt à le recevoir; et, sans médire de ses joies domestiques, il se trouvait, dans ce coin-là, plus heureux que partout ailleurs.

En toute circonstance, il était plaisant de voir ensemble le père et la fille; mais le soir dont nous parlons, il sembla à John que Bella mettait plus de fantaisie que jamais dans ses relations filiales. « C'est très-bien de venir dès que vous sortez de l'école, dit-elle à son père; vous êtes un bon petit garçon. Et qu'avons-nous fait en classe, avons-nous bien travaillé?

— Mignonne, répondit le Chérubin en se frottant les mains, tandis qu'il s'asseyait à sa place, j'ai deux écoles : la maison Chicksey et Cie, et l'académie de ta mère; de laquelle veux-tu parler?

— Des deux, répondit-elle.

— Eh! bien, pour être franc, elles m'ont un peu fatigué l'une et l'autre; mais c'est une chose à laquelle il faut s'attendre; il n'y a pas de route royale dans la science; et qu'est-ce que la vie, si ce n'est une longue étude?

— Mais quand vous saurez votre leçon par cœur? que ferez-vous?

— Il est probable que je mourrai, dit le Chérubin.

— Très-mal! un méchant enfant; il est défendu de se laisser abattre.

— Je ne suis pas abattu, ma belle, au contraire; je suis gai comme une alouette. » Et sa figure confirma ses paroles.

« Si ce n'est pas vous qui êtes triste, il paraît que c'est moi, dit Bella, et je ne veux pas l'être plus longtemps. John, il faut donner à souper à notre écolier; n'est-ce pas?

— Naturellement, chérie.

— Et il a tant pioché, dit-elle avec un petit coup sur les doigts du Chérubin, qu'il n'est pas présentable; oh! le petit piocheur, il a donc gratté la terre avec ses ongles?

— J'ouvrais la bouche pour te demander à me laver les mains, vrai, mon enfant; mais tu as parlé plus vite que moi.

— Venez, monsieur, venez, dit-elle en le prenant par l'habit, vous ne pouvez pas vous laver les doigts tout seul. »

Le Chérubin, à son grand amusement, fut conduit dans un petit cabinet de toilette, où Bella lui savonna la figure et les mains; et après l'avoir frotté, inondé et rincé, l'essuya jusqu'à ce qu'il fût rouge comme une betterave. « A présent, il faut vous peigner et vous brosser. Tenez la lampe, John; et vous, cher bambin, fermez les yeux; laissez-moi prendre ce menton, et soyez sage; faites ce qu'on vous dit. »

Le cher Pa, tout disposé à obéir, eut les cheveux étendus avec la brosse, séparés avec le peigne, puis dressés, puis rabattus, puis enroulés sur le doigt de la coiffeuse, qui reculant sans cesse pour juger de l'effet, tombait sur John, était reçue par le bras que celui-ci avait de libre, et se retournait plus ou moins longtemps, pendant que le Chérubin attendait avec patience l'achèvement de sa toilette.

« La! dit-elle en donnant la dernière touche; nous sommes maintenant comme un fils de bonne maison; remettez votre habit; et venez souper. »

Le Chérubin prit son paletot, et regagna son fauteuil. Bella approcha de lui une petite table, y mit la nappe et alla chercher le souper. « Un instant, dit-elle, il ne faut pas nous salir. »

Après lui avoir noué sa serviette derrière le cou, elle se mit à côté de lui, le regarda manger, lui disant comment il fallait tenir sa fourchette, lui versant à boire, et lui coupant sa viande.

Si habitué que fût John à lui voir prendre pour jouet son excellent père, toujours heureux de se prêter à ses enfantillages, il lui sembla qu'il y avait quelque chose de nouveau dans sa manière d'agir; non pas qu'elle eût moins de naturel ou d'entrain qu'à l'ordinaire; mais à travers toute cette folie, apparaissait de temps en temps comme un fond de gravité. Ainsi, lorsqu'elle eut allumé la pipe du Chérubin, et lui eut préparé son grog, elle vint s'asseoir sur un petit tabouret entre son père et son mari, mit son bras sur ce dernier, et resta tranquille; au point que lorsque son père se leva pour partir elle tressaillit comme si elle avait oublié sa présence.

« Vous allez reconduire Pa jusqu'au bateau, John.

— Oui, cher ange; viens-tu?

— Non; je n'ai pas écrit à Lizzie depuis que je lui ai annoncé que j'avais un galant pour de bon; j'ai souvent regretté qu'elle ne sût pas combien elle avait eu raison en faisant semblant de voir dans la braise que je me jetterais dans le feu pour lui. Ce soir, je me sens d'humeur à le lui dire, et je vais rester pour cela.

— Tu es fatiguée ?

— Pas du tout ; je suis en train d'écrire à Lizzie. Bonsoir, cher Pa, si bon, si doux, si excellent. »

Elle écrivit à Lizzie une lettre fort longue, et venait de la terminer lorsque rentra son mari. « Vous arrivez bien, lui dit-elle ; je vais vous donner votre première leçon dès que ma lettre sera cachetée ; vous allez être mené sévèrement, je vous en réponds. »

La lettre cachetée, l'adresse mise, la plume essuyée, le pupitre fermé à clef et remis à sa place ; tout cela fait avec une gravité qu'aurait pu avoir la *Parfaite ménagère*, mais dont elle ne serait pas sortie assurément par un éclat de rire aussi musical, Bella fit asseoir son mari dans le fauteuil qu'il avait adopté, et s'assit elle-même sur son petit tabouret.

« Maintenant, monsieur, comment vous appelez-vous ? »

Pas de question allant plus droit au secret dont il lui faisait mystère. Il cacha néanmoins sa surprise, et répondit tranquillement : « John Rokesmith, cher ange.

— Très-bien. Qui vous a nommé comme cela ? »

Est-ce que je me suis trahi sans le savoir ? pensa John, qui répondit par une autre question. « Ne seraient-ce pas, cher trésor, mes parrains et marraines ?

— Pas très-bien, vous avez hésité ; je vois cependant que vous savez votre catéchisme, et je passe à autre chose. Pourquoi m'avez-vous redemandé ce soir si je voudrais être riche ? »

Encore son secret ! Il abaissa les yeux vers elle, qui, les mains croisées sur son genou à lui, le regardait en souriant. Jamais confidence ne fut plus près des lèvres ; et, ne trouvant pas de réponse, il lui donna un baiser.

« Bref, cher John, le texte de mon sermon est que je ne désire rien au monde, et que j'ai besoin que tu en sois convaincu.

— En ce cas le sermon est fini, car je te crois sur parole.

— Mais ce n'est que le premier point ; il y en a un second, puis un affreux troisième, comme je disais en moi-même quand j'étais petite, et qu'il fallait avaler le prêche.

— Voyons ces derniers points, mon ange.

— Êtes-vous bien sûr, John chéri, sûr et certain au plus profond de votre cœur...

— Qui ne m'appartient plus, interrompit John.

— Non, mais vous en avez la clef. Êtes-vous bien sûr, au fond de ce cœur que vous m'avez donné, comme je vous ai donné le mien, positivement sûr d'avoir oublié le passé ?

— Au contraire, je veux me le rappeler toujours, dit-il en posant ses lèvres sur celles de l'adorée. Si j'en avais perdu le souvenir, pourrais-je, en t'écoutant, me rappeler que ta voix m'a défendu? penserais-je à ce que tu m'as sacrifié? ne serait-ce pas effacer de ma vie les plus beaux jours? Mais ce n'est pas là ce qui te rend sérieuse?

— Non, ce n'est pas cela; encore moins missis Boffin, bien que je l'aime de tout mon cœur. Attends un peu, je continue mon sermon. Elle inclina la tête, et dit en souriant : C'est que vois-tu, John, c'est si bon de pleurer de joie! Mais c'est fini; j'arrive au troisième point.

— Voyons, dit John, qu'est-ce que c'est?

— Je crois, poursuivit-elle, que je crois, que tu crois...

— Chère enfant, que de croyances.

— N'est-ce pas? dit-elle en riant; jamais je n'en ai tant vu: une pensionnaire qui conjugue un verbe; mais je ne peux pas faire autrement; cependant je vais essayer : je crois donc que tu crois que je crois que nous sommes assez riches, puisqu'il ne nous manque rien.

— C'est vrai.

— Mais si notre argent allait diminuer d'une manière quelconque, s'il fallait, par exemple, restreindre un peu nos dépenses, aurais-tu la même confiance dans ma satisfaction? la croirais-tu pleine et entière?

— Oui, mon ange.

— Merci, John; merci mille fois. Tu n'en serais pas moins heureux; je peux y compter, n'est-ce pas? (Sa voix tremblait légèrement). Oui, je le sais bien, puisque je serais tout aussi contente; à plus forte raison un homme qui est bien plus raisonnable, plus ferme, plus généreux.

— Chut! dit-il; je n'entends pas de cette oreille-là; tu es aussi raisonnable que moi sur ce chapitre, et autant qu'il faut l'être sur tous les autres. D'ailleurs, j'aurais dû te le dire plus tôt, j'ai de bonnes raisons pour croire que notre petit revenu est sur le point d'augmenter. »

Elle aurait pu prendre un intérêt plus vif à ces paroles; mais elle était replongée dans l'examen du bouton, qui déjà l'avait absorbée, et c'est à peine si elle prit garde à ce qu'il disait.

« Ainsi, voilà le fin mot, dit-il en riant; nous savons maintenant ce qui nous rend si grave.

— Non, dit-elle en tortillant le bouton et en secouant la tête; ce n'est pas cela.

— Un quatrième point! s'écria John; quelle petite sermonneuse!

— Le second et le troisième me tracassaient bien un peu, dit Bella, toujours occupée du bouton; mais ce n'est pas cela, ou plutôt c'est un autre genre : un sérieux plus calme et bien autrement profond, John chéri. »

Comme il se penchait pour la regarder, elle lui posa sa petite main sur les yeux, et dit tout bas : « Te rappelles-tu ce que disait Pa, au dîner de Greenwich, à propos des navires qui viennent des pays inconnus?

— Parfaitement.

— Eh bien! je crois que dans le nombre il y en a un..... qui nous apporte..... un petit bébé, John. »

VI

AU SECOURS!

La papeterie avait suspendu son travail; les chemins étaient parsemés de groupes d'ouvriers, hommes, femmes et enfants, qui, la journée finie, retournaient chez eux. Le vent du soir agitait les vives couleurs qui étaient nombreuses dans ces groupes; et le bruit varié des voix, traversé d'éclats de rire, faisait sur l'oreille une impression de gaieté analogue à celle que produisaient sur l'œil ces couleurs voltigeantes. Des gamins jetaient des pierres dans la nappe d'eau, qui, au premier plan de ce tableau animé, reflétait le ciel teinté de rose; et la bande joyeuse regardait s'étendre les cercles qu'elle avait fait naître. Au delà des sentiers, où serpentaient les travailleurs, le paysage se déroulait en s'élargissant : d'abord la Tamise, aux reflets argentés; puis le vert foncé des blés, d'une si belle venue, que ceux qui passaient entre leurs nappes ondoyantes semblaient nager dans des flots de verdure; puis les grandes haies et les bouquets d'arbres; puis les moulins à vent sur les collines; puis l'horizon, où le ciel paraissait rejoindre la terre, comme s'il n'y avait pas eu l'immensité entre l'homme et les cieux.

C'était un samedi soir; et suivant leur habitude à pareil jour les chiens, beaucoup plus occupés des affaires humaines que de celles de leur propre race, étaient d'une activité particulière. Ils allaient et venaient de la boucherie à la grande boutique, de celle-ci au cabaret, et manifestaient devant ces diverses maisons une curiosité excessive. L'intérêt spécial que leur inspirait le dernier de ces établissements semblerait indiquer entre la race canine et la débauche de secrètes affinités; car on mange peu dans cet endroit; et n'aimant ni la bière, ni le tabac (on a bien dit que le chien de missis Hubbard avait fumé plusieurs pipes, mais le fait n'est pas prouvé), ils ne pouvaient venir là que par sympathie pour des habitudes licencieuses. De l'intérieur de la buvette s'échappait le raclement d'un misérable violon, raclement si affreux qu'un long chien maigre, à l'oreille plus délicate que les autres, ne pouvait s'empêcher de temps en temps de quitter ses camarades, de tourner le coin, et de hurler à cette ignoble musique. Mais, bien qu'il en souffrît évidemment, il revenait au cabaret avec la persistance d'un buveur de profession.

Il y avait en outre, dans le village, une espèce de petite foire, quelque chose d'abominable. Du pain d'épice aux abois, qui avait couru tout le pays sans parvenir à se placer, et qui s'était couvert la tête de poussière en signe de mortification, faisait un nouvel appel au public du fond d'un appentis boiteux. Une optique, ayant débuté par la bataille de Waterloo, et qui depuis lors servait toujours pour le dernier combat, moyennant un simple changement au nez du duc de Wellington, s'adressait aux amateurs d'histoire pittoresque. Une femme d'une circonférence de plusieurs mètres, associée à un cochon savant, et peinte avec la robe décolletée que, suivant l'affiche, elle portait lors de sa présentation à la cour, se montrait de grandeur naturelle sur une toile flottante. Spectacle vicieux, comme l'est toujours celui que rencontre, sur cette terre anglaise, tout pauvre besoin de distraction émanant des fendeurs de bois ou des puiseurs d'eau. Et c'est dans l'ordre, ces gens-là ne doivent pas varier les rhumatismes avec le plaisir; ils peuvent s'en distraire par la fièvre, ou par autant d'espèces rhumatismales qu'ils ont de jointures; mais non pas en s'amusant comme ils l'entendent; c'est positif.

Les différents bruits de ce lieu de dépravation flottaient dans l'air; ils arrivaient au loin par bouffées adoucies, et rendaient la soirée plus paisible, en en faisant ressortir le calme. C'était du moins l'impression qu'en ressentait Eugène Wrayburn, qui, les mains derrière le dos, côtoyait la rivière. Il marchait lentement, d'un pas mesuré, et de l'air préoccupé d'un homme qui attend quelqu'un : allant d'une oseraie à un endroit où se voyaient quelques nénuphars; s'arrêtant à chacune de ces limites pour regarder au loin, et toujours dans la même direction. « Quelle tranquillité! » murmura-t-il. Des moutons paissaient au bord de l'eau. Eugène pensa qu'il n'avait jamais entendu, ou remarqué jusqu'ici le bruit particulier que font ces animaux en broutant l'herbe; il s'arrêta nonchalamment, et les regarda d'un air rêveur. « Je vous crois peu d'intelligence, dit-il : mais si vous en avez assez pour vivre à peu près satisfaits, vous avez sur moi une grande supériorité. » Un frôlement derrière la haie voisine attira son attention. « Qui cela peut-il être? » se demanda-t-il, en se dirigeant vers la porte à claire-voie qui s'ouvrait dans cette haie.

« Un patron jaloux? Non. Quelque chasseur à l'affût? on ne chasse pas dans ce pays-ci, on pêche. »

La prairie était fauchée depuis peu; on y voyait encore les traces de la faux sur l'herbe jaune, et celles des voitures qui avaient emporté le foin. En suivant du regard la double empreinte des roues, Eugène rencontra une meule récemment faite, qui s'élevait dans un angle. S'il avait gagné cette meule, et qu'il en eût fait le tour... Mais cela devait se passer ainsi; à quoi riment de telles suppositions? D'ailleurs quand il y serait allé, et qu'il aurait vu un batelier couché la face contre terre, en aurait-il su davantage? Il pensa qu'un oiseau s'était glissé dans le buisson, et revint près de la Tamise.

« Si j'avais moins de confiance en Elle, dit-il après avoir refait cinq ou six tours, je commencerais à croire qu'elle m'a planté là de nouveau; mais elle a promis de venir; et c'est une fille de parole. »

Effectivement, comme il se retournait du côté des nénuphars, il l'aperçut et alla à sa rencontre. « J'étais sûr que vous viendriez; je me le disais à l'instant même, bien que vous soyez en retard, Lizzie.

— C'est que, pour ne pas éveiller de soupçons, il m'a fallu traverser le village en flânant; et plusieurs personnes m'ont arrêtée.

— On est donc bien mauvaise langue? » demanda Eugène, en lui prenant la main, et en se la passant sous le bras. Un instant après il porta cette main à ses lèvres, et Lizzie la retira doucement. « Je vous en prie, monsieur; je marcherai près de vous; mais ne me touchez pas ! dit-elle avec un regard suppliant; car le bras du gentleman se glissait déjà autour de sa taille.

— Comme vous voudrez, dit-il avec aisance, bien qu'il éprouvât une gêne réelle, et fût mal avec lui-même. N'ayez pas cet air malheureux, Lizzie; ne vous fâchez pas.

— L'air malheureux, dit-elle, je ne peux pas en avoir d'autre; mais je ne suis pas fâchée; seulement, je vous en conjure, monsieur, partez demain matin.

— Lizzie ! Lizzie ! fit-il d'un ton de reproche; autant vaudrait être fâchée que déraisonnable. Je ne peux pas m'en aller.

— Et pourquoi?

— Parce que, répondit-il gaiement, vous me retenez ici. Je ne m'en plains pas, notez-le bien; mais c'est comme cela. » Il essaya de nouveau de lui prendre la taille.

« Ne me touchez pas, monsieur, et partez; je vous le demande en grâce.

— Pour vous, Lizzie, je ferai tout ce qui est possible; voyez plutôt : Napoléon à Sainte-Hélène, ajouta-t-il en se croisant les bras.

— Avant-hier, reprit-elle en attachant sur lui ce regard suppliant qui remuait ce qu'il avait de meilleur dans l'âme, quand je vous ai rencontré en sortant de la fabrique, vous m'avez dit que vous étiez venu pour une partie de pêche, et que vous ne vous attendiez pas à me voir ; était-ce vrai?

— Pas du tout ; je ne suis venu ici que pour vous trouver, répondit-il avec calme.

— Savez-vous pourquoi j'ai quitté Londres, mister Wrayburn?

— Pour vous débarrasser de moi, Lizzie ; ce n'est pas flatteur ; mais je crois que c'est vrai.

— Oui, monsieur.

— Comment avez-vous pu être si cruelle?

— Oh ! monsieur ! dit-elle en fondant en larmes, est-ce moi qui ai de la cruauté?

— Au nom de tout ce qu'il y a de bon sur la terre, et ce n'est pas au mien que je vous conjure, car Dieu sait que je ne suis pas bon, reprit Eugène, ne soyez pas malheureuse.

— Puis-je ne pas l'être quand je sais la distance qui nous sépare? quand je sais que vous n'êtes venu que pour me conduire à la honte ? » répondit-elle en se couvrant la figure.

Il la regarda avec tendresse et pitié, se reprochant sa douleur, n'ayant pas la force de se sacrifier à elle, mais profondément ému.

« Je ne pensais pas, dit-il, qu'il y eût une femme au monde qui, avec si peu de mots, pût m'émouvoir autant. Mais soyez indulgente, Lizzie ; vous ne savez pas ce que j'éprouve ; vous ne savez pas que je vous vois sans cesse, et que votre image m'égare. Vous ne savez pas que cette insouciance qui vient à mon secours dans toutes les difficultés de la vie, n'existe plus quand il s'agit de vous. Elle a disparu, vous l'avez frappée de mort... je voudrais parfois que vous m'eussiez tué avec elle. »

Ces expressions passionnées, qu'elle n'attendait pas, firent naître dans son cœur un mouvement de joie et d'orgueil. Songer qu'il s'occupait d'elle à ce point-là ! Il avait tort ; mais se dire qu'elle le troublait ainsi ! « Je suis malheureuse, reprit-elle, mais je ne vous reproche rien, je vous assure. Vous ne sentez pas cela comme moi ; la position est si différente! Vous êtes venu sans réfléchir ; mais pensez-y maintenant, je vous en prie, monsieur.

— A quoi faut-il que je pense? demanda-t-il avec aigreur.

— A moi, mister Wrayburn.

— Mais je ne fais pas autre chose! Ce qu'il faut m'apprendre, c'est à ne pas penser à vous, si vous voulez que je change.

— Ce n'est pas cela, monsieur; quand je dis pensez à moi, c'est-à-dire à tout ce qui nous sépare. Rappelez-vous que je suis sans protecteur; songez à ma réputation, respectez-la, mister Wrayburn. Si je vous inspire le sentiment que vous auriez pour une lady, accordez-moi le respect qu'elle serait en droit d'exiger. Simple ouvrière, je suis trop loin de vous et de votre famille pour que rien nous rapproche; qu'il serait généreux d'avoir pour moi les mêmes égards que si mon éloignement venait d'un titre de reine ! »

Il aurait fallu qu'Eugène fût descendu bien bas pour rester sourd à ces paroles; son visage exprima le repentir; et d'une voix mal assurée : « Vous ai-je donc fait injure? demanda-t-il.

— Oh! non, dit-elle; comprenez bien; c'est de l'avenir que je parle. Je ne suis ici que parce que depuis deux jours vous me suiviez de si près, dans les endroits où tant de monde pouvait vous voir, que j'ai consenti à ce rendez-vous comme à un moyen de salut.

— Toujours peu flatteur, dit-il d'un air triste.

— Je vous en prie, mister Wrayburn, je vous en conjure, partez demain, et ne revenez plus; songez à quoi vous m'obligeriez.

— A quoi vous obligerais-je? demanda-t-il après un instant de silence.

— A m'en aller d'ici, où ma vie est paisible, où j'ai un bon emploi, où je suis connue, où l'on m'estime. Vous me forceriez à partir, comme je suis partie de Londres, comme je partirai de tous les endroits où vous viendrez me trouver.

— Ainsi vous êtes bien décidée, pardonnez-moi l'expression, mais elle est exacte, bien décidée à fuir un amant, Lizzie?

— Très-décidée, répondit-elle sans hésitation, bien que d'une voix tremblante. Il est mort ici, il y a peu de temps, une vieille femme que j'ai trouvée, par hasard, au moment où elle expirait. Elle était bien vieille, bien faible, et n'en est pas moins restée fidèle à ce qu'elle s'était promis. Peut-être, monsieur, en avez-vous entendu parler?

— Ne s'appelait-elle pas Higden?

— Précisément; eh bien! ce qu'elle a fait, mister Wrayburn, je le ferais, soyez-en sûr; et je mourrais de fatigue avant de changer de résolution. »

Il la regarda en face; et la pauvre Lizzie, qui l'aimait tant, courba la tête sous ce regard, où le reproche et la colère se mêlaient à l'admiration. Elle essaya de retenir sa fermeté, appelant à elle tout son courage, la vit fondre, en dépit de ses efforts.

et tomba sur le bras d'Eugène, qui pour la première fois connut son influence. « Ne vous relevez pas encore, Lizzie, répondez-moi : s'il n'y avait pas entre nous cette distance que vous croyez infranchissable, me diriez-vous de partir?

— Je n'en sais rien, monsieur; ne me le demandez pas, laissez-moi m'en aller.

— Je vous jure, Lizzie, que vous partirez immédiatement, et que vous partirez seule, si vous voulez me répondre.

— Comment le pourrai-je? comment vous dire ce que je ferais si vous n'étiez pas ce que vous êtes?

— Eh bien ! si je n'étais pas ce que vous me faites, dit-il en changeant habilement la question, m'auriez-vous toujours détesté?

— Oh! s'écria-t-elle en pleurant, vous me connaissez trop pour penser que je vous déteste.

— Si je n'étais pas à cette distance où vous me placez, dites-moi, Lizzie, vous serais-je toujours indifférent?

— Mais vous ne m'êtes pas indifférent, vous le savez bien, monsieur ! »

Il y avait dans son attitude, dans sa voix, dans toute sa personne, quelque chose qui le suppliait de ne pas la forcer à ouvrir son cœur; mais il fut sans pitié, et voulut l'y contraindre. « Si vous connaissant assez pour cela, reprit-il, je peux croire que vous ne me détestez pas, et même que je ne vous suis pas indifférent, laissez-moi en apprendre davantage, Lizzie ; dites-moi ce que vous auriez fait si vous m'aviez considéré comme votre égal.

— Je ne peux pas, monsieur. Vous mon égal ! mais vous ne seriez plus vous-même ! Comment alors me rappeler ce soir où je vous ai vu pour la première fois, où vous m'avez regardée si attentivement que je suis sortie de la chambre? Comment me rappeler cette nuit, ou plutôt ce matin où vous êtes venu m'apprendre que mon père était mort? Et les soirées où vous veniez chez miss Wren? Et mon ignorance, et votre désir de la diminuer, et votre délicatesse, et ma surprise, et comme, tout d'abord, je vous ai trouvé bon de tant vous occuper de moi?

— Trouvé bon tout d'abord, Lizzie; puis ensuite bien mauvais.

— Je n'ai pas dit cela; mais seulement que, tout d'abord, j'avais été contente d'être remarquée par un homme si différent de tous ceux que je connaissais; et qu'ensuite, j'avais compris qu'il aurait mieux valu ne pas vous voir.

— Pour quelle raison?

— La distance était si grande! dit-elle en baissant la voix ; c'était souffrir sans espoir et sans fin.

— A propos de souffrances, vous êtes-vous quelquefois inquiété des miennes ?

— Je ne croyais pas que ce fût nécessaire. Mais si vous sentez au fond du cœur ce que vous m'avez dit ce soir que vous sentiez pour moi, et que vous soyez persuadé qu'il n'y a pour nous en ce monde que la séparation, oh! que le Seigneur vous protége et vous bénisse! »

Ces paroles, dans lesquelles se reflétaient, avec tant de pureté, son amour et sa propre souffrance, firent sur Eugène une impression profonde. Elle lui parut sanctifiée par le renoncement et la douleur, et il la baisa au front comme il eût baisé une morte. « J'ai promis de ne pas vous accompagner, dit-il; mais vous êtes fort émue, il se fait tard, ne devrais-je pas veiller sur vous ? »

— C'est inutile ; je suis habituée à aller seule à toute heure; je vous en prie, ne me suivez pas.

— Vous avez ma parole et je la tiendrai, Lizzie ; mais c'est tout ce que je peux faire ce soir, je ne promets pas autre chose.

— Il n'y a qu'un parti à prendre, mister Wrayburn ; autant pour vous que pour moi, je vous en conjure ; partez demain matin.

— J'essayerai, dit-il d'une voix grave. »

Elle lui tendit la main, la retira des siennes, et s'éloigna en suivant le bord de l'eau.

« Mortimer en serait bien surpris, murmura Eugène, toujours à la place où elle l'avait laissé; moi-même j'ai de la peine à le croire. » Il faisait allusion aux larmes qui lui mouillaient la main dont il se couvrait les yeux. Puis il pensa qu'il serait très-ridicule d'être vu dans un pareil état ; et l'idée qu'il eut ensuite prit sa source dans un léger ressentiment contre la cause de ses pleurs. « Si ferme qu'elle soit, se dit-il, je n'en ai pas moins sur elle une puissance étonnante. »

Cette réflexion lui représenta la jeune fille au moment où elle avait courbé la tête, puis défailli sous son regard. « Elle m'aime reprit-il ; et chez elle l'amour doit être une chose sérieuse ; elle ne peut pas être forte d'un côté, et faible de l'autre. Elle doit obéir à sa nature comme j'obéis à la mienne; si mon caractère porte en lui son châtiment, le sien doit lui infliger le même retour. »

Il descendit en lui-même, poursuivit son examen, et se dit tout à coup : « Si je l'épousais ? si en dépit de l'absurdité apparente du fait, j'étonnais mon respectable père jusqu'aux dernières limites de ses respectables facultés, en lui annonçant que j'ai fait ce mariage, quel serait son raisonnement ? « Vous n'avez pas voulu, me dirait-il, épouser de la fortune et de la naissance, parce qu'il était plus que probable qu'avant peu vous en seriez horriblement obsédé; cet horrible ennui est-il moins probable parce que vous n'aurez épousé ni position, ni argent? Êtes-vous bien sûr de vous-même?» Malgré la prétention d'être un avocat subtil, le cher Eugène serait forcé de dire *in petto* : « Bien raisonné, respectable père; je ne suis pas sûr de moi du tout. » Et cependant, reprit-il, car ce ton de légèreté qu'il appelait à son aide lui paraissait indigne, je voudrais voir celui qui oserait me dire (excepté Mortimer) que le sentiment que j'éprouve n'a rien de sérieux, qu'il ne m'est pas inspiré, en dépit de moi-même, par son mérite et sa beauté, et que je la trompe quand je lui parle de mon amour. Je voudrais trouver quelqu'un qui me dirait cela, ou n'importe quoi de blessant pour elle, le trouver sur l'heure; car je suis fatigué d'être mal avec un certain Wrayburn, qui fait triste figure, et j'aimerais mieux en vouloir à un autre. « Eugène! Eugène! c'est une vilaine affaire. » Ah! c'est le refrain de Lightwood; ce soir je le trouve singulièrement triste. »

Il essaya de penser à quelque chose qui l'amenât à se gourmander, et retomba dans sa discussion. « Mais, brute que vous êtes, dit-il avec impatience, quel rapport y a-t-il entre une femme que votre père vous a choisie froidement, et celle que vous vous êtes choisie vous-même, celle qui vous attire avec une force croissante, depuis l'instant où vous l'avez vue pour la première fois? Ane stupide! quel raisonnement! c'est elle qui est sage, et qu'il faut écouter. »

Mais se rappeler ses paroles c'était se souvenir de ses aveux, de l'influence qu'il avait sur elle. « Essayer de partir? non pas; mais essayer de la revoir. » Telle fut la conclusion à laquelle il arriva.

« Eugène! Eugène! c'est une vilaine affaire. Eugène! Eugène! — Ah! je voudrais pouvoir empêcher ce refrain; il tinte comme un glas. » Il regarda le ciel. La lune était levée; les étoiles commençaient à paraître au fond de cette belle nuit, où glissaient par intervalles des lueurs rouges et jaunes. Au milieu de sa contemplation il se retourna brusquement, et fit un pas en arrière à la vue d'un homme qui se trouvait si près de lui qu'il recula, moins par surprise que pour éviter un choc. Cet homme portait sur l'épaule une rame brisée, un espars, une pièce de bois quelconque. Il ne fit pas attention au gentleman, et passa comme s'il avait été seul.

« Eh! l'ami, êtes-vous aveugle? » cria Eugène.

L'homme ne répondit pas et continua sa route. Eugène, reprit la sienne en sens contraire, les mains derrière le dos, et son projet dans la tête. Il repassa devant les moutons, devant la haie par-dessus laquelle il avait regardé, arriva à portée des fruits de la foire, et se dirigea vers le pont. L'auberge où il était descendu était bien de son côté; mais il avait besoin de solitude. Sachant que l'autre rive était déserte, il s'y rendit d'un pas rapide, et se remit à flâner, tantôt regardant les étoiles qui semblaient s'allumer dans le ciel une à une, tantôt regardant la rivière où ces mêmes étoiles semblaient s'allumer au fond de l'eau. Une escale, abritée par un saule, et un léger canot qui s'y trouvait amarré, appelèrent son attention. L'ombre y était si épaisse, qu'il ne distingua pas d'abord le batelet; il s'arrêta pour voir ce que cela pouvait être; puis il poursuivit sa promenade.

Le mouvement continu de la rivière semblait provoquer un mouvement analogue dans son esprit troublé; il aurait voulu endormir ses pensées, en arrêter le cours; mais elles lui échappaient, et suivaient toutes la même pente avec une force irrésistible. Ainsi que les ondes, qui, çà et là, apparaissaient tout à coup sous la lune avec une forme nouvelle et de nouveaux murmures, quelques-unes de ses réflexions surgissaient tout à coup et révélaient leur perversité. « Ni mariage, ni départ; cela ne se discute même pas. »

Il avait été assez loin, et pensa qu'il fallait rentrer. Avant de reprendre la route qu'il venait de suivre, il s'arrêta au bord de l'eau pour admirer la nuit qui s'y réfléchissait. Tout à coup l'image se tordit avec un effroyable craquement, des flammes jaillirent dans l'air, et les étoiles, la lune se détachèrent du ciel. Était-ce la foudre qui l'avait frappé?

N'ayant à cet égard qu'une idée confuse, il se retourna sous les coups qui l'aveuglaient, et lutta avec un homme qu'il saisit par une cravate rouge, à moins que le sang qui l'inondait ne la lui fît voir de cette couleur.

Eugène était souple et vigoureux, adroit à tous les exercices du corps, mais ses bras étaient paralysés; il ne put que s'attacher à cet homme, et s'y cramponna, la tête rejetée en arrière, de telle sorte qu'il ne vit que le ciel qui tournoyait et s'agitait au-dessus de lui. Enfin il tomba sur la rive, entraînant le meurtrier dans sa chute. Il y eut alors un nouveau craquement, puis de l'eau qui jaillissait, et tout fut terminé.

Fuyant aussi le bruit du village, surtout les gens qui vont et viennent dans les rues, Lizzie a longé la rivière jusqu'à ce qu'elle eût séché ses pleurs, et se fût composé une figure qui empêchât qu'on ne la crût malade, ou qu'on ne devinât sa tristesse. N'ayant ni reproche à s'adresser, ni mauvaise intention combattre, elle s'est abandonnée au charme pénétrant de cette nuit sereine, et en a ressenti l'influence salutaire.

Elle s'est calmée peu à peu, a repris courage, et se dirige vers sa demeure, lorsqu'un bruit particulier la fait tressaillir. On dirait un bruit de coups, frappés avec violence. Elle prête l'oreille : ce bruit tombe lourdement dans l'air paisible. Elle écoute indécise, et tremblante : tout est silencieux. Elle écoute toujours, en retenant son haleine : elle entend un gémissement, puis la chute d'un corps dans la rivière.

Sans perdre de temps à crier au secours, — personne ne l'entendrait, — elle se précipite vers l'endroit d'où lui est venu ce bruit cruel. C'est bien sur cette rive ; mais plus éloigné qu'elle ne pensait : la nuit est si calme, et le son porte si loin au bord de l'eau. Elle gagne enfin une partie de la rive où l'herbe a été foulée récemment ; il s'y trouve des éclats de bois, des lambeaux d'étoffe. Elle se baisse : l'herbe est mouillée, la terre couverte de sang. Elle regarde la rivière, la suit à la clarté de la lune, et voit une figure sanglante que le courant emporte.

« Ciel miséricordieux ! je vous remercie du passé. Merci, de permettre qu'enfin il serve à une bonne action. Quelle que soit la personne à qui appartienne ce visage, aide-moi, Seigneur, à l'arracher à la mort, et à le rendre à ceux qui l'aiment. »

Cette prière est pensée avec ferveur, mais ne ralentit pas sa course. Elle va, rapide et ferme, — que pourrait-elle sans fermeté ? — elle va à ce débarcadère où elle a vu un bateau amarré sous un saule. Un tour de sa main habile, un pas de son pied sûr, un balancement de son corps flexible et la voilà dans le canot qu'elle a détaché. D'un coup d'œil, et bien que dans l'ombre, elle a vu les rames, suspendues au mur du jardin. Elle a pris la corde, repoussé le bateau, s'est lancée en plein clair de lune, et rame en descendant, comme jamais femme n'a ramé sur les eaux d'Angleterre.

Le regard attentif, et jeté par-dessus l'épaule, elle cherche des yeux la figure qui doit flotter en aval. L'embarcadère est déjà loin ; c'était à sa gauche ; elle a laissé à droite la rue du village, une rue montueuse qui vient plonger dans la Tamise, et dont les bruits s'affaiblissent de nouveau. Elle ralentit sa course et cherche partout cette figure sanglante.

Elle ne fait plus que maintenir le bateau contre le courant, et se repose sur ses rames, sachant bien que si le noyé tarde à reparaître, c'est qu'il est allé à fond, et qu'elle le dépasserait en poursuivant sa marche.

Des yeux moins expérimentés n'auraient jamais vu ce que les siens lui font apercevoir à l'arrière du bateau, à une distance d'un petit nombre de coups de rame : le noyé remontant à la surface de la rivière, et faisant d'instinct un léger effort pour se mettre sur le dos. C'est ainsi que la première fois elle a entrevu la figure qu'elle vient d'apercevoir. Le regard sûr, et l'esprit ferme, elle guette le moment où il sera près d'elle. Le voici qui approche ; elle a rentré les godilles, s'est agenouillée, et rampe au fond du bateau. Elle avance la main, il lui échappe ; sa main tremblait ; cette fois elle l'a saisi, et le tient par les cheveux.

S'il n'est pas mort, il est du moins insensible, effroyablement mutilé, et des lignes rouges sillonnent la rivière autour de lui. Pas moyen de soulever ce corps inerte, et de l'embarquer à elle seule. Toutefois elle peut l'attacher au canot ; elle se penche à l'arrière pour l'y fixer avec la corde qu'elle a eu soin de prendre, et le cri qu'elle jette fait retentir le fleuve et ses rives. Mais on la dirait animée d'une force surhumaine ; le nœud est fait solidement ; elle a repris ses rames et nage en désespérée vers le premier endroit qui lui permettra d'atterrir, en désespérée, mais non follement, car elle sait que tout est fini si elle ne se possède pas.

Elle aborde, se met dans l'eau, défait le nœud qui le retient, le prend dans ses bras, et le soulevant avec effort, le couche au fond du bateau. Il a d'atroces blessures ; elle déchire sa robe et le panse en toute hâte, car s'il n'est pas mort, il aura perdu tout son sang avant d'être arrivé à l'auberge, l'endroit le plus voisin où elle puisse avoir du secours. Tout cela est fait rapidement ; elle pose ses lèvres sur son front brisé, le bénit et lui pardonne, si toutefois il a besoin de pardon. Et levant au ciel un regard plein d'angoisse : « Dieu de miséricorde ! merci du passé auquel je dois d'avoir mis cette barque à flot, et de pouvoir lui faire remonter le courant. Permets, Seigneur, que je le sauve de la mort, que je le conserve à celle qui pourra l'aimer un jour et ne l'aimera pas plus que moi. »

Elle rame avec désespoir, mais d'une main ferme ; les yeux sur ce visage, dont il est rare qu'elle se détourne. Il est tellement défiguré que sa mère lui eût peut-être couvert la figure ; mais il est pour elle au-dessus et au delà de toute mutilation.

Elle a touché le bord de la pelouse, qui, de la berge, descend à la rivière ; les fenêtres sont éclairées ; mais la pelouse est déserte. Elle amarre le bateau, puis avec une force nouvelle prend le blessé dans ses bras, et ne s'arrête qu'en le déposant dans la maison.

Elle lui soutient la tête pendant qu'on va chercher les médecins. Elle a souvent entendu dire qu'en face d'une personne, chez qui la vie semble éteinte, les docteurs lui prennent la main, et la laissent retomber si la mort est certaine. Que feront de cette main brisée et meurtrie ceux qu'elle attend ? Avant de procéder à son examen, le premier qui arrive demande qui est-ce qui a rapporté le corps.

« C'est moi, répond Lizzie, vers laquelle se dirigent tous les regards.

— Vous, ma chère ? vous ne pourriez pas le soulever.

— Non, dans toute autre circonstance ; mais je suis sûre de l'avoir fait. »

Le docteur la regarde avec compassion. Puis d'un air grave, il sonde les plaies de la tête, examine les fractures des bras, et le voilà qui prend la main.

« Seigneur ! la laissera-t-il tomber ? »

Il hésite, la repose doucement, s'empare d'une chandelle, regarde avec plus d'attention les blessures du crâne, les pupilles des yeux, remet la chandelle sur la table et reprend la main. Arrive un confrère ; les deux docteurs échangent quelques mots à voix basse, et le nouveau venu prend la main du blessé. Il la garde un instant dans la sienne ; puis la repose avec précaution.

« Occupez-vous de cette jeune fille, dit alors le premier docteur aux gens de l'auberge. Elle est sans connaissance ; tant mieux pour elle ! tâchez de ne pas l'éveiller ; mais emportez-la. Pauvre fille ! il faut qu'elle ait singulièrement d'énergie ; mais il est à craindre qu'elle n'ait donné son cœur à un mort ; soyez doux et bons pour elle. »

VII

MIEUX VAUT ÊTRE ABEL QUE CAÏN

Le jour commençait à poindre à l'écluse de Plashwater. On apercevait encore les étoiles ; mais il y avait au levant une pâle clarté qui n'appartenait pas à la nuit. La lune était couchée, et vue à travers le brouillard qui rampait sur la Tamise, l'eau et les arbres apparaissaient comme des ombres de fleuve et de feuillage. La terre, ainsi que les étoiles pâlissantes, avait un air de spectre, et la clarté du levant, inerte et blafarde, pouvait se comparer au regard vitreux des morts. Cette comparaison vint peut-être à l'esprit du batelier, qui se trouvait seul en ce moment au bord de l'écluse. Ce qu'il y a de certain c'est qu'il tressaillit quand une bouffée d'air passa en murmurant, et sembla dire tout bas quelque chose qui fit trembler le fleuve et les arbres, ou les rendit menaçants, car l'imagination pouvait se figurer l'un et l'autre.

Le batelier se détourna, et se dirigea vers la loge de l'éclusier, dont il essaya d'ouvrir la porte; mais celle-ci était fermée au verrou.

« Il a peur de moi », se dit-il en frappant.

Riderhood, immédiatement réveillé, ne tarda pas à lui ouvrir.

« Ah! c'est vous, troisième gouverneur. J' vous croyais perdu : deux nuits dehors! J'avais quasi envie d' met' un mot dans le journal, pour faire courir après vous. »

Bradley devint tellement sombre, en entendant ces paroles, que Riderhood jugea à propos de les tourner en compliment.

« C'est pas que j' l'aurais fait, mon gouverneur, poursuivit-il en secouant bêtement la tête; car, après m'êt' amusé de c' qui avait d' comique dans c't' idée là, qu'est-ce que j' me suis dit à moi-même? J' me suis dit : c' è un homme d'honneur; v'là c' que j' me suis dit : un homme d'honneur, et i reviendra. »

Chose remarquable : Riderhood ne lui adressa pas la moindre question. Il l'avait regardé en lui ouvrant la porte; il le regarda de nouveau, cette fois à la dérobée, et ne l'interrogea pas.

« Autant que j' peu croire, vous seriez ben encore deux jours sans penser à déjeuner », dit-il, lorsque Bradley se fut assis, le menton dans ses mains, les yeux fixés à terre.

Autre chose digne de remarque : Riderhood, en lui parlant, feignait de ranger la chambre, afin d'avoir un prétexte pour ne pas le regarder.

« Oui, répondit Bradley sans changer d'attitude, je n'ai pas faim, je ferais mieux de dormir.

— Assurément, gouverneur; j'allais vous l' proposer; mais peut-êt' qu'vous avez soif?

— Oui, » dit-il d'un air distrait.

Riderhood sortit la bouteille de gin, alla chercher de l'eau fraîche, et versa à boire à son hôte. Puis il arrangea son lit, dont il secoua la couverture, et Bradley s'y jeta tout habillé.

« D'mon côté, j'vas r'prend' mon somme et en gratter les os, dit poétiquement Riderhood. Il alla en effet s'asseoir près de la fenêtre, dans le fauteuil où nous l'avons déjà vu; mais loin de fermer les yeux, il guetta l'instant où son hôte serait profondément endormi. Se levant alors, et marchant à pas de loup, Riderhood examina le dormeur avec une attention minutieuse; puis, il sortit pour récapituler ses découvertes.

« L'une de ses manches est déchirée au-dessus du coude, l' morceau est arraché, se dit-il ; l'aut' a un fameux accroc à l'épaule ; pour la chemise, on l'a rudement secouée : pus qu'une guenille à partir du col. Il a roulé su l'herbe ; il a eu les pieds dans l'eau. Puis taché partout ; et j' sais d' quoi, et d' qui qu'ça vient ; hourrahr ! »

Bradley dormait toujours. Une barque descendant la rivière se présenta dans le courant de la journée. L'éclusier avait ouvert sans rien dire à tous les bateaux qui étaient passés le matin ; mais il héla celui-ci et demanda des nouvelles ; d'après ses calculs, cette barque avait eu le temps d'en apprendre. Les bargemen lui dirent ce qu'ils savaient du meurtre, et s'arrêtèrent pour en causer.

Il y avait environ douze heures que Bradley s'était couché lorsqu'il sortit de la maison. « I' n' me fera pas avaler qu'il a dormi tout ce temps-là », dit Riderhood en jetant ses yeux louches vers l'écluse. Bradley vint à lui, et s'asseyant sur le levier qui faisait mouvoir les portes, il lui demanda l'heure qu'il était. « Eut' deux et trois, répondit l'honnête homme.

— Quand vient-on vous relever ? reprit Bradley.

— Après-demain, gouverneur.

— Pas plus tôt ?

— Pas seulement d'une minute. » Ils semblaient tous deux attacher à cette question une importance réelle. « Pas seulement d'un' minute, répéta Riderhood, qui prolongea son hochement de tête négatif.

— Vous ai-je dit que je partais ce soir ? demanda Bradley.

— Non, gouverneur, répondit gaiement l'honnête homme, vous ne m'avez pas dit ça ; vous en auré eu l'intention, et vous l'auré oublié.

— Je partirai au coucher du soleil, dit Bradley.

— Pas sans une becquée, toujours, répondit l'autre ; faut manger un morceau. »

La mise de la nappe étant chose inconnue dans la maison, la becquée fût servie en un instant. Un immense plat, allant au four et contenant les trois quarts d'un énorme pâté, apparut sur la table où il fut suivi de deux couteaux de poche, d'une cruche d'eau et d'un pot de bière. Ils mangèrent tous les deux, mais l'éclusier infiniment plus que son hôte.

Riderhood ayant coupé deux morceaux de la grosse croûte, les avait placés, le premier devant Bradley, le second devant lui ; puis il avait mis sur chacun de ces triangles une forte portion de l'intérieur du pâté, se donnant ainsi la jouissance peu commune d'entamer son assiette, et de l'absorber avec le contenu, sans parler du plaisir de poursuivre les gouttes de gelée qui fuyaient sur la table, et de les faire passer, de la pointe de son couteau dans sa bouche, lorsque toutefois elles ne glissaient pas. Bradley était si maladroit à ces différents exercices que Riderhood en fit la remarque. « Attention ! s'écria-t-il, vous allez vous couper, gouverneur. »

Mais l'avertissement venait trop tard ; le dernier mot n'était pas prononcé que Bradley s'était fait à la main une profonde estafilade. Ce qu'il y eut de plus grave, c'est qu'en demandant à Riderhood de lui mettre un linge, et en s'approchant de lui à cet effet, il secoua vivement la main, sans doute sous l'impression de la douleur, et aspergea de sang les habits de l'honnête homme.

Après le repas, quand les débris des assiettes et le reste de la gelée, ramassés sur la table, eurent été mis dans le pâté qui servait de récipient aux reliefs de toute nature, Riderhood remplit sa tasse et but jusqu'à la dernière goutte ; puis attachant sur Bradley un mauvais regard. « Troisième gouverneur », dit-il d'une voix enrouée, en s'appuyant sur une main, et en s'avançant pour lui toucher le bras, « la nouvelle a descendu la rivière.

— Quelle nouvelle ?

— Qui croyez-vous, reprit-il en secouant la tête, comme s'il eût rejeté la feinte avec dédain, qui croyez-vous qu'a repêché le corps ? Devinez voir.

— Je ne sais pas deviner.

— Eh ben, c'est elle ; la fille à Hexam ; hourrah ! vous pouvé y aller : c'te fois encore, vous les trouverez ensemb'. »

Sa vive rougeur et le mouvement convulsif de ses lèvres annoncèrent à quel point cette nouvelle le touchait ; mais il ne dit pas un mot ; il alla s'appuyer à la fenêtre, et regarda au dehors. Riderhood le suivit des yeux, examina ses habits, les taches de sang dont ils étaient parsemés, et parut meilleur devin que Bradley.

« J'ai été si longtemps sans dormir, dit enfin celui-ci, que je me recoucherais volontiers ; permettez-vous ?

— Avec plaisir ; faites donc, » répondit l'honnête homme.

Il était déjà sur le lit, et y resta jusqu'au soleil couché. En s'en allant, il trouva Riderhood assis au bord du chemin et qui paraissait l'attendre.

« Quand il sera nécessaire que nous ayons de nouveaux rapports, dit Bradley, je reviendrai ; bonsoir.

— En c'cas-là, puisqu'ign'y a pas mieux pour aujourd'hui, bonsoir, » répondit Riderhood, qui reprit la route de l'écluse. Mais il se retourna l'instant d'après, et grommela entre ses dents : « Faut pas croire qu'vous seriez parti comme ça si mon remplaçant n'était pas là, ou tout comme. Vous n'aurez pas fai un mille que vous s'rez rattrapé; t'nez-vous ben ça pour dit. »

En effet, devant être relevé après le coucher du soleil, il vit arriver son remplaçant au bout de quelques minutes; et sans compléter sa corvée, faisant à l'autre un emprunt d'une demi-heure qu'il lui rendrait plus tard, il se mit immédiatement sur la piste de Bradley.

Toute sa vie s'était passée à guetter, à ramper dans l'ombre, à suivre les uns, à dérouter les autres, à flairer les traces de ceux qu'il cherchait ou dont il fuyait la rencontre; c'était la seule chose qu'il eût apprise, et il la savait bien. Bref, il avait rejoint son homme, c'est-à-dire il n'en était plus qu'à la distance convenable, avant que Bradley eût gagné l'écluse suivante.

Le maître de pension regardait souvent derrière lui, mais sans rien voir qui pût éveiller ses craintes. L'honnête homme savait tirer parti de la disposition des lieux; il savait où il fallait passer de l'autre côté de la haie, se glisser derrière le mur, se baisser tout à coup, presser le pas ou le ralentir : un millier d'expédients que la conception lente du malheureux Bradley n'aurait jamais trouvés. Mais il les suspendit, et s'arrêta en voyant son homme tourner dans un chemin couvert situé au bord de l'eau : un endroit isolé, envahi par les ronces, les orties, les épines, et qui, placé à la lisière d'un bois en exploitation, était encombré d'arbres abattus. Bradley marcha sur ces troncs d'arbres, en descendit, y remonta comme aurait fait un écolier ; mais dans un but assurément que n'aurait pas eu celui-ci.

« A quoi est-ce qu'i' pense? » murmura Riderhood, qui, tapi dans le fossé, écartait légèrement les broussailles. « Par saint Georges et le dragon ! v'là ti pas qu'i'va prend' un bain? »

Bradley avait refranchi les troncs d'arbres, était venu au bord de l'eau, et commençait à se déshabiller. Cela pouvait être un suicide, arrangé de manière à passer pour un accident? « Mais si c'était là vot' jeu, pensa l'éclusier, vous n'auriez pas sous l' bras un paquet qu'vous avez été prend' dans ce fouillis. » Néanmoins Riderhood se sentit soulagé quand il vit son homme sortir de l'eau peu de temps après. « Car, dit-il avec émotion, j'aurais du chagrin d'vous perd' avant d'avoir tiré de vous quéque argent. »

Accroupi dans un autre fossé (il en avait changé quand Bradley lui-même avait changé de direction), et n'écartant de la haie qu'une si faible partie que la vue la plus perçante ne l'aurait pas découvert, l'honnête personnage guettait le baigneur, qui probablement faisait sa toilette. Mais quelle surprise quand il le vit reparaître!

« Ah! ben, dit Riderhood, c'est comme ça qu'vous étiez c'fameux soir, quand j'vous ai vu à la porte du Temp'. Je n'vous quitte pas : vous êtes fin; mais y a pus fin qu'vous. »

Sa toilette achevée, le baigneur s'accroupit, fit usage de ses deux mains, et se releva tenant un paquet. Il regarda autour de lui avec une grande attention, se rapprocha de la rivière, et y jeta son paquet le plus loin qu'il put, en faisant le moins de bruit possible.

Toujours dans son fossé, Riderhood ne se remit en marche que lorsque le maître de pension eut repris son chemin d'une manière définitive, et lui fut caché par un coude de la rivière. « Maintenant, se dit l'honnête homme, faut-i' le suiv' ou l'lâcher c'te fois, et m'en aller à la pêche? »

La question n'étant pas résolue, il poursuivit sa course, tout en continuant les débats. « Supposition qu'je l'lâche b c'te heure, j'peux le faire revenir ou me rend' chez lui. J'saurai toujours ben le r'trouver; tandis que l'paquet, c'est pas la même chose, i' pourrait tomber ent' les mains d'un aut'. V'là qu'est dit, j'vas à la pêche. »

Le malheureux qu'il abandonnait provisoirement continuait à se diriger vers Londres, tremblant au moindre bruit, se défiant de tous les visages, et n'ayant aucun soupçon du danger qui le menaçait. Il pensait bien à Riderhood, il y pensait constamment depuis leur première entrevue; mais la place que l'éclusier occupait dans son esprit n'était pas celle d'un homme qui se mettait à sa poursuite. Il s'était donné tant de mal pour lui en forger une, et pour l'y faire entrer, qu'il n'admettait pas que Riderhood pût en occuper une autre. Tout meurtrier subit le même aveuglement, c'est une chose fatale contre laquelle il lutte en vain. La découverte du crime peut se faire par cinquante portes; il parvient, à force de peine et de ruse, à en fermer quarante-neuf, et ne voit pas que la cinquantième est ouverte à deux battants.

Bradley n'avait pas de repentir; mais il était en proie à une situation morale plus douloureuse, plus consumante que le remords. Le criminel qui parvient à étouffer celui-ci, ne peut pas échapper à ce supplice de recommencer toujours son crime et de le refaire d'une manière plus efficace. L'ombre de cette torture s'aperçoit dans toutes les paroles des meurtriers, dans leurs défenses, dans leurs aveux, jusque dans leurs mensonges. « Si j'avais fait ce dont on m'accuse, est-il croyable que j'aurais commis telle ou telle maladresse? Aurais-je dégarni cette place qui donnait accès à la dénonciation, tourni ce prétexte aux paroles de ce faux témoin ? »

Voir continuellement les côtés faibles de son crime, s'efforcer d'y remédier, alors que cette faiblesse est irrémédiable, aggrave l'attentat en le faisant accomplir mille fois au lieu d'une ; mais cette obsession porte en elle-même son châtiment et l'inflige à toute heure.

Bradley vivait ainsi, enchaîné à l'idée de sa haine et de sa vengeance, et se disant sans cesse qu'il aurait dû les assouvir par d'autres moyens que ceux qu'il avait employés. L'arme aurait pu être meilleure, le moment et l'endroit mieux choisis. Frapper son homme par derrière et dans l'ombre n'était pas mal, surtout au bord d'un fleuve ; mais il fallait l'assommer du premier coup, le mettre au moins hors d'état de se défendre ; tandis qu'il s'était retourné et avait engagé une lutte dangereuse. De même, pour en finir avant que le hasard n'eût fait arriver du secours, il l'avait poussé dans la Tamise sans lui avoir complétement arraché la vie. Si cela pouvait se refaire ! ce n'est pas ainsi qu'il faudrait agir. Supposez qu'on l'eût maintenu sous l'eau pendant quelques instants ; supposez que le premier coup eût été plus ferme ; supposez qu'on lui eût tiré une balle, ou qu'on l'eût étranglé. Supposez tel moyen, supposez tel autre, supposez tout au monde, excepté de pouvoir se délivrer de cette pensée dévorante, car c'est inexorablement impossible.

La réouverture des classes avait lieu le lendemain. Les élèves trouvèrent la figure du maître peu ou point changée ; elle exprimait toujours le travail pénible d'une intelligence opiniâtre et peu active. Mais tout en donnant ses leçons, Bradley recommençait le meurtre, et il le faisait mieux. La craie à la main, il s'arrêtait avant d'écrire au tableau, et pensait à l'endroit où il avait attaqué sa victime. Un peu plus haut, ou un peu plus bas, la rivière n'était-elle pas plus profonde, la berge plus élevée, plus abrupte ? Il avait presque envie de dessiner la rive, et de se démontrer à lui-même ce qu'il voulait dire. Pendant la prière, pendant la dictée, pendant le calcul, pendant les questions et les réponses, il refaisait l'assassinat, le faisait autrement, s'y prenait mieux et recommençait toujours.

C'était le soir ; Bradley se promenait dans son jardin, où la petite miss Peecher, cachée derrière sa jalousie, le suivait des yeux, et, dans sa contemplation, lui envoyait comme offrande le parfum de son flacon de sels, bons contre les maux de tête, quand l'élève favorite, sa fidèle compagne, leva le bras. « Qu'est-ce que c'est, Mary-Anne ?

— S'il vous plaît, madame, le jeune mister Hexam qui vient

voir mister Headstone (Charley était maintenant professeur dans un autre pensionnat).

— Très-bien, Mary-Anne. »

Nouvelle requête du bras de l'élève. « Vous pouvez parler, Mary-Anne.

— Mister Headstone, madame, a fait signe de venir à mister Hexam; puis il est rentré sans l'avoir attendu. Lui aussi, madame, il vient d'entrer; et il a fermé la porte. »

Ainsi que mon cœur, pensa miss Peecher.

L'élève agita de nouveau son bras télégraphique.

« Qu'est-ce que c'est, Mary-Anne?

— Il doit faire bien sombre autour d'eux, madame; car les jalousies sont baissées, et ni l'un ni l'autre ne les remonte.

— Des goûts et des couleurs, dit la bonne petite miss en portant la main à son petit corsage méthodique pour étouffer un soupir, des goûts et des couleurs il ne faut pas disputer, Mary-Anne. »

A la vue de son ami, qu'enveloppait l'ombre jaune du parloir, Charley s'arrêta au seuil de la porte.

« Entrez, lui dit Bradley, entrez. »

Hexam se dirigea vers la main qui lui était tendue, mais s'arrêta de nouveau sans la prendre. Les yeux injectés de sang du malheureux Bradley se levèrent avec effort, et rencontrèrent le regard de son ancien élève.

« Savez-vous la nouvelle, mister Headstone?

— Quelle nouvelle?

— A propos, de ce Wrayburn; on dit qu'il a été tué.

— Il est donc mort! » s'écria Bradley.

Hexam le regardait toujours. Bradley se passa la langue sur les lèvres, jeta les yeux autour du parloir, puis sur le jeune homme et les baissa vivement. « J'ai entendu dire qu'on l'avait attaqué, reprit-il en s'efforçant de dominer ses lèvres convulsives, mais je n'en savais pas le résultat.

— Où étiez-vous alors? observa Charley en s'avançant; ne dites rien, je ne demande pas de réponse; la confidence que vous m'obligeriez à recevoir serait répétée mot pour mot, je vous en avertis, monsieur; prenez garde, mot pour mot. »

Ces paroles semblèrent causer une vive douleur au malheureux maître; l'air désolé qui naît d'un complet abandon, tomba sur lui comme une ombre visible.

« A moi la parole, continua Charley, pas à vous; si vous la prenez, c'est à vos risques et périls. Je ne suis pas venu ici pour vous entendre, mais pour vous mettre sous les yeux votre effroyable égoïsme, et vous montrer que je ne peux plus et ne veux plus avoir rien de commun avec vous. »

Il regarda son élève comme s'il eût attendu que celui-ci continuât de réciter une leçon que lui, Bradley, savait par cœur et dont il était fatigué; mais il n'articula pas un mot.

« Si vous avez pris à cet assassinat une part quelconque, je ne dis pas laquelle, poursuivit Hexam, si vous étiez dans le secret, ou seulement, — je ne vais pas plus loin, — si vous connaissez le coupable, vous m'avez fait un tort que je ne vous pardonnerai jamais. Vous étiez avec moi, vous le savez, lorsque je suis allé chez lui; vous étiez avec moi quand j'épiais ses démarches, dans le but d'arracher ma sœur à son influence et de la ramener à la raison. J'ai consenti à vous mêler à cette affaire, pour faciliter votre mariage; et sachant cela, vous n'avez pas craint de vous livrer à toute la violence de votre nature. Est-ce là votre gratitude? »

Bradley était assis, et attachait dans le vide un regard fixe et distrait; chaque fois que son ancien élève faisait une pause, il tournait les yeux vers lui comme s'il lui eût fait répéter une leçon, et reprenait son regard fixe dès que le jeune homme reprenait la parole.

« Je vous parlerai avec franchise, monsieur, continua Hexam en secouant la tête d'un air quasi menaçant, non pas de certaines choses auxquelles il serait dangereux pour vous de faire allusion, mais de ce que je ne peux ignorer. Si vous avez été un bon maître j'ai été un bon élève; mes succès vous ont fait honneur, et la réputation que je me suis créée ne vous a pas moins servi qu'à moi : à cet égard nous sommes quittes. Maintenant de quelle façon m'avez-vous payé mon entremise auprès de ma sœur? Vous m'avez compromis en vous montrant avec moi à la poursuite de ce Wrayburn. Si, grâce à ma réputation et à l'absence de tout rapport avec vous, j'échappe à cette souillure, ce sera à moi seul que je le devrai; donc pas de remerciments pour cela. »

Il regarda Charley qui venait de s'arrêter. « Je continue, monsieur; n'ayez pas peur, j'irai jusqu'au bout. Vous connaissez mon histoire; vous savez que j'ai eu des antécédents avec lesquels il m'a fallu rompre. Je vous ai dit, et vous l'avez su par vous-même, que la maison paternelle, d'où je me suis vu contraint de fuir, n'était pas des plus honorables. Mon père étant mort, on devait croire que j'arriverais sans obstacle à la respectabilité; mais non, vous savez ce que fit ma sœur. »

Il parlait avec assurance, d'une voix sèche, d'un air froid, la joue et le regard aussi peu animés que si le passé n'avait rien eu pour lui d'attendrissant. Le fait est que son cœur était vide, et que le souvenir n'éveillait en lui nulle émotion. En dehors de soi, qu'y a-t-il pour l'égoïsme qui regarde en arrière?

« A propos de ma sœur, reprit Charley, je regrette vivement que vous l'ayez connue; c'est une chose faite, il n'y a pas à y revenir. Vous m'inspiriez toute confiance; je vous ai parlé d'elle, expliqué son caractère, vous ai dit comment elle contrecarrait, par des idées absurdes, tous les efforts que je faisais pour nous rendre respectables. Vous l'avez aimée; j'ai fait tout mon possible pour vous seconder auprès d'elle; rien n'a pu la contraindre à accepter votre amour, et nous sommes entrés en lutte avec ce Wrayburn. Qu'avez-vous fait, je vous le demande, sinon de justifier ma sœur et de me mettre dans mon tort, en motivant les préventions qu'elle avait contre vous? Tout cela, monsieur, parce que vous êtes tellement égoïste, tellement absorbé par vos passions, que vous n'avez pas même songé à moi. »

De tous les vices que présente la nature humaine, cet égoïsme prodigieux, dont il accusait son maître, pouvait seul donner à Hexam la conviction profonde avec laquelle il se posait en victime, et soutenait son rôle d'offensé. « Chose extraordinaire, s'écria-t-il avec de véritables larmes, qu'à chaque effort que je fais pour atteindre une respectabilité complète, je me trouve arrêté par quelqu'un, sans qu'il y ait de ma part la moindre faute. Non content d'avoir fait tout ce que je viens de dire, il faut que vous me déshonoriez en faisant rejaillir sur moi la honte de ma sœur, si mes soupçons, comme j'ai tout lieu de le craindre, ont le moindre fondement; et plus votre culpabilité sera grande, plus il me sera difficile d'empêcher les autres de m'associer à vous dans leur esprit. »

Après un dernier sanglot donné à ses infortunes, il s'essuya les yeux, et se dirigea vers la porte. « Néanmoins, dit-il en se retournant, je suis bien résolu, quoi qu'il arrive, à me créer une position respectable; et il ne sera pas dit qu'on me fera déchoir du rang que j'aurai conquis dans l'échelle sociale. J'ai rompu avec ma sœur, aussi bien qu'avec vous. Puisqu'elle s'inquiète assez peu de moi pour ne pas craindre de miner ma respectabilité, qu'elle suive sa route, je suivrai la mienne. J'ai une brillante perspective, et j'en profiterai seul, puisqu'au lieu de m'aider, c'est à qui s'efforcera de me nuire. Je ne parle pas de ce que vous avez sur la conscience, mister Headstone; je l'ignore et ne désire pas le savoir; mais vous sentirez qu'il est juste de vous éloigner de moi. J'espère donc que vous vous tiendrez à l'écart, et que vous trouverez une consolation à ne faire retomber que sur vous-même la responsabilité de vos actes. Il est probable que, d'ici à quelques années, je dirigerai les études de la pension où je me trouve; la maîtresse de l'établissement étant veuve, j'ai l'espoir, bien qu'elle soit plus âgée que moi, j'ai l'espoir, dis-je, de l'épouser un jour. Si cela peut être pour vous une satisfaction de connaître l'avenir qui m'est ouvert, je suis heureux de vous annoncer que telle est la position à laquelle j'ai le droit de prétendre, pourvu que je conserve ma respectabilité. Enfin, monsieur, je me résume en vous disant que si vous avez le sentiment de vos torts envers moi, et le désir de les expier, ne fût-ce que légèrement, j'espère que vous songerez à la vie respectable que vous auriez pu avoir; et que vous la comparerez avec la misérable existence que vous vous êtes faite par votre faute. »

N'est-il pas étrange que le malheureux Bradley prît à cœur de telles paroles, et en souffrît amèrement? Peut-être s'était-il attaché à ce garçon pendant les longues années de travail qu'ils avaient passées ensemble? Peut-être avait-il trouvé un allégement à sa tâche quotidienne dans ses rapports avec un esprit plus vif, plus pénétrant que le sien? Peut-être un air de famille entre le frère et la sœur, quelque ressemblance dans la voix? — Toujours est-il que lorsque Hexam eut fermé la porte, le malheureux Bradley courba la tête; et pressant à deux mains ses tempes brûlantes, il rampa sur le plancher dans une agonie indescriptible, sans pouvoir répandre une larme.

Ce jour-là, Roger Riderhood ne s'était occupé que de la rivière. Il avait pêché la veille avec ardeur; mais il avait commencé tard, la nuit était venue, la pêche n'avait pas été heureuse. Il s'y était remis dès le matin, cette fois avec plus de chance, et il avait rapporté à l'écluse le poisson qu'il avait pris, c'est-à-dire le paquet jeté la veille dans la Tamise par le faux batelier.

VIII

QUELQUES GRAINS DE POIVRE

Depuis la découverte que le hasard lui avait fait faire de l'hypocrisie et de la dureté qu'elle attribuait à mister Riah, Jenny Wren n'était pas retournée chez l'ubsey. Il lui arrivait souvent, tout en poussant l'aiguille ou en taillant ses patrons, de moraliser sur les ruses et les allures de ce vénérable fourbe. Il l'avait bien trompée! Quelquefois un doute lui traversait l'esprit; mais elle faisait ses petites emplettes dans une autre maison, et ne voyait plus personne. Après de longs débats avec elle-même, elle se décida à ne pas avertir son amie de la fourberie du vieux Juif, se disant que la déception que Lizzie en éprouverait lui viendrait assez tôt. Elle garda le silence sur ce point, et remplit ses lettres des rechutes multipliées de son méchant enfant, qui devenait pire de jour en jour.

« Mauvais fils, disait-elle à celui-ci en le menaçant de l'index, vous me forcerez à partir. Après tout, vous n'en serez pas fâché; mais vous vous casserez à force de trembler, et il n'y aura là personne pour ramasser les morceaux. »

A cette prédiction, le misérable fils gémissait et pleurnichait, en branlant de la tête aux pieds, jusqu'au moment où il parvenait à sortir de son coin, et allait, tout tremblotant, se mettre en mesure de secouer en lui-même un nouveau trois penn' de rhum. Mais qu'il fût mort-ivre ou mort-à-jeun (il en était venu à être encore moins vivant de cette dernière façon que de l'autre), cet épouvantail avait sur la conscience le prix de soixante mesures de trois pence qu'il avait dérobé à sa pénétrante gardienne; somme fabuleuse qui était déjà engloutie, et dont on découvrirait certainement l'emploi. A tout prendre, si l'on considère l'état physique et moral de mister Poupées, le lit sur lequel reposait le malheureux était un lit de roses dont il ne restait plus que les tiges et les épines.

Un certain jour que miss Wren était seule, la porte de la rue ouverte pour avoir un peu d'air, travaillant plus que jamais, et chantant de sa petite voix une petite chanson lamentable, qui aurait pu être celle d'une poupée déplorant la fragilité de la cire, elle aperçut mister Fledgeby, qui était sur le trottoir, et qui la regardait. « Je pensais bien que c'était vous, dit Fascination en montant les deux marches.

— Moi de même, jeune homme; les beaux esprits se rencontrent. Vous ne vous trompez pas, ni moi non plus; que nous sommes donc habiles!

— Comment allez-vous? reprit Fledgeby.

— A peu près comme tous les jours, monsieur; une très-malheureuse mère, tuée à petit feu par un horrible enfant qui me met hors de moi. »

Les petits yeux de Fledgeby s'ouvrirent tellement qu'ils auraient pu passer pour être de grandeur moyenne, et firent le tour de la pièce en cherchant le marmot dont il était question.

« Mais vous n'êtes pas père de famille, poursuivit la petite ouvrière; il est inutile de vous parler d'enfants. A quoi puis je attribuer l'honneur de vous recevoir?

— Au désir de cultiver votre connaissance, » répliqua Fledgeby. Miss Wren, qui allait couper son fil avec ses dents, s'arrêta au milieu de cette opération, et regarda Fledgeby d'un air fin.

« Je ne vous rencontre plus, dit Fascination.

— Non, répondit sèchement la petite habilleuse en coupant son fil.

— C'est pour cela que je me suis décidé à venir, afin de causer avec vous de notre fallacieux ami, le fils d'Israël.

— Il vous a donc donné mon adresse?

— J'ai fini par l'obtenir, balbutia Fledgeby.

— Il paraît que vous le voyez souvent, remarqua Jenny Wren, en jetant sur le gentleman un regard défiant et malin.

— Oui, assez souvent.

— Vous avez des amis à lui recommander? reprit miss Wren en se penchant vers la poupée qu'elle habillait.

— Toujours, répondit-il en secouant la tête.

— Ainsi, toujours recommandant, et attaché à lui comme de la glu? reprit la petite ouvrière, très-occupée de son ouvrage.

— Comme de la glu, c'est le mot. »

Elle continua à faire voler son aiguille, et dit après un instant de silence : « Êtes-vous dans l'armée?

— Pas précisément, répondit Fledgeby, assez flatté de la question.

— Dans la marine?

— N... non. » Il fit ces deux réponses de manière à laisser entendre que s'il n'appartenait positivement ni à l'un ni à l'autre de ces corps, il était presque dans tous les deux.

« Eh bien! qu'est-ce que vous êtes? demanda miss Wren.

— Je suis gentleman.

— Oh! fit la petite miss, dont la bouche se tortilla d'un air convaincu : gentleman! cela explique comment vous avez tant de loisirs à donner à vos amis. Quel bon gentleman vous faites! aussi affectueux que désintéressé. »

Il comprit qu'il patinait à la rive d'un endroit signalé comme dangereux, et qu'il ferait bien de changer de direction. « Revenons-en, dit-il, à ce fourbe des fourbes. Quelles sont ses intentions à l'égard de votre amie; cette jolie fille, vous savez bien? Il doit avoir un but.

— Comprends pas, répondit miss Wren avec calme.

— Impossible de lui faire dire où elle est, reprit Fascination; il le sait pourtant, j'en suis sûr, et j'ai souvent envie de la revoir.

— Comprends pas, répliqua de nouveau la petite ouvrière.

— Mais vous savez son adresse?

— Pourrais pas vous la dire, monsieur ; vraiment. »

Le petit menton de l'habilleuse de poupées répondit au regard de Fledgeby par un soubresaut tellement significatif, que l'aimable jeune homme resta quelque temps sans savoir comment il reprendrait la parole. « Miss Jenny ! dit-il enfin, c'est je crois votre nom, à moins que je ne sois dans l'erreur ?

— Ce qui n'est pas possible, dit-elle, puisque vous le tenez de moi-même.

— Au lieu de monter sur les toits et d'être morts, descendons, s'il vous plaît, et soyons bien vivants. Vous y aurez plus de bénef, je vous assure, dit-il, en adressant à la petite ouvrière un clignement d'yeux plein de promesses.

— Peut-être, dit miss Wren, qui tenait sa poupée à bras tendu, et qui, les ciseaux entre les dents, examinait l'effet produit par les nœuds qu'elle venait de poser, peut-être m'expliquerez-vous ce que vous voulez dire, jeune homme ; car pour moi c'est du grec. Il faut encore un peu de bleu dans votre toilette, ma chère. »

Ayant fait cette observation à sa jolie pratique, miss Wren coupa un petit morceau d'un chiffon bleu qui était devant elle, puis enfila son aiguille d'un brin de soie de la même couleur.

« Ainsi, dit Fledgeby... m'écoutez-vous ?

— Parfaitement, répondit-elle sans paraître lui accorder la moindre attention. Un rien de bleu à votre coiffure ; c'est cela.

— Comme je vous le disais, reprit Fledgeby un peu découragé par les circonstances, comme je vous le disais, si toutefois vous m'écoutez.

— Le bleu clair, ma charmante, observa Jenny, va à merveille à votre teint frais et à vos cheveux blonds.

— Je disais, poursuivit le gentleman, que vous y gagneriez davantage. Par exemple, vous pourriez obtenir de Pubsey et Cie vos chiffons et vos rubans à meilleur marché, même pour rien.»

Ah ! ah ! pensa miss Wren, vous avez donc bien de l'influence chez Pubsey ? Petits-Yeux, Petits-Yeux, quelle finesse que la vôtre !

« Je suppose, continua Fledgeby, que d'avoir vos étoffes pour rien ne vous semblerait pas à dédaigner ?

— Certes, répondit la petite habilleuse en hochant la tête nombre de fois, je ne dédaigne jamais de gagner de l'argent.

— Très-bien ! répliqua Fascination, voilà qui est d'une fille sensée ; vous n'êtes plus de l'autre monde. Je prends donc la liberté, miss Jenny, de vous faire cette petite remarque : il y avait entre vous et ce Juif une liaison beaucoup trop grande pour que cela fût durable ; vous ne pouviez pas être dans l'intimité d'un pareil coquin sans finir par le connaître et par découvrir ce qu'il est au fond.

— J'avoue, reprit la petite habilleuse en regardant son ouvrage, que nous ne sommes plus amis, du tout, du tout.

— Je le sais, dit Fascination, je sais toute l'affaire; et tel que vous me voyez, je voudrais rendre à ce Judas la monnaie de sa pièce en déjouant quelques-uns de ses frauduleux projets. Il n'arrive à son but que par des voies tortueuses, de bric et de brac, peu lui importe; mais du diable s'il faut permettre qu'il réussisse toujours. C'en est trop, à la fin! »

Mister Fledgeby prononça ses paroles avec une certaine chaleur, comme s'il eût été l'avocat de la vertu.

« Et comment déjouer ses projets? demanda la petite ouvrière.

— Je les ai taxés de frauduleux, reprit Fascination.

— Frauduleux, si vous voulez.

— Je vais vous le dire; je suis bien aise de vous entendre faire cette question; cela prouve que vous êtes vivante; je n'attendais pas moins de votre esprit et de votre capacité. Je vous dirai donc en toute candeur...

— Hein? s'écria miss Wren.

— J'ai dit en toute candeur, répéta le gentleman un peu déconcerté.

— Ah! c'est différent.

— En toute candeur que je veux contrecarrer ses projets à l'égard de cette jolie fille. Il machine là quelque chose, soyez-en sûre; quelque chose de ténébreux, nécessairement; car ses motifs ne sont jamais autre chose; et il faut que ce soit quelque chose.... (les facultés oratoires de mister Fledgeby ne lui permettaient pas d'éviter les répétitions dans un discours de cette longueur) quelque chose de ténébreux, puisqu'il me cache l'endroit où il l'a mise. C'est donc à vous que je m'adresse pour le savoir. Où est-elle? Je n'en demande pas davantage; et c'est peu de chose en comparaison de ce que vous en retirerez. »

Miss Wren, son aiguille à la main, les yeux fixés sur son établi, resta quelque temps immobile. Puis elle se remit brusquement à l'ouvrage, et lançant au jeune homme un regard de côté:

« Où demeurez-vous? demanda-t-elle.

— Albany, Piccadilly.

— A quelle heure vous trouve-t-on?

— Quand vous voudrez.

— Le matin?

— Pas de meilleur instant, dit Fledgeby.

— Je passerai demain chez vous, jeune homme; ces deux dames — elle désigna deux poupées — ont un rendez-vous dans

Bond-street, précisément à dix heures; et quand je les aurai déposées où elles sont attendues, mon équipage me conduira à votre porte. » Elle fit éclater son petit rire lutin, et montra du doigt sa petite canne en forme de béquille.

« Tout à fait de ce monde, s'écria Fledgeby en se levant.

— Faites attention : je ne promets rien, dit-elle en lui adressant de loin deux coups d'aiguille, comme avec l'intention de lui crever les yeux.

— Je comprends, répliqua Fledgeby, la question des rognures devra d'abord être réglée. C'est entendu; n'ayez pas peur. Adieu, miss. »

Le séduisant Fledgeby s'était retiré. La petite ouvrière, taillant, cousant, rognant; cousant, rognant, taillant, travaillait à toute vapeur, et sa pensée n'était pas moins active que ses doigts. « Brouillard, brouillard, brouillard! n'y vois goutte, murmura-t-elle. Petits-Yeux et le loup sont-ils du même complot? ou bien l'un contre l'autre? Ne peux pas savoir. Ma pauvre Lizzie! Tous les deux contre elle! est-ce possible? Petits-Yeux est-il Pubsey, et le loup est-il Compagnie? Pubsey est-il fidèle à Compagnie, et Compagnie à Pubsey? Ou se trompent-ils mutuellement? Peux pas savoir. — « En toute candeur! » Voilà qui est clair; vous mentez, jeune homme; quant à présent, c'est tout ce que je sais. Allez vous coucher là-dessus, dans Piccadilly, et dormez sur les deux oreilles. » Ce disant, la petite habilleuse lui creva de nouveau les yeux; et faisant en l'air une boucle avec son fil, le rattrapa adroitement en y passant son aiguille qu'elle tira de manière à serrer le nœud, comme pour étrangler ce jeune homme candide.

Il n'est pas de mot qui puisse rendre les terreurs de mister Poupées lorsque, le soir, il vit sa pénétrante mère plongée dans une méditation qui, d'après lui, ne pouvait venir que de la découverte des soixante mesures de rhum. D'autant plus que chaque fois qu'elle le voyait pris de son tremblement convulsif, la petite ouvrière avait l'habitude de hocher la tête d'une manière inquiétante; et jamais les signes maternels n'avaient été plus menaçants, car jamais ce que le populaire appelle les *horreurs*, n'avait secoué le malheureux avec plus de violence. Crise douloureuse, que n'apaisaient pas des remords assez vifs pour faire murmurer fréquemment à l'ivrogne : « Soixante mesures, trois penn'! soixante mesures, trois penn'! » Or, cette phrase n'indiquant pas du tout le repentir, mais des visées gargantualesques d'un chiffre exorbitant, aggravait la situation du malheureux en exaspérant miss Wren, dont la voix fut encore plus mordante et les reproches plus amers que d'habitude.

Les jours où le vieil enfant allait plus mal étaient de mauvais jours pour la petite ouvrière. Toutefois l'ouvrage attendu fut prêt le lendemain matin, et les deux poupées ayant été déposées dans Bond-street à dix heures, miss Wren dirigea sa petite canne du côté d'Albany. A la porte de la maison du gentleman, elle trouva une lady en costume de voyage, et qui avait à la main la chose du monde qu'on s'attendait le moins à y voir : un chapeau d'homme. « Vous demandez quelqu'un ? lui dit cette dame d'un ton bref.

— Je monte chez mister Fledgeby.

— Pas maintenant, reprit la dame, il est en affaire; quand le gentleman qui est avec lui descendra, vous pourrez monter. »

Tout en parlant, cette dame s'était mise devant l'escalier, et semblait résolue à en défendre l'accès. Comme elle était d'une taille imposante, et aurait pu d'une main arrêter la petite ouvrière, celle-ci attendit patiemment.

« Pourquoi prêtez-vous l'oreille ? demanda la dame après un instant de silence.

— Pas besoin de ça pour entendre, répondit miss Wren.

— Et qu'entendez-vous ?

— Un bruit singulier, dit la petite ouvrière; comme des éternuements et quelqu'un qui crachote.

— Peut-être une douche que prend mister Fledgeby, observa la dame.

— Non, répondit miss Wren, c'est un tapis qu'on est en train de battre.

— Celui de mister Fledgeby, j'en suis certaine, répliqua la dame en souriant. »

La petite habilleuse se connaissait en sourires, ayant l'habitude d'en voir sur les lèvres de ses mignonnes pratiques, mais elle n'en avait jamais vu de pareil à celui qui dilata les narines et contracta les sourcils et les lèvres de la dame qui lui parlait. C'était cependant un sourire joyeux, mais d'un cachet si féroce que la petite ouvrière se dit : j'aime autant ne pas avoir de joie que de la ressentir de cette façon-là.

« Et maintenant ? reprit la dame.

— J'espère que c'est fini.

— Où cela ?

— Je ne sais pas, répondit miss Wren en jetant les yeux autour d'elle; mais jamais je n'ai entendu pareille chose. Si j'allais appeler quelqu'un ?

— Je ne vous le conseille pas, » dit la dame en fronçant les sourcils d'une manière significative.

La petite habilleuse se tint pour avertie, et regarda sa compagne avec autant d'assurance que celle-ci en mettait à l'examiner. Toutes deux écoutaient ces bruits étranges, qui continuaient toujours ; seulement Jenny prêtait l'oreille d'un air étonné, et la dame sans la moindre surprise. Bientôt les portes claquèrent, des pas rapides descendirent l'escalier, et la petite habilleuse aperçut un gentleman à favoris énormes, qui, la figure très-rouge, paraissait hors d'haleine.

« L'affaire est faite ? lui demanda la dame.

— Complétement, répondit-il en prenant son chapeau.

— Vous pouvez monter, dit la dame avec hauteur, en s'adressant à miss Wren.

— Et lui remettre ces trois objets, si vous voulez bien vous en charger, ajouta le gentleman avec politesse ; vous lui direz que c'est de la part de mister Alfred Lammle, qui prend à l'instant même la route de Douvres, et lui fait ses adieux : Alfred Lammle, soyez assez bonne pour ne pas oublier le nom. »

Les trois objets étaient les morceaux d'une canne à la fois souple et résistante, morceaux que la petite ouvrière reçut avec étonnement.

« Alfred Lammle, n'oubliez pas, je vous prie, répéta le gentleman avec un affreux rire. Adieux et compliments, départ d'Angleterre, rappelez-vous bien. »

Le couple s'éloigna, et miss Wren et sa canne s'engagèrent dans l'escalier. « Lammle, Lammle ? répétait Jenny, qui, tout essoufflée, s'arrêtait à chaque marche pour reprendre haleine. Où ai-je entendu ce nom-là ? Ah ? j'y suis ; très-bien : Sainte-Mary-Axe. »

Toute radieuse de cette nouvelle découverte, miss Wren tira la sonnette de mister Fledgeby. Personne ne se présenta ; mais un crachotement continu, d'une singulière nature, résonnait au fond de l'appartement.

« Bonté divine ! est-ce que Petits-Yeux étoufferait, s'écria Jenny. »

Elle poussa la porte qui était entrebâillée, pénétra plus avant, ouvrit la porte intérieure, et trouva mister Fledgeby, qui, en manches de chemises, pantalon turc et chéchia, se roulait sur le tapis en toussant et en crachotant de la plus étrange façon. « Miséricorde ! criait-il ; oh ! mon œil ! Arrêtez le voleur ! J'étrangle ! C'est du feu ! Oh ! mon œil ! Un verre d'eau ! Fermez la porte ! Au monstre ! Un verre d'eau. — Seigneur, Seigneur ! » Et de se rouler et de cracher plus que jamais.

Se précipitant dans la chambre voisine, miss Wren en rapporta un verre d'eau à Fledgeby, qui, bâillant, crachant, toussant, étranglant, finit par boire quelques gorgées, et posa la tête sur le bras de la petite habilleuse. « Oh! mon œil! reprit-il en se débattant de nouveau; c'est du tabac — oh! mon œil! — avec du sel. Plein le nez, et plein la gorge! Heugh! hohou! hohou! A.....a.....ah! a.....a.....ah! »

Et se prenant à glousser d'une manière effrayante, les yeux sortis de la tête, il parut en proie à quelque maladie mortelle pour les volailles. « Oh! que cela me fait mal! s'écria-t-il en se mettant à plat ventre par un mouvement convulsif, qui fit reculer miss Wren jusqu'à la muraille. Oh! que cela me cuit, et que cela m'élance! Mettez-moi quelque chose sur le dos, sur les bras, sur les jambes — heugh! plein la gorge, et cela ne veut pas remonter! hoohou, hoohou, hou! a.....a.....a.....ah! Oh! que cela me cuit! »

Il se releva d'un bond, se recoucha brusquement, et se roula de plus belle. Arrivé dans un coin, les babouches en l'air, il redemanda à boire, et pria Jenny de lui frapper dans le dos. Mais au premier coup il jeta un cri perçant. « Oh! finissez; ne me touchez pas! j'ai le dos meurtri; c'est au vif. — Oh! que cela m'élance! »

Cependant il cessa peu à peu d'étrangler, et dit à la petite habilleuse de le conduire à un fauteuil, où les yeux rouges et larmoyants, la figure enflée et marbrée d'une demi-douzaine de raies livides, il présenta le plus triste aspect.

« Quelle idée avez-vous eu, jeune homme, d'avaler du sel et du tabac? demanda miss Wren.

— Ce n'est pas moi, répliqua le malheureux; c'est lui, le bourreau! — Oh! mon œil! — ce Lammle. Il m'en a fourré plein la bouche, puis dans le nez, dans les yeux, dans la gorge — hoohou, hoohou, heugh, — pour m'empêcher de crier; et puis il m'a frappé.

— Avec cela? demanda Jenny en lui montrant les morceaux de la canne.

— Oui — son arme — il me l'a cassée sur le dos. Ah! que cela me cuit! Où avez-vous trouvé cela?

— Quand il est venu rejoindre la dame qui l'attendait au bas de l'escalier, commença miss Wren.

— Oh! s'écria Fledgeby, en se tordant, elle en était; j'aurais dû le savoir.

— Quand il eut repris son chapeau qu'elle lui gardait, continua la petite habilleuse, il me donna ces petits bâtons pour vous les remettre, avec ses compliments; et me chargea de vous dire que c'était de la part de mister Alfred Lammle, qui, de ce pas, quittait l'Angleterre. »

Miss Wren articula ces paroles avec une joie maligne, et les assaisonna d'un regard et d'un coup de menton qui auraient ajouté aux misères de Fledgeby, si la douleur ne lui eût fait porter la main à ses yeux.

« Faut-il aller chercher la police? demanda Jenny, en se dirigeant vers la porte.

— Non, non! s'écria l'autre; je vous en prie, n'y allez pas; mieux vaut n'en rien dire; ayez la bonté de fermer la porte. Oh! que cela me cuit! »

Comme preuve de l'intensité de la cuisson, il quitta son fauteuil, et se roula de nouveau avec rage. « Maintenant que la porte est fermée, reprit-il en s'asseyant sur le tapis, sa culotte turque à moitié tombée, et ses balafres noircissant à vue d'œil, maintenant que la porte est fermée, ayez l'obligeance de regarder mes épaules; elles doivent être dans un terrible état, ainsi que mon dos; car je n'avais pas mis ma robe de chambre quand il a fondu sur moi! Coupez ma chemise; il y a des ciseaux sur la table. Oh! seigneur, que cela me cuit?

— Là? demanda miss Wren en lui touchant l'épaule.

— Oui! oh! Seigneur! et dans le dos, et partout, oh! partout, partout. »

Elle eut bientôt coupé la chemise, et découvert les résultats d'une schlague aussi complète, aussi rude que Fledgeby lui-même avait pu la mériter.

« En effet, jeune homme, cela doit vous cuire, dit la petite habilleuse, qui se frotta les mains, et lui adressa derrière la tête plusieurs coups triomphants de ses deux index.

— Du papier gris, trempé dans du vinaigre, demanda-t-il en se balançant et en gémissant, qu'en pensez-vous? Est-ce dans une condition à supporter le vinaigre?

— Parfaitement, dit Jenny en riant tout bas; on dirait que c'est fait pour être conservé. »

Ce dernier mot réveilla les plaintes du malheureux. « Allez dans la cuisine, sur le même carré, dit-il, vous trouverez du papier gris dans un tiroir, et le vinaigre sur la planche; ayez la bonté de m'en faire quelques emplâtres, et de les poser. Je ne veux pas de médecin; le secret avant tout.

— Une, deux, trois, il en faut au moins six, dit la petite ouvrière.

— Cela me fait assez de mal, pleurnicha Fledgeby pour en avoir soixante. »

Miss Wren, les ciseaux à la main, se rendit à la cuisine, trouva le papier gris, y tailla une demi-douzaine d'emplâtres, et les mit infuser dans le vinaigre. Au moment de les prendre, il lui vint une idée. « Si l'on y ajoutait du poivre? seulement un pincée, dit-elle. Les ruses et les tours de ce jeune homme exigent cet assaisonnement. »

La mauvaise étoile de Fascination lui montrant la poivrière sur le manteau de la cheminée, Jenny grimpa sur une chaise, prit le petit ustensile, et saupoudra les six emplâtres d'une main judicieuse. Puis elle revint près de Fledgeby, qui poussa un hurlement à chaque application du piquant papier.

« Là! j'espère que vous allez mieux, jeune homme », dit la petite habilleuse.

Apparemment qu'il n'en était rien; car pour toute réponse, le malheureux s'écria en gémissant : « Oh! que cela me cuit! »

Après lui avoir mis sa robe de chambre sur les épaules, miss Wren lui étoignit les yeux avec sa calotte, qu'elle lui enfonça de travers, et l'aida à gagner son lit, où il monta en geignant.

« Comme aujourd'hui il ne saurait être question d'affaire entre nous, et que mon temps est précieux, dit-elle, je m'en vais, jeune homme. Êtes-vous bien maintenant?

— Oh! mon œil! cria Fascination; non je ne suis pas bien. — O.....o.....ohh! que cela me cuit! »

Au moment de quitter la chambre, la petite ouvrière se retourna, et vit le jeune homme se roulant et gambadant sur son lit comme un dauphin au milieu des vagues. Elle ferma la porte, descendit l'escalier, passa d'Albany dans les rues populeuses, et prit l'omnibus de Sainte-Mary-Axe, d'où elle mit en réquisition toutes les femmes élégantes qu'elle aperçut par la vitre, les faisant poser pour ses poupées, tandis qu'elle taillait et bâtissait mentalement quelques toilettes pour ses jolies pratiques.

IX

DEUX PLACES VACANTES

Déposée par l'omnibus au coin de Sainte-Mary-Axe, et continuant la route à l'aide de sa béquille, miss Wren gagne la maison Pubsey. Tout, à l'extérieur, était calme et soleil; à l'intérieur, ombre et silence. Jenny s'arrêta dans le vestibule, et, de ce coin obscur, examina le vieillard, qui, les lunettes sur le nez, écrivait d'un air attentif.

« Bouh! fit-elle en passant la tête par la porte vitrée, le loup est à la maison.

— C'est vous, Jenny ! dit mister Riah en ôtant ses lunettes, qu'il posa doucement sur le pupitre ; je croyais que vous m'aviez abandonné.

— Oui, j'avais abandonné le loup perfide que j'ai trouvé un jour dans la forêt ; mais l'idée m'est venue que vous étiez de retour, marraine ; pourtant je n'en suis pas sûre ; car je vous ai vu sous les traits du loup ; et je viens vous faire une ou deux questions pour savoir à quoi m'en tenir ; voulez-vous me les permettre ?

— Certainement, dit le vieillard, qui, néanmoins, jeta vers la porte un regard inquiet, comme s'il avait redouté l'arrivée du maître.

— Est-ce le renard qui vous fait peur ? dit la petite ouvrière ; soyez tranquille, vous n'aurez pas sa visite de longtemps.

— Que voulez-vous dire, mignonne ?

— Je veux dire, répliqua miss Wren en s'asseyant à côté du jui., que le susdit animal a reçu le fouet d'une telle façon, que jamais renard, croyez-le bien, n'a senti les os et la peau lui élancer et lui cuire à ce point-là. » Et la petite ouvrière raconta l'aventure, sans mentionner toutefois les quelques grains de poivre.

« Maintenant, marraine, je voudrais savoir ce qui s'est passé depuis ma rencontre avec le loup. Je roule dans ma petite caboche une idée, grosse comme une bille ; — mais d'abord une question, sur votre parole d'honneur : êtes-vous Pubsey et Cⁱᵉ, ou seulement l'un ou l'autre ? »

Mister Riah secoua la tête d'une manière négative.

« N'est-ce pas alors Flodgeby qui est tous les deux ? »

Le vieillard fit un signe affirmatif, bien qu'avec répugnance. « Ma bille a maintenant la grosseur d'une orange, s'écria Jenny. Mais avant qu'elle grossisse davantage, laissez-moi fêter votre retour, marraine. »

L'honnête petite créature se jeta au cou du vieillard et l'embrassa de tout son cœur. « Je vous demande pardon, mille fois pardon ; j'en ai bien du regret ; j'aurais dû avoir plus de confiance en vous. Mais pouvais-je ne pas le croire ? je ne dis pas cela pour m'excuser, marraine. Mais pas un démenti, pas un mot pour vous défendre ! cela avait bien mauvais air.

— Si mauvais, répondit gravement le vieillard, que je m'en suis détesté. En pensant que vous deviez me haïr, vous et ce bon gentleman, je me suis fait horreur à moi-même ; et le soir plus que jamais, lorsque seul dans notre jardin, j'ai songé à la réprobation que j'attirais sur ma race. J'ai vu alors, pour la première fois, qu'en acceptant ce rôle odieux, ce n'était pas seulement ma tête que je courbais sous ce joug infâme, mais celle de tous mes frères ; car chez les chrétiens, il n'en est pas des Israélites comme de tout autre peuple: on dit il y a de mauvais Grecs, de mauvais Turcs; mais il y en a de bons. Tandis que parmi nous, les mauvais, qui sont faciles à trouver (ceux-là se trouvent facilement partout), sont pris comme exemples, et cités comme les meilleurs. On ne dit pas c'est un mauvais Juif; on dit c'est un Juif, et ils sont tous pareils. En faisant ici ce que j'ai fait par gratitude, un chrétien ne déshonorerait que lui-même. Tandis que moi, je compromets les Juifs de tout pays, de toute condition ; c'est triste à dire, et c'est la vérité. Je voudrais que pas un Israélite ne l'oubliât ; — mais ai-je le droit de parler ainsi, moi qui n'y pense que d'hier ? »

Assise près de mister Riah, Jenny lui tenait la main, et le regardait d'un air rêveur.

« Je pensais donc à cela, continua le vieillard, et songeant à la scène du matin ; je sentis que ce pauvre gentleman avait cru tout de suite les paroles de l'autre (vous aussi enfant), parce qu'il s'agissait d'un Juif; c'était visible ; et je compris qu'il fallait quitter immédiatement le service de... Mais vous aviez autre chose à me demander, et je vous empêche de le faire.

— Du tout, marraine; mon idée est maintenant de la grosseur d'une citrouille. Donc vous quittez Pubsey et Cie; l'avez-vous prévenu ?

— Oui ; j'ai écrit au maître le soir même.

— Et qu'a répondu ce renard bien et dûment fouetté ? demanda miss Wren, qui jubilait au souvenir du poivre.

— Il prolongea ma servitude, en me forçant à lui donner le temps légal. Le délai expire demain ; et dès que j'aurais été libre, je serais allé me justifier auprès de vous.

— Mon idée est si vaste à présent, s'écria Jenny en se prenant les tempes, que ma tête ne peut plus la contenir. Il faut que vous sachiez que Petits-Yeux, ou Criant-Cuisant-Goignant est très-fâché de votre départ. Ce Bien-Fouetté vous en garde rancune, et a pensé à Lizzie. Il s'est dit en lui-même: je saurai où il l'a placée, et je publierai ce secret qui lui est cher. Peut-être, se dit-il aussi, je ferai la cour à cette jolie fille ; mais je n'en répondrais pas, tandis que je peux jurer du reste. Petits-Yeux est donc venu me trouver ; je suis allée chez lui ; et voilà comment j'ai su l'histoire: la canne en trois morceaux, ses épaules, son œil, son dos, sa figure et ses membres. Je n'ai qu'un regret, ajouta la petite ouvrière, en agitant le poing devant ses yeux avec une énergie qui la raidit des pieds à la tête, qu'un regret, celui de n'avoir pas eu de piment haché. »

Cette phrase étant peu intelligible pour lui, le vieux Juif n'y attacha pas d'importance; et revenant aux blessures de l'indigne, insinua qu'il croyait de son devoir d'aller soigner ce chien battu.

« Oh! marraine, s'écria Jenny d'une voix irritée, marraine, marraine, vous me ferez perdre patience. On dirait que vous croyez au bon Samaritain; est-ce que l'Évangile vous regarde? Soyez donc conséquent.

— Ma fille, commença le vieillard, c'est la coutume des Israélites d'aller secourir...

— Au diable les Israélites et leur coutume, interrompit miss Wren. S'ils n'ont rien de mieux à faire que d'aller soigner Petits-Yeux, je regrette qu'ils soient sortis d'Égypte. D'ailleurs il n'en voudrait pas, de votre secours; il est trop honteux pour cela; que personne n'en sache rien, et qu'on le laisse tranquille, voilà tout ce qu'il demande. »

Le débat continuait, lorsqu'une ombre apparut dans le vestibule, et fut suivie d'une lettre qui avait pour adresse le nom de Riah tout court, sans plus de cérémonie. Ce billet, dont le messager attendait la réponse, était griffonné au crayon, et renfermait les lignes suivantes, tracées en zigzags, et d'une main convulsive:

« Vieux Riah,

« Vos comptes sont vérifiés; allez-vous-en. Fermez la maison, et remettez les clefs au porteur. Décampez tout de suite, maudit ingrat! Dehors, chien de Juif que vous êtes.

« F. »

Miss Wren suivit avec bonheur, dans cette écriture informe, la trace des contorsions et des soubresauts de Criant-Cuisant-Goignant, et se donna la joie d'en plaisanter et d'en rire, à la grande surprise du commissionnaire, pendant que le vieillard rassemblait ses quelques hardes et les mettait dans un sac noir. Le paquet terminé, les contrevents et les volets barrés, le vieillard, accompagné de miss Wren et du commissionnaire, sortit de la maison, ferma la porte, et en remit la clef au porteur, qui s'éloigna immédiatement.

Restés sur la dernière marche, le vieillard et la jeune fille se regardèrent: « Eh bien! marraine, dit la petite habilleuse, vous voilà sur le pavé?

— Cela me fait cet effet-là, répondit le vieillard.

— Où comptez-vous chercher fortune? » demanda miss Wren.

Le vieux Juif eut un sourire, puis jeta les yeux autour

lui d'un air désorienté que remarqua la petite habilleuse. « La question est juste, dit-il ; mais il est plus aisé de la faire que d'y répondre. En attendant, je suis sûr des personnes à qui j'ai recommandé Lizzie, je connais leur obligeance, et je compte aller chez eux.

— A pied ? s'écria miss Wren.
— N'ai-je pas mon bâton ? »

C'était précisément parce qu'appuyé sur son bâton il avait l'air plus vénérable que robuste, qu'elle doutait du succès de l'entreprise.

« Savez-vous ce que vous avez de mieux à faire, marraine ? c'est de venir à la maison, reprit l'habilleuse de poupées. Il n'y a là que mon malheureux enfant ; la chambre de Lizzie est toujours libre, et vous n'y serez pas mal. »

Certain de ne déranger personne, le vieillard accepta avec joie ; et, formant un couple étrangement assorti, le pauvre israélite et la petite habilleuse quittèrent Sainte-Mary-Axe.

En partant de chez elle, miss Wren avait bien recommandé à son ignoble enfant de ne pas bouger de la maison ; et la première chose qu'avait faite le malheureux avait été de sortir. Deux motifs le poussaient à cette désobéissance : il voulait d'abord établir le droit qu'il se présumait d'exiger gratis un trois-peaux de rhum chez tous les débitants de liqueur ; il irait ensuite exposer ses remords à miss Wrayburn, afin de sonder le terrain et de voir le profit qu'il pourrait en tirer. La tête remplie de ces deux projets, qui, tous deux, aboutissaient à du rhum, le seul but qu'il eût en ce monde, cet être dégradé se traîna en chancelant jusqu'au marché de Covent-Garden, où il bivaqua sous une porte, et fut pris d'un accès de tremblement auquel succéda une attaque d'épilepsie.

Le marché de Covent-Garden n'était pas sur le chemin de mister Poupées ; mais il avait sur celui-ci la puissance d'attraction qu'il exerce sur toute la tribu des buveurs solitaires. C'est peut-être le mouvement nocturne qu'ils recherchent ; peut-être la présence de la bière et du gin que les charretiers et les revendeurs engloutissent ; peut-être la masse de débris de légumes, qui, piétinés par la foule et souillés de boue, ressemblent à leurs habits, et leur font prendre ce marché pour une immense garde-robe. Toujours est-il qu'on ne voit nulle part de semblables ivrognes, des femmes surtout. On rencontre là, sur les marches, au soleil du matin, de ces échantillons d'ivrognesses que l'on chercherait vainement au dehors, en courant toutes les rues de Londres. Nulle part on ne voit au grand jour de ces haillons élimés et flétris, couleur feuille de chou traînée au ruisseau ; de ces teints d'orange gâtée, de cette pâte humaine broyée et pétrie dans la fange.

Mister Poupées avait donc subi l'attraction de ce marché irrésistible, et y avait eu son attaque sous un porche où une femme venait de cuver son ivresse.

Il y a là des essaims de jeunes sauvages, toujours furetant, qu'on voit s'éloigner d'une allure rampante, chargés de débris de caisses d'oranges ou de paille moisie, qu'ils emportent, Dieu sait dans quels trous! — car ils n'ont pas d'asile; — et dont les pieds nus, quand les policemen les poursuivent, retombent sans bruit sur le pavé, ce qui fait que les passants ne les entendent pas; mais chaussés de bottes à revers, ils feraient un vacarme assourdissant. Ravis des convulsions de mister Poupées, qui leur fournissaient un drame gratuit, ces jeunes sauvages s'étaient réunis sous le porche; et sautant, gambadant, se bousculant, poussaient le malheureux, le secouaient et lui lançaient de la boue; d'où il advint, qu'après s'être relevé et avoir éparpillé ce groupe de haillons, l'ivrogne fut en plus mauvais état que jamais. Il pouvait cependant encore empirer; car ayant gagné une buvette d'où il cherchait à sortir, sans payer le trois-penn' qu'il avait bu, il fut pris au collet, fouillé rudement, trouvé sans un farthing et mis à la porte avec un seau d'eau bourbeuse, qui lui fut lancé de main de maître. Cette douche produisit une nouvelle attaque, après laquelle mister Poupées, ayant toujours l'intention d'aller voir mist' Wrayburn, se dirigea vers le Temple.

Il ne trouva que mister Blight. Ce jeune homme sensé, frappé du discrédit qu'un pareil client jetterait sur l'étude, si par hasard une affaire se présentait, négocia avec mister Poupées, et, le plus innocemment du monde, lui offrit un schelling pour payer sa voiture. Mister Poupées accepta le schelling, et ne tarda pas à en faire le placement : six pence de rhum d'une part, en conspiration contre lui-même; six de l'autre, en repentir de ce qu'il avait sur la conscience. Chargé de ce fardeau, il retourna vers le jeune Blight, qui, l'ayant aperçu de loin, ferma le corridor, et laissa l'immonde objet de cette mesure épancher sa fureur contre la porte. Plus celle-ci lui résistait, plus la conspiration qu'il venait de faire contre lui-même devenait dangereuse et d'un éclat imminent. Survint la police, dans laquelle il reconnut des ennemis détestés; et criant, râlant, écumant, se débattant, il fut saisi, puis entraîné en dépit de ses efforts.

Une humble machine, familière aux conspirateurs de cette espèce, et connue sous le nom de brancard, étant arrivée, le malheureux y fut lié par des courroies qui le transformèrent en un paquet de haillons; paquet inoffensif, d'où la conscience avait disparu, et d'où la vie s'en allait rapidement.

L'habilleuse de poupées remontait la rue au moment où le brancard sortait du Temple. « Qu'est-ce qu'il y a là-bas, marraine? Dépêchons-nous; voyons ce que c'est. »

La petite canne, lestement menée, n'alla que trop vite. « O gentlemen, il est à moi!

— A vous? dit le chef de la bande en arrêtant les porteurs.

— Oui, bons gentlemen ; c'est mon enfant; sorti sans permission; mon pauvre méchant enfant. Pauvre garçon ! il ne me reconnaît pas. Que faire, Seigneur? s'écria la petite habilleuse en frappant dans ses mains, que faire, quand on n'est pas reconnue de son fils? »

Le chef de la bande regarda le vieux Juif pour lui demander ce que cela signifiait. « C'est son père », dit tout bas le vieillard, tandis que miss Wren, penchée sur ce corps inerte, cherchait à en extraire quelque signe de reconnaissance.

Mister Riah prit à part l'agent de police. « Je crois qu'il va mourir, dit-il.

— Eh! non, répondit l'autre. » Mais après l'avoir regardé attentivement, l'agent secoua la tête, et ordonna de le transporter à la pharmacie la plus voisine. A peine le brancard y fut-il déposé, que les vitres se changèrent en un mur de visages, qui, aperçus à travers les énormes flacons rouges, bleus et jaunes, offrirent toute espèce de formes et de couleurs. Sous cette lumière, dont elle n'avait pas besoin pour être livide, la bête si furieuse quelques instants avant était d'un calme absolu, et portait sur la face de mystérieux caractères, réfléchis de l'un des globes transparents, comme si la mort l'eût marqué à son chiffre.

Le témoignage médical fut plus exact et plus précis qu'il ne l'est d'ordinaire devant les cours de justice. « Vous pouvez le couvrir, dit le docteur, tout est fini. »

L'agent envoya chercher ce qu'il fallait pour le voiler, les porteurs reprirent leur fardeau, et la foule, s'égrenant peu à peu, finit par disparaître. Derrière le brancard venait la petite ouvrière, la figure cachée dans l'un des pans de la lévite du Juif, qu'elle tenait d'une main, tandis que de l'autre elle manœuvrait sa canne. On gagna la maison; l'escalier étant trop étroit pour livrer passage au brancard, on dérangea l'établi, et le corps fut déposé au milieu des poupées, dont les yeux restèrent secs et dont les lèvres continuèrent de sourire.

Il fallait en habiller beaucoup, de ces poupées, leur faire bien des toilettes pimpantes, avant qu'il y eût dans la poche de l'habilleuse de quoi s'acheter un deuil très-simple. Assis auprès d'elle, le vieux Juif, tout en l'aidant de son mieux dans ses petits travaux, l'écoutait parler du défunt, et se demandait si réellement elle oubliait que le mort était son père.

« Mon pauvre enfant! disait-elle, si on l'avait mieux élevé, il aurait été meilleur. Ce n'est pas que je me le reproche, je crois que ce n'est pas ma faute.

— Non, ma Jenny, vous pouvez en être sûre.

— Merci, marraine; cela me console un peu de vous entendre dire cela. Il est si difficile, voyez-vous, de bien élever un enfant quand on travaille, travaille, travaille, du matin au soir. Pauvre garçon! il était bon ouvrier; mais pendant le chômage, je ne pouvais pas le garder toujours auprès de moi; il s'ennuyait, avait des impatiences, bouleversait tout dans la maison; il fallait le laisser sortir; et, une fois dans la rue c'était fini; jamais il ne s'y est bien comporté. Il aurait toujours fallu l'avoir sous les yeux; il y a beaucoup d'enfants comme cela.

— Beaucoup trop de ces vieux enfants-là, pensa le Juif.

— Est ce que je sais moi-même comment j'aurais tourné, si je n'avais pas eu le dos si malade et les jambes si faibles, continua la petite ouvrière. Ç'a été un bonheur, je n'avais qu'à travailler, moi; et j'ai mordu à l'ouvrage. Je ne pouvais faire que ça, pas moyen de m'amuser. Mais lui, il pouvait jouer; il ne demandait qu'à courir, le malheureux enfant! ça l'a perdu.

— Il n'est pas le seul dont ce soit la perte, ma fille.

— Je n'en sais rien, marraine, mais il a bien souffert; il était parfois si malade, et je lui ai dit tant d'injures! Je ne sais pas si sa conduite (elle secoua la tête en pleurant) a été un malheur pour moi; peut-être que non; mais si j'ai eu à m'en plaindre, je lui pardonne bien, allez!

— Vous êtes une bonne fille, courageuse et patiente, ma Jenny.

— Oh! patiente, non, marraine, dit-elle en haussant les épaules. Si j'avais eu de la patience, je ne lui aurais pas dit de sottises. Mais c'était pour son bien; j'espérais le corriger; une mère, voyez-vous, c'est responsable des torts de son enfant. J'ai essayé de le raisonner, ça n'a pas réussi; je l'ai pris par la douceur, par les caresses, ça n'a rien fait. Alors, j'ai grondé, peut-être un peu fort; mais c'était mon devoir; j'avais une lourde charge. Que de reproches j'aurais à me faire, si je n'avais pas tout employé! »

Causant ainsi, parfois d'un ton plus gai, l'industrieuse créature expédia la besogne du jour, et fit oublier les heures au vieux Juif, qui passa la nuit près d'elle. Lorsqu'elle se vit un nombre de poupées suffisant pour acquitter les frais du lendemain, elle changea d'occupation. « Maintenant, dit-elle, que ces petites amies aux joues roses sont pourvues, habillons notre petite personne aux joues pâles. » Et d'une main leste elle prépara sa robe noire.

« L'inconvénient de travailler pour soi, dit-elle en grimpant sur une chaise afin de se regarder dans la glace, c'est qu'on ne peut pas faire payer la façon; mais on a un avantage : on n'a pas besoin de sortir pour essayer. Vraiment, ça va très-bien. S'il pouvait me voir, j'espère qu'il serait satisfait. »

Puis elle dit au vieux Juif ce qu'elle avait décidé au sujet des funérailles. « Je l'accompagnerai seule dans mon équipage ordinaire. Pendant ce temps-là, marraine, vous aurez la bonté de garder la maison. Ce n'est pas loin, et je serai bientôt revenue. A mon retour nous prendrons une tasse de thé, puis nous causerons de l'avenir. La dernière demeure que j'ai pu donner à mon pauvre enfant est des plus simples; mais il ne verra que l'intention, en supposant qu'il en sache quelque chose; et s'il est à même de le savoir, il est probable que cela lui est égal, ajouta-t-elle en s'essuyant les yeux. Je vois dans le livre de prières que nous n'emportons rien d'ici-bas; il est certain que cela serait bien impossible. Cela me console de ne pas pouvoir louer une foule de choses aux pompes funèbres, de ces machines stupides, qu'on a l'air de vouloir faire passer en contrebande avec le mort, et qu'on rapporte ensuite. Il n'y aura que moi à ramener; ce qui ne sera pas une fraude, puisque je retournerai là un jour ou l'autre pour n'en plus revenir. »

Après le triste parcours de la veille, le malheureux ivrogne sembla être enterré pour la seconde fois. Une demi-douzaine de grands gaillards, à la face rubiconde, le prirent sur leurs épaules et le portèrent au cimetière, précédés par un individu au teint non moins fleuri, qui marchait avec pompe, comme s'il eût été policeman du quartier de la Mort, et affectait de ne pas reconnaître ses amis les plus intimes. Toutefois, à la vue de ce cercueil, n'ayant pour cortége que cette pauvre petite boiteuse, beaucoup de gens tournèrent la tête avec un air d'intérêt.

Enfin le malheureux, qui, pendant longtemps, avait été pour sa fille une si lourde charge, fut déposé dans la terre; et le majestueux personnage se mit en marche devant la petite boiteuse, comme si l'honneur avait imposé à cette dernière de ne plus savoir le chemin qui conduisait chez elle. Puis ayant apaisé les convenances, ces furies d'ici-bas, il quitta l'orpheline.

« Avant de reprendre courage pour de bon, dit en rentrant la petite ouvrière, il faut que je pleure un peu, marraine; car un enfant, voyez-vous, c'est toujours un enfant. » Elle pleura plus longtemps qu'on ne l'aurait supposé. Toutefois ses larmes se séchèrent, et s'étant bassiné les yeux, elle descendit, et prépara les tasses.

« Ça vous fâcherait-il, marraine, si je taillais quelque chose pendant que nous prenons le thé ?

— Chère Cendrillon, répondit le vieillard d'un ton suppliant, ne vous reposerez-vous jamais ?

— Oh ! tailler un patron ce n'est pas une fatigue, dit miss Wren, dont les habiles petits ciseaux avaient déjà entamé le papier. C'est que, voyez-vous, j'ai besoin de le fixer pendant que je l'ai présent à la mémoire.

— Vous avez donc vu cela aujourd'hui ? demanda le Juif.

— Oui, marraine, tout à l'heure. C'est un surplis ; une chose que portent les prêtres, expliqua la petite habilleuse, se rappelant que le vieillard était d'une religion différente.

— Et qu'en voulez-vous faire ? reprit le bon Israélite.

— D'abord, marraine, il faut vous dire que nous autres artistes, qui vivons de notre goût et de notre imaginative, nous sommes forcés d'avoir toujours l'œil ouvert. Vous savez que dans ce moment-ci j'ai un surcroît de dépenses ; il m'est donc venu à l'idée, pendant que je pleurais sur la tombe de ce pauvre enfant, qu'on pourrait faire quelque chose d'un prêtre.

— Quoi donc ! s'écria le vieillard.

— Pas un enterrement, n'ayez pas peur. Le monde, je le sais, n'aime pas qu'on l'attriste. Il est fort rare qu'un deuil me soit commandé par mes jolies pratiques ; un vrai deuil, s'entend ; car pour le deuil de cour elles en sont assez fières. Mais un charmant prêtre, cheveux et favoris d'un noir de jais, célébrant le mariage d'un couple adorable, ce serait tout autre chose. Si vous ne les voyez pas ce soir tous les trois à l'autel, dans Bond-Street, appelez-moi Jack Robinson. »

A l'aide de ses petits procédés, mis en œuvre sur-le-champ, il y eut, avant la fin du repas, un petit costume ecclésiastique en papier gris, mis sur le dos d'une poupée, afin d'en essayer le patron ; miss Wren le montrait à son ami quand on frappa à la porte. Le vieux Juif alla ouvrir, et revint aussitôt avec un gentleman, qu'il introduisit de cet air grave et courtois qui lui allait si bien.

L'arrivant était inconnu à miss Wren ; mais dès qu'il jeta les yeux sur elle, Jenny trouva chez ce gentleman quelque chose qui lui rappelait mister Wrayburn.

« Mille pardons, n'êtes-vous pas l'habilleuse de poupées ? dit-il.

— Oui, monsieur.

— L'amie de Lizzie Hexam ?

— Oui, monsieur, répondit la petite ouvrière en se mettant sur la défensive.

— Elle m'a chargé de vous remettre ce billet, où elle vous prie d'accéder à la requête du porteur, mister Mortimer Lightwood. Le hasard veut que mister Riah me connaisse ; il peut vous dire que tel est bien mon nom. »

Le vieillard fit un signe affirmatif.

« Veuillez lire tout de suite, je vous prie.

— Il n'y en a pas long, dit miss Wren d'un air étonné, en jetant les yeux sur la lettre.

— Pas le temps d'en écrire davantage ; les minutes sont si précieuses ! mister Wrayburn, mon pauvre Eugène, est mourant. » La petite habilleuse joignit les mains en poussant un cri de pitié.

« A quelques lieues d'ici, reprit Mortimer avec émotion ; assassiné dans l'ombre ; je l'ai quitté pour venir. Dans un moment de lucidité — il est presque toujours sans connaissance — il a paru balbutier votre nom. Je n'en étais pas sûr ; il parle si peu distinctement ! mais Lizzie l'a entendu comme moi ; et nous pensons qu'il vous demande. »

La petite habilleuse, toujours les mains jointes, regardait le gentleman avec stupeur.

« Si vous tardez, il mourra sans vous voir, dit Mortimer ; et son dernier désir, un désir qu'il m'a confié — nous sommes depuis bien longtemps plus que des frères l'un pour l'autre... Excusez-moi, je fondrais en larmes si j'en disais davantage. »

Un instant après, le chapeau noir et la petite canne étaient de service, la maison laissée à la garde du bon Israélite, et l'habilleuse de poupées, assise à côté de Mortimer, sortait de Londres en chaise de poste.

X

DÉCOUVERTE DE L'HABILLEUSE DE POUPÉES

Une chambre obscure et silencieuse ; sous la fenêtre, la rivière qui va rejoindre l'Océan. Dans le lit un homme couvert de bandages, immobile sur le dos, les bras inertes, enfermés dans des éclisses. Quarante-huit heures de résidence ont tellement familiarisé miss Wren avec ce tableau, qu'il tient dans son esprit la place occupée avant ces deux jours par le souvenir de plusieurs années.

C'est à peine s'il a fait un mouvement depuis qu'elle est là ; quelquefois il ouvre les yeux, mais son regard n'exprime rien. Par intervalles un froncement de sourcils imperceptible paraît indiquer la surprise ou la colère. En pareil cas son ami lui adresse la parole ; quelquefois alors il se réveille, et cherche à proférer le nom de Mortimer. Mais la connaissance disparaît aussitôt ; et il ne reste rien d'Eugène dans cette enveloppe brisée qui fut la sienne.

Ils ont donné à Jenny tout ce qu'il lui faut pour travailler. Elle est assise au pied du lit, devant sa petite table ; ses cheveux dénoués inondent son fauteuil ; on espère qu'elle attirera son attention. C'est dans le même but qu'elle chante tout bas dès qu'il ouvre les yeux, ou qu'elle lui voit cette expression si faible si fugitive que l'on dirait un vague frémissement de l'onde. Mais jusqu'à présent il ne l'a pas remarquée.

Ceux qui espéraient ainsi le rappeler à lui-même, étaient d'abord le docteur qui le soignait ; Lizzie, qui lui consacrait tous les instants qu'elle ne donnait pas à la fabrique ; et Mortimer, qui ne le quittait pas d'une minute.

Il y avait quatre jours que miss Wren était arrivée ; tout à coup — on ne s'y attendait pas — il murmura quelque chose. « Veux-tu, Mortimer ?

— Quoi, cher Eugène ?

— L'envoyer chercher.

— Elle est là, mon ami. »

Elle se mit à chanter en le regardant, et en lui faisant des signes de tête.

« Je ne peux pas vous serrer la main, Jenny, dit-il avec une lueur de son ancien regard ; mais je suis très-content de vous voir. »

Ces paroles furent répétées à Jenny par Mortimer, car pour les entendre il fallait se pencher sur ses lèvres et en étudier les mouvements avec une extrême attention.

« Demande-lui si elle a vu les enfants, reprit-il. »

Mortimer ne sut pas ce qu'il voulait dire ; et miss Wren ne le sut elle-même que lorsqu'il eut ajouté :

« Demande-lui si elle a senti les fleurs.

— Oh ! je sais, dit-elle, je comprends. »

Mortimer lui céda la place ; et penchée à son tour sur le lit avec son meilleur regard : « Vous parlez, dit-elle, des longues files brillantes de ces beaux enfants qui venaient me soulager autrefois, de ces enfants qui m'emportaient dans leurs bras, et me rendaient légère?

— Oui, répondit-il, en ébauchant un sourire.

— Je ne les ai pas vus depuis votre dernière visite; maintenant je ne souffre presque pas; alors ils ne viennent plus.

— C'était un joli rêve, murmura-t-il.

— Mais j'ai entendu mes oiseaux, reprit la petite ouvrière, et j'ai senti mes fleurs; oh! oui, entendu et senti; et rien de plus beau, de plus céleste.

— Restez près de moi, dit-il; je voudrais bien, avant de mourir, vous voir les entendre ici. »

Elle lui toucha les lèvres de sa petite main, lui en abrita les yeux, alla reprendre son ouvrage, et se mit à chanter tout bas. Il l'écouta avec un plaisir évident, parut suivre sa chanson jusqu'au moment où elle éteignit sa voix par degrés et retomba dans le silence.

« Mortimer!

— Quoi, cher Eugène?

— Peux-tu me donner quelque chose qui me retienne ici pendant quelques minutes?

— Qui te retienne ici, Eugène?

— Oui, qui m'empêche d'errer, je ne sais pas où. Je sens bien que je suis revenu; mais je vais repartir. Vite, cher ami. »

Mortimer lui donna quelque fortifiant, qu'on pouvait lui faire prendre; et, se penchant vers lui, guetta le mouvement de ses lèvres. « Ne me dis pas de me taire; il faut que je parle. Si tu savais l'horrible anxiété qui me dévore quand je m'égare — je ne sais pas où; des lieux sans limites; cela doit être bien loin — une énorme distance — n'aie pas peur; je ne m'en vais pas encore. — Qu'est-ce que je voulais?

— Tu voulais me dire quelque chose. Mon pauvre Eugène! parle à ton ancien ami, à celui qui t'a toujours aimé, admiré, toujours imité; qui ne peut rien être sans toi, et qui, Dieu le sait! voudrait prendre ta place.

— Tut! tut! murmura Eugène, avec un regard plein de tendresse, en voyant Mortimer se mettre la main devant les yeux. Je ne mérite pas ces bonnes paroles; elles me sont précieuses, je l'avoue; mais je n'en suis pas digne. Cette attaque, ce meurtre...

— Tu soupçonnes quelqu'un? moi aussi, dit Lightwood, qui redoubla d'attention.

— Mieux que cela, Mortimer, j'en suis sûr. Mais quand je ne serai plus, il faut l'empêcher de paraître en justice; je le veux; promets-le-moi.

— Eugène!

— Elle serait perdue, mon ami ; ce serait elle qu'on punirait. J'ai des torts à réparer envers elle. Tu sais quel est l'endroit pavé de bonnes intentions ; il l'est aussi de mauvaises ; et j'en ai eu de bien coupables.

— Calme-toi, Eugène.

— Quand j'aurai ta parole, Mortimer. Il ne doit pas être poursuivi ; si on l'accuse, ne dis rien, et sauve-le. Ne pense pas à me venger ; étouffe l'affaire ; — protège-la. Tu peux écarter les circonstances, — donner à la cause un tour différent ; dérouter les recherches. Écoute bien : ce n'est pas le maître de pension ; tu m'entends : ce n'est pas lui. M'as-tu bien entendu ? Ce n'est pas Bradley Headstone. »

Ces paroles entrecoupées, dites à voix basse et d'une manière peu distincte, n'en furent pas moins assez intelligibles pour exprimer sa pensée ; mais il s'arrêta, épuisé par l'effort. « Retiens-moi, cher ami ; retiens-moi, si tu peux ; je m'en vais. »

Mortimer lui fit boire une goutte de vin qui le ranima.

« Je ne sais combien il y a de temps, reprit Eugène, des jours, des semaines ou des heures, que le fait a eu lieu. Peu importe ; l'enquête est commencée, n'est-ce pas ?

— Oui, répondit Lightwood.

— Arrête les poursuites ; il ne faut pas qu'on l'interroge. Défends-la ; cet homme souillerait son nom ; empêche-le de comparaître. Laisse-le impuni. Elle avant tout ; promets-le-moi.

— Je te le promets, Eugène. »

Il voulut regarder son ami pour le remercier, mais il s'évanouit en l'essayant ; et son regard s'arrêta fixe et morne, sans plus rien exprimer. Les heures passèrent, les jours, les nuits, sans améliorer son état. Quelquefois, après être resté longtemps sans connaissance, il appelait son ami, se disait mieux, demandait quelque chose, et retombait dans la stupeur avant qu'on ait pu lui répondre.

La petite habilleuse, devenue toute compassion, le gardait avec un zèle qui ne se démentait pas. Non-seulement elle changeait les compresses, lui remettait de la glace sur la tête, exécutait ponctuellement les ordres du docteur ; mais, penchée sur l'oreiller, elle écoutait les moindres mots qu'il proférait dans son délire. On ne comprenait pas comment cette frêle créature pouvait rester ainsi, des heures entières, inclinée vers lui, attentive à ses moindres gémissements.

Dans l'impossibilité de remuer les mains, il ne pouvait faire aucun geste, aucun signe qui les aidât à deviner ses inquiétudes ou ses douleurs. Cependant, à force de le veiller (peut-être sympathie secrète, ou faculté particulière), la petite créature finit par mieux le comprendre que ne le faisait Lightwood. Il arrivait fréquemment à celui-ci de se tourner vers elle, comme si elle eût été un intermédiaire entre ce monde sensible et le malheureux qui était là, privé de tout sentiment. Puis elle pansait une blessure, desserrait un appareil, changeait la position d'un oreiller, lui replaçait la tête, avec une sûreté de main, une délicatesse, qu'elle devait sans doute à l'habitude acquise dans ses travaux minuscules ; mais sa pénétration n'était pas moins grande que son adresse manuelle.

Le nom de Lizzie revenait sans cesse sur les lèvres du blessé ; jamais ceux qui le gardaient n'avaient tant souffert de leur impuissance à le comprendre. Il balançait sa pauvre tête, redisant ce nom de Lizzie avec l'impatience d'un esprit troublé, et la monotonie d'un automate. Alors même qu'il était immobile, l'œil morne et fixe, il le répétait toujours d'un ton d'avertissement et d'effroi. Quand elle était là, et qu'elle lui posait la main sur le front ou sur la poitrine, il se calmait un peu ; souvent il fermait ses paupières, et les rouvrait ensuite d'un air de connaissance ; mais leur espoir était bientôt déçu par le retour du délire.

Ce va-et-vient d'un noyé, qui remonte à la surface de l'abîme pour y plonger de nouveau, est affreux à voir ; et il arriva que cette torture fut partagée par le blessé. Le désir de parler, désir excessif, inexprimable, joint à la pensée du temps qui lui échappait, diminuait encore ses instants lucides. De même que l'homme, qui surgit du gouffre, disparaît d'autant plus vite qu'il se débat davantage, le pauvre Eugène conservait d'autant moins sa raison qu'il faisait plus d'efforts pour la retenir.

Un jour, après le départ de Lizzie qu'il n'avait pas même reconnue, il balbutia le nom de Mortimer.

« Je suis là, Eugène ; veux-tu quelque chose ?

— Combien cela durera-t-il, mon ami ?

— Tu ne vas pas plus mal, répondit Lightwood en secouant la tête.

— Il n'y a pas d'espoir, je le sais bien ; mais j'ai un service à te demander ; je voudrais vivre assez longtemps pour que tu pusses me le rendre, et moi... accomplir un dernier acte. Essaye de me retenir. »

Mortimer l'encouragea, en lui disant que sa figure était meilleure, bien que déjà son regard s'éteignît.

« Empêche-moi de partir ; je m'en vais, Mortimer !

— Pas encore, Eugène ; dis-moi ce qu'il faut que je fasse.

— Retiens-moi, ne me laisse pas partir ; je m'en vais... Écoute bien... arrête-moi, arrête-moi !

— Eugène, mon pauvre ami, sois plus calme.

— J'essaye... de toutes mes forces; si tu savais comme c'est rude. Ne me laisse pas partir avant d'avoir parlé; donne-moi encore un peu de vin. »

Lightwood lui approcha le verre des lèvres. Eugène fit un effort pour chasser le nuage qui voilait sa pensée, et avec un regard qui affecta profondément Mortimer :

« Tu peux, dit-il, me laisser avec Jenny pendant que tu iras lui parler. Tu peux me laisser; cela ne te donnera pas beaucoup de peine. Tu reviendras vite.

— Sois tranquille; mais dis-moi ce qu'il faut faire.

— Oh! je m'en vais!... tu ne peux donc pas me retenir?

— Dis-le-moi en un mot, Eugène. »

Ses yeux étaient fixes, et le mot qui vint à ses lèvres fut le nom mille fois répété de Lizzie. Mais la petite habilleuse avait suivi la crise avec plus d'attention que jamais. Elle s'approcha de Mortimer, qui regardait son ami avec désespoir; et lui touchant le bras, tandis qu'elle se posait le doigt sur les lèvres, « Chut! lui dit-elle, ses yeux se ferment; il aura sa connaissance quand il les rouvrira, puis-je vous souffler le mot qu'il faut lui dire?

— Oh! Jenny, si cela pouvait être celui qu'il cherche! »

Il se baissa afin de l'entendre, et la regarda avec surprise, lorsqu'elle lui eut dit à l'oreille le mot qu'il devait prononcer.

« Essayez, ajouta la petite ouvrière, dont le visage était radieux. Puis, s'inclinant tout émue, elle baisa la main fracturée d'Eugène, et alla se remettre à sa place.

Deux heures après, Mortimer, voyant l'intelligence reparaître dans les yeux de son ami, se pencha doucement vers l'oreiller.

« Ne parle pas, dit-il, écoute-moi seulement; suis-tu mes paroles? » (Léger signe affirmatif.) « Je reviens à ce que tu me disais tout à l'heure; sois calme, Eugène; tais-toi, je connais ton désir : tu voudrais l'épouser.

— Oh! Mortimer, sois béni.

— Calme-toi, ne dis rien. Tu veux que j'aille la trouver, lui demander de vouloir bien être ta femme, et qu'on vous marie tout de suite; est-ce bien cela?

— Oui; le ciel te bénisse!

— Ce sera fait, Eugène; seulement, il faut que je te quitte pendant quelques heures.

— Ne te l'ai-je pas dit?

— C'est vrai; mais je n'y étais pas du tout. Qui penses-tu qui m'a mis sur la voie? »

Eugène vit la petite habilleuse, qui, les coudes sur le lit et la tête dans ses mains, le regardait d'un air joyeux. Quelque chose de son ancienne physionomie lui passa sur le visage, et il essaya de sourire.

« Oui, dit Mortimer, c'est elle qui l'a deviné. Écoute-moi bien ; je vais t'envoyer Lizzie ; en la trouvant à ma place qu'elle ne quittera plus désormais, tu sauras que j'ai fait ta commission. Encore un mot, Eugène ; ta conduite est celle d'un honnête homme ; et je crois que si la Providence te rend à nous, dans sa miséricorde, tu auras le bonheur de posséder une noble femme, que tu aimeras comme elle le mérite.

— Pour cela j'en suis sûr ; mais je n'en reviendrai pas, Mortimer.

— Ce mariage, après tout, ne te rendra pas plus mal.

— Certes non. Mets ta figure contre la mienne, embrasse-moi, dans le cas où je n'y serais plus quand tu reviendras ; je t'aime, Mortimer. Va vite, ne sois pas inquiet ; si ma bonne Lizzie veut bien me prendre, je vivrai assez de temps pour qu'on puisse nous unir. »

La petite garde perdit courage en voyant se séparer les deux amis ; et tournant le dos au blessé, elle pleura de bon cœur — bien que tout bas — sous le voile épais de ses cheveux d'or.

Comme les rayons du soir allongeaient le reflet des arbres qui se miraient dans la rivière, la porte s'ouvrit doucement, et un pas léger traversa la chambre. « A-t-il sa connaissance ? » demanda Jenny à celle qui avait pris la place de Lightwood ; car dans l'ombre où elle était, la petite ouvrière ne voyait pas le blessé. « Oui, murmura Eugène, il reconnaît sa femme. »

XI

SUITE DE LA DÉCOUVERTE DE MISS WREN

Missis Rokesmith travaillait dans sa petite chambre ; elle avait près d'elle une corbeille remplie d'objets mignons, petits objets de toilette qui ressemblaient tellement à des habits de poupée, que la charmante couseuse paraissait faire concurrence à miss Wren. Il est probable que les sages conseils de la *Ménagère anglaise* n'avaient pas été réclamés ; car ce ténébreux oracle des familles britanniques ne s'apercevait nulle part. Toutefois, la jeune femme travaillait d'une main si habile qu'elle devait avoir pris des leçons de quelqu'un. L'amour est en toute chose un merveilleux professeur; et peut-être celui-ci, obligé d'être nu par des motifs pittoresques, mais cette fois vêtu d'un dé, avait-il enseigné à Bella cette nouvelle branche de travail à l'aiguille.

Rokesmith allait bientôt rentrer; c'était l'heure où la jeune femme allait ordinairement à sa rencontre; mais elle voulait finir avant le dîner un petit chef-d'œuvre, qui serait le triomphe de son adresse. Voilà pourquoi elle n'était pas sortie. La figure calme et souriante, elle produisait en cousant un son régulier, comme une sorte de petite pendule à fossettes, en porcelaine de Saxe, faite par le meilleur artiste.

Coup de marteau et coup de sonnette à la porte d'entrée. Ce n'était pas John: Bella aurait volé au-devant de lui. « Qui cela peut-il être? » Comme elle se faisait cette question, sa petite servante arriva tout essoufflée et annonça mister Lightwood.

« Bonté divine! »

Bella n'eut que le temps de jeter son tablier sur la corbeille avant l'entrée du gentleman.

« Quelque malheur, pensa-t-elle; il est d'une gravité et d'une pâleur étranges. »

Il lui rappela en deux mots l'heureux temps où il avait eu l'honneur de la connaître; et, lui apprenant l'affreux état de son pauvre ami, lui expliqua l'objet de sa visite: il venait de la part de miss Hexam, qui avait le plus vif désir d'avoir missis Rokesmith à son mariage. Cette nouvelle était si étonnante, le récit que Mortimer lui avait fait d'une voix émue l'avait tellement troublée, qu'il n'y a pas de flacon de sels arrivant plus juste à point que le coup de marteau qui venait de retentir. « Mon mari! s'écria-t-elle; je vais vous l'amener. » Mais c'était plus facile à dire qu'à faire; au nom de Lightwood, John, qui allait ouvrir la porte, s'arrêta tout à coup.

« Monte avec moi, cher ange. »

Qu'est-ce que cela signifie? pensa Bella en montant avec John.

« Maintenant, mon amour, dit-il en la prenant sur ses genoux, explique-moi la visite de mister Lightwood. »

C'est très-bien de demander qu'on vous explique, mais il faudrait écouter. John était distrait; évidemment sa pensée était ailleurs. Elle savait pourtant combien il s'intéressait à Lizzie. Qu'est-ce que tout cela voulait dire?

« Tu viens avec moi, John?

— Non, chère âme, je ne peux pas.

— Vous ne pouvez pas!

— Non, chérie, il ne faut pas y penser.

— J'irai donc toute seule?

— Mister Lightwood t'accompagne.

— Dans tous les cas, il faudrait aller le rejoindre.

— Tu as raison ; descends, mon ange ; tu m'excuseras auprès de lui.

— Est-ce que tu ne vas pas lui parler ?

— Non, ma chère.

— Tu ne peux pas faire autrement ; je lui ai dit que tu étais là.

— Je le regrette ; mais, fâcheux ou non, il m'est impossible de le voir. »

Elle regarda son mari avec surprise et en faisant une petite moue. « Tu n'es pas jaloux de ce monsieur, John ?

— Moi ! s'écria-t-il en riant ; pourquoi serais-je jaloux de mister Lightwood ?

— Parce qu'autrefois il m'admirait un peu ; mais ce n'était pas ma faute.

— Au contraire, dit John ; c'est ta faute si je t'ai admirée ; pourquoi n'en serait-il pas de même de lui ? Mais si je devais être jaloux chaque fois qu'on t'admirera, j'en perdrais la raison.

— Je suis fâchée, monsieur, dit-elle en riant à demi ; vous dites cependant de bien jolies choses, comme si vous les pensiez. Voyons, pas de mystère : que vous a fait mister Lightwood ?

— Rien du tout, mon ange ; pas plus que mister Wrayburn, que je refuserais de voir également.

— Double énigme, John ! Savez-vous qu'un sphinx n'est pas un mari agréable, dit Bella en se détournant d'un air blessé.

— Regarde-moi, cher ange, il faut que je te parle.

— De la chambre secrète ? vilain Barbe-Bleue.

— C'est un secret, je le confesse ; mais te rappelles-tu qu'un soir tu demandais à être mise à l'épreuve ?

— Oui, je comprends, John, tu as raison.

— Le jour de l'épreuve n'est sans doute pas éloigné ; et mon triomphe ne sera complet que si tu as en moi toute confiance.

— De ce côté-là, John, tu n'as rien à craindre ; j'ai en toi une confiance aveugle. Il ne faut pas me juger d'après ce que je viens de dire ; tu sais, John, dans les petites choses, je ne suis pas toujours sérieuse ; mais dans les grandes, c'est différent. »

À la manière dont elle lui jeta les bras autour du cou, il en était plus certain qu'elle-même. Eût-il possédé toutes les richesses de son ancien maître, il aurait donné jusqu'au dernier farthing en garantie de la fidélité de ce cœur aimant et sincère, dans la mauvaise comme dans la bonne fortune.

« Mais il faut que je parte, dit Bella en se levant tout à coup. Tu dois être le plus mauvais emballeur du monde; cependant si tu voulais me promettre d'être bien soigneux, je te demanderais de me faire un petit paquet de nuit; pendant ce temps-là, je mettrai mon chapeau. »

Tandis qu'il obéissait gaiement, elle enferma son menton à fossette dans un nœud prestement fait, tira les deux boucles des brides, secoua la tête, mit ses gants doigt par doigt, finit par les boutonner, dit adieu à son mari, et alla rejoindre Mortimer, dont l'impatience fut calmée en la voyant prête à partir.

« Mister Rokesmith vient avec nous? dit-il en jetant les yeux vers la porte.

— Ah! j'oubliais, répondit Bella. Mille compliments de sa part; mais il a la figure horriblement enflée (deux fois son volume ordinaire), et il se met au lit, pauvre garçon! Il attend le docteur qui vient lui donner un coup de lancette.

— Chose curieuse, dit Lightwood, que je n'aie pas encore vu mister Rokesmith, surtout ayant été chargé des mêmes affaires.

— Vraiment! s'écria Bella avec un front d'airain.

— Je commence à croire que je ne le verrai jamais.

— Il y a quelquefois des choses si étranges, dit-elle sans rougir, qu'on serait tenté d'y voir une sorte de fatalité; mais je suis prête, monsieur. »

Ils montèrent dans une petite voiture que Lightwood avait prise à Greenwich, d'heureuse mémoire, et se rendirent au chemin de fer, où ils devaient trouver mister Milvey et sa petite femme, chez qui Mortimer était allé d'abord. Les dignes époux se firent un peu attendre, retenus qu'ils étaient par une ouaille du sexe féminin, l'un des fléaux de leur existence, fléau qu'ils supportaient avec une douceur exemplaire. Cette vieille brebis, d'autant plus à craindre que son absurdité chronique paraissait contagieuse, tenait à honneur de se distinguer des autres membres du troupeau en versant des larmes sonores à tout ce que disait en chaire le révérend Milvey, si consolantes d'ailleurs que pussent être les paroles du prêche. S'appliquant en outre les diverses lamentations de David, elle se plaignait d'une façon toute personnelle (bien après l'assistance) de ce que « ses ennemis l'entouraient de piéges, et l'avaient terrassée, en brisant sur elle leurs verges de fer. » Elle récitait cette partie de l'office du même ton qu'elle eût déposé une plainte devant un magistrat. Mais ce n'était pas son inconvénient le plus grave; ce qui caractérisait surtout cette vieille veuve, c'était une idée qui, en général, la prenait au point du jour, surtout quand il faisait mauvais temps. Il lui semblait alors avoir sur la conscience, ou dans l'esprit, quelque chose qui lui créait le besoin immédiat de recourir au révérend Frank, pour qu'il la délivrât de ce fardeau incommode. Il était arrivé mainte fois à cet excellent homme de se lever dès l'aurore, et de se rendre chez missis Sprodkin (la disciple en question), étouffant, sous le sentiment du devoir, celui qu'il avait du ridicule de la brave dame, et sachant fort bien que le rhume qu'il allait prendre serait l'unique résultat de sa démarche. Toutefois, en dehors de leur tête-à-tête, le révérend Frank et sa petite femme en venaient bien rarement à insinuer que mistress Sprodkin ne valait pas l'embarras qu'elle donnait; et ils supportaient ledit embarras comme ils faisaient de tous les autres. Enfin cette ouaille exigeante semblait posséder un sixième sens qui lui indiquait l'instant où sa visite pouvait être le plus importune, instant qu'elle ne manquait pas de choisir pour apparaître dans le vestibule du pasteur. Lors donc que le révérend Franck eut promis à Lightwood de l'accompagner avec missis Milvey, il dit à cette dernière : « Dépêchons-nous, Margaretta, ou nous serons pris par missis Sprodkin. — Oh! oui! car, c'est une gâte-projet; et si assommante! » avait répondu la chère petite femme avec sa gentille manière de souligner certains mots. Sa phrase n'était pas achevée qu'on vint lui dire que l'objet de ses craintes était en bas, et désirait consulter son pasteur sur une matière spirituelle.

Les divers points que la chère dame tenait à élucider ayant rarement un caractère d'urgence (par exemple, qui avait engendré un tel? ou quelque renseignement à l'égard des Amorites), missis Milvey eut l'idée de congédier l'importune en lui faisant remettre du thé, du sucre et un petit pain au beurre. La veuve accepta ces dons; mais ne voulant pas partir sans avoir salué le révérend, elle l'attendit au passage; et mister Milvey, ayant eu l'imprudence de lui dire : « J'espère que vous allez bien » s'attira un long discours au sujet du thé et du sucre, du pain et du beurre, devenus pour la vieille femme « de la myrrhe et de l'encens, des sauterelles et du miel sauvage. » Ayant dit ces paroles intéressantes, missis Sprodkin fut laissée dans le vestibule; et mister et missis Milvey coururent à la gare, où ils arrivèrent en nage.

Tout ce que nous rapportons là est dit à l'honneur de ce couple chrétien; excellent couple, dont les pareils se comptent par centaines; gens consciencieux, qui passent leur vie à se rendre utiles, et qui, noyant les petitesses de leur œuvre dans sa grandeur, ne croient pas déroger en se mettant à la disposition de sottes créatures aussi incompréhensibles qu'exigeantes.

« Retenu au dernier moment par quelqu'un qui avait le droit

de se faire écouter, dit mister Milvey à Mortimer, en s'excusant de s'être fait attendre.

— *Oh!* oui! au *dernier* moment, ajouta Margaretta. Quant au *droit de se faire écouter*, cher Franck, je pense quelquefois, je dois le dire, que vous êtes *trop bon*; et que vous permettez qu'on abuse un *peu* de vous. »

Bella, malgré sa foi aveugle dans le cher John, sentait que l'absence de son mari causerait aux Milvey une surprise désagréable pour elle, et parut un peu embarrassée quand la petite femme du révérend lui demanda comment allait mister Rokesmith. « Il est sans doute parti d'avance, poursuivit la chère âme. Non? Alors, il va nous rejoindre? »

Bella fut obligée de renvoyer John dans son lit, et de lui faire attendre un nouveau coup de lancette; mais elle le fit avec moins d'assurance que la première fois; car la répétition d'un mensonge innocent, quand on n'y est pas habitué, nous le fait paraître coupable.

« *Oh!* ma chère! dit missis Milvey, que je le regrette. Mister Rokesmith a donné à miss Hexam *tant* de marques d'intérêt! Quel dommage que nous n'ayons pas su cela! Je lui aurais envoyé quelque chose qui aurait calmé sa douleur, et il aurait pu vous accompagner. »

Bella se hâta de dire que son mari ne souffrait pas. «*Oh!* tant mieux! j'en suis enchantée. Je ne sais comment cela se fait; mais il est certain que les membres du clergé et leurs femmes ont l'air d'avoir une influence qui fait gonfler les visages. À l'école, dès que je regarde un élève, il me semble voir enfler ses joues; et Frank ne fait jamais la connaissance d'une vieille femme, sans qu'aussitôt la malheureuse gagne une fluxion. Encore une chose que je ne comprends pas : nous faisons renifler tous les enfants; je ne sais pas pourquoi; et cela me désole. Mais plus nous nous occupons d'eux, plus ils reniflent; absolument comme ils font, quand le texte du sermon vient d'être prononcé. Franck, j'ai vu ce monsieur quelque part; n'est-ce pas un maître de pension?»

Ces derniers mots se rapportaient à un jeune homme réservé et d'un costume décent : habit et gilet noirs, pantalon poivre et sel. Il était entré dans le bureau au moment où Lightwood en sortait pour aller prendre un renseignement quelconque, et s'était précipité vers les affiches dont le mur était couvert. Il paraissait, en outre, prêter l'oreille à ce que disaient les allants et venants, et s'était rapproché de missis Milvey quand elle avait nommé Lizzie. Toutefois, il avait l'œil sur la porte par laquelle était sorti Lightwood, et tournait le dos au pasteur et à sa femme. En entendant la question de missis Milvey il éprouva un tel embarras, et cet embarras fut tellement visible, que le pasteur lui adressa la parole. « Je ne me souviens pas de votre nom, dit Franck, mais je me rappelle fort bien vous avoir vu.

— Bradley Headstone, dit celui-ci, en se retirant vers un endroit plus sombre.

— J'aurais dû m'en souvenir, reprit Frank en lui tendant la main. J'espère que votre santé n'est pas mauvaise; mais vous paraissez fatigué; sans doute un excès de travail ?

— Oui, monsieur; un travail accablant.

— Vous n'avez pas profité des vacances pour prendre quelque plaisir ?

— Non, monsieur.

— Toujours travailler, sans jamais se distraire, ne saurait émousser vos facultés; ce n'est pas cela que je crains pour vous, monsieur; mais prenez garde, cela amène la dyspepsie.

— Merci du conseil, monsieur; j'en tiendrai compte. Pourrais-je vous dire deux mots à l'écart ?

— Certainement. »

La nuit était venue, et l'on avait allumé le gaz. Bradley, qui n'avait pas cessé de guetter le retour de Mortimer, sortit par une autre porte et emmena le révérend Milvey.

« L'une de vos dames, monsieur, dit-il en pinçant et en étirant ses gants, a prononcé tout à l'heure un nom qui m'est familier, celui d'un de mes anciens élèves — c'est-à-dire de sa sœur, de miss Hexam. »

Il avait l'air d'un homme très-timide qui cherche à dominer ses nerfs, et parlait avec contrainte. Il s'arrêta entre ces deux dernières phrases, et il y eut dans son silence quelque chose qui embarrassa le pasteur.

— Oui, monsieur; nous allons même voir miss Hexam, dit celui-ci.

— C'est ce que j'ai cru entendre. J'espère qu'il ne lui est pas arrivé malheur. Est-ce qu'elle aurait perdu quelqu'un... de sa famille ? »

Mister Milvey trouva que le maître de pension avait des manières étranges, et le regard singulièrement noir; il lui répondit néanmoins, avec sa bonté ordinaire, que miss Hexam n'avait personne à regretter. « Vous avez cru, ajouta-t-il, que j'allais là-bas pour un enterrement ?

— Il est possible, dit Bradley, qu'un enchaînement d'idées, vu votre caractère d'ecclésiastique, ait pu me le faire penser; mais je n'en ai pas conscience. Ainsi donc vous n'allez enterrer personne ? »

Quel homme étrange, et quel regard inquiet ! On en est oppressé. « Non, monsieur, répondit le pasteur; et puisque vous portez tant d'intérêt à la sœur de votre élève, je suis heureux de vous dire que je vais là-bas pour la marier. »

Bradley tressaillit et recula; il saisit le pilier qui était derrière lui; et si jamais le pasteur vit une figure livide, ce fut bien en ce moment. « Vous êtes malade, M. Headstone.

— Ce n'est rien, monsieur. Que je ne vous retienne pas; j'ai souvent de ces vertiges, et ai besoin de personne; merci. Bien reconnaissant des quelques minutes que vous m'avez accordées. »

Mister Milvey qui n'avait pas de temps à perdre, répondit quelques mots et s'éloigna. Au moment de rentrer dans la salle il se retourna, et vit le maître de pension, qui, la tête nue, et toujours adossé au pilier, essayait d'arracher sa cravate.

« Il y a là-bas, dit-il à un employé de la gare en lui désignant Bradley, une personne qui est très-malade, et qui a besoin de secours. »

Lightwood, pendant ce temps-là, avait pris les billets; on sonna la cloche, et le train commençait à s'ébranler, quand l'individu auquel Frank avait recommandé le malade, se mit à courir le long du convoi, en jetant les yeux dans tous les wagons.

« Monsieur! dit-il en sautant sur le marchepied, et en s'accrochant du coude à la portière, le gentleman que vous m'avez montré a une crise nerveuse.

— D'après ce qu'il m'a dit, répliqua le pasteur, cela lui arrive souvent; et il ne paraît pas s'en inquiéter. »

Jamais, cependant, l'employé de la gare n'a vu d'homme dans un pareil état: mordant et frappant avec rage tout ce qui l'entoure.

« Monsieur, continue le surveillant, voudrait-il bien dire son nom, puisque c'est lui qui, le premier, a vu ce gentleman. »

Mister Milvey donne sa carte, en faisant observer qu'il ne connaît pas le malade; tout ce qu'il peut affirmer c'est que ce gentleman exerce une profession très-respectable, et lui a dit qu'il ne se portait pas bien; ce qui est hors de doute.

L'employé prend la carte, épie l'instant favorable, se laisse glisser sur le trottoir; et l'incident n'a pas d'autre suite.

Le convoi passe avec fracas au milieu des toitures et des maisons qu'on a déchirées pour lui livrer passage. Il roule au-dessus des rues populeuses, il roule sous la terre fertile, sort du tunnel, en éclatant comme une bombe, traverse la Tamise, et disparaît de nouveau, comme s'il avait fait explosion dans le jet de fumée, de lumière et de vapeur qui a franchi la rivière. Quelques minutes se passent; il retraverse le fleuve, ainsi qu'une fusée, délaissant les courbes des rives, dont il s'éloigne avec mépris, et allant droit à son but comme le temps, auquel peu importe que les ondes vivantes s'élèvent ou s'abaissent, qu'elles réfléchissent les clartés célestes ou les ténèbres, les rayons ou les nuages, produisent leurs petites moissons d'herbe ou de fleurs, se courbent ici, fassent un détour là-bas, soient troublées ou limpides, calmes ou turbulentes; car en dépit de la diversité de leurs sources et de leurs efforts, elles se dirigent toutes vers le même océan qu'elles ne peuvent éluder.

Après le chemin de fer, course en voiture au bord du fleuve, qui glisse dans la nuit avec solennité, comme toute chose qui, soit dans l'ombre, soit au grand jour, cède avec calme à l'attraction de l'aimant éternel.

Plus ils approchent de la chambre où est Eugène, plus ils craignent de n'y pas retrouver son délire. Enfin ils aperçoivent la petite clarté de sa fenêtre, et leur espoir se ranime, bien que Lightwood se dise que, s'il était mort, Elle n'en serait pas moins près de lui. Mais il est calme, et plongé dans un demi-sommeil. Bella entre dans la chambre, un index levé, pour imposer silence, et va embrasser Lizzie. Personne ne parle; ils s'asseyent tous, et attendent sans rien dire.

Mêlées à l'écoulement du fleuve, et à la course du train, ces questions reviennent à l'esprit de Bella : « Que signifie cette énigme? Pourquoi ne pas voir mister Lightwood, pourquoi toujours l'éviter? Cette épreuve qu'elle doit subir, quand viendra-t-elle? John a parlé d'un triomphe qui dépendait de la confiance qu'elle aurait en lui — rendre triomphant celui qu'elle aime! — il a dit ce mot-là, un mot qui ne sortira pas de son cœur. »

La nuit touche à sa fin quand Eugène ouvre les yeux. Il demande l'heure qu'il est, et si Mortimer est de retour. Lightwood s'approche, et lui dit que tout est prêt.

« Cher ami, reprend Eugène avec un sourire, nous te remercions tous les deux. Lizzie, dites-leur qu'ils sont les bienvenus, et que, si j'en avais la force, je les remercierais éloquemment.

— Nous le savons bien, dit le pasteur. Êtes-vous mieux, mister Wrayburn?

— Je suis heureux, dit Eugène.

— Mieux aussi, j'espère? » redemande mister Milvey.

Eugène indique Lizzie du regard, comme s'il voulait dire qu'il faut l'épargner, et ne répond rien.

Ils se sont levés tous; le révérend Milvey profère les paroles consacrées, paroles si rarement unies aux ombres de la mort, si étroitement liées aux pensées joyeuses, à l'idée de vie, de santé et d'espoir. Bella se rappelle son mariage, si plein de joie et de soleil, et pleure tout bas.

Missis Milvey, suffoquée par la pitié, pleure également; et Jenny, les mains jointes, fond en larmes derrière son rideau de cheveux. Penché au-dessus d'Eugène, les yeux fixés sur lui, et lisant à voix basse, mais d'une façon nette, le révérend Milvey exerce son ministère avec une simplicité convenable. Comme il est impossible au marié de mouvoir la main, le pasteur la lui touche avec l'anneau, et met celui-ci au doigt de l'épouse.

Après la cérémonie, tout le monde ayant quitté la chambre, Lizzie passe son bras sous la tête d'Eugène, et met la sienne sur l'oreiller.

« Va ouvrir les rideaux, lui dit-il au bout de quelques instants; voyons notre jour de noces. »

Le soleil se levait, et ses premiers rayons traversaient la fenêtre au moment où Lizzie, revenue près du blessé, posait ses lèvres sur les siennes.

« Béni soit ce jour, dit Eugène.

— Je le bénis, répondit-elle.

— Un pauvre mariage que tu as fait-là, ma bien-aimée; un corps sans mouvement, qui bientôt ne sera plus rien, même pour toi, pauvre veuve!

— Ce mariage, j'aurais donné tout au monde pour oser l'espérer.

— Tu t'es sacrifiée, reprit-il en secouant la tête; mais tu as servi ton cœur; ce qui m'excuse, c'est que d'abord tu l'avais jeté au vent.

— Non; je vous l'avais donné.

— C'est la même chose, pauvre Lizzie.

— Pas du tout; assez parlé d'ailleurs; chut! »

Elle vit ses yeux se mouiller de larmes, et le supplia de les fermer. « Non, dit-il; laisse-moi te regarder pendant que je le peux encore, brave et noble fille, si dévouée, si grande! »

Les yeux de Lizzie se mouillèrent à leur tour; puis quand Eugène, réunissant toutes ses forces, posa sur elle sa tête blessée, elle ne put retenir ses larmes, et ils pleurèrent tous les deux.

« Quand tu me verras m'en aller, dit-il après un instant de silence, prononce mon nom, Lizzie; et je reviendrai.

— Oui, cher Eugène.

— Tu vois, reprit-il en souriant, j'étais déjà parti. »

L'extrême faiblesse de ce corps fracturé, épave inerte et douloureuse, était ce qu'il y avait de plus alarmant; cependant Eugène parut se sentir moins mal.

« Ah! Lizzie, ma bien-aimée, dit-il, si j'allais en revenir, comment reconnaître ce que tu as fait?

— N'ayez pas honte de moi, répondit-elle, et vous aurez tout payé; et même bien davantage.

— Une vie entière n'y suffirait pas, Lizzie.

— Alors vivez longtemps; vivez pour moi, Eugène, pour vous acquitter, pour voir comme je travaillerai, afin que vous ne rougissiez pas de mon ignorance.

— Pauvre chérie, dit-il avec un peu du ton d'autrefois, ce que j'ai de mieux à faire n'est-il pas de mourir?

— Oui, pour me briser le cœur.

— Je ne songeais pas à cela; je me disais que, dans ta compassion pour ce pauvre blessé, tu en pensais tant de bien, tu l'aimais si tendrement...

— Oh! oui; bien tendrement, Dieu le sait!

— Dieu sait aussi le prix que j'y attache; et si je vivais, tu me verrais bien vite tel que je suis.

— Je verrais que mon Eugène a une foule de qualités, et la résolution d'en faire bon usage.

— Je le voudrais, ma Lizzie, dit-il d'un air mi-sérieux, mi-plaisant; mais je n'ai pas la vanité de le croire; comment le pourrais-je, en songeant à ce caractère frivole, à ma jeunesse gaspillée?... Non; ma conscience en a le pressentiment: si je vivais, je tromperais ton espoir et le mien, Lizzie. Tu vois bien qu'il faut que je meure. »

XII

L'OMBRE QUI PASSE

Les vents avaient soufflé, la marée avait monté et descendu, la terre avait tourné sur elle-même un certain nombre de fois, et le navire inconnu, ayant fait une heureuse traversée, avait apporté au cottage un bébé du nom de Bella. Excepté son mari, personne au monde d'aussi heureux que missis Rokesmith.

— Et maintenant, cher ange, ne voudrais-tu pas être riche?

— Singulière question, John; est-ce que je ne le suis pas? »

Ces paroles étaient dites à côté du berceau de la petite Bella; un bébé d'une prodigieuse intelligence, qui repoussa tout d'abord la société de sa grand'mère, et dont l'estomac était pris d'aigreurs subites, dès que cette noble dame l'honorait de quelque attention.

Rien de plus charmant que de voir Bella contempler ce petit minois, y retrouver ses propres fossettes, comme si elle se fût regardée dans la glace sans vanité personnelle.

« Cet enfant la rajeunit à mes yeux, disait le Chérubin à son gendre ; il me rappelle l'époque où elle avait une poupée favorite avec qui elle babillait, en la promenant çà et là. »

On aurait pu mettre la terre au défi de produire un second bébé auquel fût dit une quantité d'aimables non-sens pareille à celle qui était dite ou chantée à ce merveilleux poupon ; un second bébé qui fût habillé et déshabillé aussi souvent dans les vingt-quatre heures, ou tenu derrière les portes et montré tout à coup pour surprendre papa ; un bébé, en un mot, à qui la joie orgueilleuse d'une mère inventive, fît accomplir la moitié des bébéages qu'exécutait celui-ci.

Cet intarissable bébé avait deux ou trois mois lorsque Bella remarqua un nuage sur la figure de son mari. Peu à peu le nuage devint plus sombre, et annonça une anxiété croissante qui causait une vive inquiétude à la jeune femme. Elle avait réveillé plus d'une fois son mari lorsqu'il parlait en dormant ; et, bien que ce fût le nom de Bella qu'elle lui entendit murmurer, il n'en était pas moins évident pour elle que cette agitation révélait de grands soucis. Elle finit donc par faire valoir ses droits, et réclama la moitié du fardeau. « Tu le sais John, on peut se fier à moi dans les choses graves ; et ce n'est pas une bagatelle, assurément, qui te tourmente. C'est très-bon de ta part, je le reconnais, de vouloir me cacher ce qui me ferait de la peine ; mais, John aimé, c'est impossible.

— J'avoue, mon ange, que j'ai une certaine inquiétude.

— A quel propos ? Je veux le savoir. »

John éluda la question. « N'importe, se dit-elle résolûment ; il désire que j'aie en lui une foi pleine et entière, il ne sera pas désappointé. »

Un jour qu'elle avait à faire quelques emplettes, Bella dit à son mari qu'elle irait le rejoindre à Londres. John se trouva au débarcadère ; elle prit son bras, et tous les deux s'en allèrent en flânant. Il était de joyeuse humeur, bien que revenant toujours sur la fortune qui leur manquait, demandant à Bella si telle voiture ne lui plairait pas, et quels seraient les objets qu'elle aimerait à posséder. Bella n'en savait rien ; elle avait tout ce qu'elle désirait, et ne pensait pas à autre chose. Cependant elle finit par avouer qu'elle serait heureuse de pouvoir faire au merveilleux bébé une nursery comme il n'en existe pas : un véritable arc-en-ciel, car elle était sûre qu'il aimait les couleurs vives ; dans l'escalier, les fleurs les plus exquises ; car il était certain que bébé regardait les fleurs ; puis quelque part une grande volière ; car bébé remarquait les oiseaux, cela ne faisait pas le moindre doute. « Y a-t-il encore autre chose ? » Nullement ; les goûts de bébé étant satisfaits, Bella ne souhaitait plus rien.

« Pas un bijou ? » insinua John. Ah ! si ; par exemple, un coffret en ivoire plein de bijoux, cela fait très-bien sur une table de toilette.

Toujours flânant et babillant, l'heureux couple tourna le coin de la rue, et les beaux rêves s'évanouirent : Rokesmith se trouvait face à face avec Lightwood. Mortimer s'arrêta stupéfait ; Rokesmith changea de couleur.

« Je ne savais pas avoir déjà rencontré monsieur, balbutia Mortimer.

— Vous m'aviez dit ne l'avoir jamais vu, répondit Bella.

— En effet, madame, je croyais ne connaître monsieur que de nom.

— Chère amie, expliqua John sans témoigner aucun embarras, lorsque j'ai vu monsieur je m'appelais Julius Handford. » Et il regarda Lightwood.

Julius Handford ! celui qu'on avait réclamé dans les journaux, avec récompense à qui en donnerait des nouvelles !

« Je n'aurais pas, madame, mentionné le fait devant vous, dit respectueusement Lightwood ; mais puisque monsieur a jugé à propos d'en parler, je confirmerai cette assertion. La première fois que j'ai vu monsieur il portait le nom de Julius Handford, et il a dû savoir plus tard combien je désirais le retrouver.

— Assurément, dit John. Mais il n'entrait pas dans mes vues de me faire connaître. « Le hasard, poursuivit-il, nous ayant enfin mis en présence, je n'ai, monsieur, qu'une chose à vous dire : vous savez mon adresse, et je n'en ai pas changé.

— Ma position est vraiment pénible, répondit le solicitor, dont le regard désigna Bella. J'aime à penser, monsieur, que vous n'êtes pour rien dans cette ténébreuse affaire ; mais vous n'ignorez pas que votre conduite, au moins étrange, a fait planer sur vous certain soupçon.

— Je le sais, monsieur.

— Mon devoir, je l'avoue, reprit Mortimer, est en profond désaccord avec mes sentiments personnels ; mais je doute, mister Handford ou mister Rokesmith, qu'il me soit permis de vous quitter sans autre explication. »

Bella saisit la main de son mari.

« Ne t'inquiète pas, lui dit John ; mister Lightwood comprendra qu'il peut fort bien se dispenser de me suivre ; dans tous les cas, mon intention est de le quitter ici.

— Cependant, monsieur, reprit Mortimer, vous avez cru devoir éviter ma présence lorsque je suis allé chez vous, à propos du mariage de miss Hexam ; vous le nieriez difficilement.

— Je ne le nie pas, monsieur ; j'avoue même que je vous

aurais évité, avec le même soin, tant que la chose aurait été possible. Mais je rentre chez moi, et j'y serai demain jusqu'à midi. J'espère, monsieur, que nous ferons plus ample connaissance; en attendant, j'ai l'honneur de vous saluer. »

Le soir, après le dîner, Rokesmith dit à sa femme, qui avait conservé toute sa bonne humeur : « Tu ne m'as pas demandé pourquoi j'avais pris le nom de Julius Handford?

— J'aurais bien envie de le savoir, dit-elle, mais j'attendrai que tu me le dises; je tiens à te prouver mon entière confiance. »

Si elle eût chancelé dans sa résolution, le regard triomphant de John l'y aurait affermie.

« Tu ne croyais pas, mon ange, que ce mystérieux Handford était précisément celui que tu avais épousé?

— Certes, non.

— Bientôt la vérité se fera jour; jusque-là, dit John en l'attirant près de lui, n'oublie pas mes paroles : je ne cours aucun danger; aucun, sois-en certaine.

— Bien sûr, John?

— Très-sûr; de plus, ma conscience est tranquille; je n'ai fait de tort à personne; faut-il te le jurer?

— Oh! pas à moi, dit-elle d'un air fier en lui fermant la bouche.

— Cependant les faits m'accusent. Mister Lightwood a parlé d'une affaire ténébreuse; es-tu préparée à entendre ce qu'il a voulu dire?

— Très-préparée.

— Eh bien! cher ange, on m'attribue le meurtre de John Harmon.

— On ne peut pas te soupçonner, s'écria-t-elle.

— Parfaitement, puisqu'on m'accuse. »

Elle attacha sur lui un regard plein d'amour. « Comment ont-ils pu l'oser? dit-elle avec indignation; mon John, mon bien-aimé, comment ont-ils pu?... » reprit-elle en ouvrant les bras.

Il la prit dans les siens, et la serra sur son cœur. « Tu crois à mon innocence? dit-il.

— De toute mon âme; si j'en doutais, je tomberais morte à tes pieds. »

Il la regarda d'un air de triomphe, en demandant ce qu'il avait fait pour mériter un si noble amour. Elle lui mit de nouveau la main sur les lèvres; puis, de cette façon à la fois simple et touchante qui lui appartenait, elle lui dit que, fût-il accusé par toute la terre, elle ne l'en croirait pas moins innocent; que, fût-il repoussé par tout le monde, elle serait heureuse à ses côtés; que, fût-il infâme aux yeux de tous, il resterait pour elle plein d'honneur; qu'elle emploierait ses jours à le consoler, à le soutenir, et à communiquer à leur enfant la vénération qu'elle garderait pour lui.

Un crépuscule plein de douceur termina cette brillante journée. Bella et John avaient laissé venir la nuit, et s'abandonnaient au charme de cette heure paisible, quand une voix les fit tressaillir.

« Que madame ne s'effraye pas si je me procure de la lumière, » disait-on avec politesse.

On entendit le frottement d'une allumette, puis un point lumineux brilla aussitôt dans une main. L'allumette, la main et la voix, ainsi que le reconnut John, appartenaient à M. l'inspecteur, celui que nous avons vu méditer et agir au début de cette chronique. « Je prends la liberté, dit-il d'un ton officiel, de me rappeler au souvenir de mister Julius Handford, qui m'a donné son adresse à mon bureau, il y a de cela fort longtemps. Madame me permet-elle d'allumer les bougies qui sont sur la cheminée? Vous consentez, madame? Je vous remercie; nous voilà plus gaiement. »

M. l'inspecteur, redingote bleue boutonnée jusqu'en haut, s'inclinant devant Bella en s'appliquant le mouchoir aux narines, présentait l'aspect d'une sorte de Royal-Arms en demi-solde, appelé à d'autres fonctions.

« Vous avez bien voulu, dit-il, m'écrire votre nom et votre adresse; les voici tels que vous me les avez donnés. L'écriture que je trouve sur la feuille volante de ce livre : « A mis- « tress John Rokesmith, offert par son mari à l'occasion de son « jour de naissance, » — rien de plus doux que de pareils souvenirs, — est absolument la même. Pourriez-vous, mister Handford, m'accorder quelques instants?

— Oui, monsieur, vous pouvez parler.

— Mais, reprit l'inspecteur en portant de nouveau son mouchoir à ses narines, bien qu'il n'y ait pas de quoi s'inquiéter, les dames appartenant à ce sexe fragile qui n'est pas habitué aux affaires (si ce n'est à celles du ménage), s'alarment d'un rien, et je me suis fait une règle de ne jamais traiter de pareilles questions devant elles. Donc, si madame voulait être assez bonne pour aller jeter un coup d'œil sur Bébé.....

— Missis Rokesmith... » commença le mari.

Sur quoi notre fonctionnaire, prenant ces paroles pour une présentation, s'inclina galamment. « Heureux, dit-il, d'avoir cet honneur.

— Missis Rokesmith, reprit John, sait fort bien qu'elle n'a point à s'alarmer, quelle que soit la chose que vous ayez à me dire.

— Vraiment! répondit l'inspecteur avec quelque surprise; mais c'est un sexe qu'on n'a jamais fini d'étudier; il n'est rien qu'une femme ne puisse accomplir quand elle l'a résolu; la mienne est dans ce cas-là. Eh bien! madame, ce cher monsieur, dont vous êtes l'épouse, a été la cause d'une foule de démarches qu'il nous aurait épargnées s'il était venu me donner les explications dont on avait besoin. Il ne l'a pas fait; c'est à merveille. Conséquemment vous pensez, et vous avez bien raison, qu'il n'y a pas lieu de s'alarmer de la demande que j'ai à lui faire; en d'autres termes, pas d'inquiétude à avoir si je le prie de venir avec moi pour qu'il puisse s'expliquer. »

Ces derniers mots furent prononcés par M. l'inspecteur d'une voix plus vibrante, et accompagnés d'un regard qui brilla d'un éclat officiel.

« Est-ce une arrestation? demanda froidement Rokesmith.

— Pourquoi discuter? répondit l'inspecteur avec bienveillance. Il doit suffire que je vous propose de venir avec moi.

— Dans quel but?

— Le ciel me bénisse! pourquoi discuter? Je n'en reviens pas: un homme de votre éducation!

— De quoi m'accusez-vous?

— Devant une dame, monsieur! dit l'inspecteur en hochant la tête d'un air de reproche. Un homme bien élevé, n'avoir pas plus de délicatesse! Eh bien! donc, vous êtes soupçonné d'avoir trempé dans l'affaire Harmon. Que ce soit avant le meurtre, que ce soit après, je n'en dis rien. Je ne dis pas non plus que, sachant le fait, vous l'ayez caché par un motif quelconque.

— Dans tous les cas, répondit John, vous ne m'avez pas surpris; je vous attendais ce soir.

— Ne discutez pas, répliqua l'inspecteur; je dois vous en informer, toutes vos paroles se tourneraient contre vous.

— Je ne le pense pas.

— Je vous en réponds, monsieur. Et maintenant que vous êtes averti, persistez-vous à dire que vous attendiez ma visite?

— Oui, monsieur; je vous en dirai davantage si vous voulez passer avec moi dans la chambre voisine. »

Ayant donné un baiser rassurant à sa femme, Rokesmith, à qui l'inspecteur eut l'obligeance d'offrir le bras, prit une bougie et sortit avec ce dernier. Leur conférence dura environ une demi-heure; quand ils revinrent auprès de Bella, le visage du fonctionnaire exprimait un profond étonnement.

« J'ai invité monsieur à faire une promenade avec nous, dit John; tu dois être de la partie; offre-lui de se rafraîchir, il prendra quelque chose pendant que tu mettras ton chapeau. »

M. l'inspecteur ne voulut pas manger, mais accepta un verre d'eau avec un peu d'eau-de-vie. Tout en mêlant les deux liquides, et en sirotant le mélange d'un air méditatif, il se livrait de temps à autre à de courts soliloques, qui témoignaient de sa surprise. « Jamais rien vu de pareil. Égaré complétement! Un jeu à faire voir de quelle étoffe est l'opinion qu'on a de soi-même. » Et il se mettait à rire de l'air à demi content, à demi piqué d'un homme qui a jeté sa langue aux chiens, après s'être creusé la tête pour deviner, et qui apprend le mot de l'énigme.

Bella était si effrayée qu'elle n'osait pas lever les yeux; elle remarqua néanmoins, par une sorte d'intuition, qu'il y avait un grand changement dans les manières de l'inspecteur vis-à-vis de John. Sa physionomie d'agent de police, accompagnant son homme, se fondait en longs regards rêveurs allant de Rokesmith à la jeune femme; et il se passait lentement la main sur le front, comme pour effacer les rides que ses recherches y avaient creusées. Des satellites, qui, sifflant et toussant, gravitaient d'abord autour de lui, avaient été congédiés; au coup d'œil qu'il avait jeté sur John à ce moment-là, on aurait dit qu'il avait eu l'intention de lui rendre un service, et que malheureusement quelqu'un l'avait prévenu. Si Bella avait eu moins peur de lui, peut-être en aurait-elle vu davantage? Elle se le disait à elle-même, sans pouvoir rien décider à cet égard. Tout cela était pour elle d'une obscurité complète, et pas le moindre éclair ne lui traversait l'esprit. L'attention plus soutenue dont elle était l'objet de la part de l'inspecteur, la façon dont il relevait les sourcils quand leurs regards se rencontraient, comme pour lui dire: Eh bien! vous ne devinez pas? augmentaient son inquiétude.

Ainsi lorsque, vers neuf heures, ayant débarqué à Londres, et pris une voiture qui leur fit longer la rivière, passer parmi les docks et les escales, traverser des lieux étranges, Bella était comme en rêve; complétement incapable de s'expliquer pourquoi elle était là, ni de prévoir ce qui allait arriver; ne sachant rien du présent, si ce n'est qu'elle avait confiance en John, et que John était plus triomphant que jamais. Ils descendirent enfin près d'une cour où se voyait un bâtiment, avec porte à guichet, surmontée d'une lanterne brillante. Le bon état de cette maison la distinguait de ses voisines, et s'expliquait par ces mots vivement éclairés: STATION DE POLICE.

« Nous n'allons pas entrer là, John? dit Bella en se serrant contre son mari.

— Si, ma chère; mais sois tranquille, nous en sortirons facilement. »

La salle aux murailles passées à la chaux, était d'un blanc

aussi pur qu'autrefois; le livre continuait d'y être paisiblement tenu, sur la même table et de la même façon; et, comme autrefois on entendait une femme ivre hurler et cogner à la porte de sa cellule. Ce sanctuaire n'était pas un lieu de détention permanente, mais une sorte d'entrepôt criminel. Les vices et les passions basses y étaient régulièrement enregistrés, magasinés, puis expédiés avec lettre de voiture, et y laissaient peu de traces.

M. l'inspecteur mit deux chaises devant le feu, pria le jeune couple de s'asseoir, et parla tout bas à un frère de son ordre, ayant également la tenue militaire, et que, d'après ses occupations actuelles, on aurait pu prendre pour un maître d'écriture faisant une copie. La conférence terminée, M. l'inspecteur s'approcha du feu, et dit qu'il allait dans le voisinage voir comment les choses se passaient. Il revint bientôt; les choses allaient à merveille, et tous les trois sortirent de la salle.

Bella croyant toujours rêver, entra dans un vieux cabaret, fort bien tenu d'ailleurs, et se trouva dans une petite pièce en forme de tricorne, située en face du comptoir; petite pièce nommée *Cosy* d'après l'inscription qu'on lisait sur la porte, et où M. l'inspecteur les avait fait passer en étendant les bras comme s'il avait mené des moutons.

« Maintenant, dit le fonctionnaire en baissant un peu le gaz, qu'on avait allumé à leur intention, je vais aller comme par hasard prendre quelque chose avec eux; et quand je prononcerai le mot *identité*, vous voudrez bien paraître. »

John fit un signe affirmatif à l'inspecteur, qui se rendit au guichet du bar. L'agent ayant laissé la porte entr'ouverte, Rokesmith et Bella aperçurent, du fond du cosy, un petit groupe de trois individus qui soupaient dans le bar, et dont la conversation arrivait jusqu'à eux.

« Le froid est pénétrant, dit l'inspecteur à ces trois personnages, parmi lesquels se trouvait miss Potterson.

— Il faut qu'il le soit bien pour l'être autant que vous, répondit l'hôtesse.

— Merci du compliment, miss Abbey.

— Et qu'avez-vous en main pour le quart d'heure?

— Pas grand'chose, miss.

— Vous avez du monde dans le cosy; peut-on vous demander qui c'est, sans nuire aux profondes combinaisons que vous faites dans l'intérêt des honnêtes gens? dit l'hôtesse, qui était fière du génie de l'inspecteur.

— Un gentleman et sa femme dont je vais avoir besoin, répondit celui-ci; c'est-à-dire du gentleman.

— En attendant, monsieur, voulez-vous souper avec nous? »

L'officier de police entra dans le bar et alla s'asseoir en face des convives.

« Merci, dit-il, je soupe beaucoup plus tard; mais je prendrai avec plaisir un verre de flip, si toutefois c'est du flip que je vois auprès du feu.

— Certainement, répondit l'hôtesse, du flip de ma façon; et si vous en trouvez de meilleur, vous me direz à quel endroit; je serai bien aise de le savoir. » Elle remplit un verre du liquide fumant, le passa au fonctionnaire, et remit le pot à côté du feu; ses convives n'en étaient pas encore au flip.

« Ah! voilà qui est parfait! Il n'est pas d'agent dans tout le service de sûreté qui puisse découvrir mieux que cela.

— Vous me faites plaisir, dit l'hôtesse; car vous êtes connaisseur.

— A votre santé, miss Abbey; à la vôtre, mister Patterson, et à celle de mister Kibble; j'espère que vous avez fait tous les deux bon voyage? »

Mister Kibble, un gros homme suintant la graisse, parlant peu, mangeant beaucoup, porta son ale à ses lèvres en disant avec plus de brièveté que de justesse : « Et moi de même.

— Merci, monsieur, répondit Patterson, un demi-marin à figure sympathique et aux manières obligeantes.

— Le ciel me bénisse! s'écria l'inspecteur; parlez-moi des carrières pour mettre leurs cachets sur les hommes; qui ne verrait tout de suite que votre frère est steward, miss Abbey? Il a une promptitude dans le regard, une sûreté dans les mouvements, une activité, un quelque chose dans toute sa personne qui vous rassure, et vous promet, en cas de mal de mer, que le bassin arrivera à propos; enfin tout ce qui caractérise un steward. Et mister Kibble: passager des pieds à la tête; une tournure commerciale à vous le faire créditer de cinq cents livres. Ne voyez-vous pas la mer briller dans toute sa personne?

— Non, monsieur, répondit miss Abbey. Quant à la place de steward, il est temps que mon frère y renonce. Je veux me retirer; et s'il ne la prend pas, la maison tombera; je ne la vendrai ni pour or, ni pour argent à quelqu'un dont je ne serai pas sûre; il faut qu'on y fasse la loi, comme je l'y ai faite moi-même.

— Bien parlé, dit l'inspecteur; ce serait dommage; pas de maison mieux tenue — que dis-je? à moitié aussi bien tenue que celle-ci. Oui, mister Kibble; demandez une perfection, et jusqu'au dernier constable, chacun vous indiquera les *Joyeux-Portefaix*.

Mister Kibble approuva d'un signe de tête.

« Et vous pouvez dire, continua l'inspecteur, que le temps a glissé près de vous, comme si c'était l'un de ces animaux auxquels on graisse la queue dans les fêtes de village. On ne croirait jamais qu'il s'est écoulé des années depuis l'époque où mister Potterson, mister Kibble, et un certain fonctionnaire, ici présent, se sont vus la dernière fois à propos d'une constatation d'identité. »

Le mari de Bella quitta doucement le cosy, et s'arrêta à la porte du bar.

« Oui, des années, continua lentement l'inspecteur, en observant les deux convives, des années depuis que, tous les trois, nous avons assisté ici-même à une enquête — seriez-vous malade, mister Kibble? »

Celui-ci, la bouche béante, s'était levé en chancelant; et prenant le steward par l'épaule, dit enfin en lui montrant la porte: « Regardez là, Potterson, regardez! »

Potterson bondit, et reculant d'un pas : « Que le ciel nous protége ! dit-il. »

Rokesmith retourna dans le cosy, dont il ferma la porte; car la frayeur des deux hommes avait terrifié Bella. Des voix animées, parmi lesquelles la voix de l'inspecteur était la plus active, retentirent dans le bar; puis elles s'apaisèrent peu à peu ; le bruit finit par s'éteindre, et l'inspecteur reparut.

« Des mots très-vifs, dit-il en adressant un clignement d'yeux à Rokesmith ; faisons partir madame. »

Bella et son mari furent immédiatement dehors, et regagnèrent seuls la voiture qui les avait amenés. Tout cela était fort extraordinaire ; la seule chose que Bella pût comprendre c'était que John se trouvait justifié. Par quel moyen ? elle l'ignorait complétement, et ne s'expliquait pas davantage comment le soupçon avait pu l'atteindre. Peut-être une ressemblance frappante avec Julius Handford. Dans tous les cas il avait l'air si heureux que pour l'instant elle s'inquiétait peu du reste.

« Une grande nouvelle, lui dit-il le lendemain en rentrant pour dîner. J'ai quitté les articles de Chine. » Comme il avait l'air satisfait, Bella comprit que ce n'était pas un malheur. « Oui, mon ange, la maison est tombée; elle n'existe plus; c'est fini.

— Tu as donc une autre place, John?

— Certainement; une place bien meilleure. »

Aussitôt Bébé fut mis en action pour féliciter ce cher John, et accompagna de son petit bras manchot le hourrah national.

« J'ai peur, mon amour, que tu ne sois très-attachée à ce cottage, reprit John.

— Très-attachée; mais cela n'a rien d'effrayant.

— Je dis cela parce qu'il faut que nous le quittions.

— Oh! John!

— Oui, chère; il nous faut déménager; aller demeurer à Londres, où nous serons logés pour rien.

— C'est un bénéfice.

— Sans aucun doute. »

Il arrêta sur elle un regard si plein de sous-entendus, que Bébé écarta ses petits bras à fossettes, et lui demanda d'un ton sévère ce qu'il entendait par là.

« Tu as parlé de bénéfice; j'ai dit sans aucun doute; rien n'est plus naturel.

— Mais ce logement, reprit-elle avec une vivacité charmante, ce logement conviendra-t-il pour Bébé, John? c'est là toute la question.

— Je l'ai si bien compris, cher trésor, que je me suis arrangé pour que tu viennes demain le voir avec moi. »

Il fut convenu de l'heure à laquelle on partirait; John embrassa femme et enfant; et Bella fut enchantée.

Le lendemain ils s'embarquèrent: arrivés à Londres, ils prirent une voiture qui les mena du côté de l'ouest, et non-seulement à l'ouest, mais dans cette partie du West-End que Bella avait traversée le jour où elle avait quitté les Boffin; non-seulement dans le quartier, mais dans la rue; non-seulement dans la rue, mais à la porte même de l'hôtel.

« John! s'écria Bella en se penchant à la portière, vois-tu où nous sommes?

— Oui, mon amour. »

La porte ouverte, sans qu'il eût frappé ou sonné, John descendit de voiture, et donna la main à Bella. Le domestique ne leur fit pas de questions, et ne les précéda ni ne les suivit. Il fallut que John entraînât sa femme pour qu'elle montât l'escalier. Partout les plus belles fleurs, disposées avec le meilleur goût. « Oh! John, murmura Bella, qu'est-ce que tout cela veut dire?

— Rien, ma chérie; mais il faut avancer. »

Au premier étage une immense volière, remplie d'oiseaux rares, et faisant briller leur parure plus éclatante que les fleurs. Un bassin au milieu de la volière, un jet d'eau, des poissons vêtus d'or et d'argent, des mousses, des nénuphars, toutes sortes de merveilles. « Mais John! qu'est-ce que cela signifie?

— Rien, mon ange, avançons. »

Au moment où John va ouvrir la porte, Bella lui prend la main. « Attends un peu, dit-elle; je me sens défaillir. »

Il lui passe le bras autour de la taille, et la fait entrer dans la chambre. Missis Boffin est rayonnante; des larmes de joie inondent son aimable visage. Elle bat des mains, s'élance vers Bella qu'elle presse sur son cœur. « Chère fille ! quand je pense que nous l'avons vu marier, Noddy et moi, sans pouvoir lui souhaiter d'être heureuse, ni même lui dire que nous étions là ! Chère femme de John, mère de son petit enfant, ma belle chérie, mon trésor, ma toute brillante, soyez la bienvenue dans votre propre demeure. »

XIII

EXPLICATION

Au milieu du vertige que lui causaient toutes ces merveilles, ce qui paraissait de plus merveilleux à Bella c'était la figure du boueur. Que missis Boffin éprouvât une joie sincère, qu'elle fût toute expansion et franchise, que son visage ne reflétât que des sentiments nobles et généreux, n'avait rien d'étonnant pour la jeune femme: c'était ainsi qu'elle l'avait toujours connue. Mais que le vieux boueur eût cet air de jubilation, qu'il les regardât, elle et John, avec cette bonne figure rougeaude, ces yeux pétillants de gaîté, comme un gros bon génie d'humeur joviale, c'était miraculeux. Quelle différence avec la physionomie qu'il avait lors de cette affreuse scène, qui s'était passée là, dans cette même pièce ! Qu'étaient devenues ces lignes creusées par le soupçon, la cupidité, l'avarice, et qui le défiguraient ?

Placée entre John et Bella, qu'elle avait fait asseoir sur l'ottomane en face du vieux boueur qui rayonnait de plus en plus, missis Boffin laissa déborder sa joie. Elle battit des mains, se frappa les genoux en se balançant, prit sa toute belle dans ses bras, et, passant d'un accès de gaieté à un accès de tendresse, ne cessait de l'embrasser que pour éclater de rire.

« Vieille lady, vieille lady ! s'écria enfin mister Boffin, si tu ne commences pas, il faudra qu'un autre s'en mêle.

— Je commence, Noddy, je commence : c'est que, vois-tu, dans un pareil bonheur, la chose n'est pas facile ; on ne sait par où s'y prendre. Bella, ma chère, qui ai-je à côté de moi ?

— Mon mari, dit Bella.

— Je le sais bien ; mais comment s'appelle-t-il ?

— Rokesmith.

— Pas du tout, répliqua missis Boffin en battant des mains et en secouant la tête.

— C'est donc Handford? reprit Bella.

— Pas du tout, répéta l'excellente femme en frappant dans ses mains et en secouant de nouveau la tête, pas du tout, pas du tout.

— Je suppose au moins qu'il s'appelle John, dit Bella.

— Je crois bien, dit l'excellente créature; je l'ai appelé John assez de fois dans ma vie. Mais ce n'est pas du petit nom que je parle; c'est de l'autre. Voyons, ma charmante, quel est son vrai nom?

— Je ne devine pas, dit-elle en les regardant tour à tour.

— Eh bien! moi je l'ai deviné, s'écria missis Boffin, deviné tout d'un coup, un beau soir, comme par un éclair. N'est-ce pas, Noddy?

— C'est pourtant vrai! dit le boueur avec orgueil.

— Écoutez-moi, mignonne, poursuivit l'excellente femme en prenant la main de Bella entre les siennes, et en la frappant de temps à autre. C'était un soir où le pauvre John était bien triste; le lendemain du jour où il avait ouvert son cœur à une certaine jeune fille qui avait refusé ses offres. Dans son chagrin, il avait résolu de partir pour aller je ne sais où; et c'était le soir même qu'il devait nous quitter. Mon Noddy avait besoin d'un papier qui se trouvait chez le secrétaire, et je lui dis: reste-là, je vais aller le demander. Je frappe à la porte; il ne m'entend pas. J'entre tout doucement; je le vois assis près de la cheminée, et regardant la braise d'un air pensif. Quand il releva les yeux, il se mit à sourire, comme si ma compagnie ne lui avait pas déplu. Alors tous les grains de poudre qui s'étaient amassés dans ma tête, depuis la première visite qu'il nous avait faite, s'enflammèrent tout à coup. Je l'avais vu trop de fois assis comme cela, tout seul, quand il était enfant, pauvre ange! tirant la pitié du cœur; je l'avais vu trop de fois ayant besoin d'être consolé, bien trop de fois pour que ce fût une méprise. Non, non, je ne me trompais pas. Je jette un cri : « Je vous reconnais, que je lui dis, vous êtes John! » et il me retient au moment où j'allais tomber. De sorte qu'à présent, ma belle, dit l'excellente femme avec le plus radieux sourire, vous savez le nom de votre mari.

— Cela ne peut pas être Harmon, balbutia Bella; c'est impossible.

— Pourquoi cela, quand il y a tant de choses impossibles qui existent? demanda missis Boffin.

— Mais il a été tué, murmura la jeune femme.

— On l'a cru, mignonne; voilà tout. Si jamais il y a eu sur terre un John Harmon, c'est bien celui dont le bras vous entoure.

ma jolie. Si John Harmon a jamais été marié, c'est avec vous, ma belle ; et si la femme de ce cher John a un joli bébé, c'est bien celui-ci. »

Par un coup de maître la porte venait de s'ouvrir, et le merveilleux bébé apparaissait dans l'air au moyen de quelque truc invisible. Missis Boffin s'élança vers lui et le déposa sur les genoux de sa mère, où Noddy lui-même vint le couvrir de caresses. Cette apparition opportune empêcha Bella de s'évanouir, et John put lui expliquer comment il avait passé pour mort et avait été accusé de son propre meurtre ; enfin de quelle fraude il s'était rendu coupable à son égard, fraude pieuse qui l'avait tant tourmenté depuis qu'approchait l'instant de la révélation, car il ne savait pas si elle accepterait le motif qui l'y avait fait recourir.

« Bah ! s'écria missis Boffin en frappant dans ses mains, elle nous a donné raison ; soyez bénie, ma charmante. Et puis, d'ailleurs, il n'était pas seul à vous tromper : nous en étions tous.

— Je ne comprends pas, dit Bella.

— Naturellement ; il faut d'abord qu'on vous explique. Donnez-moi vos deux mains, c'est cela, entre les miennes, et vous allez tout savoir, dit l'excellente femme en l'embrassant. Que vous êtes donc jolie avec ce petit portrait de vous-même sur les genoux ! Oui, ma belle, je commence : un, deux, trois, et les chevaux sont partis. Voilà donc que je m'écrie ce certain soir : « Je vous reconnais, vous êtes John ; » ce sont-là mes vraies paroles.

— Je les entends encore, dit John en posant la main sur celle de missis Boffin.

— Très-bien ! dit la bonne créature : laissez votre main là, John, et, puisque nous étions tous les trois, Noddy va mettre sa main sur la vôtre ; on ne se retirera que quand l'histoire sera finie. »

Mister Boffin prit une chaise, et ajouta sa large main brune à la pile qui venait de se former.

— Parfait ! dit sa femme en baisant cette bonne grosse main, c'est comme un bâtiment de famille ; ne trouvez-vous pas ? mais je reprends mon histoire. Je vous reconnais que je lui dis, vous êtes John, et le voilà qui me ratrappe au moment où je tombais ; mais je ne suis pas mince, et, le ciel le bénisse ! il est obligé de m'étendre par terre. Noddy entend du bruit, et le voilà qui arrive en trottant. Dès que je reviens à moi, je l'appelle, en lui disant : Noddy, je peux bien dire comme j'ai dit le jour où il est venu au Bower : « Que le Seigneur soit béni ! car voilà John. » Là-dessus il fait un haut-le-corps, et va rouler sous le bureau. Ça me remet tout à fait, je me relève; et nous voilà pleurant de joie tous les trois.

— Oui, mon ange, ils pleuraient de joie! comprends-tu? dit John Harmon; ces deux êtres que mon retour dépouillait, pleuraient de joie en me revoyant. »

Bella regarda son mari d'un air confus, et reporta ses yeux sur la figure rayonnante de missis Boffin.

« Très-bien, ma chère ne faites pas attention à lui, dit l'excellente femme, c'est moi qu'il faut écouter. Nous nous asseyons; on se remet peu à peu, et l'on entre en conférence. John nous raconte son désespoir au sujet d'une certaine jolie personne, et comme quoi, si je ne l'avais pas reconnu, il s'en allait au loin pour ne plus revenir, laissant là sa fortune qui nous serait toujours restée. Vous n'avez pas vu d'homme plus effrayé que Noddy; il y avait de quoi. Penser qu'il aurait eu cette fortune entre les mains, et l'aurait retenue injustement, bien que sans le savoir, jusqu'à son dernier soupir, ça le rendait plus blanc qu'un linge.

— Toi aussi, dit mister Boffin.

— Ne l'écoutez pas, ma chère, c'est moi qui ai la parole. Cela nous amena à causer de la certaine jolie personne, et à s'occuper de ce qu'il y avait à faire. Les circonstances l'ont peut-être un peu gâtée; c'est naturel, disait Noddy; mais ce n'est qu'en dessus; elle a un cœur d'or; j'en mets la main au feu.

— Tu le disais comme moi, la vieille.

— Ne l'écoutez pas. Je continue : oh! si j'en avais la preuve, s'écria John. Et moi de lui répondre avec Noddy, éprouvez-la, et vous verrez. »

Bella tressaillit et lança un coup d'œil à mister Boffin, qui souriait d'un air pensif, en regardant sa large main, sans détourner les yeux.

« Éprouvez-la, John, poursuivit missis Boffin; détruisez vos doutes, et soyez heureux; ce sera la première fois, mais jusqu'à la fin de vos jours. Le voilà tout en l'air; rien de plus sûr. Alors nous lui disons : qu'est-ce qui vous contentera? Si, par exemple, elle prenait votre parti quand on vous dira des choses dures, si, révoltée par l'injustice, elle montrait qu'elle est noble et généreuse, et vous fût dévouée au mépris de ses intérêts : ça suffirait-il? Me suffire! s'écria John; cela me porterait au ciel. Eh bien, reprit mon Noddy, car c'était lui qui disait ça, préparez vous à l'ascension; je vous ferai monter là-haut. »

Bella vit mister Boffin cligner de l'œil tout en regardant sa large main.

« Il faut dire que, tout d'abord, poursuivit missis Boffin en hochant la tête, vous avez été le bijou de Noddy ; c'est certain, et si j'étais jalouse, je ne sais pas ce que je vous aurais fait ; mais la jalousie et moi nous ne nous connaissons pas ; puis à moi aussi, ma beauté (elle rit de tout son cœur et embrassa Bella), vous étiez mon bijou chéri. Mais attention, les chevaux vont tourner le coin. Pour lors mon Noddy, se tenant les côtes, et riant jusqu'à n'en pouvoir plus, dit à John : attendez-vous à recevoir des sottises, et à être mené rudement ; jamais il n'y aura eu de maître plus dur que je ne le serai pour vous. Et il a tenu parole, cria missis Boffin avec admiration. Dieu le bénisse ! le voilà qui commence. »

Bella était à demi-effrayée, à demi-souriante.

« Dieu le bénisse ! si vous l'aviez vu le soir, assis dans ce coin-là, et pouffer de rire en nous disant : j'ai été aujourd'hui un vrai ours brun ; et se presser dans ses bras en riant de plus belle, à la pensée de la brute dont il remplissait le rôle. Et ajoutant chaque soir : de mieux en mieux, la vieille ; tu verras, elle en sortira pure comme l'or ; ce sera le meilleur travail que nous ayons jamais fait. Demain, je serai encore plus féroce ; un vieux ours gris. Et il se remettait à rire ; si bien que John et moi nous étions forcés de lui taper dans le dos, et de le faire boire pour l'empêcher de suffoquer. »

Mister Boffin regardait toujours sa grosse main ; il ne soufflait mot, mais agitait les épaules d'un air joyeux, comme enchanté de ce que racontait la vieille.

« Alors, ma belle et bonne, continua celle-ci, vous l'avez épousé ; et nous étions-là, cachés dans l'orgue par votre mari, qui n'a pas voulu terminer le jeu comme c'était convenu. Elle est si heureuse, disait-il, si pleinement satisfaite, que je ne peux pas demander autre chose. Bébé s'est annoncé ; John reculait toujours.

« C'est une si gentille ménagère, si courageuse et si gaie ! je ne peux pas me décider à être riche ; il faut encore attendre. Bébé est venu. Mais elle a tant gagné, répondait John ; chaque jour elle devient meilleure ; attendons encore. Et toujours, et toujours ; si bien que j'ai fini par lui dire : si vous ne me fixez pas l'époque où nous l'installerons chez elle, je vous préviens que je vous dénonce. Il nous dit alors qu'il n'attendait plus que d'avoir triomphé de cette accusation, à laquelle il avait toujours pensé. Il voulait, à son tour, nous la montrer plus parfaite que nous ne l'avions cru. Très-bien ! nous savons à présent tout ce que vous êtes. Les chevaux sont arrivés ; l'histoire est finie ; que Dieu vous bénisse, ma beauté, et qu'il nous bénisse tous ! »

La pile de mains s'écroula ; et Bella embrassa missis Boffin, au danger apparent du merveilleux bébé, qui, les yeux fixes, était couché sur les genoux de sa mère.

« L'histoire est-elle bien finie ? demanda Bella, d'un air rêveur ; êtes-vous sûre de n'avoir rien oublié ?

— Très-sûre, répliqua l'excellente femme.

— John ! dit Bella, vous tenez si bien Bébé, voulez-vous le prendre ? »

En disant ces mots, elle déposa la merveille dans les bras de ce cher John, et alla se mettre à genoux à côté de mister Boffin, qui, assis près d'une table, avait la joue sur sa main et détournait les yeux.

« Je vous demande pardon, dit-elle, en lui posant la main sur l'épaule ; je vous ai dit de gros mots ; il faut me pardonner la méprise. Vous êtes bien meilleur que Dancer, que Blackberry Jones, que cet affreux Hopkins ; moi, qui vous disais pire ! ajouta-t-elle en riant d'une manière triomphante, et en luttant avec lui, pour le contraindre à la regarder. Vous n'avez jamais été avare, ni sans cœur une seconde. »

Missis Boffin poussa un cri de joie, battit des pieds et frappa dans ses mains, en se balançant comme un membre affolé de la famille des poussahs.

« Je vous comprends, dit Bella ; oui, monsieur, je n'ai pas besoin qu'on me le dise ; c'est moi qui raconterai la fin de l'histoire.

— Est-ce que vous le pouvez ? s'écria mister Boffin.

— Si je le peux ! répondit-elle en le prenant à deux mains par les revers de sa redingote. Quand vous avez vu à quelle petite misérable vous aviez donné asile, vous avez voulu lui apprendre comment la fortune gâtait les gens qui en faisaient mauvais usage ; et sans vous soucier de l'opinion de l'affreuse petite personne, vous lui avez montré chez vous les côtés odieux de la richesse. Vous vous-êtes dit : cette vile créature ne le verrait pas en elle-même, fouillât-elle son âme cupide pendant des siècles ; mais un exemple frappant, qu'elle aura toujours devant elle, lui ouvrira les yeux, et la fera réfléchir : voilà ce que vous vous-êtes dit.

— Pas du tout, s'écria mister Boffin avec joie.

— Si, monsieur répliqua Bella, en le secouant par l'habit et en l'embrassant sur les deux joues. Vous avez vu que l'argent me tournait la tête, et me desséchait le cœur (tête et cœur stupides), qu'il me rendait intéressée, avide, arrogante, insupportable, et vous vous-êtes changé en poteau indicateur, le plus chéri, le plus précieux qui ait jamais indiqué aux gens la route qu'ils avaient prise et l'endroit où elle les conduisait. Avouez-le tout de suite.

— John, dit mister Boffin, rayonnant de la tête aux pieds, aidez-moi à sortir de là.

— Pas de conseil, monsieur; répondez vous-même.

— Eh bien, ma chère, reprit mister Boffin, puisqu'il faut tout vous dire, il est certain que le jour où nous avons fait ce petit plan qui a été raconté par la vieille, j'ai demandé à John ce qu'il penserait d'un traitement général, comme celui que vous venez de désigner là; mais pas dans les termes que vous dites, parce que ces termes-là ne me seraient pas venus à l'esprit. J'ai seulement dit à John : pendant que je serai en train de faire l'ours à votre égard, est-ce qu'il ne serait pas à propos de l'être pour tout le monde?

— C'était pour me corriger, avouez-le, dit Bella.

— Il est certain, mon enfant, que je ne l'ai pas fait pour vous nuire; je n'ai pas besoin de caution, j'espère. Je vous dirai en outre que John, aussitôt qu'il fut retrouvé par la vieille, nous fit savoir, à elle comme à moi, qu'il avait l'œil sur un ingrat personnage du nom de Wegg. Voulant alors punir ce coquin en le piquant à un jeu qu'il était en train de jouer — tout ce qu'il y a de plus déshonnête — je me suis fait lire tout haut, par le susdit coquin, les livres que j'achetais avec vous. »

Bella, toujours aux pieds de mister Boffin, se laissa glisser sur le tapis, où elle fut assise ; et regardant le vieux boueur d'un air pensif : « Il y a toujours deux choses que je ne comprends pas, dit-elle; missis Boffin n'a jamais cru que vous étiez réellement changé.

— Oh! ciel non! s'écria l'excellente femme en donnant à la négative toute la rondeur possible.

— Cependant elle en paraissait malheureuse, dit Bella.

— Attention, John! missis a la vue perçante, dit le vieux boueur émerveillé. Vous avez raison, ma chère; elle a failli bien des fois éventer la mèche.

— Et pourquoi? puisqu'elle était dans le secret.

— Une faiblesse, répondit mister Boffin; et pour tout dire, j'en suis un peu fier. Cette vieille lady, mon enfant, a une si haute opinion de moi qu'elle ne supportait pas de me voir passer pour un ours, encore moins de faire semblant d'admettre que c'était pour de bon; aussi, avec elle, on courait toujours le danger d'être vendu. »

Missis Boffin se mit à rire ; mais l'éclat humide, dont brilla son regard, prouva qu'elle n'était pas guérie de cette propension dangereuse.

«Ce fut au point, continua le vieux boueur, que le jour de ma grande démonstration (je parle de cette fameuse scène, vous savez : le chat fait miaou ! le canard couac, couac ! le chien, ouah, ouah !) certains mots qui m'étaient lancés à la face lui furent tellement sensibles, que je fus obligé de l'arrêter, sans quoi elle courait après vous pour me défendre, et vous dire que je jouais un rôle. »

Missis Boffin se remit à rire, et ses yeux brillèrent de nouveau. Il paraîtrait que les deux complices du vieux boueur avaient pensé que, ce jour-là, il était allé un peu loin ; mais ce n'était pas son opinion ; il trouvait que ce miaou et ce ouah, ouah étaient un coup de maître. « Je n'y aurais jamais songé, poursuivit-il ; mais quand John eut dit que s'il était assez heureux pour gagner votre affection et posséder votre cœur... je ne pensai plus qu'à une cho : il faut qu'il ait tous les deux ; et alors vous savez le reste : le chat fait miaou ! le canard couac, couac ! le chien ouah, ouah ! Je vous dirai bien que je m'étonnais moi-même, et que je fus joliment près d'éclater de rire en voyant la figure de John.

— Mais, reprit missis Boffin, il y avait encore autre chose que vous ne compreniez pas.

— Oh ! oui, s'écria Bella en se couvrant la figure de ses deux mains ; je ne pourrai jamais le comprendre : c'est que John ait pu m'aimer quand je le méritais si peu ; et que vous et mister Boffin vous ayez été assez bons pour chercher à me rendre meilleure, et pour l'aider à prendre une femme si peu digne de lui ; mais que j'en suis reconnaissante ! »

Ce fut alors le tour de John Harmon (Rokesmith n'existait plus) de demander qu'elle lui pardonnât sa fraude, de lui répéter cent fois que s'il ne l'avait pas enrichie plus tôt c'était par égoïsme, tant elle était charmante et l'avait rendu heureux dans cette humble position. Là-dessus nouvelles tendresses de part et d'autre et nouveaux signes de joie, au milieu desquels le merveilleux bébé, qui béait stupidement sur les genoux de missis Boffin, parut à tout le monde d'une intelligence phénoménale, et déclara, par la bouche de sa mère, en agitant son petit poignet difficile à détacher d'une taille extrêmement courte, déclara aux « Ladies et Gentlemen qu'il comprenait fort bien la situation, et en avait informé sa vénérable Ma. »

Il fut alors demandé à mistress Harmon si elle ne voudrait pas visiter sa demeure? Un hôtel superbe, décoré avec une élégance du meilleur goût. Chacun se leva, et ils s'en allèrent en procession : John donnant le bras à sa femme ; derrière eux l'intelligent bébé porté par missis Boffin, et toujours le regard fixe; enfin Noddy qui fermait la marche.

Sur la toilette de Bella, toilette exquise, un coffret en ivoire, rempli de bijoux comme jamais elle n'en avait rêvé; puis au dernier étage une nursery de toutes les couleurs, véritable arc-en-ciel, qu'on avait eu beaucoup de peine, disait John, à faire achever en si peu de temps.

La visite terminée, on vint prendre l'intelligent bébé, dont les cris emplirent bientôt l'arc-en-ciel. Bella disparut immédiatement; les cris cessèrent, et la paix souriante s'unit à cette jeune branche d'olivier.

« Allons la voir, Noddy, » s'écria missis Boffin.

Marchant sur la pointe du pied, Noddy se laissa conduire à la nursery, dont la porte était entr'ouverte, et regarda avec une immense satisfaction. Il n'y avait là pourtant rien autre chose que Bella assise au coin du feu sur une chaise basse, les yeux protégés contre la flamme par ses longs cils baissés, et qui, son enfant dans ses bras, était plongée dans une douce rêverie.

« Ne te semble-t-il pas, Noddy, que l'âme du bonhomme a enfin trouvé le repos? chuchota missis Boffin.

— Oui, ma vieille.

— Comme si son argent, qui s'était rouillé dans l'ombre, redevenait brillant et commençait à luire au soleil.

— Oui, ma vieille.

— Un joli tableau, n'est-ce pas, Noddy?

— Oui, ma vieille. »

Mais pensant qu'il fallait conclure, et trouvant l'occasion favorable, il reprit de sa voix la plus bourrue : « Un joli tableau? miaou, couac couac, ouah ouah! » Puis il s'éloigna en trottinant, la figure radieuse, et les épaules dans un état de commotion des plus vives.

XIV

ÉCHEC ET MAT

Le jour où mister et missis Harmon prenaient possession de leur nom légitime et de leur superbe hôtel, la dernière charretée du dernier monticule sortait de la cour du Bower. En la voyant cahoter sur la chaussée, mister Wegg se sentit délivré d'un poids énorme, et salua l'heureux moment où Nicodème Boffin, ce mouton noir, allait enfin être tondu.

Silas avait guetté d'un œil rapace le nivellement des monticules ; mais des yeux non moins avides en avaient autrefois surveillé la croissance et tamisé du regard les balayures dont ils étaient formés. Pas la moindre trouvaille ; l'ancien geôlier de la prison d'Harmonie avait, depuis longtemps, converti en espèces sonnantes jusqu'aux moindres épaves qu'ils auraient pu contenir. Malgré cette déception, mister Wegg éprouvait un soulagement trop réel de la fin de ce travail pour se plaindre d'une manière sérieuse. L'individu qui avait présidé à l'opération pour le compte de la société, acquéreur des monticules, l'avait réduit à rien. Quelques jours de plus, et Silas était mort. Usant du droit qu'avaient ses patrons de charroyer à la clarté du soleil, de la lune et des torches, ce contre-maître ne lui avait pas laissé de repos. Il fallait que cet homme n'eût pas besoin de dormir, car sa culotte de velours, son chapeau rabattu et sa figure enveloppée d'un mouchoir, comme s'il avait eu la tête brisée, reparaissaient aux heures les plus indues, les plus infernales.

Après avoir été en faction depuis le matin, par la pluie ou le brouillard, Silas venait-il de se glisser entre ses draps, qu'un bruit sourd, accompagné de secousses qui ébranlaient son oreiller, lui annonçaient l'approche d'un train de charrettes, escortées par ce démon de l'insomnie ; et le travail recommençait. Parfois il était réveillé dès son premier sommeil, parfois retenu au poste quarante-huit heures de suite. Et plus cet homme le priait de ne pas se déranger, plus Silas redoublait de vigilance, supposant que l'autre avait découvert une cachette, et s'efforçait de l'éloigner pour accaparer le trésor. Bref, se levant toujours sans jamais être couché, comme il se le disait d'un air piteux, il avait dépéri à tel point que sa jambe de bois était maintenant hors de toute proportion avec son malheureux corps, et paraissait presque dodue comparativement au reste.

Mais il était au bout de ses peines, et allait entrer aujourd'hui même en possession de ses biens. Depuis quelque temps, il fallait le reconnaître, c'était son propre nez qu'aiguisait la meule plutôt que celui de mister Boffin. Ainsi le projet qu'il avait eu de dîner chez ce ver de terre avait été déjoué par les manœuvres de ce contre-maître, et il avait dû confier à mister Vénus la surveillance de Boffin, pendant qu'il s'épuisait au Bower et y séchait sur pied.

La dernière charretée enfin partie, mister Wegg ferma sa porte et se rendit chez Vénus. C'était le soir ; il trouva l'anatomiste assis au coin du feu, comme il s'y attendait, mais ne noyant pas son puissant esprit dans des flots de thé, comme il s'y attendait également.

« Une bonne odeur ! dit-il en s'arrêtant pour renifler, et en ayant l'air de prendre la chose en mauvaise part.

— Oui, monsieur, répondit Vénus, une odeur excellente.

— Est-ce que vous employez du citron pour préparer vos bêtes?

— Non, monsieur ; quand j'emploie ce condiment, c'est en général dans un punch de savetier.

— Qu'appelez-vous punch de savetier ? demanda Silas avec humeur.

— Il serait difficile de vous en donner la recette, répondit l'anatomiste ; d'ailleurs cela ne servirait à rien. Si exact que vous pussiez être dans le dosage, vous ne réussiriez pas : c'est un don personnel, il faut de l'inspiration ; mais le fond de la chose est du gin.

— Dans une bouteille hollandaise? observa mister Wegg, plus maussade que jamais.

— Ah ! très-bien, s'écria Vénus, très-bien, très-bien. Voulez-vous y goûter, monsieur?

— Si je le veux ! reprit l'autre avec aigreur ; mais naturellement. Est-ce qu'un homme, qui a été torturé nuit et jour, à en perdre les sens, peut refuser un verre de n'importe quoi?

— Ne vous fâchez pas, dit Vénus. Qu'avez-vous ce soir? vous n'êtes pas dans votre assiette ordinaire.

— Ni vous non plus, grommela Silas ; vous tournez à la gaieté (circonstance qui parut blesser l'aigre personnage), et vous avez fait couper vos cheveux.

— Oui, monsieur ; mais calmez-vous.

— Que le ciel me bénisse ! voilà que vous engraissez.

— Ah ! mister Wegg, répondit l'anatomiste avec un sourire plein de chaleur, vous ne le devinerez jamais.

— Je n'en ai que faire, riposta Silas ; tout ce que je peux dire, c'est qu'il est heureux pour vous que le travail ait été divisé ; votre part a été si légère, et la mienne si lourde..... vous avez dormi tout votre content, je le parierais.

— Oui, monsieur, dit Vénus ; je vous remercie, je n'ai jamais mieux reposé.

— J'aurais voulu vous y voir, grogna mister Wegg. Si vous aviez été comme moi, toujours en l'air, ne pouvant ni dormir, ni manger, ni penser à votre aise pendant je ne sais combien de mois, vous ne seriez pas de si belle humeur, ni en si bon état.

— Il est certain que cela vous a mis très-bas, dit Vénus en l'examinant d'un œil d'artiste ; la peau qui vous couvre les os est tellement jaune et sèche, que l'on dirait que c'est à ce gentleman français — là-bas dans le coin — et non à moi que vous êtes venu parler. »

Mister Wegg, ayant tourné les yeux vers le squelette français, parut observer quelque chose de neuf qui lui fit prendre ses lunettes, et regarder avec surprise dans tous les coins de l'obscure boutique. « Mais cela a été nettoyé ! s'écria-t-il.

— Oui, mister Wegg, et par la main des grâces.

— Je devine alors, vous allez vous marier.

— Vous l'avez dit, monsieur. »

Trop irrité de la joie de son associé pour en supporter la vue, Silas ôta ses lunettes, et demanda si c'était avec l'ancienne que le mariage.....

« Mister Wegg, interrompit Vénus pris d'une colère subite, la dame en question est jeune.

— Je voulais dire, expliqua Wegg, la jeune personne qui avait refusé anciennement...

— Vous comprendrez, monsieur, dit Vénus, que, dans un cas d'une telle délicatesse, je tienne à connaître le sens de vos paroles. Il y a de ces cordes auxquelles il ne faut pas toucher; non, monsieur, à moins qu'on ne le fasse avec harmonie et respect; et miss Plaisante Riderhood est formée de ces cordes mélodieuses.

— C'est donc la jeune dame qui avait d'abord refusé?

— Ainsi modifiée, j'accepte la phrase, répondit Vénus d'un air digne; c'est en effet cette jeune lady.

— Et quand cela se fait-il? »

Nouvelle colère de Vénus. « Je ne peux pas permettre, mister Wegg, que cette question soit posée dans les mêmes termes que s'il s'agissait d'une affaire. Veuillez donc modifier vos paroles; je vous le demande fermement, bien que d'un ton modéré.

— A quelle époque, reprit l'homme de lettres, qui étouffa sa mauvaise humeur, en souvenir du dépôt confié à Vénus, à quelle époque cette dame doit-elle donner sa main à qui possède déjà son cœur?

— J'accepte de pareils termes, répondit Vénus, et le fais avec plaisir. C'est mardi prochain que cette dame donnera sa main à cet heureux mortel.

— Ainsi, plus d'objection? demanda Silas.

— Vous en connaissiez le motif; je vous l'ai dit une fois, peut-être plusieurs......

— Nombre de fois, interrompit Wegg.

— Eh bien, cette objection, — je peux le dire sans violer aucune des tendres confidences qui, depuis lors, se sont échangées entre Elle et moi, — cette objection a été détruite par deux de mes amis, dont l'un connaissait déjà miss Riderhood. Lors donc que ces deux bons amis m'ont rendu l'immense service d'aller trouver miss Plaisante, et de voir si notre union ne pourrait pas s'accomplir, ils ont demandé s'il ne suffirait pas que je prisse l'engagement de me restreindre à l'articulation des hommes, des enfants et des animaux, afin que miss Plaisante, en sa qualité de femme, n'eût pas la crainte d'être considérée au point de vue de son squelette. Cette heureuse idée, monsieur, a pris racine, et a porté ses fruits.

— Il paraît que vous avez des amis puissan's, dit Wegg d'un ton soupçonneux.

— Très-puissants, répondit Vénus d'un air de mystère.

— Dans tous les cas, reprit Wegg en le regardant avec défiance, je vous souhaite bien du bonheur. Chacun dépense sa fortune comme il l'entend; les uns d'une manière, les autres de l'autre. Vous tâtez du mariage; et moi, je compte voyager.

— Vraiment, mister Wegg?

— J'en ai besoin; le changement d'air et le repos me remettront, il faut l'espérer, de tout ce que m'a fait souffrir cet odieux contre-maître : un démon dont on ne voyait seulement pas les traits. Une rude corvée! mais la voilà finie; plus rien dans la cour; le moment est venu d'expulser le Boffin; demain matin, à dix heures, je compte donner un dernier tour de meule au nez de ce ver de terre. Cela vous va-t-il?

— Parfaitement, répondit Vénus.

— Vous l'avez surveillé de près, j'espère?

— Je l'ai vu tous les jours.

— En ce cas, vous ne feriez pas mal d'y aller ce soir, et de lui ordonner de ma part, je dis de la mienne, parce qu'il sait bien qu'avec moi on ne badine pas, de lui ordonner d'être prêt pour la circonstance, d'avoir là ses papiers, ses comptes, son argent pour quand nous arriverons. Avant de partir, — j'irai avec vous un bout de chemin, bien que je n'aie plus de forces, — avant de partir, je crois vous plaire en vous demandant de jeter un coup d'œil sur notre document. »

Vénus, ayant montré le précieux dépôt, s'engagea à porter ce papier le lendemain chez mister Boffin et à se trouver à la porte de celui-ci au coup de dix heures.

La nuit avait été affreuse; le temps ne s'était pas amélioré; les rues étaient si détrempées, si glissantes, que mister Wegg se rendit en voiture chez ce ver de terre, se disant que lorsqu'on allait à la Banque toucher une fortune on pouvait faire un petit extra.

Vénus, ponctuel au rendez-vous, arriva en même temps que Silas, qui se chargea de mener la conférence. Il frappa à la porte:

« Boffin y est-il? »

Le domestique répondit que mister Boffin était chez lui, et demanda à Wegg si monsieur l'attendait.

« Pas tant de paroles, jeune homme, cela ne me va pas, dit Wegg. Je demande Boffin. »

On les conduisit dans une antichambre, où Wegg, le chapeau sur la tête, se mit, en sifflant, à tourner de l'index les aiguilles de la pendule, et s'amusa à faire aller la sonnerie. Quelques minutes après, on l'introduisait, ainsi que Vénus, dans la chambre de mister Boffin. Il y trouva le boueur doré assis devant un bureau, prit une chaise, et, sans se découvrir, alla se mettre à côté de lui. Immédiatement il se sentit la tête nue, et vit son chapeau lancé par une fenêtre qui venait de s'ouvrir tout exprès.

« Pas de façons insolentes en présence de ce gentleman, dit le propriétaire de la main qui avait fait le coup, ou je vous envoie rejoindre votre chapeau. »

Silas se frappa la tête par un mouvement instinctif, et resta bouche béante devant le secrétaire; car c'était John, qui, entré sans bruit par une autre porte, lui parlait d'un air sévère.

« Très-bien ! dit Wegg, lorsqu'il fut revenu de sa surprise. J'avais donné l'ordre de vous congédier; vous n'êtes pas parti; nous allons voir à cela; très-bien !

— Moi non plus, je ne suis pas parti, dit une autre voix. »

Mister Wegg tourna la tête, et se vit en face de son persécuteur, l'infatigable démon en chapeau rabattu, casaque de velours, pantalon du même, et qui, dénouant le mouchoir dont sa figure était bandée, montra le visage intact du cher Salop.

« Ah ! ah ! ah ! gentlemen, rugit le brave garçon en éclatant de rire, il ne savait pas que je pouvais dormir debout; je l'ai fait assez souvent quand je tournais la manivelle, du temps que j'étais calandreur. Il ne savait pas que je prenais toutes sortes de voix quand je lisais les affaires de police à missis Higden. Ah! je lui en ai fait voir de rudes, allez! il a mené une drôle de vie; vous pouvez en être sûr. » Et ouvrant une bouche d'une grandeur alarmante, le bon Salop jeta sa tête en arrière, éclata de rire, et montra une quantité de boutons incalculable.

« Très-bien ! Un et un font deux, reprit Wegg qui, d'abord un peu déconfit, ne tarda pas à se remettre. Voilà deux êtres qu'on devait renvoyer et qui ne le sont pas. Une question, Boffin : au service de qui était ce garçon-là, et qui lui a donné ce vêtement?

— Vous tairez-vous? s'écria Salop, en avançant la tête. Je vous jette dans la rue, moi, si vous parlez comme ça. »

Mister Boffin l'apaisa d'un geste, et répondit avec calme :
« C'est moi qui l'ai employé.

— Vous, Boffin ? très-bien. Mister Vénus, rappelons nos conditions; et pour cela entamons l'affaire. Mais avant tout, Boffin, jetez-moi à la porte ces deux vilenies.

— C'est impossible, répondit tranquillement le vieux boueur, tandis que le secrétaire s'asseyait devant la table.

— Impossible ! s'écria Wegg; impossible, même au péril de votre bourse ?

— Oui, Silas, dit mister Boffin en secouant la tête d'un air enjoué; même au péril de ma bourse. »

Le littérateur sembla réfléchir. « Mister Vénus, dit-il après un instant de silence, voudriez-vous me passer le document ?

— Oui, monsieur, répondit l'anatomiste en lui tendant le papier avec politesse. Le voilà, monsieur; et maintenant que je m'en suis dessaisi, permettez-moi une légère observation; non pas qu'elle soit nécessaire, ou qu'elle exprime une opinion nouvelle, mais simplement pour soulager ma conscience : Vous êtes un odieux coquin, mister Wegg. »

Silas, qui, s'attendant à un compliment, battait la mesure avec le papier en écoutant Vénus, s'arrêta tout à coup.

« Sachez, mister Wegg, continua l'anatomiste, que je me suis permis de prendre mister Boffin pour associé, dès le commencement de l'affaire.

— C'est vrai, dit mister Boffin, j'ai même proposé à Vénus de partager avec lui afin de l'éprouver; et j'ai eu le plaisir de reconnaître en lui un fort honnête homme.

— Dans son indulgence, mister Boffin veut bien parler ainsi, dit Vénus; et pourtant, au début de cette sale affaire, mes mains n'ont pas été aussi pures que je le désirerais; mais j'espère avoir prouvé de bonne heure mon repentir.

— Certainement, dit mister Boffin, certainement. »

Vénus s'inclina avec respect et gratitude. « Merci, dit-il, je suis très-reconnaissant, monsieur, de la manière dont vous m'avez accueilli, dont vous m'avez écouté; de la bonne opinion que vous venez d'exprimer, et de l'influence que vous avez bien voulu exercer sur une certaine lady, de concert avec mister John Harmon. »

Vénus se tourna vers ce dernier, et salua profondément. Au nom d'Harmon, Silas avait dressé l'oreille; il avait suivi du regard le salut de l'anatomiste, et quelque chose de rampant commençait à modifier son attitude fanfaronne, lorsque Vénus réclama son attention.

« Tout est fini entre nous, mister Wegg; il est inutile d'en parler davantage, reprit le monteur de squelettes, la chose s'explique d'elle-même. Cependant, afin de prévenir tout malentendu, qui, plus tard, pourrait être désagréable, et pour que nos rapports soient nettement définis, je demande à mister Boffin et à mister Harmon la permission de répéter ce que j'ai déjà eu la satisfaction de vous dire, à savoir que vous êtes un odieux coquin.

— Et vous un imbécile, dit Wegg en faisant claquer ses doigts. Lâcher pied, et se flatter de le dire, c'est très-bien ; ça va à cette pompe anatomique ; mais ce n'est pas l'affaire d'un homme. Je suis venu ici pour qu'on m'achète ; vous connaissez mon chiffre ; c'est à prendre ou à laisser.

— Eh bien ! je vous laisse, dit le vieux boueur, qui se mit à rire.

— Boffin, s'écria Wegg d'un air sévère, je comprends votre hardiesse ; on voit le cuivre sous votre argenture ; vous vous êtes cassé le nez ; et comme vous n'avez plus rien au jeu, vous faites l'indépendant. Mais pour mister Harmon, c'est une autre paire de manches. J'ai vu dernièrement dans les journaux comme un avis de son retour, et je n'y comprenais rien ; maintenant, c'est moi qui vous laisse (vous ne méritez pas qu'on s'occupe de vous), et c'est à mister Harmon que je demande s'il connaît ce papier.

— Un testament de mon père, je le sais, dit John ; même de date plus récente que celui qui a été déposé par mister Boffin. Parlez encore à ce gentleman comme vous l'avez fait jusqu'ici, et vous aurez affaire à moi. Bref, ce testament lègue à la Couronne toute la fortune de mon père, continua John avec autant d'indifférence que le permettait une extrême sévérité.

— C'est exact, s'écria mister Wegg. Et pesant de tout son corps sur sa jambe de bois, la tête de côté, un œil fermé, l'autre ouvert, eh bien ! dit-il, je vous pose une question : Combien estimez-vous ce papier ?

— Rien du tout, » répondit John.

Wegg avait répété le mot en ricanant, et allait y ajouter quelque sarcasme, lorsqu'il fut saisi par la cravate, secoué jusqu'à en claquer des dents, et poussé dans un coin de la chambre où il se trouva cloué.

— Vil scélérat ! dit John Harmon, dont la poigne de marin le serrait comme un étau.

— Vous me cognez la tête contre le mur, objecta faiblement Silas.

— Je le sais, bien répliqua John en cognant plus fort ; je donnerais mille livres pour avoir le droit de vous faire sauter la cervelle. Écoutez, scélérat que vous êtes, et regardez cette bouteille. Elle renferme le dernier des nombreux testaments de mon père. Ce testament donne tout, absolument tout, à mister Boffin, mon bienfaiteur et le vôtre, à l'exclusion de moi et de ma sœur, qui aujourd'hui n'existe plus.

Lorsqu'il prit possession de l'héritage que la nouvelle de ma mort lui assurait, mister Boffin trouva cette bouteille, et se désola outre mesure de ce nouveau testament. Les termes dans lesquels mon malheureux père, bourreau de lui-même, nous déshéritait ma sœur et moi, jetaient sur notre mémoire un blâme qui navrait mister Boffin. Lui, qui avait connu notre enfance, savait que nous ne méritions pas cette injure ; il enterra donc la bouteille, et son contenu, dans le monticule dont il avait toujours été légataire ; et il est probable que vous en avez souvent approché dans vos fouilles impies, misérable ingrat! L'intention de mister Boffin était de ne jamais montrer ce testament. Toutefois, si généreux que fût le motif qui lui faisait cacher cette pièce, il n'osa pas la détruire dans la crainte de faire une chose illégale. Lorsqu'il m'eut reconnu, mister Boffin, toujours inquiet au sujet de cette bouteille, m'en révéla l'existence sous certaines conditions qu'un chien de votre espèce ne saurait apprécier. J'insistai pour qu'il la déterrât, et pour que le testament fût produit et légalement reconnu. Vous avez assisté au premier de ces actes ; le second a été fait sans que vous en eussiez connaissance. Par conséquent le papier qui tremble dans vos mains quand je vous secoue, et puissé-je vous secouer à vous faire rendre l'âme, ne vaut pas plus que le bouchon cette bouteille. »

A en juger par sa mine piteuse, et par la quasi défaillance qui venait de le saisir, Silas avait compris.

« Deux mots encore, reprit John en le retenant dans son coin ; si je les ajoute, c'est dans l'espoir qu'ils augmenteront votre dépit. Vous aviez fait une véritable découverte ; personne n'avait regardé à l'endroit où vous avez trouvé cette cassette, et ce n'est que par Vénus, qui l'a dit à mister Boffin, que nous avons connu votre aubaine. J'avais pourtant l'œil sur vous depuis mon entrée dans la maison, et Salop se faisait un devoir et un plaisir de ne pas vous quitter plus que votre ombre. Si nous avons demandé à mister Boffin de vous laisser votre illusion jusqu'au dernier moment, c'est afin que la chute fût plus lourde. Enfin, poursuivit John en secouant de nouveau le misérable pour lui maintenir l'intelligence ouverte, vous me croyez possesseur de la fortune de mon père, et vous avez raison ; mais je n'y avais aucun droit ; c'est à mister Boffin, à sa munificence que je la dois tout entière. Il ne m'a confié le secret de la bouteille que sous la condition que je prendrais l'héritage qui me revenait par le premier testament, et ne s'est réservé que son propre monticule. Tout ce que je possède je le dois à mister et à missis Boffin, à leur générosité, à leur grandeur, — je ne trouve pas de mot qui exprime ma reconnaissance. Et quand j'ai vu un misérable de votre espèce oser attaquer cette âme si noble, ce qu'il y a d'étonnant c'est que je ne vous aie pas étranglé sur l'heure, » ajouta John en tordant la cravate de Silas d'une façon inquiétante.

Mister Wegg étant lâché, se porta la main à la gorge, et toussa avec effort comme s'il avait avalé une grosse arête. Salop, pendant ce temps-là, se dirigeait du côté de mister Wegg en rampant le long du mur, dans l'attitude d'un portefaix qui se dispose à enlever un sac de farine.

« Wegg, dit mister Boffin dans sa clémence, je regrette que ma vieille lady et moi nous ne puissions pas conserver à votre égard une meilleure opinion que celle que vous nous avez forcé d'avoir, et qui vraiment n'est pas bonne. Mais je ne voudrais pas vous laisser dans une position plus fâcheuse que celle où je vous ai pris. C'est pourquoi je demande combien il en coûterait pour vous remonter un autre étal.

— Pas sous ces fenêtres, dit John Harmon, vous entendez.

— Mister Boffin, répondit Wegg avec humilité, quand j'ai eu l'honneur de faire votre connaissance, je possédais une collection de chansons qui, je peux le dire, était sans prix.

— En ce cas elle ne saurait être payée, dit John.

— Pardon, mister Boffin, reprit Wegg en lançant un regard venimeux à l'ancien secrétaire, c'était à vous que je m'adressais, croyant, d'après mes oreilles, que c'était vous qui m'aviez parlé. J'avais alors une collection de chansons tout à fait de premier choix, et je venais de renouveler mon assortiment de pain d'épice. Je n'en dis pas davantage; je laisse cela à votre discrétion.

— Pas facile à estimer, répliqua mister Boffin d'un air perplexe, et la main dans sa poche. Je ne voudrais pas donner plus qu'il ne faut; car vous êtes réellement un mauvais homme; vous avez été si ingrat, Wegg! quand est-ce que je vous ai fait du tort ?

— J'avais aussi, continua l'ex-littérateur d'un air pensif, une place de commissionnaire qui me liait à de hauts personnages, et qui me valait beaucoup de respect; mais je ne veux pas que vous puissiez me croire intéressé, et je laisse ça à votre discrétion.

— Qu'est-ce que ça peut valoir? murmura le boueur doré; ma parole, je n'en sais rien.

— Il y avait aussi, reprit Wegg, une paire de tréteaux, dont un Irlandais (grand connaisseur) m'avait offert cinq schellings six pence que j'avais refusés net, car j'y aurais perdu. Il y avait encore un tabouret, un parapluie, un chevalet à battre les habits, une planche et un panier. Mais je laisse tout à votre discrétion. »

Mister Boffin paraissait plongé dans un profond calcul. Wegg, jugeant à propos de l'aider dans cette opération, ajouta les articles suivant : « Il y avait en outre miss Élisabeth, maître George, tante Jane, oncle Parker. Ah ! quand un homme a perdu un patronage comme celui-là, quand il a vu un si beau jardin ravagé par les cochons, il lui serait difficile d'évaluer cela en argent, mister Boffin ; mais je laisse le tout à votre discrétion. »

Salop avançait toujours.

« Il n'est pas facile non plus, continua Wegg d'un air mélancolique, d'apprécier le tort moral que m'a fait la lecture de ces histoires d'avares ; une lecture malsaine, alors que vous me donniez à entendre, ainsi qu'aux autres, que vous en étiez un vous-même, mister Boffin. Tout ce que je peux dire, c'est qu'à dater de cette époque j'ai senti que mon intelligence baissait. A quel prix doit-on estimer l'intelligence d'un homme... je laisse cela à votre discrétion. Plus un chapeau, que j'ai perdu tout à l'heure.

— Voyons, dit mister Boffin, voilà une couple de livres.

— Par égard pour moi-même, je ne puis accepter cela. »

A peine avait-il proféré ces paroles, que John Harmon fit un signe. Le brave Salop, qui était maintenant tout près de Wegg, et se trouvait avec lui dos à dos, courba les épaules, saisit à deux mains le derrière du collet de Silas, et enleva celui-ci comme un sac de farine. Mister Wegg, les boutons presque aussi en vue que ceux du cher Salop, et la jambe de bois dans une position fort gênante, exhiba un air de surprise et de mécontentement tout spécial, mais qui ne fut pas longtemps visible dans la chambre, car il en sortit lestement, précédé de Vénus, qui allait ouvrir les portes.

Salop n'avait pas d'autre mandat que de déposer Wegg sur le trottoir ; mais apercevant au coin de l'hôtel une charrette de boueur, qui précisément était arrêtée, sa petite échelle appuyée contre la roue, il ne put résister à la tentation d'y jeter son ignoble fardeau ; exploit assez difficile, qui fut accompli avec beaucoup d'adresse et un prodigieux éclaboussement.

XV

PRIS AU PIÉGE

Ce que Bradley Headstone avait souffert depuis la soirée de juillet où il avait lancé dans la Tamise sa défroque de batelier, lui seul aurait pu le dire; encore n'y serait-il pas parvenu : de semblables tortures ne s'expriment pas; elles ne peuvent être que senties. Il avait d'abord le poids de son crime, celui du reproche qu'il se faisait sans cesse de n'avoir pas réussi, puis la crainte effroyable d'être accusé; et ce fardeau écrasant, il le portait nuit et jour, succombant sous le faix pendant ses courts instants de sommeil, aussi bien que dans les longues heures où ses yeux rougis étaient ouverts. Et non-seulement pas de repos; mais une monotonie désespérante, toujours la même torture! La bête de somme, ou l'esclave surchargé, peut en certain moments déplacer son fardeau, et trouver quelque répit, même en augmentant la fatigue de tel membre, la douleur de tel muscle. Le malheureux Bradley, sous la pression de l'infernale atmosphère où il était entré, n'obtenait même pas ce soulagement dérisoire.

Le temps s'écoulait et n'amenait aucune poursuite. Le temps s'écoulait et Bradley vit dans les journaux que mister Lightwood, partie civile au nom de la victime, s'égarait de plus en plus dans ses recherches, où il apportait moins de zèle de jour en jour. Ce fut alors qu'il rencontra mister Milvey à la gare, où il allait flâner dans ses moments de loisir pour savoir s'il n'était pas question de lui soit dans les affiches, soit dans les nouvelles qui pouvaient circuler; et cette rencontre lui montra ce qu'il avait fait. Il vit que, dans ses efforts pour séparer ces deux êtres, il n'avait réussi qu'à les rapprocher; qu'il n'avait trempé ses mains dans le sang que pour se désigner à tous comme le misérable instrument de leur union. Il comprit qu'Eugène renonçait à l'accuser, qu'il lui laissait traîner son existence flétrie, et cela par amour pour Elle. Il se dit que le Destin, la Providence, le Pouvoir suprême quel qu'il pût être, l'avait fraudé, pris pour dupe; et dans sa fureur impuissante, il se déchira avec frénésie, en proie à d'horribles convulsions.

Quelque temps après, la nouvelle du mariage lui fut confirmée par les journaux, qui en publièrent les détails, et dirent, en outre, que bien que toujours en danger, mister Wrayburn se trouvait un peu moins mal. Bradley aurait mieux aimé être pris et jugé comme assassin que de lire ces lignes, de se sentir épargné, et d'en connaître le motif.

Mais pour empêcher la fraude céleste d'aller jusqu'à le faire châtier par la loi, comme s'il avait profité de son crime, il passait la journée entière chez lui, ne sortant qu'à la nuit close, évitant avec soin toute rencontre, et n'allant plus au chemin de fer. Il lut avec anxiété les avertissements des journaux, y cherchant la menace que Riderhood lui avait faite de le réclamer, et ne trouva rien. Il avait largement payé l'hospitalité qu'il avait reçue à l'écluse; puis connaissant l'ignorance de Riderhood, qui ne savait ni lire, ni écrire, il se demanda si cet homme était vraiment à craindre; il finit par en douter, et pensa qu'il ne le reverrait jamais.

Toutefois ses tortures n'en étaient pas moins vives; l'idée poignante qu'il ne s'était jeté dans l'abîme que pour faire à ces deux êtres un pont qui leur avait permis de se rejoindre, ne le quittait pas d'un instant. Loin de se détruire, cette idée prenait chaque jour une force nouvelle, et cette horrible situation avait amené d'autres attaques. Il n'aurait pas pu en dire le nombre; il ne savait même pas quand cela lui arrivait; mais il lisait sur la figure de ses élèves que ceux-ci l'avaient vu dans cet état, et craignaient de l'y voir retomber.

C'était en hiver : une légère couche de neige veloutait les barreaux des fenêtres. Debout à côté du tableau, la craie à la main, Bradley Headstone allait commencer la leçon, quand il vit ses élèves prendre un visage inquiet. Il tourna les yeux vers la porte que regardaient les enfants, aperçut un homme d'une figure repoussante, qui, un paquet sous le bras, venait d'entrer dans la classe, et reconnut Riderhood. Il se laissa tomber sur le tabouret que lui avança l'un des écoliers, sentit qu'il allait défaillir, et que sa figure se convulsait. Néanmoins l'attaque ne vint pas, il s'essuya la bouche et se releva aussitôt.

« Scusez-moi, dit Riderhood, qui se frappa le front du poing, se mit à rire, et le regarda de côté. Avec vot' permission, gouverneur, comment qu' s'appelle l'endrêt où j' suis?

— Un pensionnat, dit Bradley.

— Où c' que la jeunesse apprend à so ben conduire? reprit Riderhood en secouant gravement la tête. Scusez-moi, gouverneur; qui donc qui fait la leçon dans c' pensionnat?

— C'est moi.

— Ah! c'est vous le malt', savant gouverneur.

— Oui.

— Une chose agréab', est-ce pas, qu'd'enseigner à la jeunesse à faire ce qu'est dû, et d' savoir qu'on sait comment qu' vous le faites vous-même? Scusez-moi, savant malt', avec vot' permission, à quoi qu' sert c'te planche noire?

— A écrire, ou à dessiner.

— Vraiment! dit Riderhood; on n' le devinerait pas. Est-ce que vous auriez l'obligeance, savant gouverneur, d'écrire vot' nom là-dessus? » ajouta l'éclusier d'un ton mielleux.

Bradley hésita un moment, puis écrivit son nom en toutes lettres.

« J' suis pas savant, moi, dit Riderhood, mais j'admire beaucoup l' savoir des aut'; et j' serais ben aise d'entendre c'te jeunesse lire tout haut c' qu'est écrit là. »

Tous les bras se levèrent, et sur le signe du maître, les voix aiguës des élèves crièrent en chœur : « Bradley Headstone.

— C'est pas possib', dit l'éclusier; Headstone? ça se voit que dans les cimetières. Hourrah, pour un second tour ! »

Nouvelle levée des bras, nouveau signe affirmatif, nouveau chœur de voix perçantes criant : « Bradley Headstone.

— A présent j' crois qu' je l' sais, dit Riderhood, qui avait écouté avec une grande attention, et répété les deux mots tout bas à plusieurs reprises. J' vois c'que c'est : Bradley, nom de baptême, pareillement à celui de Roger, qu'est le mien. Headstone, nom de famille, comme moi Riderhood; c'est-i' ben ça?

— Oui, répondit le chœur.

— Savant malt', reprit l'éclusier, vous n' connaîtriez pas une personne d' à peu près vot' taille, et vot' figure, qui doit peser dans les mêmes poids qu' vous, et qui répond à un nom comme qui dirait troisième gouverneur? »

Parfaitement calme à force de désespoir, seulement la bouche tendue, les narines frémissantes, Bradley répondit d'une voix étouffée en regardant Riderhood : « Je crois savoir ce que vous voulez dire.

— J' pensais aussi qu' vous d'viez l' connaît'; c'est qu' voyez-vous, c't homme-là, c'est lui que j' cherche, savant gouverneur.

— Supposez-vous qu'il est ici? demanda Bradley en jetant les yeux autour de la classe.

— Pardon, gouverneur, répondit l'autre en riant; comment est-ce que j' pourrais le supposer, quand i' gn'y a là qu' vous et ces jeunes agneaux à qui vous faites la leçon? Mais sa compagnie est bonne, à c't homme là ; et i' faut qui vienne chez moi; je veux l' voir à mon écluse, en remontant la rivière.

— Je le lui dirai.

— Croyez-vous qu'i viendra?

— J'en suis sûr.

isque vous m'en donnez vot' parole, j' compte su lui, reprit Riderhood. Et p't' êt' que vous voudrez ben lui dire, c' qui m'obligera, savant gouverneur, que s'i n' venait pas assez tôt, j' viendrais l' chercher.

— Il le saura.

— Merci, gouverneur. Comme je l'disais gn'y a qu'une minute, continua l'éclusier en changeant de ton, et en jetant ses yeux louches sur les élèves, ben que j' sois pas savant, j'admire l' savoir des aut'; v'là qu'est sûr. Et vous m'avez si bon accueilli, savant malt', que j' vous demanderai si j'pourrais pas faire une question à c'te jeunesse.

— Oui, répondit Bradley, dont le regard sombre ne quittait pas l'éclusier, pourvu que cela ne sorte pas des études.

— Oh! ça y est, s'écria Riderhood; j' parie une liv' qu' ça y est tout au long. Voyons, mes petits agneaux : comment est-ce que l'eau se divise? c'est-à-dire quelles sortes d'eau est-ce qu'il a sur terre?

— Les mers, les rivières, les lacs et les étangs, répondirent les voix perçantes.

— Rien d'oublié, savant mait'; que j' sois pendu si j'avais songé aux lacs, en ayant jamais vu à ma connaissance. Eh ben! mes petits agneaux, qu'est-ce qu'on pêche dans la mer, les rivières et les lacs?

— Du poisson, dit le chœur avec un certain mépris pour cette question facile.

— D'accord, mes agneaux; mais quéque fois on y prend aut' chose, dit Riderhood; quéqu' ça peut-êt'? »

Le chœur garda le silence.

« Des roseaux, cria une voix suraiguë.

— Très-bien; mais pas encore ça, dit l'éclusier; vous n' devinerez jamais c' qu'on pêche dans les rivières, en surplus du poisson et des herbes. Vous n' savez pas, mes agneaux? j' vas vous le dire : on y pêche encore des habillements complets. »

Bradley changea de couleur.

« Oui, mes agneaux, continua Riderhood, qui l'observait du coin de l'œil, v'là c' que j'y trouve quéque fois. Que j' perde la vue si j'ai pas pris dan' une rivière l' paquet qu' j'ai là sous le bras. »

Toute la classe regarda le maître comme pour en appeler de cet examen ridicule; le maître regardait l'examinateur, et semblait avoir envie de le mettre en pièces.

« Pardon, excuse, dit Riderhood, en se passant la manche sur les lèvres et en riant de tout son cœur, c'est pas de franc jeu à l'égard des agneaux, j' le reconnais, savant mait'; une plaisanterie que j' leuz ai faite. Mais su mon âme, j'ai retiré c' paquet là d'une rivière : un vêtement d' batelier; tout l'habillement, quoi! jusqu'à la cravate. C'lui qui le portait l'a jeté à l'eau; moi j' l'ai repêché.

— Comment savez-vous qui a jeté ce paquet?

— A cause que je l'ai vu, dit Riderhood. »

Ils se regardèrent. Bradley retira lentement ses yeux, et se tournant vers le tableau, effaça lentement son nom.

« Merci bon, dit Riderhood, d' avoir sacrifié un bout d' vot' temps et d' celui d' vos agneaux à un pauvre homme qui n'a pas d'aut' recommandation auprès d' vous que d'êt' honnête.

En attendant le plaisi d'voir la personne que vous savez, et pour qui qu'vous avez répondu, j'souhaite le bonjour à ces chers agneaux et à leur savant gouverneur. »

Ces paroles dites, Riderhood s'éloigna, laissant le malheureux Headstone continuer sa leçon comme il pouvait, et les élèves chuchoter en observant la figure du maître, jusqu'au moment où l'attaque, depuis longtemps imminente, finit par se produire.

Le surlendemain était un samedi, jour de congé. Bradley se leva de bonne heure avec l'intention de se rendre à l'écluse, et d'y aller à pied. Avant d'éteindre sa chandelle, car le jour n'était pas venu, il fit un petit paquet de sa montre d'argent et de la ganse de crin qui lui servait de chaîne ; puis ayant écrit ces mots à l'intérieur du papier : « Soyez assez bonne pour me garder ces objets, » il adressa le petit paquet à miss Peecher, et le déposa au coin le plus abrité du petit banc, qui était sous le petit porche de la petite maîtresse de pension.

C'était une froide matinée, au vent d'est glacial, et Bradley frissonna en refermant la petite porte. La neige, qui la surveille avait bordé ses carreaux d'un léger duvet, était toujours dans l'air, et tourbillonnait par petis flocons fouettés par ce grand vent. Bradley marchait déjà depuis deux heures et avait traversé la plus grande partie de Londres, quand apparut le jour tardif. Il entra dans l'affreux cabaret où il avait quitté Riderhood, le matin de leur première entrevue ; il déjeuna debout, appuyé au sale comptoir, et, tout en mangeant, regarda d'un air sombre un homme qui occupait la place où avait été Riderhood, le matin dont nous parlons.

Il avait marché toute la journée, et suivait le chemin de halage quand la nuit arriva. Deux ou trois milles le séparaient encore de l'écluse. Ses pieds étaient écorchés ; il ralentit le pas, mais continua sa route. Une couche de neige tapissait le chemin, bien que d'un lit peu épais. Dans les endroits abrités, le bord de l'eau était frangé de glace ; ailleurs la rivière était couverte de glaçons flottants. Bradley voyait la glace et la neige ; il pensait à la distance qui lui restait à franchir, et ne remarqua pas autre chose jusqu'au moment où il aperçut une lumière qu'il savait venir de la maison de l'éclusier. Il s'arrêta, et regarda autour de lui : la glace et la neige, lui et cette faible lumière occupaient toute la scène, et l'occupaient tout seuls. Devant lui était la place où il avait frappé ces coups inutiles, la place où, raillerie du sort ! il voyait Lizzie, devenue la femme d'Eugène. Derrière lui se trouvait l'endroit où, les bras tendus, ses élèves l'avaient livré en criant son nom. Entre ces deux endroits, là-bas où il voyait cette lueur, était l'homme de qui dépendaient ses jours. Le monde, pour lui, se réduisait à ces limites.

Il pressa le pas et continua sa route, le regard attaché sur ce point lumineux avec une étrange fixité. Quand il fut assez près pour le voir se diviser en rayons, ces derniers semblèrent se river sur lui et le faire avancer plus vite. Il frappa à la porte, et fut dans la chambre avant qu'on lui eût répondu.

La lumière qu'on voyait du dehors provenait à la fois de la chandelle et du foyer. Entre les deux était Riderhood, les pieds sur le garde-cendre, et la pipe à la bouche. L'éclusier leva les yeux, et hocha la tête d'un air maussade. Bradley baissa les yeux, et hocha la tête d'un air sombre. Il ôta son pardessus, prit une chaise, et alla s'asseoir à l'autre coin de la cheminée.

« Pas fumeur, j'suppose? demanda Riderhood.

— Non. »

L'éclusier lui poussa la bouteille qui se trouvait sur la table, et ils gardèrent le silence.

« Inutile de vous apprendre que je suis là, dit enfin Bradley. Qui va commencer l'entretien?

— Moi, quand j'aurai fini ma pipe, » répondit Riderhood.

Le tabac fumé jusqu'au dernier brin, il ôta lentement sa pipe de ses lèvres, en secoua la cendre sur le foyer, et la remit à sa place. « Maintenant, dit-il, j'commencerai quand i'vous plaira, Bradley Headstone.

— Que me voulez-vous?

— Je vas vous l'dire, soyez tranquille. »

Après avoir regardé avec attention les mains et les poches de Bradley, dans la crainte que ce dernier n'eût sur lui une arme quelconque, l'honnête homme se pencha vers son visiteur, et lui relevant du doigt le col du gilet, lui demanda où était sa montre.

« Je l'ai laissée là-bas, répondit Bradley.

— C'est dommage; mais on peut l'aller chercher; i'm'la faut, j'en ai envie. »

Bradley se mit à rire.

« J'vous dis qu'i' m'la faut, et que j'l'aurai, reprit Riderhood en haussant la voix.

— C'est là tout ce que vous avez à m'apprendre?

— Non, répondit Riderhood en criant plus fort; i'm'faut d'l'argent.

— Vous faut-il autre chose?

— J'veux tout avoir, rugit l'honnête homme avec fureur. Et répondez-moi autrement, ou je me tais. »

Bradley le regarda en face.

« N'me regardez pas comme ça, hurla Riderhood, ou ben, au

lieu de parler, je vous écrase d'un coup de poing. Et il frappa la table avec force.

— Continuez, dit Bradley après s'être humecté les lèvres.

— N'ayez pas peur, j'continue ; vous n'avez qu'faire de me l'dire ; j'irai assez vite pour vous, Bradley Headstone. Vous avez mis c't aut' gouverneur en miettes, sans que j'm'en sois mêlé autrement que pour vous avoir donné un coup à boire, et à manger un morceau. N'était qu'ça, j'n'aurais rien à dire. Mais en copiant mes habits, en copiant ma cravate rouge, en secouant vot' main su moi, pour que j'aie des taches de sang, vous avez fait là de ces choses qu'i' faut me payer, Bradley Headstone. Si on vous met l'affaire su' l'dos, il est clair qu'vous la rejetterez su' l'mien. Et j'vous le demande, où c'est-i' qu'on trouvera, ailleurs qu'à Plashwater, un homme habillé comme le signalement ? ailleurs qu'à Plashwater un homme qu'a eu des injures de c't aut', quand c't aut' a passé avec sa coque de noix ? Regardez voir c't éclusier de Plashwater, qu'a justement les mêmes habits et la même cravate. Voyons voir si gn'y aurait pas des taches à ses habits ; et v'là qu'on y trouve du sang. Ah ! filou d'démon qu' vous êtes ! »

Bradley, excessivement pâle, le regarda en silence.

« Mais deux hommes peuvent jouer l'même jeu, continua Riderhood en secouant les doigts à plusieurs reprises à la face du maître de pension ; et j'connais c'jeu-là depuis longtemps. Vous aviez pas commencé à croasser vos lectures, vous n'étiez pas tant seulement à l'école, quo, moi, j'en savais les finesses. J'peux vous dire, à un mot près, comment qu'ça s'est passé. Vous avez attendu la brune pour faire la route en cachette ; mais j'ai pu m'cacher oussi, et pus adroitement qu'vous. J'sais comment qu'vous êtes parti de Lond', habillé comme vous êtes là ; j'sais l'endroit où c'que vous avez changé d'habits, et la place où c'que vous avez caché les vôt'. J'vous vois d'mes yeux reprend' vot' paquet au milieu des arbres ; vous met' à l'eau pour expliquer comme quoi i fallait vous habiller, si quéques-uns venaient à passer par là. Je vous vois reparalt' en Bradley Headstone, à la place où c'que vous aviez disparu en batelier ; et j'vous vois jeter le paquet dans la rivière. Moi, j'ai repêché la défroque : habits de marinier, déchirés dans le débat, verdis par l'herbe, et tout barbouillés de sang. Je les ai repêchés, et vous aussi, mon malt'. De c't aut' gouverneur, mort ou en vie, j'men soucie comme de ma première pipe ; mais j'tiens à moi-même ; et comme vous avez machiné contre moi, en fin diable que vous êtes, vous n'payerez ça ; et vous me l'payerez, vous me l'payerez jusqu'à c'que j'vous aie mis à sec. »

La figure convulsée et tournée vers le feu, Bradley garda le silence; puis, d'une voix calme et d'un air impassible, il dit enfin : « On ne tire pas de sang d'une pierre, Riderhood.

— Possib'; mais on tire d'l'argent d'un mait' de pension.

— Vous ne pouvez pas tirer de moi ce qui n'y a jamais été, m'arracher ce que je n'ai pas. C'est un pauvre état que celui d'instituteur; je vous ai déjà donné plus de deux livres; savez-vous combien de temps, — je parle des années qu'il m'a fallu pour en arriver là, — combien de temps j'ai mis pour gagner pareille somme?

— J'en sais rien, et j'm'en moque. Vot' état est un état respectab'; vous avé une respectabilité, et quand i s'agit d' la sauver, ça vaut ben qu'vous mettiez en gage jusqu'à vot' dernière chemise, qu' vous vendiez jusqu'à la dernière planche qu'y a dans vot' maison; qu'vous empruntiez jusqu'au dernier penny qu'on voudra vous prêter. Quand vous aurez fait ça, et qu'vous m'aurez tout passé, eh ben! je vous lâcherai; pa avant.

— Vous me lâcherez! qu'entendez-vous par là?

— J'entends, qu'à parti de ce soir, vous m'aurez pour compagnie; l'écluse s'gardera toute seule. Où vous irez, j'irai moi-même. J'vous tiens; je n'vous lâche pas. »

Bradley se retourna vers le feu. Tout en l'observant du coin de l'œil, Riderhood prit sa pipe, la bourra tranquillement, et se remit à fumer. Bradley posa ses coudes sur ses genoux, mit sa tête sur ses mains, et regarda le feu d'un air de profonde réflexion.

« Riderhood, reprit-il en se levant après un long silence, et en tirant sa bourse qu'il posa sur la table, dites-moi de vous donner cela, qui est tout l'argent que je possède; dites-moi de vous donner ma montre; dites-moi que tous les trimestres, quand je recevrai ce qui m'est dû, vous en aurez votre part et que...

— Pas d' ça, répondit Riderhood en secouant la tête et en continuant de fumer. Vous vous êtes sauvé une fois, j'veux pas courir de nouveaux risques; j'ai eu assez d'mal à vous repincer; j'en serais pas venu à bout, si un soir, comme vous filiez le long des murailles, j'vous avais pas rencontré et suivi jusqu'à vot'porte. En fin de compte, j'veux régler avec vous, et c'te fois pour de bon; vous savez c'qui faut faire.

— J'ai toujours vécu seul, Riderhood; et n'ai aucune ressource, en dehors de moi-même; je ne connais personne; je n'ai pas un seul ami.

— V'là un mensonge, dit Riderhood; vous en avé une, d'amie, j'la connais; et c't'amie-là est bonne pour un livret de caisse d'épargne, ou je n' suis qu'un singe bleu.

La figure de Bradley s'assombrit; sa main se ferma lentement sur la bourse, qu'il attira de son côté; et reprenant sa chaise, il prêta l'oreille à ce que l'autre allait dire.

« Avant hier, reprit Riderhood, j'me suis trompé de boutique; et me v'là, par saint George! au milieu de jeunes demoiselles. Au-dessus des petites demoiselles j'aperçois une maîtresse. Et j'dis, moi, que c'te maîtresse-là vous aime assez pour vend' jusqu'à sa dernière guenille afin d' vous tirer d' peine. Dites-lui de l'faire. »

Bradley le regarda en face, et par un mouvement si rapide, que Riderhood ne sachant trop comment prendre ce regard, affecta d'être occupé de la fumée de sa pipe, qu'il écarta de la main, et sur laquelle il souffla pour l'éloigner.

« Vous avez vu cette maîtresse de pension? demanda Bradley en détournant les yeux, mais de cette voix calme qu'il avait eue précédemment.

— Oui, répondit l'autre, j'y ai parlé; j'y ai pas dit grand' chose. En m'voyant tomber au milieu d'ses petites misses, elle a été comme éperdue; — j'ai jamais passé pour êt' un homme à ladies — et pour lors (j'avais dit qu' j'me trompais, qu'j'allais chez le voisin); elle m'a emmené dans son parloir, espérant, disait-elle, qu'y avait pas de malheur. Oh! pas du tout, que j'dis, j'vas seulement le voir, pace que, lui et moi, nous sommes de grands amis; et v'là tout. Mais j'ai vu ce qu'en était; et j'vous dis qu'elle a d'quoi. »

Bradley remit la bourse dans sa poche, se serra le poignet gauche avec la main droite; et se roidissant sur sa chaise, il regarda le feu d'un air impassible.

« Vous l'avez sous la main, poursuivit Riderhood; é n'peut pa y êt' davantage; nous allons retourner chez nous, et vous ferez ben de la plumer tout de suite. Quand l'affaire sera réglée, vous vous marierez ensemb'. Elle a un joli minois; et après l'dessous que vous venez d'avoir vous n'pouvez guère trouver mieux. »

Plus un mot ne fut dit par Bradley; il ne changea pas d'attitude, ne desserra même pas les doigts, dont il s'étreignait le poignet gauche. Comme si la flamme, qu'il regardait d'un œil fixe, avait eu le pouvoir de le transformer en vieillard, les sombres lignes de sa figure se creusaient de plus en plus; ses yeux devenaient de plus en plus caves, son teint de plus en plus pâle. On eût dit que ses traits se couvraient de cendres, que ses cheveux perdaient leur couleur et leur texture.

Ce ne fut qu'au moment où le jour tardif pénétra dans la chambre, que bougea cette statue dépérissante. Elle se leva lentement, alla s'asseoir dans l'embrasure de la fenêtre, et regarda au dehors.

Riderhood avait passé la nuit dans son fauteuil ; il avait murmuré à diverses reprises qu'il faisait un froid rude ; il s'était levé pour remettre du charbon, avait répété que le feu allait vite, et avait fini par se taire, en voyant qu'il n'obtenait de son compagnon ni un mot ni un geste. Il était en train de préparer son café lorsque Bradley quitta la fenêtre, mit son par-dessus et prit son chapeau.

« Est-ce qu'avant de partir, nous n'cassons pas une croûte ? dit Riderhood ; c'est mauvais, par la gelée, d'sortir l'estomac vide. »

Bradley ne parut pas entendre ; il ouvrit la porte, et s'en alla. Riderhood saisit le pain qui était sur la table, et, son paquet sous le bras, le suivit immédiatement.

Ils marchaient en silence, à côté l'un de l'autre, se dirigeant vers Londres. Quand ils eurent fait trois milles, Bradley se retourna brusquement et revint sur ses pas. Riderhood se retourna aussitôt, et ils revinrent côte à côte.

Bradley rentra dans la maison, Riderhood le suivit. Bradley alla s'asseoir près de la fenêtre, Riderhood près du feu. Au bout d'une heure, peut-être davantage, Bradley se leva tout à coup et sortit ; mais pour tourner le dos à la ville. L'instant d'après, Riderhood l'avait rejoint, et ils se retrouvaient côte à côte.

Bradley pressa le pas ; Riderhood l'accompagnait toujours. Voyant qu'il ne pouvait pas s'en délivrer, il se retourna et reprit le chemin qu'il venait de suivre, toujours avec Riderhood. Cette fois ni l'un ni l'autre ne rentra dans la maison. Bradley s'arrêta au bord de l'écluse, sur l'herbe couverte de neige, et regarda la rivière. La gelée avait suspendu la navigation, et il ne vit qu'un désert blanc et jaune.

« Voyons, maît', allons-nous en, dit Riderhood ; c'est là un jeu inutile ; à quoi bon ! gna qu'un moyen de vous débarrasser de moi : c'est d'régler not' compte. Allez où c'que vous voudrez, j'vous lâcherai pas. »

Sans dire un mot, Bradley passa devant lui, et traversa la passerelle qui conduisait aux portes de l'écluse.

« V'là qu'est pas raisonnab', dit Riderhood en le suivant ; quand vous serez au bout, c'qui n'sera pas long, i' faudra revenir. »

Bradley ne fit pas attention à ces paroles ; il s'appuya contre un poteau, et y resta les yeux baissés.

« Puisque j'suis là, grommela Riderhood, j'vas en profiter pour changer mes portes. »

Les battants de la porte, qui était ouverte, grincèrent, l'eau se précipita en bouillonnant, les battants se rejoignirent et l'écluse se retrouva fermée.

« Vaudrait mieux êt' raisonnable, reprit Riderhood en passant devant Bradley; vous n'y gagnerez pas; j'n'en serai qu' pus dur quand nous réglerons. — Voulez-vous ben me laisser! »

Bradley venait de lui jeter les bras autour du corps, et il lui semblait être pris dans un étau. Tous les deux étaient au bord de l'écluse, à égale distance des deux portes.

« Lâchez-moi, dit Riderhood, ou j'vas jouer du couteau; lâchez-moi, que j' vous dis. »

Bradley tirait vers l'écluse; Riderhood du côté de la berge. Étreinte vigoureuse, et lutte désespérée! Un demi-tour sur lui-même, et Riderhood, qui avait alors le dos tourné vers l'abîme, recula toujours, repoussé par Bradley.

« Lâchez-moi, dit-il; qué qu' vous voulez faire! Vous n' me noierez pas. Je vous l'ai dit : un homme qu'on a repêché une fois, n'peut pus être néyé.

— Je peux l'être, moi, répondit Bradley d'une voix sourde; vous ne me quitterez pas; je vous tiens vivant, je vous tiendrai mort; descendons. »

Quand on les retrouva sous la vase et l'écume, derrière l'une des portes pourrissantes, Riderhood avait lâché prise, probablement dans la chute; ses yeux fixes étaient tournés vers le ciel; mais il avait toujours pour ceinture les bras d'Headstone, cercle de fer qui n'avait pas fléchi.

XVI

DES UNS ET DES AUTRES

La première chose dont s'occupèrent mister et mistress Harmon ce fut de rechercher tous les faits dont la mort fictive de John pouvait être regardée comme responsable, et de dédommager tous ceux qui en avaient souffert ou qui auraient pu en souffrir. La réparation fut aussi étendue, aussi libérale que possible. John et Bella, par exemple, regardèrent l'habilleuse de poupées comme ayant des droits à leur appui, à cause de ses relations avec missis Wrayburn, qui avait été mêlée pour une si large part au côté sombre de l'affaire. Il en résulta que le vieux Juif, qui s'était montré aussi dévoué qu'affectueux pour les deux amis, fut loin d'être oublié; non plus que M. l'Inspecteur, qui s'était mis l'esprit à la torture, et avait fait une chasse non moins pénible qu'infructueuse. A propos de ce digne fonctionnaire, ajoutons que, d'après ce qui fut raconté par les agents de la section, il aurait confié à miss Abbey entre deux verres d'un flip moelleux pris dans le bar des *Portefaix*, que le retour à la vie de mister Harmon ne lui coûtait pas un farthing; et qu'il était aussi content que si ce gentleman avait été cruellement assassiné, et que lui, M. l'Inspecteur, eût touché la prime du gouvernement.

Dans tout cela mister et missis Harmon furent puissamment aidés par mister Lightwood, leur éminent solicitor, qui déploya à cette occasion une ardeur tellement exceptionnelle que les affaires, une fois entamées, se poursuivaient sans relâche. D'où il arriva que le jeune Blight parut être sous l'influence de cette liqueur transatlantique, nommée poétiquement l'*Ouvreur-d'œil*, et se surprit à contempler de véritables clients, au lieu de regarder par la fenêtre.

Le vieux Juif, ayant été d'un grand secours pour débrouiller les affaires d'Eugène, fut lancé par Mortimer contre Pubsey et Cie, que le vieillard attaqua avec non moins d'habileté que de satisfaction; au point que mister Fledgeby, redoutant l'effet de certaines opérations explosives dans lesquelles il était engagé, et trouvant qu'il en avait assez de la canne de mister Lammle, crut devoir demander grâce. L'innocent Twemlow profita, sans le savoir, des conditions infligées à Pubsey. Il reçut la visite du vieux Juif, qui alla le trouver au-dessus des écuries de Duke-street, et, qui, avec une bonté inexplicable, l'informa de l'heureuse tournure qu'avait prise son affaire : le gentleman n'aurait à payer que les intérêts, comme il avait fait jusqu'ici; et non plus à la maison de Sainte-Mary-Axe, mais dans le cabinet de mister Lightwood, chargé des affaires de mister John Harmon, qui avait acheté la créance. Ainsi fut détournée la colère du sublime Snigsworth ; ainsi fut enlevée à ce noble personnage l'occasion de faire ronfler en face de sa colonne, au-dessus de la cheminée de Twemlow, plus de grandeur morale qu'il n'y en avait normalement dans sa constitution, et dans celle de la Grande-Bretagne.

La première visite de missis Wilfer à l'hôtel du mendiant, qu'avait épousé Bella, fut un événement grave. Le cher Pa, mandé à son bureau, aussitôt la prise de possession, était accouru sur-le-champ, avait été suffoqué, rappelé à lui-même avec force caresses, mené par le bout de l'oreille dans toute la maison; en avait vu les trésors, avait été ravi, et l'avait exprimé de tout son cœur. Enfin avant de partir, il était nommé secrétaire, et avait envoyé sa démission à Chicksey-Véneering-et-Stobbles.

Quant à l'auguste Ma, elle ne vint que plus tard, et avec tout l'apparat qui lui était dû. On lui envoya l'équipage, où elle monta d'un air digne, accompagnée de miss Lavinia, et humblement suivie de George Sampson. Elle reçut ce gentleman comme si elle lui eût fait l'honneur de le conduire à quelques funérailles de famille, et jeta l'ordre de partir au valet du mendiant.

« Pour l'amour du ciel, dit Lavvy, qui les bras croisés se plongea dans les coussins, dodelinez-vous un peu, Ma.

— Me dodeliner!

— Oui, Ma.

— J'espère en être incapable, répliqua la majestueuse lady.

— Il est certain que vous en avez l'air. Mais parce qu'on va dîner chez sa fille, je ne vois pas pourquoi on serait obligé d'être aussi roide que si l'on avait une planche sous son jupon; je ne comprends pas cela.

— Et moi, répondit la noble Ma avec un profond mépris, je ne comprends pas comment une jeune fille qui se respecte ose nommer le vêtement que vous vous êtes permis de citer. J'en rougis pour vous, Lavinia.

— Je vous remercie, répliqua Lavvy en raillant, je peux rougir pour moi quand la chose est nécessaire. »

Mister Sampson, voulant rétablir l'harmonie, dit avec un agréable sourire : « Après tout, madame, nous savons que vous en avez un, » et vit immédiatement qu'il venait de se compromettre.

« Que vous en avez un ! reprit la dame en ouvrant de grands yeux.

— Vraiment, George, fit Lavinia d'un ton de reproche, je ne comprends pas vos allusions; je vous aurais cru plus de délicatesse.

— Allez! s'écria George, qui à la moindre observation tombait dans le désespoir, allez, miss Lavinia Wilfer!

— Que signifient ces expressions de conducteur d'omnibus? demanda l'impétueuse créature; je ne le devine pas, George Sampson. Il me suffit, quant à moi, de savoir qu'au fond du cœur je ne suis pas..... » S'étant imprudemment lancée dans une phrase sans issue, miss Lavinia en fut réduite à l'achever par ces mots ; « pas disposée à aller. » Conclusion assez faible, qui cependant tira quelque force du dédain avec lequel elle fut prononcée.

— Oui! s'écria George avec amertume, c'est toujours comme cela; je n'ai jamais.....

— Si vous voulez dire que vous n'avez jamais eu d'élever de gazelles, interrompit l'insolente, c'est inutile; on vous connaît.

— Miss Wilfer, reprit le malheureux George d'un air abattu, ce n'est pas là ce que je voulais dire; mais seulement que je n'avais jamais eu l'espoir de conserver la place, toute de faveur, que j'occupais dans cette famille avant que la fortune eût rayonné sur elle. Pourquoi me mener dans ces salons brillants, dont la possession m'est interdite, et me faire sentir la modicité de mes appointements? Est-ce généreux, miss Lavinia? »

L'imposante lady, trouvant que la Couronne devait ici faire quelque observation, laissa tomber ces mots : « Mister Sampson, je ne peux pas vous permettre d'interpréter de la sorte les actes d'un de mes enfants.

— Laissez-le tranquille, interposa Lavvy d'un air dédaigneux. Tout ce qu'il peut dire m'est bien égal.

— Lavinia, reprit la noble dame, ceci touche à l'honneur de la famille. Si mister George Sampson attribue, même à la plus jeune de mes filles.....

— Ce mot *même* est tout à fait déplacé, Ma; je ne suis pas moins importante que les autres.

— Silence! dit gravement mistress Wilfer; je répète que si mister Sampson attribue à la plus jeune de mes filles des motifs peu élevés, il les attribue également à la mère de mes filles. Cette mère répudie ces vils motifs, et demande à mister Sampson, comme à un gentleman, de s'exprimer avec franchise. Je peux me tromper, — rien ne serait plus ordinaire — (la noble Ma agita ses gants avec majesté), mais il me semble que mister Sampson est assis dans un équipage de premier ordre. Il me semble que mister Sampson, de son propre consentement, se dirige vers une résidence que l'on peut qualifier de princière. Il me semble que mister Sampson a été admis à participer à.... l'élévation, dirai-je, qui est descendue sur la famille, dont il a, dirai-je, l'ambition de faire partie. D'où vient dès lors ce ton qu'a pris mister Sampson?

— Madame, expliqua le malheureux, plus abattu que jamais, c'est parce que, madame, j'ai le sentiment pénible de mon indignité sous le rapport pécuniaire. Miss Lavinia est maintenant richement apparentée; puis-je espérer, madame, qu'elle restera pour moi cette Lavinia qu'elle était jadis? Et mon inquiétude n'est-elle pas excusable, quand je lui vois tant de sévérité à mon égard.

— Monsieur, dit Lavinia avec une excessive politesse, si vous n'êtes pas content de votre position, vous pouvez descendre à l'endroit qu'il vous plaira de désigner au cocher de ma sœur.

— Chère Lavinia! je vous adore, s'écria George d'un ton pathétique.

— Si vous ne pouvez m'adorer d'une façon plus aimable, je désire, monsieur, que vous ne m'aimiez pas du tout.

— Et vous, madame, reprit George en s'adressant à la mère, je vous respecte à un point, qui est certainement bien au-dessous de votre mérite, mais qui cependant est bien au-dessus de la ligne commune. Chère Lavinia, et vous, madame, soyez indulgentes pour un malheureux qui sent le noble sacrifice que vous lui faites, mais qui devient fou (il se frappa le front) en songeant qu'il lui faudra lutter avec la richesse et l'influence.

— Bah! dit miss Lavvy, quand il faudra lutter, on vous le dira; du moins si je suis en cause. »

Noble dévouement, qui parut surhumain à mister Sampson, et le fit tomber aux pieds de miss Lavinia.

Conduire ce captif reconnaissant dans les riches salons qui l'effrayaient, l'y faire parader à la fois comme témoin de leur gloire, et comme exemple de leur condescendance, était pour la mère et pour la fille une joie indispensable à leur complète satisfaction.

Lavinia, en montant l'escalier, permit à George de se tenir auprès d'elle, et cela d'un air qui voulait dire : « Malgré tout le luxe qui m'entoure, je n'en suis pas moins à vous. Combien cela durera-t-il? c'est une autre question; mais je suis à vous quant à présent. » Elle eut aussi la bénignité de lui expliquer à haute voix les objets qu'il avait sous les yeux : « George, des fleurs exotiques; une volière, George; une pendule en or moulu. » Et ainsi de suite, pendant que missis Wilfer, ouvrant la marche, passait entre ces ornements avec l'impassibilité d'un chef de sauvages, qui croirait se déshonorer s'il manifestait la moindre surprise, ou la plus légère admiration.

Vraiment la tenue de cette femme imposante, qui ne se démentit pas de la journée, pourrait servir de modèle à toutes les femmes majestueuses, placées dans les mêmes circonstances. Elle reçut l'accueil de mister et de missis Boffin comme si ces gens-là avaient débité sur son compte tout ce qu'elle avait dit sur le leur, et que le temps seul pût effacer l'injure. A table, elle regarda chaque domestique comme un ennemi juré qui l'insultait, en lui présentant les plats, et lui versait l'outrage avec le vin. Elle se tint droite sur sa chaise, comme si elle eût soupçonné tous les mets de renfermer du poison, et que, se roidissant contre ses justes craintes, elle eût affronté le péril avec cette force d'âme qui était dans sa nature. Elle se conduisait avec Bella comme avec une jeune femme bien posée, qu'on a vue dans le monde il y a deux ou trois ans.

Alors même, que, dégelant un peu sous l'influence du Champagne, elle fit à son gendre la narration de quelques détails privés concernant feu son papa, elle infusa dans son récit quelques allusions qui glacèrent les auditeurs jusqu'à la moelle des os; allusions polaires aux avantages dont sa naissance avait doté le genre humain, pour lequel (son papa étant mort) elle devenait un bienfait inappréciable comme représentant ce gentleman, qui avait été la plus haute personnification d'une race congelée.

Apporté au dessert, l'intelligent bébé, qui évidemment préparait un vague sourire, n'eut pas plutôt regardé sa noble aïeule, qu'il fut saisi de spasmes et devint inconsolable. Lorsqu'enfin missis Wilfer prit congé de ses hôtes, il aurait été difficile de dire si elle quittait des gens qu'on allait exécuter, ou si elle-même se rendait à l'échafaud. Toutefois, le cher John s'en amusa beaucoup, et dit à sa femme lorsqu'ils furent tous les deux, que jamais son naturel, son abandon ne lui avaient paru plus adorables qu'à côté de cette roideur, qui en faisait ressortir le charme; et il ajouta que, s'il ne pouvait pas contester que le Chérubin fût le père de Bella, il était convaincu que celle-ci n'était pas la fille de sa mère.

A peu près à la même époque eut lieu un autre évènement, d'un genre moins noble, mais auquel toute la maison prit un vif intérêt : ce fut la première entrevue de mister Salop et de miss Wren.

La petite couturière avait été chargée d'habiller, pour miss Harmon, une poupée deux fois plus grande que ce merveilleux bébé; toilette de ville, toilette de bal, etc.; et mister Salop résolut d'aller voir où en étaient les choses.

« Entrez, monsieur, lui dit miss Wren, qui était à son établi; et comment vous appellerai-je? »

Salop déclina son nom, et présenta ses boutons.

« Ah! s'écria Jenny; j'avais grande envie de vous connaître; j'ai appris que vous vous étiez fort distingué.

— Moi! s'écria Salop, je suis bien aise qu'on vous l'ai dit; mais je ne sais pas comment.

— En lançant quelqu'un dans la charrette aux ordures, expliqua la petite ouvrière.

— Oh! pour cela, je ne dis pas. Salop, rejeta la tête en arrière et partit d'un éclat de rire.

— Miséricorde! s'écria Jenny en tressaillant; n'ouvrez pas la bouche comme ça, jeune homme; un jour ou l'autre, elle s'accrochera et vous ne pourrez plus la fermer. »

Salop ouvrit la bouche davantage, et la laissa ouverte.

« On vous prendrait pour le géant qui revient avaler Jack ; vous lui ressemblez avec cette grande bouche.

— Est-il joli garçon ? demanda Salop.

— Affreux, » répondit la petite habilleuse.

Le visiteur regarda la chambre, où l'on voyait un certain confort qu'il n'y avait pas autrefois. « Une jolie pièce, dit-il.

— Enchantée qu'elle vous plaise, monsieur. Et moi, comment me trouvez-vous ? »

L'honnête Salop, embarrassé par cette question qui mettait sa franchise à une rude épreuve, tortilla un de ses boutons, et grimaça une espèce de sourire.

« Je vous fais l'effet d'une petite caricature, » reprit miss Wren, qui le regarda avec finesse ; et comme elle secouait la tête en disant cela, ses cheveux se dénouèrent et lui couvrirent les épaules.

« Oh ! s'écria Salop en ouvrant de grands yeux, en voilà t'il et quelle couleur ! »

Miss Wren, travaillant toujours, donna un coup de menton ; mais ne releva pas ses cheveux et parut satisfaite de l'effet produit.

« Est-ce que vous demeurez toute seule, miss ? demanda Salop.

— Non, répliqua Jenny en faisant claquer ses dents ; je vis avec une marraine féerique.

— Avec qui ? demanda Salop.

— Avec mon second père, ou plutôt mon premier, reprit-elle d'un air sérieux ; et, secouant la tête, elle soupira. Si vous aviez connu mon pauvre enfant, vous sauriez ce que je veux dire ; mais vous ne pouvez pas comprendre. »

Il sentit qu'il devait changer de conversation.

« Pour si bien travailler, dit-il en regardant les poupées qui étaient sur l'établi, vous avez dû être fièrement longtemps en apprentissage ?

— Moi ! répondit la petite ouvrière, on ne m'a jamais rien montré, pas seulement à tenir mon aiguille. J'ai bousillé, bousillé, jusqu'à ce que j'aie trouvé la manière ; très-mal d'abord, mieux à présent.

— Et moi qui vous parle, dit Salop d'un ton de reproche envers lui-même, tel que vous me voyez là, j'en ai fait un si long apprentissage ! et que mister Boffin a payé, payé, payé ! ça lui a coûté gros, allez !

— N'êtes-vous pas ébéniste ? » demanda miss Wren.

Il fit signe que oui « Maintenant que l'ouvrage est terminé en

Bower, ajouta-t-il d'un air pensif, je vais vous dire miss : j'aimerais à faire quelque chose pour vous.

— Bien obligée ; mais faire quoi ?

— Par exemple, reprit-il en regardant autour de la chambre, un dressoir, avec des niches, pour placer vos poupées ; ou bien une chiffonnière pour serrer vos bouts d'étoffe et de rubans, vos fils, vos aiguilles ; ou bien encore je pourrais tourner une belle poignée, quelque chose de rare, pour la canne que je vois là, si elle est à votre second père.

— Elle est à moi, répondit la petite créature, dont le visage et le cou rougirent subitement ; je suis boiteuse. »

Le pauvre Salop rougit à son tour ; car il y avait une grande délicatesse derrière les boutons qui lui couvraient la poitrine. Il dit peut-être ce qu'il y avait de mieux à dire pour réparer sa faute : « Je suis bien content qu'elle soit à vous, ça fait que je la décorerai avec plus de plaisir. Voulez-vous me permettre de l'examiner. »

Miss Wren lui passa la canne par dessus l'établi, et la retenant tout à coup : « Il vaut mieux, dit-elle, que vous me voyez m'en servir. Comme ça, regardez bien : plante, arrache ; plante, arrache ; plante, arrache ; pan, pan, pan. C'est joli, n'est-ce pas ?

— Moi, dit Salop, je trouve que vous n'en avez guère besoin.

— Merci, vous êtes bien bon. » Elle alla se rasseoir, et lui passa la canne avec son plus joli sourire.

« Pour ce qui est de la chiffonnière et du meuble aux poupées, dit Salop en mesurant la poignée de la canne sur sa manche, ce sera pour moi un vrai plaisir. On m'a dit que vous chantiez dans la perfection ; et vous me payerez avec une chanson, j'aime mieux ça que de l'argent. Ça a toujours été mon goût ; moi-même, j'ai souvent amusé missis Higden avec une chanson comique, où il y a du parlé entre les couplets, vous savez bien ; mais ce n'est pas votre genre.

— Vous êtes un bon jeune homme, vraiment très-bon, répliqua Jenny, et j'accepte. Je présume que ça ne lui fera rien, ajouta-t-elle en haussant les épaules, après un instant de réflexion ; d'ailleurs s'il le trouve mauvais, tant pis pour lui.

— Vous parlez de votre second père ?

— Non, répondit miss Wren, je parle de Lui, de Lui, de Lui.

— De lui ? répéta Salop en promenant les yeux autour de la pièce, comme pour y chercher quelqu'un.

— De celui qui est en chemin pour me faire la cour, reprit la petite habilleuse ; que vous avez la compréhension lente ! »

Salop parut troublé. « Je n'y songeais pas, dit-il. Quand est-ce qu'il arrivera, miss ?

— Belle question ! s'écria Jenny ; est-ce que je le sais ?

— Et d'où vient-il ?

— Bonté divine ! comment le saurais-je. Il viendra de quelque part, un jour ou l'autre ; voilà tout ce que je sais quant à présent. »

Jamais plaisanterie n'avait paru meilleure à Salop, qui se rejeta en arrière et se mit à rire avec une joie sans bornes. En le voyant rire de cette façon ridicule, miss Wren en fit autant ; et ils rirent tous les deux jusqu'à n'en pouvoir plus.

« Allons ! dit enfin la petite habilleuse, allons, géant ; pour l'amour du ciel ! fermez la bouche, ou vous m'avalerez toute vive sans que je m'en aperçoive. Vous ne m'avez seulement pas dit pourquoi vous êtes venu.

— C'était pour la poupée de miss Harmon.

— Je m'en doutais ; elle est prête et vous attend ; la voyez-vous là-bas, dans un papier soyeux, qui brille comme un billet de banque tout neuf ? Ayez-en bien soin, je vous la recommande. Une poignée de main ; encore une fois merci. Prenez garde à la poupée ; faites attention.

— Plus que si elle était en or, miss ; et je vous donne les deux mains. Au revoir, miss, je reviendrai bientôt.

Mais de tous les événements de cette époque, le plus intéressant aux yeux de mister et de missis Harmon, fut la visite de mister et de missis Wrayburn. Le pauvre Eugène, autrefois si agile, si galamment tourné, soutenu par sa femme, et posant sur sa canne, était horriblement défait. Puis il alla de mieux en mieux, reprit des forces de jour en jour ; et les médecins déclarèrent qu'il ne serait pas trop défiguré.

Un grand, un joyeux événement que l'installation de mister et de missis Wrayburn à l'hôtel Harmon, où, par parenthèse, mister et missis Boffin, excessivement heureux, et allant tous les jours regarder les boutiques, avaient bien voulu rester.

Missis Harmon dit en confidence, à mister Wrayburn, qu'elle avait connu l'amour de Lizzie, à l'époque où cet amour était sans espoir ; et mister Wrayburn répondit à missis Harmon que s'il plaisait à Dieu, elle verrait à quel point sa femme l'avait changé.

« Je ne fais pas de phrases, poursuivit-il ; mais j'ai pris une ferme résolution.

— Vous ne croiriez pas, ajouta Lizzie, qui venait reprendre sa place de garde malade, car il n'allait jamais bien quand elle était absente, vous ne croiriez pas que le jour de notre mariage, il prétendait que la meilleure chose qu'il eût à faire était de mourir ?

— Et comme je ne suis par mort, reprit Eugène, ce que je

peux faire de mieux à présent c'est de vivre pour t'aimer, Lizzie. »

Ce jour-là Mortimer vint dans la journée, et resta avec Eugène, pendant que Bella emmenait Lizzie faire un tour de promenade.

« Tu ne pouvais pas venir plus à propos, lui dit Wrayburn. J'ai la tête pleine, il faut que je la vide. Parlons d'abord du présent, avant de nous occuper de l'avenir. Mon respectable père, qui est un charmant cavalier, beaucoup plus jeune que moi, et un admirateur déclaré du beau sexe, est venu passer deux jours avec nous dans cette auberge, où, par parenthèse, il s'est trouvé fort mal, et il a poussé l'amabilité jusqu'à me dire qu'il fallait avoir le portrait de Lizzie. Remarque flatteuse, qui, de la part de mon respectable père, peut-être considérée comme une bénédiction de mélodrame.

— Tu vas guérir, dit Mortimer en souriant.

— C'est bien mon intention, répondit Eugène. Enfin lorsqu'après ces paroles affectueuses, M. R. P. ajouta en roulant dans sa bouche le bordeaux, qu'il avait demandé et que j'ai payé, ajouta, dis-je : « Mon cher fils, comment pouvez-vous boire cette drogue ? » Ce fut chez lui l'équivalent des larmes qui accompagnent la susdite bénédiction. Les sentiments de M. R. P. ne sauraient être mesurés à l'aune commune.

— C'est vrai, dit Lightwood.

— Voilà tout ce que mon respectable père, reprit Eugène, me dira jamais sur ce chapitre; et il continuera de flâner dans la vie, son chapeau sur l'oreille. Mon mariage ainsi reconnu, et solennellement consacré à l'autel familial, je n'ai plus d'inquiétude de ce côté-là, c'est une chose réglée. Pour ce qui est de mes affaires, tu as réellement fait des merveilles : plus de dettes, plus d'embarras d'argent; c'est à ne pas le croire. Avec une intendante comme celle que j'ai près de moi, — tu vois que je suis encore bien faible : impossible de parler d'Elle sans que ma voix tremble; je l'aime au delà de toute expression, Mortimer. — Je disais donc que, grâce à elle, avec le peu qui me reste, je serai plus riche que je n'ai jamais été; car entre mes mains, qu'était ma petite fortune ? rien du tout.

— Pis que cela, Eugène; la mienne a été quelque chose d'assez important pour m'empêcher de travailler, et il est probable qu'il en a été de même pour toi; il aurait mieux valu que mon grand père eut jeté à l'eau ce qu'il m'a laissé; je le dis sincèrement.

— Tu parles d'or, Mortimer; la sagesse s'est fait entendre, et nous voilà sérieux; L'idée m'était venue de partir, avec ma femme, pour l'une ou l'autre des colonies et d'y exercer ma profession.

— Que deviendrais-je sans toi, Eugène? cependant tu ferais peut-être bien.

— Non pas, dit Eugène, non pas; je ferais très-mal.

Il avait mis tant de vivacité dans ces paroles que Mortimer en parut tout surpris.

« Tu supposes que ma tête fêlée s'échauffe, reprit Eugène avec fierté; n'en crois rien, mon ami; je peux dire comme Hamlet : « mon sang, quand j'y pense, coule plus vite, il est vrai; mais son ardeur est saine. » Voyons, Mortimer, dois-je faire cette lâcheté, fuir avec Lizzie, comme si je rougissais d'elle ? Où serais-je maintenant sans le courage qu'elle a montré ?

— Un sentiment très-honorable, dit Lightwood; et cependant...

— Qu'as-tu à dire ?

— Es-tu bien sûr que, par amour pour elle, — note bien, par amour pour elle, — tu ne seras pas blessé de..... l'accueil qui lui sera fait dans le monde ?

— Oh! répondit Eugène en riant, à nous deux, toi et moi, nous aurons bien raison du monde; il n'est pas difficile à terrasser. Crains-tu lady Tippins ?

— Peut-être, dit Lightwood qui ne put s'empêcher de rire; mais on peut la combattre.

— Assurément, répliqua Wrayburn avec chaleur. Mettons y de la réserve; mais si elle attaque défendons-nous; ma femme m'est plus précieuse que Tippins, et j'en suis un peu plus fier. Je combattrai donc pour elle ici même, à visage découvert et jusqu'à ma dernière heure. Si jamais je venais à défaillir, à la faire disparaître, à la défendre en me cachant, toi, mon ami, toi, qu'après elle j'aime le plus au monde, dis-moi alors ce que j'aurai mérité, dis qu'elle aurait bien fait de me cracher à la face et de me repousser du pied, quand j'étais sanglant dans la rivière. »

La chaleur qu'il mit dans ses paroles fit tellement rayonner son visage qu'il reparut comme avant d'être mutilé. Mortimer lui fit la réponse qu'il désirait avoir; et ils causèrent de l'avenir jusqu'au retour de Lizzie.

« Vous m'avez fait sortir, dit-elle en lui touchant le front et les mains; et j'aurais dû rester. Vous êtes brûlant; qu'est-ce que vous avez fait pour vous mettre dans cet état-là ?

— Rien autre chose que de vous attendre, Lizzie.

— Et de causer avec monsieur, reprit-elle en regardant Mortimer, et en lui adressant un sourire; mais un peu de société n'a pas dû vous faire mal; comment êtes-vous si ému ?

— Ma foi! répondit Eugène en riant de son ancien rire, je crois, mon amour, que c'est la société qui en est cause. »

Le soir, comme il revenait chez lui, Mortimer se rappela cette dernière phrase. Elle lui trotta dans la tête, et si bien qu'il résolut d'aller faire un tour dans le monde où il n'avait pas été depuis longtemps.

DERNIER CHAPITRE

LA VOIX DE LA SOCIÉTÉ

Ayant donc reçu de mister et de missis Véneering une carte par laquelle il est prié de leur faire l'honneur d'aller dîner chez eux, Lightwood s'empresse de leur écrire qu'il aura l'autre honneur.

Les Véneering, qui ne se lassent pas d'inviter à dîner, ont, comme à l'ordinaire, prié tout le monde de leur faire l'honneur, etc., et quiconque veut manger encore une fois chez eux fera bien d'accepter, car il est écrit dans le livre du Destin, chapitre des Insolvables, que Véneering fera la semaine prochaine une culbute retentissante. Il a fini par savoir comment on fait pour dépenser plus qu'on n'a; il a trouvé le mot de cette énigme, et, bien qu'il ait exploité, jusqu'au tuf, sa position de législateur fourni à l'univers par le bourg sans tache de Vide-Pocket, il n'en est pas moins vrai que, la semaine prochaine, cet honorable M. P. acceptera l'intendance des Chiltern-Hundreds[1]; que le confident de Britannia recevra les milliers de livres d'une nouvelle élection; et que les Véneering se retireront à Calais, où ils vivront de l'écrin d'Anastasia, dans lequel Véneering, en bon mari, a fait de temps en temps des placements considérables; à Calais où cet ex-M. P. racontera à Neptune et aux autres, comment la Chambre des Communes, avant qu'il s'en fût retiré, se composait de lui, Véneering, et de six cent-cinquante-sept des plus chers amis qu'il eût au monde. Également à cette époque, la société découvrira qu'elle a toujours méprisé les Véneering, qu'elle s'en est toujours méfiée, et n'a

---

1. Steward of the Chiltern-Hundreds, intendant des districts de Chiltern, poste fréquemment donné aux membres de la Chambre des Communes pour les mettre à même de quitter leur siége.

(*Note du Traducteur.*)

jamais dîné chez ces gens-là sans prévoir ce qui arriverait, bien que jusqu'alors cette prévision fût demeurée secrète.

Toutefois les insolvabilités de la semaine prochaine restant dans l'inconnu, ceux qui vont là pour dîner les uns avec les autres (non avec les maîtres du logis), se précipitent chez Véneering. Voici lady Tippins ; voilà Podsnap le Grand et mistress Podsnap ; voilà ce cher Twemlow ; voilà Buffer, Boots et Brewer ; puis l'Entrepreneur qui fait vivre cinq cent mille individus ; le Président qui franchit trois mille milles par semaines. Voici le brillant génie qui a converti ses dividendes en une somme, remarquablement ronde, de trois cent soixante-quinze mille livres, zéro schelling, zéro pence. Enfin Lightwood, qui reparaît avec l'air d'autrefois, air languissant, emprunté jadis à Eugène, et qu'il avait à l'époque où il raconta l'histoire de cet homme de tel ou tel endroit. A la vue de son infidèle, la fraîche Tippins est toute exclamations. Elle appelle le déserteur, le somme d'approcher, et le fait à coup d'éventail. Le traître, qui est décidé à ne pas obéir, parle Grande-Bretagne avec Podsnap. Podsnap parle toujours Grande-Bretagne, et en des termes qui le feraient prendre pour un watchman particulier, commis à la surveillance du reste du globe dans l'intérêt britannique. « Oui monsieur : nous connaissons les prétentions de la Russie ; nous n'ignorons pas ce à quoi vise la France ; nous voyons ce que veut faire l'Amérique ; mais nous savons ce qu'est l'Angleterre ; et cela nous suffit amplement. »

Néanmoins, lorsque le dîner est servi, Mortimer se retrouve à son ancienne place, vis-à-vis de lady Tippins ; et il lui est impossible de parer plus longtemps les coups de l'aimable créature. « Cher Robinson, lui dit-elle, en échangeant un salut avec lui, dans quel état avez-vous laissé votre île ?

— Merci, madame, répond Mortimer, dans un état très-florissant.

— Je parle des sauvages, reprend lady Tippins.

— Ils commençaient à se civiliser quand j'ai quitté Juan Fernandez ; du moins ils se mangeaient entre eux, ce qui ressemble beaucoup à la civilisation.

— Bourreau ! s'écrie la charmeresse, vous savez ce que je veux dire, et vous jouez avec mon impatience. Parlez-moi tout de suite de ce mariage, tout de suite, je le veux. On dit que vous y étiez.

— A propos, dit Mortimer, qui eut l'air de réfléchir, m'y trouvais-je ? C'est possible.

— Comment était la mariée ? en canotière ? »

Lightwood prend un air sombre, et garde le silence.

« J'espère qu'elle s'est dirigée, pagayée, gouvernée, enfin a conduit sa barque elle-même à la cérémonie? poursuit avec enjouement la sémillante Tippins.

— Quelle que soit la manière dont elle y est venue, répond Mortimer, elle l'a fait avec grâce. »

Un cri perçant de lady Tippins attire l'attention générale. « Avec grâce! répète la chère créature. Vous me soutiendrez, Véndering : il se peut que je m'évanouisse. Ne veut-il pas dire qu'une marinière soit gracieuse?

— Pardon, lady Tippins, je ne veux rien dire du tout, réplique Lightwood, qui tient parole, et affecte de manger d'un air indifférent.

— Vous avez beau faire, vilain homme, reprend lady Tippins, vous ne m'échapperez pas. C'est très-bien de vouloir couvrir un ami qui s'exhibe de cette façon-là; mais vous n'éluderez pas la question; je vous le dirai franc et net : la société n'a qu'une voix sur cette ridicule affaire. Chère missis Véndering, permettez à la Chambre de se former en comité général et de discuter la chose. »

Missis Véndering, toujours sous le charme de cette bruyante sylphide, accepte avec enthousiasme. « Oh! oui, toute la Chambre en comité; c'est ravissant.

— Que tous ceux qui sont de de cette opinion disent oui, ajoute Véndering; que tous les autres disent non : ce sont les oui qui l'emportent. »

Malheureusement personne n'écoute cette plaisanterie.

« Voyons! je suis Président, s'écrie lady Tippins.

— Qu'elle a d'esprit et de verve! dit missis Véndering, qu'on n'écoute pas plus que son mari.

— Cette réunion de la Chambre, continue la sémillante Tippins, a pour but d'élucider le fait, afin que la société, dont elle est la commission, puisse se prononcer en connaissance de cause. Voici la question qui vous est soumise : Un jeune homme, très-bien né, d'une physionomie avantageuse, et ne manquant pas de talents, fait-il un acte raisonnable en épousant un marinier femelle, transformé en ouvrière de fabrique?

— Ce n'est pas tout à fait cela, dit Mortimer; pour moi, la question est celle-ci : Un jeune homme, tel que lady Tippins vient de le dépeindre, a-t-il bien ou mal fait d'épouser une vaillante femme, qui lui a sauvé la vie avec une énergie et une adresse surprenantes, une jeune fille, — je ne dis rien de sa beauté, — une jeune fille vertueuse, douée de qualités exceptionnelles, qu'il admire, qu'il aime depuis longtemps, et qui lui est profondément attachée.

— Pardon, dit mister Podsnap, dont l'esprit et le col de chemise sont à peu près aussi froissés l'un que l'autre, cette jeune fille a-t-elle jamais été batelière?

— Jamais, répond Lightwood; son père lui a fait quelquefois conduire un bateau, où il était seul avec elle; voilà tout. »

Sensation générale; les trois tampons hochent la tête.

« Mister Lightwood, poursuit Podsnap, dont l'indignation envahit les cheveux en brosse, je vous demanderai si elle a été fille de fabrique.

— Jamais, répond Mortimer; elle a été employée dans une usine, une papeterie, je crois, où elle était fort estimée. »

Nouvelle sensation générale. « Oh! ciel! disent Buffer et consorts d'un ton grave; oh! ciel!

— En ce cas, reprend Podsnap qui écarte le fait avec la main, tout ce que j'ai à dire, c'est que ma gorge se soulève contre un pareil mariage; que cela me blesse et me dégoûte; que cela me fait mal au cœur... Je désire qu'on ne m'en parle pas davantage.

— Je me demande, se dit à part lui Mortimer, que cette sortie amuse, si vous êtes la voix de la société.

— Écoutez! écoutez! crie la charmante Tippins. Honorable collègue de l'honorable membre qui vient de se rasseoir, veuillez dire votre opinion au sujet de cette mésalliance. »

L'opinion de missis Podsnap est, qu'en fait de mariage, il faut qu'il y ait égalité de fortune et de position; qu'un jeune homme qui appartient à la société doit prendre une femme de la société, capable d'y remplir son rôle avec cet abandon, cette élégance de manières..... (Missis Podsnap s'arrête délicatement.) Elle pense, en un mot, qu'un gentleman, comme celui dont on parle, devait chercher une belle femme, ayant avec elle autant de ressemblance qu'il était permis de l'espérer.

« Êtes-vous bien la voix de la société? » se demande toujours Mortimer.

La parole est maintenant à l'entrepreneur d'une force de cinq cent mille individus. D'après ce potentat, le jeune homme en question aurait dû faire à cette fille une petite rente, et lui acheter un bateau. Ce n'est jamais qu'une question de bifteck et de porter. Vous donnez un bateau à la fille — très-bien; vous lui faites une rente; vous énoncez le total en livres sterling; mais réellement c'est tant de livres de bœuf, et tant de pintes de bière. D'une part la fille et le bateau; de l'autre, du porter et du bœuf. Elle consomme tant de livres de celui-ci, tant de pintes de celui-là. Ces biftecks et cette bière sont le combustible de la machine; ils produisent une certaine force; cette force est appliquée au maniement des rames; elle produit tant d'argent, auquel s'ajoute la petite rente; et vous atteignez le chiffre qui assure à la fille de quoi vivre. C'est ainsi qu'on traite ces sortes d'affaires. »

La belle charmeresse, qui s'est endormie pendant cet exposé, est réveillée par le silence qui succède à ce calcul, et interpelle le président ambulant. Cet honorable vagabond ne peut discuter le fait qu'en supposant qu'il lui est personnel. Si une jeune fille, de la classe de celle dont il est question lui avait sauvé la vie, il lui en serait très-reconnaissant, et lui ferait obtenir un emploi dans la télégraphie électrique, où les jeunes femmes conviennent à merveille; mais il ne l'aurait jamais épousée; jamais, jamais.

Que dit de cette affaire le brillant génie aux trois cent soixante-quinze mille livres, zéro schelling, zéro pence?

Impossible de rien dire avant d'avoir posé cette question: La jeune fille est-elle riche?

— Non, répond Ligthwood; elle n'a rien.

— Folie et sottise. »

Tel est en peu de mots le verdict du brillant génie. « Tout ce qui est légal, ajoute-t-il, peut se faire pour de l'argent; mais pour rien — bouh! »

— Que dit le cher Boots? »

Qu'il n'aurait pas fait cela pour vingt mille livres.

« Et Brewer? »

Ce que dit Boots.

« Et Buffer? »

— Il a connu un jeune homme qui a épousé une baigneuse, mais qui a pris la fuite immédiatement.

Lady Tippins croit avoir recueilli l'opinion de toute l'assemblée (personne ne songe à demander aux Vénéering ce qu'ils pensent), quand tout à coup jetant les yeux autour de la table à travers son lorgnon, elle découvre mister Twemlow qui tient son front dans sa main.

« Bonté divine! mon Twemlow que j'oubliais! cet ami, ce très-cher, quel est son vote? »

Il relève la tête et a l'air d'un homme très-mal à son aise. « Je ne vois, dit-il, dans cette question que les sentiments d'un gentleman, et qu'il me soit permis...

— Un gentleman qui a contracté un pareil mariage, interrompt Podsnap, ne peut avoir nul sentiment.

— Je ne suis pas de cet avis-là, monsieur, répond Twemlow avec moins de douceur qu'à l'ordinaire. Si la reconnaissance, le respect, l'admiration, l'affection la plus profonde ont, ainsi que je le présume, déterminé ce gentleman à épouser cette lady...

— Cette lady! s'écrie Podsnap.

« Monsieur, réplique Twemlow dont les manchettes frémissent, vous avez dit le mot, et je le répète : cette lady. Quel nom lui donneriez-vous si ce gentleman était présent ? »

La question lui paraissant gênante, Podsnap la fait disparaître d'un tour de bras, et garde le silence.

« Je dis, répond Twemlow, que si les sentiments que je viens d'énumérer ont décidé mister Wrayburn à contracter ce mariage, il n'en est, à mes yeux, qu'un meilleur gentleman, et cette jeune fille qu'une plus noble lady. Et quand je me sers du mot gentleman, permettez-moi de le dire, monsieur, je l'emploie comme qualification la plus élevée à laquelle un homme puisse prétendre. Or, je tiens pour sacrés les sentiments d'un gentleman, et je souffre, monsieur, je le confesse, quand je les vois discuter publiquement, et devenir le jouet d'un cercle de convives.

— Je voudrais savoir si votre noble cousin partage cette opinion, ricane Podsnap.

— Je ne saurais vous le dire, monsieur, répond Twemlow ; mais qu'il la partage ou non, je ne lui permettrais pas, non, monsieur, pas à lui-même, de m'imposer la sienne sur un point aussi délicat, et à propos duquel je suis très-susceptible. »

Quelque chose de glacial, comme un baldaquin mouillé, semble peser sur les convives. On n'a jamais vu lady Tippins d'aussi mauvaise humeur, ni manger avec une pareille gloutonnerie. Mortimer est le seul dont la figure rayonne. Chaque fois qu'un membre de la commission a donné son avis, il s'est dit en lui-même : Etes-vous bien la voix de la société ? Mais après les paroles de Twemlow il ne se fait pas cette question ; il regarde le gentleman d'un air reconnaissant, et quand l'assemblée se disperse, alors que les Vénéering et leurs convives ont eu suffisamment de leur honneur respectif, Mortimer reconduit Twemlow jusqu'à sa porte, lui serre cordialement la main, et prend gaiement la route du Temple.

FIN DU DEUXIÈME ET DERNIER VOLUME

TABLE DES MATIÈRES

DEUXIÈME PARTIE
GENS DE MÊME FARINE (SUITE)

XIV.	De forme propos...	2
XV.	Tout lui dire !...	13
XVI.	Doux anniversaire..	28

TROISIÈME PARTIE
LONG DÉTOUR

I.	Logés à Triste-Enseigne....................................	40
II.	Toujours le brouillard.....................................	52
III.	Toujours aux Portefaix.....................................	63
IV.	Heureux anniversaire.......................................	68
V.	Le boueur doré tombe en mauvaise compagnie.................	80
VI.	De mal en pis..	94
VII.	Forte position des deux amis...............................	108
VIII.	Fin d'un long voyage.......................................	118
IX.	Prédiction...	120
X.	Où est-elle ?..	144
XI.	Dans les ténèbres..	150
XII.	Combinaison..	165
XIII.	Quand on veut noyer son chien on dit qu'il est galeux...	178
XIV.	Mister Wegg prépare un meule pour le nez de mister Boffin.	182
XV.	Pis que jamais...	194
XVI.	Repas des trois lutins.....................................	206
XVII.	Chœur social...	210

QUATRIÈME PARTIE
PIÈGES ET TRAPPES

I.	Au bord de l'eau...	230
II.	Le boueur doré se relève...................................	240
III.	Rechute du boueur doré.....................................	249
IV.	Mariage clandestin...	258
V.	A propos de la femme du mendiant...........................	267
VI.	Au secours !...	282
VII.	Mieux vaut être Abel que Caïn..............................	293
VIII.	Quelques grains de poivre..................................	303
IX.	Deux places vacantes.......................................	313
X.	Découverte de l'habilleuse de poupées......................	328
XI.	Suite de la découverte de miss Wren........................	320
XII.	L'ombre qui passe..	330
XIII.	Explication..	350
XIV.	Échec et mat...	356
XV.	Pris au piège..	368
XVI.	Des uns et des autres......................................	379
XVII.	La voix de la société......................................	390

Coulommiers. — Typ. P. BRODARD et GALLOIS.

www.ingramcontent.com/pod-product-compliance
Lightning Source LLC
Chambersburg PA
CBHW052037230426
43671CB00011B/1685